TACHENG NIANJIAN

2022

中共塔城地区委员会　塔城地区行署　主办
塔城地区地方志编纂委员会编辑室　编

方志出版社
Publishing House of Local Records

图书在版编目（CIP）数据

塔城年鉴. 2022 / 塔城地区地方志编纂委员会编辑室编.—北京 : 方志出版社, 2023.3
ISBN 978-7-5144-5735-3

Ⅰ. ①塔… Ⅱ. ①塔… Ⅲ. ①塔城地区－2022－年鉴 Ⅳ. ①Z524.53

中国国家版本馆CIP数据核字（2023）第186433号

责任编辑：王海荣
责任校对：刘玉霞
责任印制：梅中英
出 版 者：方志出版社
地　　址：北京市朝阳区潘家园东里 9 号（国家方志馆4层）
邮　　编：100021
网　　址：http://www.zgfzcb.cn
发　　行：方志出版社图书营销中心（010-67110500）
印　　刷：河南金宝丽印刷科技有限公司
开　　本：889毫米 × 1194毫米　1/16
印　　张：15.75
字　　数：474千字
版　　次：2023年3月第1版
印　　次：2023年3月第1次印刷
定　　价：298.00元

《塔城年鉴》编纂委员会

《塔城年鉴》编辑人员

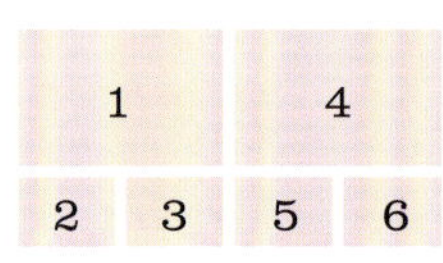

1. 2021年2月8日，塔城地区党风廉政建设和反腐败工作会议召开（侯　森　摄）

2. 2021年6月22日，额敏县妇联开展“巾帼巧手展风采　百年华诞颂党恩”手工制品大赛，全县17个乡镇场百名“绣娘”绣出一面面党旗，献礼党的生日（许　月　摄）

3. 2021年6月10日，裕民县委宣传部党员干部走进江格斯乡江格斯南村新时代文明实践站，开展“粽情端午　粽香文化”联谊活动，大家一起包粽子，共诵诗歌，体验端午节文化

4. 2021年6月23日，塔城市恰夏镇五星社区和塔城市自然资源局驻社区工作队举办以“庆祝中国共产党成立 100 周年，永远跟党走”为主题的活动。全体党员重温入党誓词，唱红歌，并为老党员颁发“光荣在党50年”纪念章。图为全体党员在党旗下重温入党誓词（代姣美　摄）

5. 2021年6月18日，塔城日报社、塔城新闻网联合党支部组织全体党员到塔城市爱国主义教育基地——沙勒克江·依明家开展“学先进模范 听红色故事 传承红色基因”主题党日活动。图为党员听沙勒克江·依明讲红色故事（汪春林　摄）

6. 2021年7月1日，和布克赛尔蒙古自治县融媒体中心驻查干库勒乡江根库克村“访惠聚”工作队和村民一起收看庆祝中国共产党成立100周年大会直播（白晓芳　摄）

FANGHUIJU GONGZUO

“访惠聚”工作

1	4
2 3	5 6

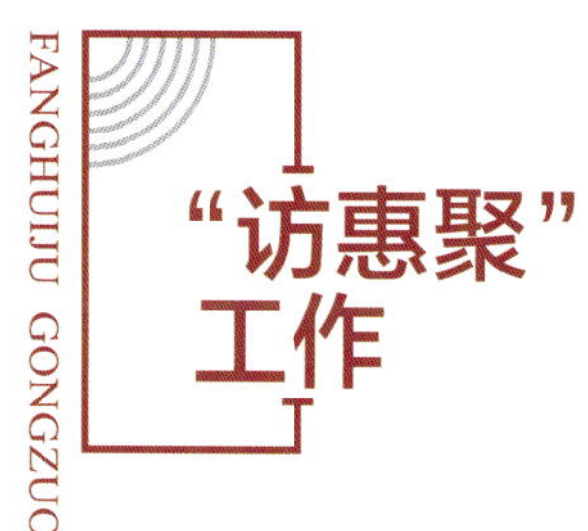

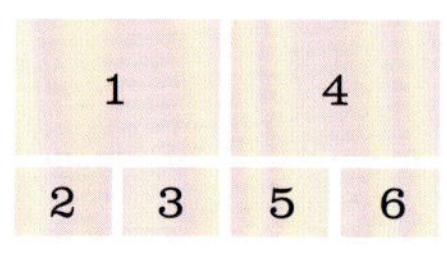

1. 2021年6月2日，乌苏市委宣传部驻新市区街道文德路社区工作队组织市第二小学学生开展“红领巾心向党 争当小小追梦人”教育活动。图为工作队队员带领学生在市文博馆红色书屋学习 （张国辉　摄）

2. 2021年2月8日，地委组织部、地委老干局驻裕民县吉也克镇库萨克北村工作队给村民送春联 （贾松霖　摄）

3. 2021年7月，塔城市自然资源局驻恰夏镇五星社区工作队队员到社区幼儿园开展“人与自然和谐共生”宣传活动，教小朋友学习垃圾分类知识 （魏艳荣　摄）

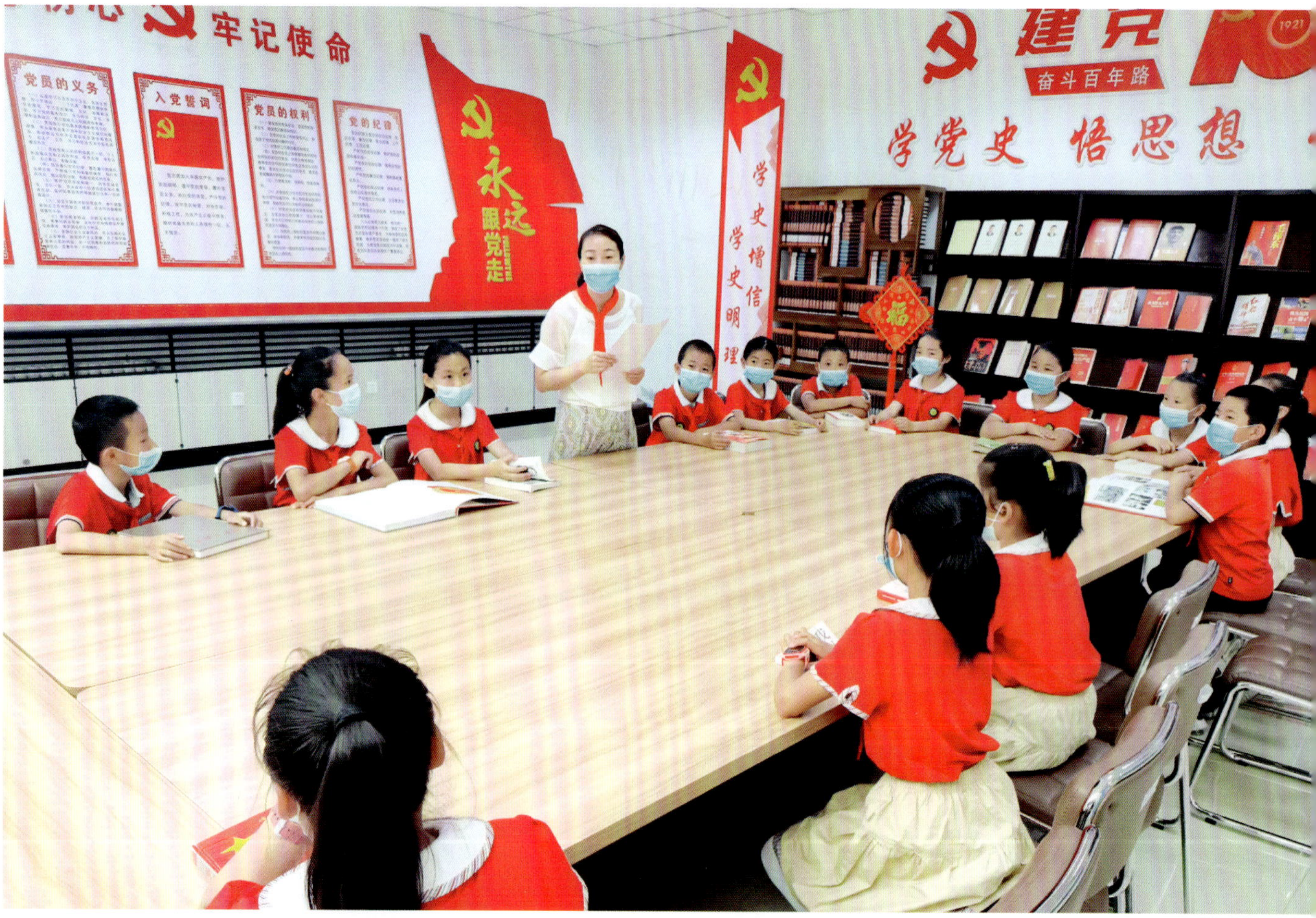

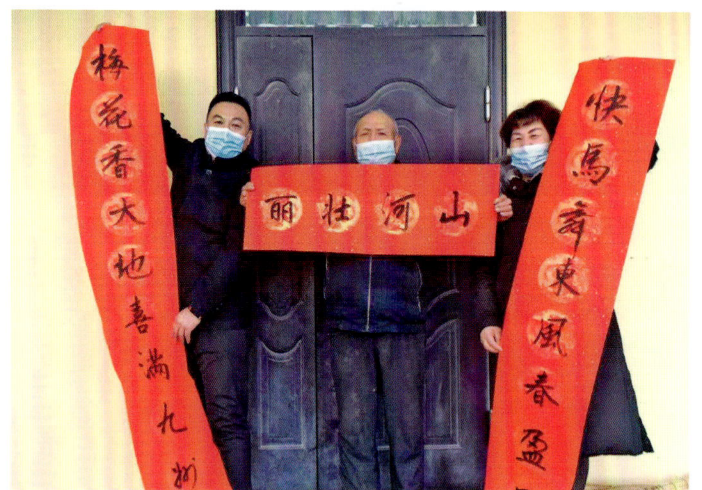

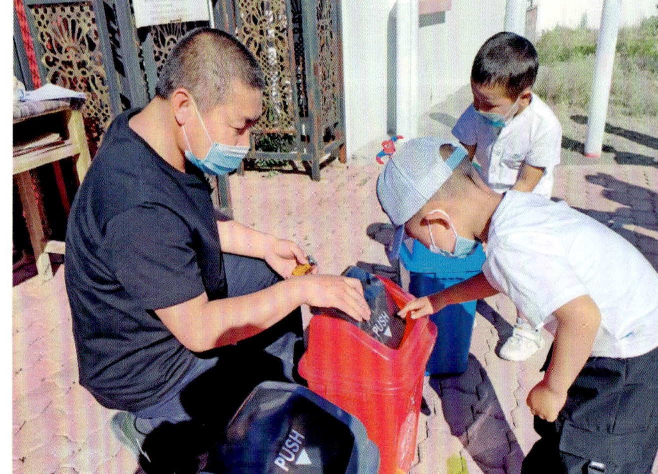

4.2021年7月，沙湾市委老干部局驻三道河子镇林场社区工作队组织社区干部、工作队队员帮助辖区果农采摘油桃 （刘　伟　摄）

5. 2021年8月，地委编办、地委直属机关工委、地区红十字会驻塔城市二工镇下卡浪古尔村工作队和村“两委”党员干部，帮助村民采摘、销售树莓 （姚淑芳　摄）

6. 2021年8月，塔城市市场监督管理局驻齐巴尔吉迭新区路南社区工作队积极开展助农行动，结合“我为群众办实事”实践活动，帮助缺少劳动力的瓜农采摘西瓜，同时还帮助瓜农拓宽销售渠道 （安彩锦　摄）

1	3
2	4

1. 2021年9月，额敏县委办公室驻郊区乡阿尔夏特村工作队队员帮村民朱彩莲包装糕点（潘友建　摄）

2. 2021年8月10日，地区退役军人事务局、地区社会主义学院驻恰夏镇窝尔塔锡伯图村工作队积极引导村民发展鸵鸟、兔子等特色养殖，促进农民增收。图为工作队队员为村民讲解如何喂养鸵鸟（张　悦　摄）

3. 2021年9月15日，地委宣传部、地区文联驻裕民县哈拉布拉乡霍斯哈巴克村工作队队员与村民一起做月饼，并将做好的月饼送给村里的独居老人品尝，共迎中秋佳节的到来 （张树亮 摄）

4. 2021年12月21日，塔城市第五小学驻宏图社区工作队队员与辖区居民共同包饺子，开心过冬至 （马 燕 摄）

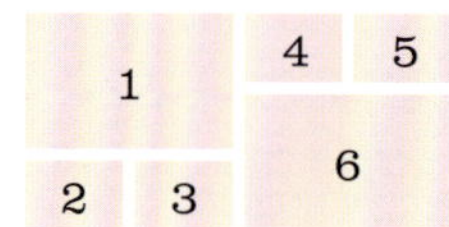

1. 2021年5月，辽宁锦州援疆工作队党支部与裕民县第一幼儿园党支部的党员到小白杨哨所，接受红色教育，在交往交流交融、互学互促中传承“扎根边疆、坚韧不拔”的小白杨精神 （杨化光 摄）

2. 2021年5月，辽宁省农业科学院塔城分院（地区农科所）充分发挥在设施林果产业方面的科技引领作用，试种杏、李、桃等林果新品种7个共5亩，还将在裕民县等地推广200亩新品种杏树。图为辽宁省农业科学院塔城分院院长吴海东（右）给地区农科所高级农艺师阿合力别克·阿拜传授杏树管理技术 （汪春林 摄）

3. 2021年11月12日，地区中医医院辽宁医疗援疆专家开展“人人享有糖尿病健康管理”中医专家中药特色治疗糖尿病、预防并发症主题讲座和义诊活动。图为医务人员给糖尿病患者测血糖 （代姣美 摄）

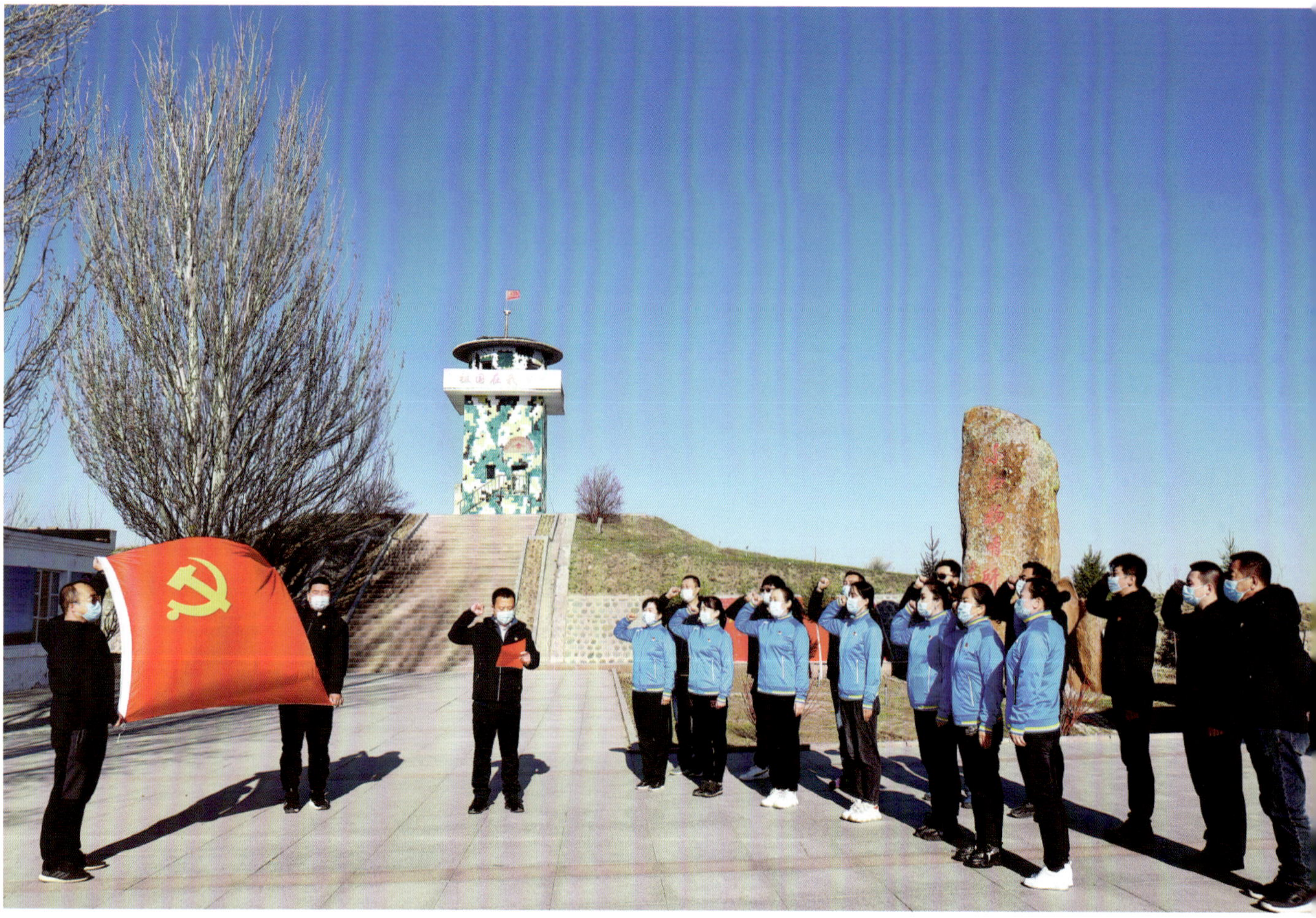

4. 2021年12月21日，辽宁锦州医科大学的眼科专家走进裕民县城镇社区、农牧区乡镇，为老年人开展白内障免费普查筛查和诊疗活动。图为援疆医生在哈拉布拉乡卫生院为老年人检查眼睛 （杨化光　摄）

5. 2021年，辽宁省投入项目资金200万元，在辽宁省农业科学院塔城分院（地区农科所）开工建设5座高标准温室大棚。图为2021年8月24日，高标准温室大棚正在建设中 （张　悦　摄）

6. 2021年，和布克赛尔蒙古自治县天鹿嘉园小区工程项目在紧张施工。项目投入盘锦援疆资金257万元用于新建257套房。图为2021年7月16日，工人们抓紧时间进行室外墙面装饰施工 （何承强　摄）

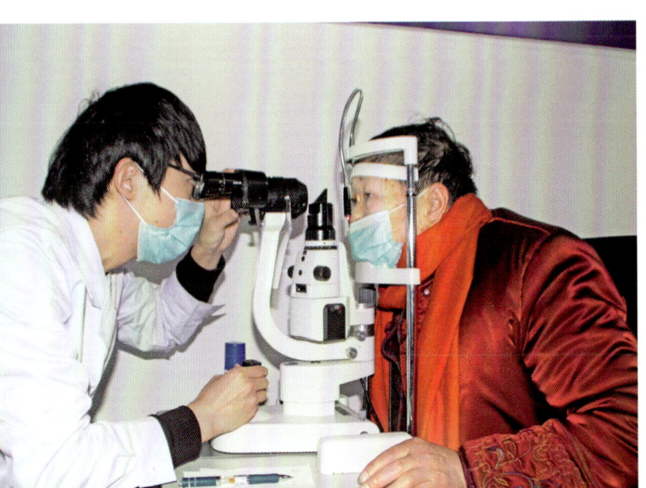

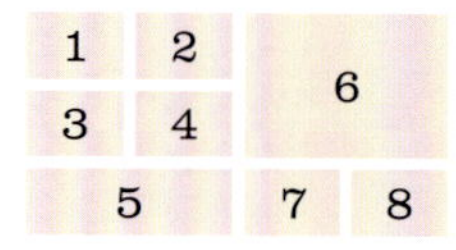

1. 2021年8月11日，四辆装载大型风电机组塔筒的车辆顺利完成“甩挂”作业，从巴克图口岸出境，运往哈萨克斯坦，将为推进阿克斗卡二期50兆瓦风电站项目建设提供保障 （崔嘉丽　摄）

2. 2021年8月，中盐和布克赛尔蒙古自治县宏达盐业有限责任公司二分厂采盐池中原盐整齐地堆积在盐田里 （安治和　摄）

3. 2021年12月13日，新疆乌苏啤酒有限责任公司生产车间内啤酒生产线井然有序运行中。公司主打产品绿乌苏、红乌苏、果味饮料等深受消费者青睐 （王自林　摄）

4. 2021年，塔城市馕文化产业园采取“产业园+旅游+文化”的发展模式，打造产品加工基地和当地特色产品展销平台，展销包括烤馕、面包糕点、奶制品、风干肉及玫瑰花茶等多种特色产品。图为顾客在选购产品 （代姣美　摄）

5. 2021年12月，乌苏市新润和纺织有限公司生产车间内10万锭环锭纺、2000头气流纺满负荷生产。图为纺织工人在生产线上忙碌　　（张国辉　摄）

6. 2021年，新疆塔城重点开发开放试验区先行发展区进出口产品加工园区不断加快建设速度。图为2021年9月8日，工人在进出口产品加工园区内加紧施工作业　　（文　博　摄）

7. 2021年12月8日，裕民县指挥官服装有限公司生产车间内，60余名培训学员正专心学习缝纫技能。裕民县技工学校面向农村富余劳动力开展乡村就业创业培训，通过“订单培训+就近就业”的方式，进行美容美发、养老育婴等技术培训，切实帮助农村富余劳动力通过就业实现增收致富　　（刘　伟　摄）

8. 2021年，塔城市张新生打瓜籽加工专业合作社主要加工葵瓜籽、打瓜籽、葫芦籽等，带动周边村民就业。图为员工在生产车间检查瓜子包装　　（王自林　摄）

	2
1	3
	4

1. 2021年9月，沙湾市176.62万亩棉花全面开始采收。图为采棉机在老沙湾镇十坪口村采收棉花（刘 伟 摄）

2. 2021年9月5日，裕民县种植的13万亩红花陆续进入收获期。图为江格斯乡吉兰德村村民用机械采收红花（杨化光 摄）

3. 2021年9月18日，和布克赛尔蒙古自治县查和特乡1.85万亩辣椒映红农民丰收笑脸 （关　兵　摄）
4. 2021年7月，和布克赛尔蒙古自治县种植的5230亩小麦进入收割期。图为查和特乡农户在烈日下机采小麦 （安治和　摄）

1 4 5 2 3 6

1. 2021年8月，塔城市二工镇上二工村600亩番茄进入采收期。图为采收机采收番茄 （代姣美　摄）

2. 2021年11月11日，乌苏市玉黍美佳食品厂包装车间内工人将真空包装的有机五彩黑加糯和黑金刚纯糯玉米装箱 （张国辉　摄）

3. 五一假期期间，塔城市馕文化产业园与塔城市融媒体中心及相关企业积极开展网络带货活动，助力特色产品销售 （文　博　摄）

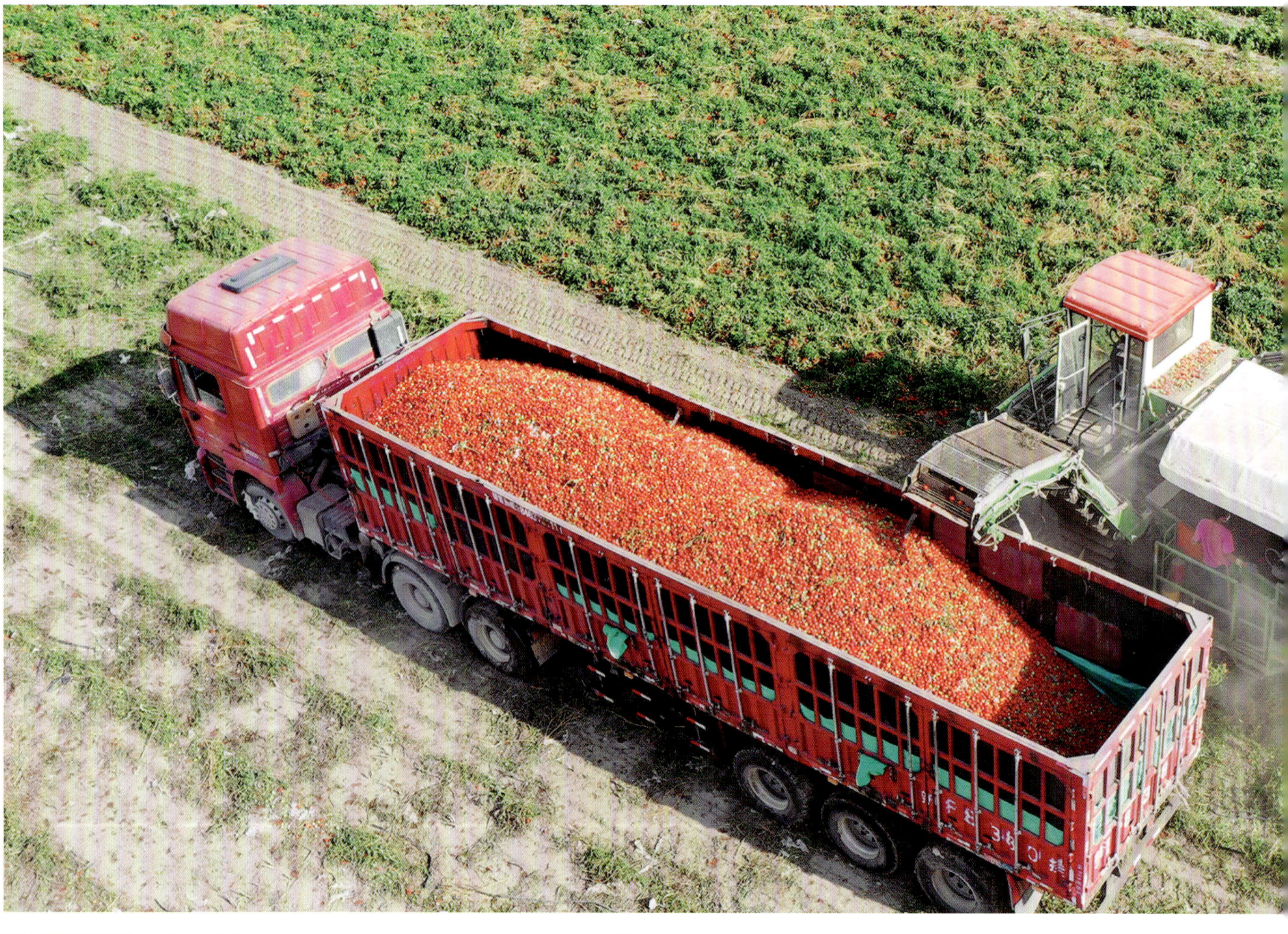

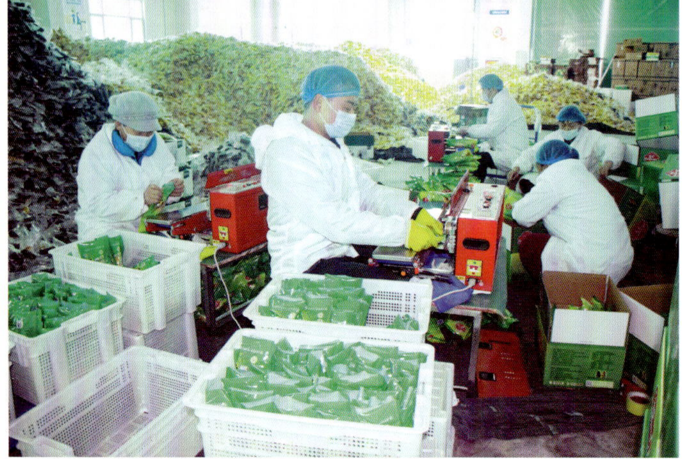

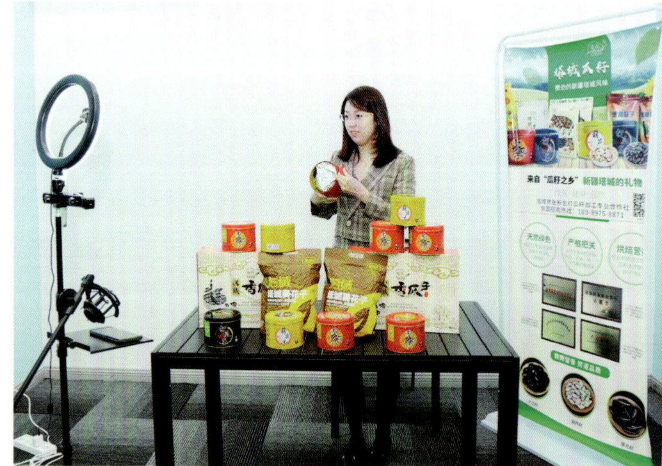

4. 2021年7月，裕民县13 万亩红花陆续盛开。图为哈拉布拉乡北哈拉布拉村村民在采摘红花丝　（杨化光　摄）
5. 2021年12月1日晚，和布克赛尔蒙古自治县和布克赛尔镇老北京夜市正式开业。图为夜市里顾客络绎不绝　（何承强　摄）
6. 2021年9月，沙湾市5万余亩辣椒喜获丰收。图为辣椒采收机在采收辣椒　（刘　伟　摄）

MINZU TUANJIE HUODONG

民族团结活动

1	2	4	5
3		6	

1. 2021年6月27日，乌苏市农业农村局驻九间楼乡詹家庄子村工作队，联合村“两委”开展“民族团结一家亲”活动，邀请结对亲戚参观农耕文化园，补充精神之钙

2. 2021年3月20日，地区疾病预防控制中心驻乌苏市西湖镇大泉村工作队，联合村“两委”组织村民开展“民族团结一家亲”联谊活动，大家同吃一锅饭，共跳舞蹈《黑走马》，弹唱冬不拉，合唱《歌唱祖国》等 （张国辉　摄）

3. 2021年8月10 日，乌苏市召开第13届民族团结进步表彰大会，命名一批民族团结进步模范集体和模范个人 （张国辉　摄）

4. 2021年2月3日，新疆塔城边境管理支队铁列克特边境派出所开展“民族团结一家亲　欢乐喜庆迎新春”走访慰问活动，民警和结对亲戚一起挂“福”字（贾松霖　摄）

5. 2021年5月18日，沙湾市工商联、沙湾市残疾人联合会、国家统计局沙湾调查队驻三道河子镇伊宁路社区工作队与社区开展“中华民族一家亲 同心共筑中国梦”联谊活动。活动中，各族群众欢聚一堂，一起唱红色歌曲、品尝美食，一起了解中国传统剪纸艺术、维吾尔族刺绣技艺等（刘　伟　摄）

6. 2021年5月21日，地区口岸委驻塔城市阿西尔达斡尔民族乡喀拉达拉村工作队和派出单位机关党支部，邀请结对亲戚到西部红色驿站，开展“坚定维护民族团结”主题党日活动（代姣美　摄）

党史学习教育

DANGSHI XUEXI JIAOYU

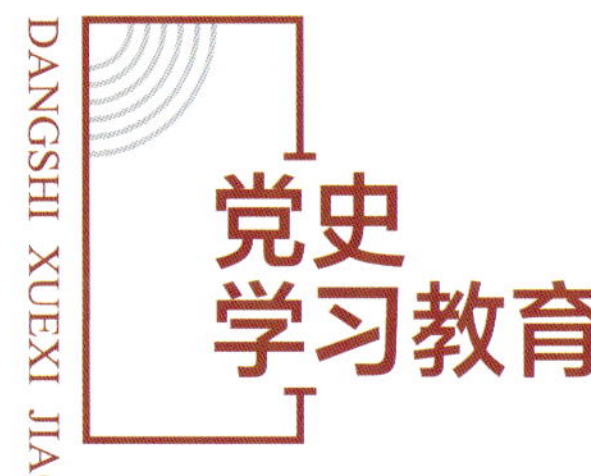

1		4	
2	3	5	6

1. 2021年3月，和布克赛尔蒙古自治县乌兰牧骑党史学习教育文艺宣传小分队走进和布克赛尔镇巴音布拉格社区开展党史学习教育　　（巴　音　摄）

2. 2021年6月10日，塔城市杜别克街道宏图社区联合地区文化馆、地区林草局开展庆祝中国共产党成立100周年系列活动暨“学党史 送真情”主题活动。活动中，党员重温入党誓词，老党员代表讲述红色故事　　（马合巴勒·木尔扎汗　摄）

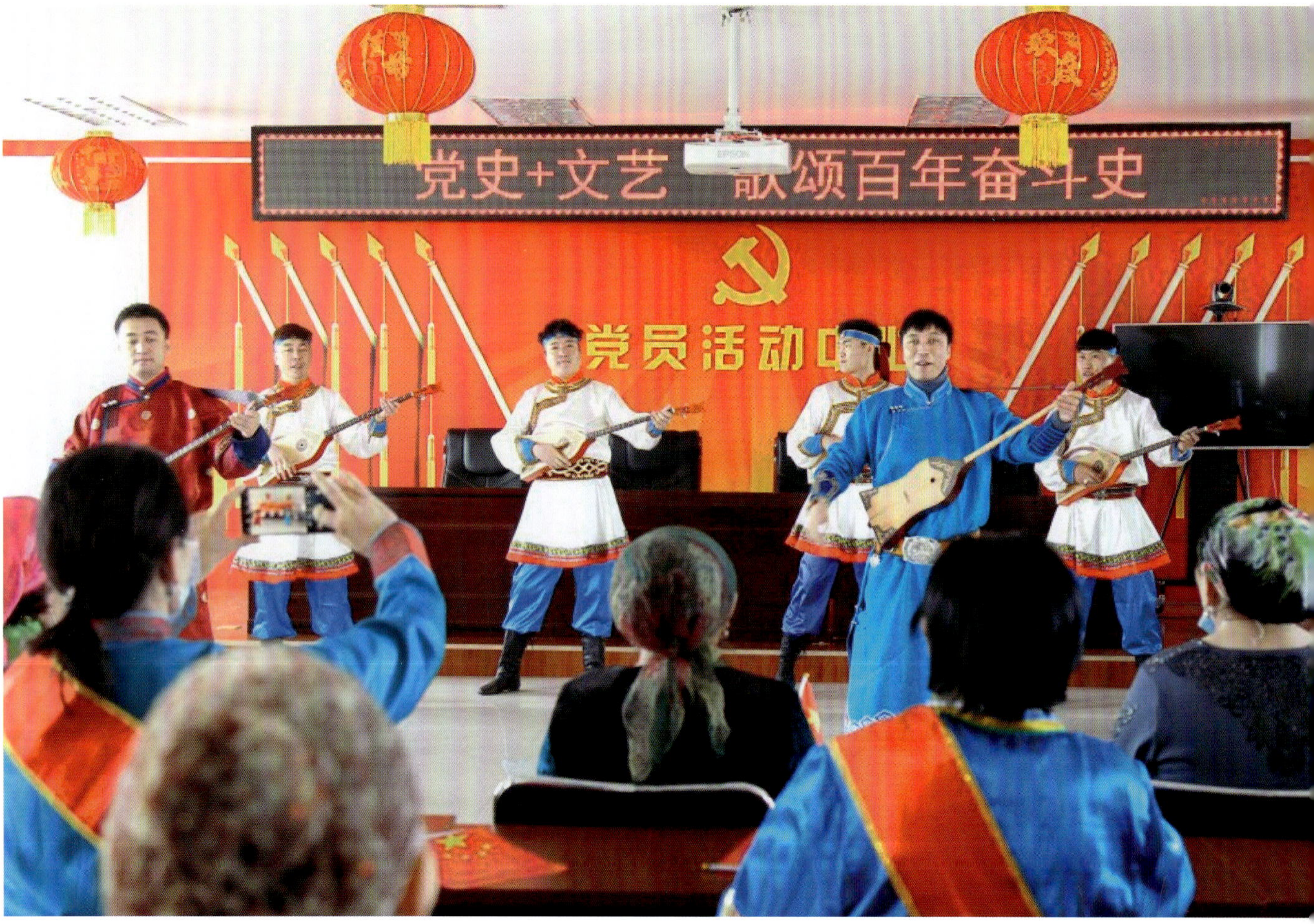

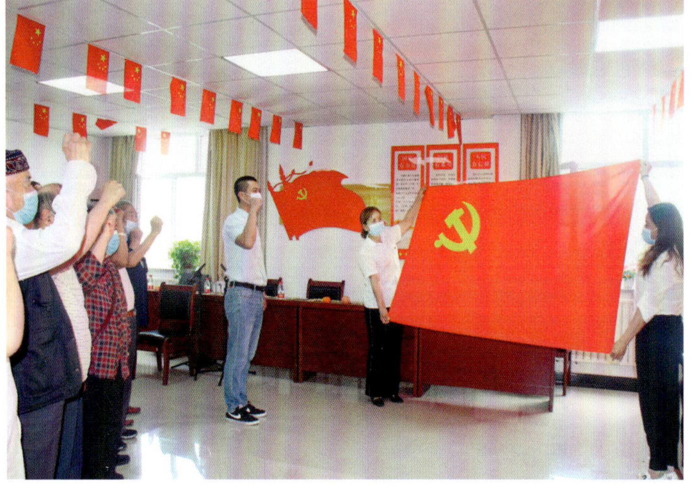

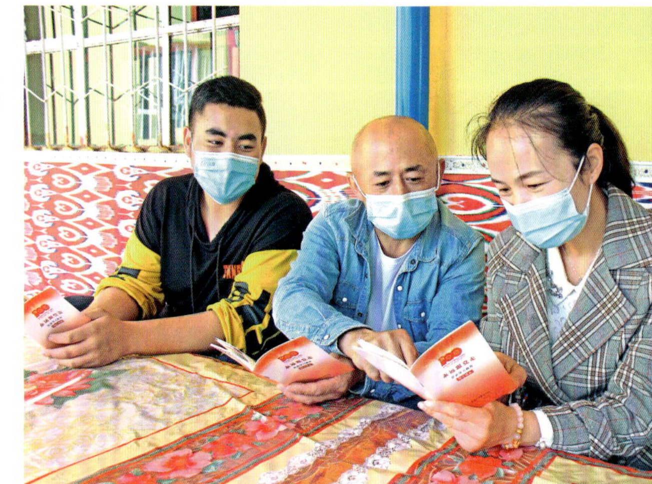

3. 2021年5月15日，地区农业农村局驻沙湾市大泉乡烧坊庄子村工作队为全村110户村民发放党史学习教育读本。图为包村干部为村民讲解党史 （刘 伟 摄）

4. 2021年3月19日，地区民政局组织开展“迎百年 学党史 铭党恩”主题党日活动，通过讲“微党课”、党史知识测试、参观绘画展等，引导党员干部努力做到学史明理、学史增信、学史崇德、学史力行 （汪春林 摄）

5. 2021年5月，地区民政局驻塔城市恰夏镇阿热勒村工作队开展“我为群众办实事”实践活动，投入近3万元，为村民免费发放秋里蒙、夏里蒙、西梅等2000株树苗，帮助村民发展庭院经济 （张 鸿 摄）

6. 2021年5月28日，共青团塔城地区委员会开展“党史百年 圆梦微心愿”点亮仪式等一系列爱心活动。工作人员现场点亮并兑现认领了1054个“微心愿”，并为26名受助学生送上爱心书包 （古丽婷·赛力克 摄）

1. 2021年12月20日，由地区党史学习教育领导小组办公室、地委宣传部主办的党史学习教育汇报暨庆元旦情景歌舞晚会在塔城音乐厅录播。图为诗朗诵《惊天动地新时代》

（张培琪 摄）

2. 2021年12月24日，塔城市杜别克街道杜别克社区开展“欢歌颂党 喜迎元旦”主题文艺会演活动。图为舞蹈《我爱你中国》

（马合巴勒·木尔扎汗 摄）

3. 2021年9月23日，塔城市首届农民丰收节在阿西尔达斡尔民族乡库尔托别村举行。图为市文旅局表演舞蹈《我和我的祖国》
（张　悦　摄）

4. 2021年5月29日，锡伯族西迁节在塔城市喀拉哈巴克乡青岗村橡园举行。图为群众玩嘎拉哈游戏　（王自林　摄）

5. 2021年7月24日，国家非物质文化遗产项目塔塔尔族撒班节欢庆活动在塔城市奥布森生态林场举行。图为传统游戏“棍棒拉力赛”
（代姣美　曾照美　摄）

YIJU TACHENG

宜居塔城

塔城市乌拉斯台河滨水景观项目风景怡人　　（刘　伟　摄）

1 2

1. 塔城市千泉湖旅游文化产业园全貌 （刘　伟　摄）
2. 提升改造后的裕民县城镇中心公园 （杨化光　摄）

1 2

1. 白琵鹭的出现，让湿地多了些灵动，少了些沉寂 （肖　华　摄）
2. 冰雪逐渐消融的巴尔鲁克山 （杨化光　摄）

1	2
3	4
5	6

1. 大鸨（戴文祥　摄）
2. 反嘴鹬（陈　文　摄）
3. 黑翅长脚鹬（陈　文　摄）
4. 灰鹤（戴文祥　摄）
5. 红脚鹬（陈　文　摄）
6. 蛎鹬（陈　文　摄）

编辑说明

一、《塔城年鉴》以马克思列宁主义、毛泽东思想、邓小平理论、“三个代表”重要思想、科学发展观、习近平新时代中国特色社会主义思想为指导，坚持辩证唯物主义和历史唯物主义的立场、观点和方法，全面、客观、系统地记载塔城地区各个领域的基本情况，反映年度重要事项与发展变化。

二、《塔城年鉴》是地方性综合年鉴，首次出版于2005年，之后逐年出版，是较为系统记述塔城地区政治、经济、文化、社会、生态文明建设情况的资料性文献，为塔城地区的变革创新、边贸发展和招商引资提供准确的地情信息，为社会稳定、经济发展、民族团结服务，为社会各界和广大读者服务。《塔城年鉴》2022卷翔实反映2021年塔城地区各行各业以习近平新时代中国特色社会主义思想为指导，深入贯彻落实新时代党的治疆方略、第三次中央新疆工作座谈会精神，统筹推动社会稳定、经济发展、民生建设、民族团结、乡村振兴等工作的情况。

三、《塔城年鉴（2022）》设专记、大事记、地情概览、中共塔城地区委员会、伊犁哈萨克自治州人大常委会塔城地区工作委员会、塔城地区行政公署、中国人民政治协商会议新疆伊犁哈萨克自治州委员会塔城地区工作委员会、中共塔城地区纪律检查委员会·塔城地区监察委员会、群众团体、法治、军事、对口支援、农业、工业、交通运输·邮政通信、城乡建设、商贸·旅游业、经济管理、金融业、生态环境保护、科学技术、教育、文化·体育、卫生健康、社会民生、应急管理、县市概览、新疆生产建设兵团第九师概览、人物·先进集体、附录、索引，共31个部类。

四、《塔城年鉴（2022）》以部类为单元，由分目和条目组成，基本表现形式为条目。条目标题均为黑体字加【 】表示。

五、《塔城年鉴（2022）》所使用的国民经济和社会发展统计资料均以塔城地区统计局的统计公报及各部门的统计资料为准。部分数据由各业务部门提供，与统计局的统计资料不尽一致，请以统计口径为准。

六、《塔城年鉴（2022）》条目中各单位名称一般在第一次出现时使用全称，其他均用习惯简称；新疆生产建设兵团简称为生产建设兵团或兵团。

七、《塔城年鉴（2022）》数字用法、标点符号用法分别采用国家标准《出版物上数字用法》（GB/T15835—2011）、《标点符号用法》（GB/T15834—2011），计量单位采用国家技术监督局1993年12月发布的《量和单位》系列国家标准。

八、《塔城年鉴（2022）》采用的稿件是由塔城地区各部门、各单位和境内生产建设兵团的撰（组）稿人或专业人员提供，所有资料、数据均经有关部门（领导）审核。

目　录

专　记

大事记

地情概览

中共塔城地区委员会

重要会议

检查　调研

人大监督

人大代表工作

塔城地区行政公署

综　述

综合政务

重要文件

行政服务与公共资源交易中心

外　事

信访工作

机关事务管理

行署驻乌鲁木齐办事处

中国人民政治协商会议新疆伊犁哈萨克自治州委员会塔城地区工作委员会

重要会议及活动

委员会工作

法　治

军　事

对口支援

农　业

邮政通信

城乡建设

城市建设

村镇建设

房地产管理

商贸 · 旅游业

商　贸

旅游业

经济管理

科学技术

教　育

文化·体育

新疆生产建设兵团第九师概览

人物・先进集体

附　录

索　引

专 记

党史学习教育

2021年3月，塔城地区启动党史学习教育，地区3200个党组织、6.9万名党员按要求参加。塔城地委高度重视、精心谋划，高位推动、高效落实，紧紧围绕“学史明理、学史增信、学史崇德、学史力行”和“学党史、悟思想、办实事、开新局”目标要求，聚焦主线、对标对表，扎实开展党史学习教育各项工作，推动党史学习教育走深走实取得扎实成效。

一、提高政治站位，对标对表中央决策、自治区党委安排部署，全力推进党史学习教育扎实开展

（一）组织领导工作。坚持把开展党史学习教育作为贯彻落实党中央重大决策、自治区党委安排部署和凝聚全地区广大党员干部力量、推动实现社会稳定和长治久安的重要举措、有力抓手，准确把握标准要求，高起点谋划、高质量推进、高标准落实。成立由地委主要领导任组长、分管领导及班子相关成员任副组长、相关部门主要负责同志任成员的党史学习教育领导小组，领导小组下设办公室，含综合协调、新闻宣传、简报信息、实践活动、巡回指导5个专项组。

（二）精心安排部署。自治区党委召开动员会后，塔城地区第一时间召开党史学习教育动员会议进行安排部署，先后7次召开地委委员会议专题研究党史学习教育工作。结合地区实际及时制定下发《塔城地区开展党史学习教育实施方案》《塔城地区党史学习教育推进落实工作方案》等33个专项文件，确保全地区党史学习教育扎实有序稳步高效推进。

（三）层层压实责任。在组织保障上压实责任，明确要求各级党组织必须成立党史学习教育领导机构或工作专班，组织推动党史学习教育扎实开展。在任务落实上压实责任，制定《地区开展党史学习教育推进方案》，对标对表党史学习教育方案规定动作，制定工作任务台账。制定《地区党史学习教育巡回指导工作方案》，强化充实指导力量，明确细化指导组主要职责、重点工作、关键环节、工作方法等工作要求。在包联指导上压实责任，将督促党史学习教育充实进各级领导班子包联指导基层单位内容，建立地厅级领导干部党史学习教育联系点制度，先后赴包联县（市）、单位调研指导100余次，指导基层单位有序推进党史学习教育；各级党组织领导班子对照包联职责，定期到包联乡镇、部门督促指导党史学习教育。

（四）做好专题培训。将党史学习教育内容纳入各级各类培训，地、县（市）党校（行政学院）围绕党史学习教育，重点做好县处级以上领导干部的专题培训；用好中央、自治区党员干部“大培训”视频培训资源，分批次对乡（科）级及以下党员干部进行培训学习。地区各级党校（行政学院）举办各类培训班近300期。充分发挥各级各类爱国主义教育基地和国防教育基地作用，组织党员干部参观党史学习教育红色阵地，以实地实物、鲜活讲解、互动体验等形式开展现场教学。运用好各类学习平台，开展线上学习。把党史学习教育融入学校思政课，加强思政课教师专题培训。

（五）及时发放资料。订购《论中国共产党历史》《毛泽东、

邓小平、江泽民、胡锦涛关于中国共产党历史论述摘编》《习近平新时代中国特色社会主义思想学习问答》《中国共产党简史》四本指定教材6.9万套；发放《党史学习教育汇编》1872本，完成率100%；结合实际精编发放《应知应会100题》《党史知识我知道》小册子、口袋书等相关读物95万本。

二、紧密围绕主题，联系思想和工作实际，全力推动党史学习教育学深悟透做实

（一）着力抓好个人自学。地区各级党组织科学安排，列出每周自学清单，加强对党员干部自学的引导。基层党组织依托“三会一课”，开展心得交流会、自学汇报会，增强学习实效。将党史学习教育融入“书香天山”全民阅读系列活动，充分利用各类阅读设施和场所，推动党史学习教育真正深入基层，制订“帮学送教”计划，采取专题培训学、上门辅导学、家庭课堂学、流动帮扶学“四学模式”。

（二）着力抓好专题学习。地厅级领导干部对干部职工集中开展专题辅导。地区800余名县处级以上党员领导干部坚持集中学习与自我学习相结合，踏踏实实读原著、学原文、悟原理。先后举办专题读书班2256场次，理论学习中心组专题学习850场次，开展座谈交流研讨6600多场次。

（三）着力抓好专题研讨。地区和各县（市）以不同形式召开研讨会、座谈会，深入做好庆祝中国共产党成立100周年理论研究工作。在地区和各县（市）征集论文44篇，1篇入选中宣部等七部委编印的《庆祝中国共产党成立100周年理论研讨会论文集》。

（四）着力抓好跟进学习的“鲜度”。重点学习了习近平总书记在党史学习教育动员大会上的讲话精神；重点学习习近平总书记的重要讲话精神，深化对中国共产党光辉历史的学习掌握。同时，组织各族群众收看庆祝大会直播和自治区庆祝中国共产党成立100周年“党旗飘扬”电视文艺晚会，观看庆祝中国共产党成立100周年文艺演出。党的十九届六中全会召开后，重点学习习近平总书记在十九届六中全会上的讲话精神。

2021年4月10日，塔城边境管理支队“学党史　知党务　强党性”知识竞赛举行

（高泽胤　摄）

三、推进为民办实事落实落细落小

聚焦“急难愁盼”，征求民意做到“深”。及时印发《关于开展“我为群众办实事”实践活动摸底调研工作的通知》，地委班子带头作表率，通过各种途径，广泛收集并解决群众“急难愁盼”事项5016个，各级党组织为群众办实事数量2.7万件，惠及群众90.8万人。全地区1.57万名在职党员到社区报到和到单位“访惠聚”驻村（社区）工作队报到、报到率100%，开展深化岗位建功和党员志愿服务活动。地区累计组建志愿服务队1106支，认领志愿服务岗11356个，确定帮扶对象1.6万户，带头领办群众“微心愿”7660个，累计走访慰问群众8万户次，开展各类志愿服务活动9100余次、受益群众78万人次。全地区设置党员先锋岗、党员责任区2206个，命名岗位学雷锋标兵679人、学雷锋示范点257个，为群众办实事好事38997件。

聚焦“群众满意”，为民办事做到“实”。按照自治区党委“我为群众办实事”实践活动“10+10”工作要求，研究制定活动实施方案、任务分解方案以及推进落实方案。组织实施扩大就业、增收致富、激发夜间经济活力、教育提升、全民健康、社保扩面、“煤改电”、兴边富民、公共安全保障、稳定惠民等“10项惠民工程”，着力办好“10件为民实事”。

“访民情、惠民生、聚民心”驻村工作

2021年，塔城地区选派“访

惠聚”驻村工作队875个、驻村干部3595人，党员占51.12%，女干部占39.86%，少数民族干部占40.16%；层层开展驻村干部业务培训2.8万人次，持续抓好日常学习和岗位练兵，不断提高驻村干部履职能力；认真落实关心关爱和激励保障各项政策措施，开展驻村干部谈心谈话8697人次，走访慰问驻村干部及家属6598次，帮助解决困难问题996个。

2021年，根据自治区党委提出的新时代“访惠聚”驻村工作七项重点任务，地区研究制定113条具体措施，逐一抓好落实；持续压实各级各类责任主体驻村工作责任，齐心协力推进驻村工作；建立地县乡三级“访惠聚”办公室日常指导、相关部门单位业务指导、县乡包联领导跟进指导、派出单位配合指导的工作机制，推动驻村工作落地落实、提质增效；深入开展“互学互促”活动，引导驻村工作队相互学习、共同进步；大力宣传驻村工作好做法、好经验、好典型，被地区级以上媒体采用相关稿件4200余篇（条）。

2021年，塔城地区“访惠聚”驻村干部与基层干部并肩奋斗，落实驻村工作各项重点任务，在推进科学理论武装、保持社会大局持续稳定长期稳定、巩固加强民族团结、促进宗教健康发展、做好意识形态领域工作、巩固拓展脱贫攻坚成果同乡村振兴有效衔接、建强村（社区）党组织等方面都取得了新进展新成效。据不完全统计，2021年内开展中央和自治区党委重要会议精神、法治、民族团结等宣传教育活动3.3万场次163万人次，化解矛盾纠纷8041个，治理安全隐患1.07万个，收集办结群众各类困难诉求1.01万件，慰问群众3.72万户次，为群众办实事好事1.39万件，开展各类文体活动2940场次、志愿服务活动1.12万场次。本年度受自治区表彰“访惠聚”驻村工作先进集体76个、先进个人262个、优秀组织单位21个。（林　鑫）

“民族团结一家亲”和民族团结联谊活动

塔城地区以铸牢中华民族共同体意识为主线，以“中华民族一家亲、同心共筑中国梦”为目标，在毫不放松抓好常态化疫情防控工作前提下，推进“民族团结一家亲”和民族团结联谊活动制度化长效化常态化，不断巩固各民族大团结，促进各民族广泛交往、全面交流、深度交融。

2021年，全地区2.8万名干部职工与3.25万户结对认亲，深入将开展结亲走访与政策宣讲相结合，与党史学习教育相结合，与助力乡村振兴相结合，2021年，全地区各族干部职工开展走访12.6万人次，举办以“民族团结一家亲”为主题的报告会、座谈会、联谊会、文体活动等8300余场次，参加人数8.5万人次，开展宣传宣讲8.6万场次，受教育群众23.4万人次，围绕就医、就学、就业、扶贫帮困等方面为各族群众办好事实事2.1万件，捐款80.35万元，捐物3.64万件。开展爱国卫生运动、整治庭院1.5万余户，清理垃圾1.7万吨，发展庭院经济2.7万户。

2021年，地区“民族团结一家亲”活动领导小组办公室采取专题辅导讲、入户走访讲、家庭会议讲、发放“口袋书”等方式，各族干部职工面向结对认亲户深入宣传党的十九届六中全会特别是习近平总书记重要报告、重要说明、重要讲话精神和《中共中央关于党的百年奋斗重大成就和历史经验的决议》，以及学习宣传贯彻中央民族工作会议和第三次中央新疆工作座谈会精神特别是习近平总书记重要讲话精神，学习宣传自治区第十次党代会、自治区党委十届二次全会和自治区党委民族工作会议等系列重要会议精神，宣讲《大爱书写一家亲——新疆民族团结故事汇》，讲好中华民族大团结故事；依托公共图书馆、文化馆、博物馆、纪念馆等，组织结对认亲户开展观光体验活动，用中华文化浸润各族人民心灵；利用冬季相对农闲时机，组织结对认亲户开展国家通用语言文字演讲、技能才艺展示等群众性活动，教育引导各族干部群众进一步增强“五个认同”，不断铸牢中华民族共同体意识，感党恩、听党话、跟党走。

2021年，地区“民族团结一家亲”活动领导小组办公室发挥部门单位优势作用，深化拓展“我为群众办实事”和“送政策、送法律、送温暖、送文明、送科技、送文化、送健康、送安全”等活动，干部职工深入村户人家，走进田间地头，收集梳理各类困难诉求，帮助解决各族群众在冬季农业生产、农村实用技能培训、农副产品销售、冬季取暖等方面存在的实际困难问题；重点指导各族群众做好冬季生产安全、灾害预防等工作；走访慰问困难群众，让各族群众切身感受到党和政府的关怀和中华民族大家庭的温暖。配合“访惠聚”驻村（社区）工作队、第一书记持续加强各族群众疫情防控知识宣传和健康教育，组织开展爱国卫生运动，协助做好疫情防控物资储备、居室消杀等工作，引导基层各族群众养成良好的生活习惯和卫生习惯。

新冠肺炎疫情防控

2021年，塔城地区始终坚持把疫情防控工作作为重大的政治任务，坚定坚决贯彻落实习近平总书记关于统筹疫情防控和经济社会发展的重要指示批示精神，特别是关于疫情防控最新的指示精神，坚定坚决贯彻落实党中央决策、自治区党委部署和自治区疫情防控工作指挥部工作要求，时刻紧绷疫情防控这根弦，严格落实“外防输入、内防反弹”和“四早”（早发现、早报告、早隔离、早治疗）、“五字”（防、治、控、保、稳）要求，牢固树立全疆“一盘棋”、兵地“一盘棋”思想，坚定坚决守好“三道门”，严格落实“八项监测预警机制”，坚持“依法、科学、精准”防控，做到“思想不松、措施不松、机制不松、责任不松”，有效应对疆内外多次突发疫情，建立完善一套有效管用的防控机制，持续巩固和拓展疫情防控工作成果，牢牢守住坚决不发生聚集性扩散疫情的底线，做到疫情“零发生”，坚决守护各族人民群众生命安全和身体健康。

一、强化组织领导，时刻绷紧疫情防控之弦

1.坚持高位推动，切实压紧压实“四方责任”。始终坚持地委领导下的指挥运行体系不变，坚持党政军警兵民协调联动、地县乡村四级联动、地方兵团区域联动，健全地县乡村四级包联机制，压实各级责任，形成责任到边到底、一级抓一级、层层抓落实的工作格局。根据自治区常态化疫情防控机构设置要求，及时调整优化指挥部常态化运行模式，健全完善指挥体系，按照“9+7”（即9个工作组、7个专项组）模式，实行实体化运行、扁平化管理，始终保持各级指挥体系激活和24小时高效运转状态，确保一旦发现疫情，能够快速有序处置。针对突发疫情，及时优化调整防控策略，做到依法科学精准防控。在贯彻落实自治区守好“三道门”、落实“八项监测预警机制”的基础上，聚焦“早、快、准、实、严”，不断完善常态化疫情防控举措，结合地区实际制定《塔城地区关于精准精细做好当前疫情防控工作的具体措施》等一系列疫情防控措施，为坚决打赢疫情防控攻坚战提供坚强的组织保障。地区各级疫情防控工作指挥部精准研判形势，积极应对突发疫情，特别是疆内部分地州发生疫情后，及时启动应急响应机制，全力做好疫情防控工作。

2.强化宣传引导，持续守牢守正舆论阵地。地委高度重视疫情防控的宣传和舆论引导，坚持逢会必讲。特别是针对群众反映的热点难点问题，第一时间作出重要批示，强力推动落实。2021年全年，转发中央、自治区发布的权威信息稿件25183篇（条），开展疫情形势解读9818篇（条），刊播疫情防控科普知识4530篇（条），制作疫情防控公益广告、专家提示、倡导使用公勺公筷等内容的海报、微视频18500余个，营造“全民动员，全民参与”浓厚防疫氛围。

二、坚定坚决守好“三道门”

1.以“十二个严格”为重点，坚决守好国门。始终把口岸疫情防控作为重中之重，持续优化境外疫情输入闭环管理工作机制，严格落实“封闭式管控、闭环式运行”要求，落实最严格的人员、场所、物品防疫措施，形成责任闭环、流程闭环、工作闭环、措施闭环，建立“从国门到家门”的多层次全方位防控链条，牢牢守住“病毒不进国门，不出封闭区”的底线，确保境外输入病例保持“零输入”。进一步强化口岸防控设施建设，先后投入3亿元，硬化和封闭2万平方米甩挂场地；建成占地面积4942平方米的集中医学观察点，3000平方米方舱医院；建成2200平方米甩挂场工作人员生活区；建成8条车体暖房式消杀通道；建成8.75千米口岸“大封闭圈”物理硬隔离围网，甩挂场、监管货场、吊装场、口岸隔离点等四个封闭区新建7.6千米物理硬隔离围网，并全部加装周界警戒电子报警系统；建成270平方米甩挂场、盛大货场、永利货场、吊装场穿脱防护服用房；新建、改造甩挂场、盛大货场、永利货场、吊装场等4处医疗废弃垃圾暂存点；在甩挂场、监管货场、吊装场等重点区域加装监控设备200余路，确保监控无死角。按照“客停货通”“货出人不进”的管控原则，通过车分离、定点换装、封闭运行的甩挂通关模式，努力提升通关效率。巴克图口岸通关车辆从初期每天出入境20辆左右增加至100辆左右、日出口货物近1000吨，是全疆唯一一个出口大型特种设备的口岸。

2.以“三个管控”为重点，坚决把好“大门”。采取多种措施，管控好进入塔城人流、物流、车流，做好扫码、测温、戴口罩、信息录入、落地核酸以及进入塔城车辆和货物消杀、检测、摸排管控等工作，切实管好“四类人”。

3.以“九个有”为重点，坚决看好“院门”。对5272个各类网格

进行摸排，因地制宜调整优化1882个网格，严格落实“五包一”防控责任，以在职党员进社区报到、单位包联小区“共驻共建”等载体为抓手，充分发挥2603支9080名“五包一”防控队伍作用，坚持“视频巡逻+车巡+定点盘查”模式，持续加大街面巡控和人员车辆盘查。强化“场所码”出入管理，教育引导各族干部群众倡导就地过节，严格外出“预报备”，主动参与疫情防控，自觉接种新冠病毒疫苗。2021年，网格内累计核查外来人员211.05万人次，开展“八项监测预警机制”演练1.2万场次，完成“五包一”防控队伍培训20.5万人次，指导开展爱国卫生运动4.1万场次参与活动12.6万余人次，清理垃圾8.5万吨，最大限度铲除病毒滋生的环境和土壤。

三、扎实推动监测预警机制落实

1.常态化落实冷链食品、物流、邮件监测预警机制。严格做好冷库备案信息公布，确保冷库备案率100%，同时及时更新动态信息，严格做到线下核查及时，线上演练达标，数据真实准确流转，实现冷链食品“来源可溯、去向可查、过程可控”的目标。统筹建设3座冷链食品集中监管仓，实现地区范围冷链食品全流程的闭环管控。2021年，开展冷链食品及物流仓储、批发零售从业人员核酸检测8.46万人次，环境场所9.27万管。大力推进冷链食品追溯管理，培训从业人员2万人次，入驻平台食品经营者19308家，完成冷链食品首站赋码13243个，平台流转数据71135条。强化冷链食品物流邮件监测预警实战演练，常态化开展实战演练和桌面推演54次。加大执法监督力度，累计出动执法人员15047人次，检查食品经营主体79629家次，责令整改1514家次，下发责令整改通知书259份；检查物流寄递业1930家次，发现问题115个，下发责令整改通知书30份。

2.常态化落实交通运输人和物监测预警机制。坚持“人物”同检，从交通运输场所及交通运输“前”“中”“后”四个环节入手，严格规范疫情预防和监测预警流程，24小时开展测温、扫码、消杀、货物核酸抽样检测等工作。紧盯秋冬季疫情防控，在做好原有26座“消杀暖房”消杀效果评价和维护更新的同时，筹措资金1100余万元，新建3座“消杀暖房”，切实提升了“前端”消杀能力和通行效率。2021年累计消杀车辆82205辆，开展进入塔城货物、邮件及交通工具核酸检测59万件次，开展人员核酸检测28.12万人次。

3.常态化落实环境监测工作预警机制。紧盯重点场所、重点区域，定期对公共环境开展环境采样检测。严格按照“三类场所”细化标准，落实环境抽样检测频次。2021年，一类场所采集点位265个、检测25.94万份，二类场所采集点位1183个、抽检46.90万份，三类场所采集点位25561个、抽检119.69万份，共抽样检测物品55.17万份，检测结果均为阴性。

4.常态化落实环境消杀工作预警机制。紧盯防控要素，严格按照消毒技术规范要求，常态化对重点场所、重点区域、公共环境以及重点部位开展常态化终末消毒和预防性消毒，确保环境安全。2021年，累计开展环境消杀113.69万所，其中一类场所1.68万所，二类场所4.70万所，三类场所107.31万所。

四、常态化推进核酸检测工作落实

根据疫情形势及时调整检测人群及频次，坚持分级分类精准实施。持续开展应对突发性疫情的大规模核酸检测桌面推演和实战演练，不断提升实战能力。2021年，累计开展核酸采样、检测实操培训552场次，其中样本采集22348人次，核酸检测940人次。

全地区建有接收标本的核酸检测机构18个，建立采样队伍1152支、2857人，核酸检测队伍21支323人；日采样能力达88.34万人次，按照10∶1混合法，单日最大检测能力达11万管，能够保障全地区两日内完成全员核酸检测任务。2021年全地区开展43轮全员核酸检测，累计采样检测3286.35万人次，检测结果全部为阴性；开展八类重点人员核酸检测179.55万人次，其他重点人群核酸检测1053.10万人次。

五、医疗救治准备

地区13家发热门诊均设置在院内相对独立区域，并按要求设置留观室168间，严格按照“三区两通道”和留观病房的设置要求，做到人流、物流、空气流与其他区域严格的物理隔离，防止造成人员交叉感染。

地区先后投入资金约2210万元，对定点救治医院进行能力提升改建并购置必要的设施设备。统筹地区医疗卫生资源组建3支190人的医疗救治梯队，定期开展培训和全流程演练。2021年累计开展集中演练28场次；开展理论、穿脱防护服操作、鼻咽拭子标本采集专项考核600余人次，合格率100%。

六、推进新冠病毒疫苗接种工作

坚持“应接尽接、梯次推进、突出重点、保障安全”的原则，严格疫苗接种全流程规范化管理，全面构筑群体免疫屏障。研究制定《塔城地区新冠病毒疫苗接种总体方案》，加强宣传引导，精准摸排评估，有序组织实施，超额完成自治区下达的疫苗接种任务。

（鲁　飞）

沙湾撤县设市

2021年3月16日，沙湾举行撤县设市揭牌仪式。自治区人民政府副主席、自治区党委政法委副书记、自治区自然资源厅厅长哈德尔别克·哈木扎出席揭牌仪式并讲话，自治区民政厅党组书记王志军、地委书记薛斌参加揭牌仪式，自治区人民政府副秘书长李涛主持揭牌仪式。揭牌仪式上，宣读自治区人民政府《关于撤销沙湾县设立县级沙湾市的通知》《关于撤销中国共产党沙湾县委员会和纪律检查委员会成立中国共产党沙湾市委员会和纪律检查委员会的通知》，并为中国共产党沙湾市委员会、沙湾市人民代表大会常务委员会、沙湾市人民政府、中国人民政治协商会议沙湾市委员会、中国共产党沙湾市纪律检查委员会、沙湾市监察委员会揭牌。

2021年3月16日，沙湾撤县设市揭牌仪式举行　（文　博　摄）

大事记

1月

7日

裕民县巴尔鲁克景区（含小白杨哨所、孙龙珍纪念馆、巴什拜展览馆）被自治区党委宣传部、自治区文旅厅、自治区发改委、自治区退役军人事务厅命名为红色旅游经典景区。

19日

塔城市被国家民族事务委员会命名为“全国民族团结进步示范区（单位）”。

20日

中共塔城地区委员会委员（扩大）会议［以下简称地委委员（扩大）会议］召开，传达学习自治区党委农村工作会议精神、自治区党委全面依法治疆工作会议精神、自治区抗击新冠肺炎疫情表彰大会精神、近期自治区党委常委（扩大）会议精神，研究地区贯彻落实意见。

24日

地区行署与新疆交通建设投资控股有限公司签订产业发展战略合作协议。

25日

和布克赛尔蒙古自治县夏泉沟家庭农场、托里县库木托别鑫顺农场、额敏县山楂树家庭农场、塔城市地宝丰家庭农场、塔城市阿不都拉乡盛业家庭农场、塔城市悦民家庭农场、乌苏市睿彤家庭农场、乌苏市东梁湖家庭农场、乌苏市胜利家庭农场、乌苏市西湖镇景阳家庭农场被自治区农业农村厅认定为首批自治区示范家庭农场。

26日

地委召开全面依法治地工作会议。

27日

地委召开农村工作会议。

29日

经国务院批准，民政部批复同意撤销沙湾县，设立县级沙湾市。

2月

1—2日

自治区十三届人大四次会议塔城地区代表团召开全体会议，审议政府工作报告，审查第十四个五年规划和远景目标纲要草案，审查计划报告、预算报告及草案，审议大会选举和表决办法草案。自治区人大常委会主任肖开提·依明参加审议。

4日

中国医科大学塔城医院获批自治区5G+远程诊断应用试点单位。

6日

地委委员（扩大）会议召开，传达学习自治区两会精神、自治区纪委九届六次全会精神和自治区党委常委（扩大）会议精神，研究地区贯彻落实意见。

8日

地区召开党风廉政建设和反腐败工作会议。

14日

塔城地委班子召开党史学习教育专题民主生活会。

23日

地委召开2020年度县市党委书记抓基层党建述职评议考核会议。

△兵团第九师党委七届九次全会召开。

24日

地区召开党史学习教育动员会议。

25日

和布克赛尔蒙古自治县铁布肯乌散乡委员会、裕民县江格斯乡江格斯村党支部获评全国脱贫攻坚先进集体，托里县吴秋琼获评全国脱贫攻坚先进个人。当日，全国脱贫攻坚总结表彰大会在北京举行。

3月

3日

塔城地区招商引资大会暨项目签约仪式在塔城市举行。会上集中签约招商引资项目19个，投资总额130.61亿元。

12日

地区召开新时代“访惠聚”驻村工作会议。

14日

地委委员（扩大）会议召开，传达学习习近平总书记在全国两会期间的重要讲话精神和全国两会精神，传达学习自治区党委常委会（扩大）会议精神和自治区党委2020年度地州市党委书记抓基层党建工作述职评议考核视频会议精神，研究地区贯彻落实意见。

15日

地区召开政法队伍教育整顿动员部署会议。

16日

沙湾举行撤县设市揭牌仪式。

18日

新疆塔城重点开发开放试验区核心区（塔城市）锡伯图水库等重点项目集中开工仪式，在塔城市锡伯图水库举行。集中开工建设30个项目，总投资58.15亿元，涉及水利、能源、城市基础设施和产业发展等多个领域。

25日

塔城地区分会场举行2021年自治区重点公路建设项目复工仪式，复工段主要为国道219线塔城至裕民段公路改建段。

△地区召开2020年经济社会发展情况通报会，向离退休干部代表通报地区2020年经济社会发展情况。

26日

地区召开全面推行林长制工作会议。

30日

自治区人大常委会副主任、社会建设委员会主任委员董新光带领自治区人大常委会《新疆维吾尔自治区防范和惩治网络传播虚假信息条例》执法检查组在地区开展执法检查。

4月

1日

地区“12345”政务服务便民热线平台正式开通。

7日

地区人大工委召开2021年第一次会议，会议听取和审议行署工作报告、地区中级人民法院工作报告、伊犁哈萨克自治州人民检察院塔城分院工作报告；审查和批准2020年地区国民经济和社会发展计划执行情况与2021年地区国民经济和社会发展计划草案报告，2020年地区财政预算执行情况与2021年地区财政预算草案报告；听取和批准地区国民经济和社会发展第十四个五年规划和2035年远景目标纲要（草案）；表决通过地区人大工委2021年工作要点及各项决议（草案）。

8日

地区政协工委召开2021年委员全体会议，会议传达全国两会精神；回顾总结2020年工作，安排部署2021年工作；通报《政协塔城地区工作委员会2020年委员提案工作情况》；宣读《关于2021年自治州政协工作会议对我区州政协委员表彰情况及塔城地区政协工委对住地直部门各级委员履职情况的通报》。

11日

2021年塔城地区第一批重点项目集中开（复）工。开（复）工项目181个，主要涵盖农牧业、工业、服务业三大产业，涉及水利、交通、市政、农业、生态环保、社会事业等多个领域，总投资268亿元。

12日

阿依丁·托留汗任塔城地委副书记、行署专员；木合亚提·加尔木哈买提离任地委副书记、行署专员职务。

14日

和布克赛尔蒙古自治县宏达盐业有限责任公司的天然湖盐加碘食盐、未加碘食盐通过中国绿色食品发展中心绿色产品认证。

14—16日

自治区政协党组成员、副主席马雄成带领调研组在塔城地区就疫情防控、乡村振兴等工作开展调研督导。

22日

地委书记、兵团第九师党委第一书记、第一政委薛斌等地区领导与兵团第九师党委副书记、师长朱志甘带领的党政代表团进行座谈，就深入推进地区与兵团第九师融合发展进行交流。

△地区召开宣传部长会议。

△辽宁援疆项目集中开（复）

工仪式在塔城地区和兵团第八师、第九师同时举行。

24日

地委书记薛斌等地区领导与兵团第十师北屯市党委书记、政委王胜平带领的党政代表团就深入推进兵地融合发展进行座谈交流。

△塔城地区政银企座谈会在乌苏市召开，缓解中小企业融资难、融资贵等问题，推动工业行业健康、快速发展。

25日

自治区党委常委、组织部部长李邑飞在沙湾市调研推进乡村振兴战略情况。

5月

7日

裕民县与兵团第九师一六一团达成国有土地使用确权协议，裕民县政府授权县不动产登记中心为一六一团颁发城区国有土地使用确权证书。

11日

地区召开辽宁省第五批医疗人才“组团式”援疆工作总结表彰暨辽宁省第六批“组团式”医疗援疆人才欢迎大会。

△沙湾市东湾镇卡子湾村张秋良获自治区“最美退役军人”称号。

13日

乌苏市公安局南园派出所、和布克赛尔县公安局城镇派出所被自治区公安厅命名为“枫桥式公安派出所”。

15日

地区行署与国家电投集团新疆能源化工有限责任公司举行新疆塔城国家级重点开发开放试验区先行启动区第一批项目开工仪式、塔城地区重点项目5月集中开工仪式、国家电投塔城新能源创新产业园、能源创新研究院奠基揭牌仪式。

16日

第十五届新疆塔城裕民县山花节暨兵地融合“文化+旅游+电商”共同助力乡村振兴大型网络直播活动在裕民县开幕，新疆首个百日山花市集同步开启。

21日

在中国欧洲经济技术合作协会陕西省办事处支持下，地区成功举办“旅游产业长三角专题（线上）推介会”。

30日

地区召开爱国卫生运动工作会议。

31日

塔城地区乡村振兴局正式挂牌成立。

6月

1日

地区推出新疆塔城重点开发开放试验区工程建设项目审批事项代办帮办服务，切实提高试验区工程建设项目审批效率。

△坚持在自家小院升国旗十二载的沙勒克江·依明一家应邀到北京天安门广场参加升国旗仪式，并与中国人民解放军仪仗大队国旗护卫队官兵共同开展主题党日活动。

4日

地委宣传部与新疆师范大学签订战略合作协议书。

9日

地区举行“光荣在党50年”纪念章颁发仪式。

10日

辽宁·塔城产业对接洽谈暨招商推介会成功举办。推介会由地区行署主办，辽宁省发改委、辽宁省民政厅、辽宁省工商联、辽宁援疆前方指挥部承办，采取线上线下相结合的方式，在沈阳市和塔城市设置分会场。

△国务院印发的《关于公布第五批国家级非物质文化遗产代表性项目名录的通知》公布第五批国家级非物质文化遗产代表性项目名录和国家级非物质文化遗产代表性项目名录扩展项目名录，塔城俄罗斯族踢踏舞、传统面食制作技艺（塔塔尔族传统糕点制作技艺）入选。

12日

地区行署与新疆工程学院在塔城签订战略框架协议。

△地委举办县处级以上党员干部“四史”学习教育专题培训班。

15—20日

辽宁省侨联党组书记、主席与辽宁省侨联“侨爱心·乡村学生眼视光工程”医疗队到塔城开展送温暖工程活动，为塔城市铁列克提中心小学捐款20万元。

17日

地区召开安全生产电视电话会议。

22日

新疆塔城重点开发开放试验区先行发展启动区举行项目集中开工奠基，塔城地区国有企业将全面参与新疆塔城重点开发开放试验区先行发展启动区项目建设。

23日

地委书记薛斌等地区领导到地区党史学习教育基地参观学习，同新党员代表一起开展入党宣誓活动。

24日

地区行署与中铁城市发展投资集团有限公司签订合作框架协议。

29日

庆祝中国共产党成立100周年

"七一勋章"颁授仪式在人民大会堂举行，裕民县被誉为边境线上的活界碑魏德友老人获颁"七一勋章"。

30日

地区人大工委召开2021年第二次会议。

1—6月

地区落实执行区外招商引资项目104个，到位资金43.46亿元，比上年增长35.31%。

△地区接待游客553万人次，收入36.2亿元。

7月

1日

地区领导同全地区各族干部群众一起集中收看庆祝中国共产党成立100周年大会直播，学习习近平总书记重要讲话精神。

△托里县党校教师刘晓英撰写的论文《关于"党的治疆方略"历史进程与经验成就研究》入选庆祝中国共产党成立100周年理论研讨会，并受邀到北京参会。

2日

地区举行庆祝中国共产党成立100周年座谈会。

6日

地委召开地委委员（扩大）会议，传达学习习近平总书记在庆祝中国共产党成立100周年大会上的重要讲话精神，传达学习自治区党委九届十二次全会精神，传达学习自治区庆祝中国共产党成立100周年座谈会会议精神和近期自治区党委常委（扩大）会议精神，研究地区贯彻落实意见。

8日

中共塔城地委扩大会议召开。

11—12日

自治区人大常委会副主任、社会建设委员会主任委员董新光一行到地区开展《新疆维吾尔自治区未成年人保护条例》《新疆维吾尔自治区预防未成年人犯罪条例》立法调研工作。

16日

行署召开2021年第一次全体会议，会议总结分析地区上半年经济运行情况，安排部署下半年工作。

△塔城地区与新疆艺术学院在塔城签订框架协议，并为"新疆艺术学院塔城实践教学与创作基地"揭牌。

△地区第七届"中国创翼"创业创新大赛开幕。

23日

中国欧洲经济技术合作协会陕西办事处考察团在地区考察，地委副书记、行署专员阿依丁·托留汗会见中欧协会副秘书长、驻陕西办事处主任魏龙带领的考察团一行，就对接国际资源、加强合作事宜进行交流。

25日

新疆塔城重点开发开放试验区先行发展区——219国道连接线建设项目举行开工仪式。

28日

地区召开巡察工作会议。

△和布克赛尔蒙古自治县入选商务部2021年国家级电子商务进农村综合示范县。

29日

额敏县冬小麦通过2021年新疆农产品气候特优品质认证。

29—30日

自治区党委副书记、自治区人民政府主席雪克来提·扎克尔在塔城地区调研。

31日

地委委员（扩大）会议召开，传达学习第八次全国对口支援新疆工作会议精神，传达学习近期自治区党委常委（扩大）会议精神，全地区巡视巡察工作会议精神和自治区防灾减灾救灾工作会议精神，研究地区贯彻落实意见。

△塔城地区政法队伍教育整顿意见反馈会议召开。

8月

2日

额敏县瓦里汗·赛里克在第三十二届夏季奥运会上获得古典式摔跤男子60千克级铜牌，成为中国摔跤史上第一位在此级别获得奥运奖牌的选手。

13日

第六届"创客中国"新疆中小企业创新创业大赛塔城地区选拔赛在地区举办，参赛项目涉及信息技术、生物医药、节能环保、人工智能、大数据服务等新兴产业领域。

20日

额敏县"访惠聚之家"正式开放，这是新疆首个驻村干部假期活动场所。

25—26日

自治区党委常委、宣传部部长、塔城地区片区林长田文在地区开展巡林工作。

27日

地委委员（扩大）会议召开，传达学习国家、自治区关于新疆塔城重点开发开放试验区相关文件和会议精神，研究地区贯彻落实意见。

30日

新疆塔城重点开发开放试验区先行发展区——地区绿色装配式建筑基地项目举行集中开工仪式。

9月

2日

自治区人民政府出台《关于加快推进新疆塔城重点开发开放试验区高质量建设的若干政策》，推动和支持新疆塔城重点开发开放试验区高质量建设。

7日

行署召开2021年巩固拓展脱贫攻坚成果同乡村振兴有效衔接专题会议。会议听取地区巩固脱贫攻坚成果后评估工作情况汇报，研究讨论《关于加强扶贫项目资产后续管理实施办法》，提出明确要求。

10日

地区行署与国家能源集团国源电力有限公司、神华神东电力有限责任公司签署战略合作协议。

11日

2021年全国科普日塔城地区主场活动暨中国流动科技馆新疆塔城地区巡展裕民站启动仪式在裕民县举行。地区科协为经评审被命名为2021—2025年度塔城地区科普教育基地的塔城市科技馆、裕民县江格斯乡阿克铁克切村（村史馆）等15家单位授牌。

9—12日

国家民委民族团结进步创建专题调研组在地区就民族团结进步创建工作进行调研。

12日

地区出台《塔城地区关于加快新疆塔城重点开发开放试验区高质量发展有关政策（试行）》，通过财税、金融、产业发展、建设用地、对外开放、人才集聚、营商环境等支持政策，加快新疆塔城重点开发开放试验区高质量建设。

2021年9月13日，塔城开放大学成立　（许元博　摄）

13日

塔城开放大学成立，隶属塔城地区行政公署。学校前身是塔城地区广播电视大学，由学历补偿教育主题转变为终身教育载体。

13—14日

自治区、兵团第二生态环境保护督察组对奎屯河上游乌苏段、八十四户乡、甘家湖梭梭林自然保护区的生态环境保护、环境治理等工作进行调研。

17—18日

塔城地区农村厕所革命工作推进会议暨现场观摩会在沙湾市召开。

19日

地委召开地委委员（扩大）会议，传达学习自治区贯彻落实第八次全国对口支援新疆工作会议精神工作部署会议精神，研究地区贯彻落实意见。

24日

地区人大工委召开2021年第三次会议。

△全长58.6千米的国道219塔城—裕民段交付使用，标志着国道219（塔城段）全面通车。

△在第十四届全国运动会上，额敏县哈比拉·阿吾萨衣满获男子自由式摔跤97公斤银牌，道列提别克·格买获男子古典式摔跤67公斤铜牌。

30日

地区天然气利民工程举行开工仪式。

10月

3日

国家电投塔城新能源创新产业园——博览园建设项目全面施工。

11日

地区召开2021年援疆项目推进工作会。会议通报地区2021年援疆项目进展情况，2021年实施援疆项目175个、投入援疆资金6.95亿元，开工项目135个，开工率77%。

12日

地区召开高标准农田建设暨冬小麦种植专题推进会议。

13日

地委委员（扩大）会议召开，传达学习习近平总书记关于粮食安全的重要指示精神，传达学习《粮食流通管理条例》《新疆维吾尔自治区平安建设条例》，研究地区贯彻落实意见。

△地区召开兵地共建融合发展示范区暨重点工作联席会。

14日

国家矿山安全监察局矿山安全生产综合督查组对塔城地区矿山安全生产工作开展督导检查。

16日

南航北方分公司执行的（首个）沈阳—石河子—塔城CZ5145航班于9：30从沈阳桃仙国际机场起飞，16：30抵达塔城机场，每周二执行1班，当天往返。

29日

塔城地区乌苏市九间楼乡詹家村、裕民县新地乡前进村、和布克赛尔县伊克乌图布拉格牧场伊克乌图布拉格村被认定为第二批全国乡村治理示范村。

11月

1日

行署召开2021年第二次全体会议，会议学习自治区第十次党代会精神，总结1—10月地区经济社会发展情况，安排部署下一阶段经济工作。

8日

沙湾市人民医院暨沙湾市中医医院正式启动运行。

10日

托里县新能老风口风电一场二期正式并网投运。工程投运后，每年可为电网提供清洁能源1.2亿千瓦时，等效利用小时数2487.7小时。

27日

中共塔城地委扩大会议召开。

△信息园—托里—丁香220千伏输变电工程顺利投运。工程起于克拉玛依220千伏克信变电站，途经托里县新建220千伏陶泉变电站，止于在运220千伏丁香变电站，线路全长230千米，工程总投资3.34亿元。

是月

塔城丝路新创业基地被认定为自治区级创业孵化示范基地。

12月

2日

魏建国任塔城地委委员、书记；薛斌不再担任塔城地委书记、委员职务。

△自治区在乌鲁木齐市召开塔城专场新闻发布会。现场邀请塔城地区1名领导干部、10名基层干部群众讲述塔城地区的发展变化。

△塔城地区电子驾驶证申领正式上线。

15日

裕民县哈拉布拉乡边境管段8号执勤房班长木合亚提·库尔班获平安中国建设先进个人称号。当日，平安中国建设表彰会议在北京召开。

23日

新疆塔城重点开发开放试验区先行发展区招商引资座谈会暨银企项目对接会举行，现场签约项目29个，签约金额160亿元。

△塔城市入选全国第六批率先基本实现主要农作物全程机械化示范县（市、区）。

28日

塔城市阿西尔达斡尔民族乡喀拉达拉村科普馆正式开馆，是地区首家乡村科普馆开馆。

29日

由地委宣传部主办的“崇德向善德耀塔城”地区第五届道德模范颁奖典礼在地区广播电视台演播大厅举行。

地情概览

塔城概貌

【位置面积】 塔城地区位于新疆维吾尔自治区西北部、伊犁哈萨克自治州中部，东西横距394千米，南北纵距437千米，总面积10.5万平方千米。其中，山地面积7840平方千米，浅山丘陵面积31437.3平方千米，平原面积44757.3平方千米，沙漠面积11581.6平方千米。

塔城地区东与昌吉回族自治州、石河子市相接，南以依连哈比尔尕山和博罗科努山为界，与巴音郭楞蒙古自治州和伊犁地区相邻，西南与博尔塔拉蒙古自治州为界，东北部与阿尔泰地区毗邻，西北部与哈萨克斯坦共和国接壤，国境线长540千米。

塔城之名来自塔尔巴哈台山。塔城即塔尔巴哈台城的简称。“塔尔哈巴台”蒙古语，意为旱獭，因地多獭得名。

【沿革区划】 塔城地区历史悠久。秦代，塔城地区辖境为呼揭人、塞人游牧之地。西汉文帝前元四年（前176年），匈奴定楼兰、乌孙、呼揭及其旁国26国，今塔城地区辖区属匈奴右地。西汉神爵二年（前60年），控制东部天山北麓的匈奴日逐王降汉，西汉统一西域，同年汉朝设立西域都护府统辖天山南北广大地区，今塔城地区境域隶属其管辖。东汉至魏晋时期，辖境为西域长史府所辖。南北朝时期，今塔城辖境为悦般、高车、突厥诸部落游牧之地，后为突厥汗国辖地。隋朝，为西突厥铁勒等部之地。唐显庆二年（657年），唐统一西域后，在今塔城地区境内设阴山、匐延、玄池、大漠、盐泊等州都督府，这些都督府先隶安西大都护府下设的昆陵都护府，后隶北庭大都护府。唐天宝年间，在今塔城地区境内设有曹禄州（在今塔城市西）、火拨州（在今和布克赛尔县），并有青海军城（在今沙湾市）、叶河守捉（在今沙湾市）、黑水守捉（在今乌苏市）、东林守捉（在今乌苏市）等军事设置。

唐开成五年（840年）后，回鹘大规模西迁，其中一支迁往葱岭以西，今塔城地区为其控制。后辖境属喀喇汗国。宋代，今辖境属西辽统辖，汉文史籍中出现也迷里（亦称叶密立，在今额敏县境）名称。至南宋嘉定十一年（1218年），成吉思汗派兵击灭乃蛮王子屈出律篡夺的西辽政权，今塔城地区辖境归蒙古汗国所统治。成吉思汗分封时，今辖境一带为窝阔台领地，汗府设在叶密立。蒙哥汗继位后，设别失八里行尚书省，塔城为其辖区。元至大二年（1309年），窝阔台后王察八儿弃辖地出逃，今辖境属察合台汗国统辖，元至正六年（1346年）后归东察合台汗国。明代，塔城境域为瓦剌蒙古土尔扈特部的游牧之地，明崇祯元年（1628年）土尔扈特部西迁后，塔尔巴哈台一带为准噶尔部牧地。明崇祯八年（1635年），准噶尔部首领巴图尔洪台吉建立准噶尔汗国，将其统治中心移至和布克赛尔，今塔城地区辖境为汗国核心地带。

清乾隆二十年（1755年），清朝灭准噶尔汗国，乾隆二十二年（1757年），清朝平定阿睦尔撒纳叛乱，收复塔尔巴哈台。乾隆二十九年（1764年），在原伊克明阿特部牧地设塔尔巴哈台参赞大臣，大臣府驻雅尔（今哈萨克斯坦共和国乌尔扎尔）。两年后，移治于塔尔巴哈台山阳之楚呼楚，重建新城“绥靖城”。参赞大臣为塔城地区当时最高之军政长官，受伊犁将军节制。参赞大臣府下设领队大臣、协办大臣、管粮通判等衙署及印房、满汉办事公所、军台处办事公所、营务处办事公所、粮饷处办事公所、驼马处办事公所。设参赞大臣后，军府制与扎萨克制并行。

参赞大臣着重于驻防巡守、稽查卡伦、屯垦成边等军事管理，兼管通商事务。当地的生产赋税、诉讼等民务则通过朝廷册封的当地部落首领王公贵族管理，参赞大臣只履行节制监督之责。

清光绪十年（1884年）新疆建省，下设道府厅县以便治理。光绪十四年（1888年），裁塔尔巴哈台管粮通判，改置抚民直隶厅。直隶厅上隶于新疆省下设的伊塔道，同时节制于塔尔巴哈台参赞大臣。参赞大臣主管旗营及蒙哈部落，直隶厅办理屯垦事宜。

今塔城地区辖境南部一带，清乾隆二十七年（1762年），设库尔喀喇乌苏办事大臣；次年在今乌苏镇址筑“庆绥城”。乾隆三十七年（1772年），设领队大臣、县丞各一员，管理土尔扈特部及境内精河等处屯田。乾隆四十六年（1781年）改县丞为同知；乾隆四十八年（1783年），复改置粮务厅，隶于乌鲁木齐都统。清光绪十二年（1886年），裁库尔喀喇乌苏粮员，置抚民直隶厅属镇迪道辖。

民国元年（1912年），塔城地区沿袭清末旧制。民国2年（1913年），塔尔巴哈台抚民直隶厅改为塔城县，仍属伊塔道辖；库尔喀喇乌苏抚民直隶厅改为乌苏县，属迪化道辖。民国4年（1915年），玛纳斯县析置沙湾县，属迪化道；设和什托洛盖县佐。民国5年（1916年），裁撤塔尔巴哈台参赞大臣，设塔城道。原属迪化道之乌苏县、沙湾县改隶塔城道。当时，塔城道辖塔城、乌苏、沙湾3个县。民国7年（1918年），从塔城县析置额敏县。民国18年（1929年），改塔城道为塔城行政区，道尹公署改为行政长公署，农牧区实行千户长、百户长制度。是年，改和什托洛盖县佐为和什托洛盖设治局。民国29年（1940年），设图尔班宗设治局于察汗托海（老裕民），隶属塔城县。民国30年（1941年），撤销图尔班宗设治局，成立裕民县；改和什托洛盖设治局为和丰设治局。民国31年（1942年），设置托里设治局，隶属额敏县。民国32年（1943年），塔城行政长公署改称新疆第五区行政督察专员公署。和丰设治局升格为和丰县。当时，塔城区辖塔城、额敏、乌苏、沙湾、裕民、和丰6个县。民国35年（1946年）8月，新疆省联合政府成立，塔城专员公署称新疆省塔城专员公署。当时，塔城专员公署辖有塔城县、额敏县、乌苏县、沙湾县、裕民县、和丰县。1949年，划额敏县第八、九、十区组成克烈半县，县城设在托里。

1949年10月，中华人民共和国成立后，原塔城专员公署经改组仍沿用前称。1950年4月，专区各县相继成立县人民政府；5月29日，塔城专员公署改为塔城区行政督察专员公署。1951年12月，塔城区行政督察专员公署更名为新疆省人民政府塔城专员公署，是省人民政府的派出机构。

1952年5月，托里县成立。1954年，改和丰县为和布克赛尔蒙古自治区（县级），翌年立自治县。1969年，经自治区革委会批准，成立塔城专区革命委员会。1971年，塔城专区革命委员会改称地区革命委员会。1975年，沙湾县划归石河子地区管辖。1976年，乌苏县改为乌苏中心县。1978年，沙湾县重新划归塔城地区；同年，乌苏中心县撤销，恢复乌苏县。1979年6月，塔城地区革命委员会更名为伊犁哈萨克自治州塔城地区行政公署。1984年11月17日，国务院批准改塔城县为塔城市。1990年至2021年年底，塔城地区辖塔城市、额敏县、乌苏市（1996年撤县建市）、沙湾市（2020年12月撤县建市）、托里县、裕民县、和布克赛尔蒙古自治县。2021年年末，全地区辖4个县3个市，33个乡、36个镇、8个街道办事处，662个行政村、90个社区居民委员会（详见第14页2021年塔城地区行政区划一览表）。

【地理环境】 塔城地区区域辽阔，地形多样，景观奇异，资源丰富。北部为西准噶尔山地，南部为北天山山地，而东、中部属准噶尔盆地。南北高，东中部低，形似马鞍。北部的塔尔巴哈台山、巴尔鲁克山、萨吾尔山和南部的北天山中段依连哈比尔尕山，山高峻岭，群峰叠嶂。塔城盆地气候宜人，库鲁斯台草原平坦开阔，铁厂沟、和布克谷地矿藏丰饶，天山北坡绿洲无限。地区地属中温带干旱和半干旱气候区，光照充沛，春秋冷暖波动大，夏季短暂，冬季漫长，塔城盆地降水稍多。

【自然资源】

土地资源　塔城地区土地总面积837.02万公顷，地域广阔，土地资源丰富。截至2021年年末，全地区有农用地638.42万公顷，其中，耕地50.3万公顷、园地3340.77公顷、林地67.81万公顷、牧草地515.25万公顷、其他农用地4.73万公顷；建设用地11.55万公顷；未利用土地187.05万公顷。

森林资源 塔城地区森林分布于山地、谷地、盆地、平原。山区天然林树种主要有雪岭云杉、西伯利亚落叶松、桦树、欧洲山杨、苦杨、沙棘、野巴旦杏、梭梭等。平原天然林树种主要有白梭梭、胡杨、柽柳、沙拐枣、准噶尔柳等。人工林主要树种有杨树、榆树、沙枣、旱柳、胡杨、沙拐枣、沙棘等。绿化树种有夏橡、白蜡、复叶槭、榆树、樟子松、侧柏、心叶椴、黄金树等。截至2021年年底，全地区活立木总蓄积量1053.19万立方米。有林地面积195.13万公顷，灌木林地面积75.95万公顷，森林覆盖率12.68%。

水资源 塔城地区境内有额敏河、白杨河、和布克河、玛纳斯河、奎屯河五大水系，大小河流267条，为发展农业、畜牧业、林业提供优越条件。农田灌溉面积占耕地面积的84.94%。截至2020年年底，地区水资源总量58.56亿立方米，地表水水资源量53.73亿立方米，地下水水资源量34.74亿立方米，地表水与地下水水资源重复量29.91亿立方米。

动植物资源 塔城地区有优良的牛、羊、马等家畜外，还有野生动物400余种，属国家重点保护野生动物有59种，其中国家一级保护动物有雪豹、金雕、大鸨等8种，国家二级保护动物有马鹿、棕熊、雪鸡等51种。有野生植物106科565属1581种，其中药用植物主要有贝母、党参、肉苁蓉、当归、甘草等。

矿产资源 塔城地区矿产资源丰富，已发现矿种50多种，探明储量36种。探明石油资源量23亿吨，天然气资源量800亿立方米，煤炭资源量1054.25亿吨。铬铁矿是塔城地区的优势矿产，储量居全国第三位。金、池盐、芒硝、膨润土、花岗岩、石英砂等蕴藏丰富。

旅游资源 塔城地区境内有国家A级以上旅游景区72个。境内国家AAAA级旅游景区有乌苏佛山国家森林公园、沙湾鹿角湾景区、裕民巴尔鲁克旅游风景区，其中裕民县野巴旦杏林是世界上面积最大的野生珍稀植物资源，属第三世纪新生代孑遗的物种，在世界上被称为植物“活化石”。辖区内还有九莲泉公园、东大塘景区、野果林景区、江格尔文化园、阿吾斯奇旅游区等旅游景区。

经济社会发展

【经济运行情况】 2021年，地区深入学习贯彻党的十九大和十九届历次全会精神，认真贯彻第三次中央新疆工作座谈会精神，完整准确贯彻新时代党的治疆方略，聚焦社会稳定和长治久安总目标，科学统筹疫情防控和经济社会发展，统筹发展和安全，扎实做好“六稳”工作，认真落实“六保”任务，各项事业发展取得新成绩，经济社会保持稳步健康发展，高质量发展取得新成效，实现“十四五”良好开局。

2021年，地区生产总值（GDP）825.31亿元，按可比价格计算，同比增长5.6%。其中第一产业增加值345.55亿元，同比增长6.4%；第二产业增加值160.69亿元，同比下降1%；第三产业增加值319.07亿元，同比增长7.8%。三次产业结构为41.9：19.5：38.6。三次产业对经济的贡献率分别为46.8%、-3.5%、56.7%。

【农业】 2021年，地区农林牧渔业总产值299.56亿元，比上年增长4.2%。其中农业产值218.02亿元，增长5.3%；林业产值1.72亿元，下降11.6%；牧业产值71.04亿元，增长1.3%；渔业产值0.78亿元，下降6.4%；农林牧渔服务业产值8亿元，增长8.2%。

2021年，地区粮食总产量245.82万吨，比上年增加2.25%。小麦产量32.5万吨，下降1.34%；玉米产量213.2万吨，增产2.89%。

2021年，地区棉花产量44.17万吨，下降0.1%。油料产量1.72万吨，下降26%。甜菜产量21.76万吨，下降4.45%。

2021年，地区猪牛羊禽肉产量9.56万吨，增长10%。其中羊肉产量3.99万吨，下降5%；牛肉产量4.11万吨，增长22.32%；猪肉产量1.13万吨，增长21.5%；禽肉产量0.33万吨，增长73.68%。禽蛋产量0.71万吨，下降35.46%。奶产量8.11万吨，下降0.6%。年末牲畜存栏582.3万头（只），同比增长13.28%。年内牲畜出栏478.36万头（只），增长18.56%。

【工业和建筑业】 2021年，地区工业增加值82.42亿元，增长2.1%。其中地方规模以上工业增加值增长3%。在地方规模以上工业中，从经济类型看，国有企业增长6.7%，股份制企业增长3.7%，外商及港澳台商投资企业增长3.5%。从工业门类看，采矿业下降3.1%，制造业增长2.7%，电力、热力、燃气及水生产和供应业增长17.9%。从轻重工业看，轻工业增长11.5%，重工业增长1.8%。

地方规模以上工业中，石油开采业增加值比上年下降2.9%，石油、煤炭及其他燃料加工业增长16.6%，电力、热力生产和供应业增长18%，化学纤维制造业增长10.7%，酒、饮料和精制茶制造业增长18.7%，煤炭开采业下降3.4%，有色金属冶炼和压延加工业下降16%，非金属矿物制品业增长5.9%，非金属矿采选业增长33.1%，食品制造业下降3.9%，专用设备制造业增长7.5%。

【服务业】 2021年，地区批发和零售业增加值13.86亿元，比上年增长5.7%；交通运输、仓储和邮政业增加值9.04亿元，增长19.3%；住宿和餐饮业增加值3.7亿元，下降0.2%；金融业增加值36.42亿元，增长7.6%；其他服务业增加值208亿元，增长8.9%。全年规模以上服务业企业营业收入比上年增长70.3%；利润总额增长11.22%。

全年货物运输量1803万吨，比上年增长24.43%。货物周转量243224万吨千米，增长80.19%；旅客运输总量390万人，增长120.34%。旅客运输周转量20592万人千米，增长88.42%。

【固定资产投资】 2021年，地区固定资产投资（不含农户）比上年增长10%。其中第一产业投资下降21.8%、第二产业投资增长17.2%、第三产业投资增长9.3%。民间投资增长18.3%，基础设施投资增长10.7%，六大高耗能行业投资增长99.2%。

全年工业投资比上年增长17.2%。其中制造业投资增长54.6%，电力、热力、燃气及水的生产和供应业投资增长7.7%。

全年房地产开发投资比上年增长30.9%。其中住宅投资增长43.2%，商业营业用房投资2.5亿元，下降32.2%。商品房销售面积25.4万平方米，下降47.9%。商品房销售额10.8亿元，下降39.7%。地区各类棚户区改造开工697套。

【对外贸易】 2021年，地区完成外贸进出口总额13.35亿美元，同比增长190%。其中地方完成外贸进出口总额8亿美元，比上年增长171.18%。其中，进口0.03亿美元，下降66.66%；出口7.94亿美元，增长178.67%。货物进出口顺差（出口减进口）7.97亿美元，比上年增加5.11亿美元。按登记类型统计，私营企业8亿美元，增长171.18%。

【重点项目】 2021年，地区按照“在建一批、开工一批、储备一批、引进一批”要求，千方百计谋项目、引项目、建项目。综合交通方面，新建续建农村公路317千米，国道219线塔城至裕民段投入使用；启动塔城国际物流园铁路专用线项目预可研、可研编制工作；和布克赛尔民用机场项目进入使用协议签订报审阶段，乌苏军民合用机场项目预可研及征地拆迁评估报告等文件上报自治区人民政府待批；沈阳至塔城航线正式开通。水利方面，推进额敏县KLYML水库、塔城市锡伯图水库、KLST生态修复等重大水利工程建设，乌苏吉尔格勒德水库即将下闸蓄水。能源方面，《新疆和什托洛盖矿区总体规划环境影响报告书》上报生态环境部待批，修编完善《塔城地区“十四五”新能源规划》，国家电投新能源创新产业园落地开工建设，地区2处源网荷储项目列入自治区“十四五”建设序列。信息化方面，完成5G站址建设745个，投入使用580个。

表 1　2021 年塔城地区行政区划一览表

市县	下属乡镇、街道
塔城市	街道办事处：杜别克、和平、新城 镇：二工镇、恰夏镇 乡：阿西尔达斡尔民族乡、阿不都拉乡、喀拉哈巴克乡、也门勒乡
额敏县	镇：额敏镇、玉什喀拉苏镇、杰勒阿尕什镇、上户镇、玛热勒苏镇、喀拉也木勒镇 乡：郊区乡、二道桥乡、喇嘛昭乡、额玛勒郭楞蒙古民族乡、霍吉尔特蒙古民族乡
乌苏市	街道办事处：新市区、南苑、西城区、虹桥、奎河 镇：哈图布呼镇、白杨沟镇、皇宫镇、车排子镇、古尔图镇、甘河子镇、百泉镇、西湖镇、四棵树镇、西大沟镇 乡：八十四户乡、九间楼乡、夹河子乡、头台乡、石桥乡、吉尔格勒特郭楞蒙古民族乡、塔布勒合特蒙古民族乡
沙湾市	镇：三道河子镇、安集海镇、乌兰乌苏镇、四道河子镇、东湾镇、西戈壁镇、老沙湾镇、柳毛湾镇、金沟河镇 乡：大泉乡、博尔通古乡、商户地乡
托里县	镇：托里镇、铁厂沟镇、庙尔沟镇 乡：多拉特乡、阿克别里斗乡、库普乡、乌雪特乡
裕民县	镇：吉也克镇、哈拉布拉镇 乡：哈拉布拉乡、新地乡、阿勒腾也木勒乡、江克斯乡
和布克赛尔蒙古自治县	镇：和布克赛尔镇、和什托洛盖镇 乡：夏孜盖乡、铁布肯乌散乡、查干库勒乡、巴音傲瓦乡、莫特格乡、查和特乡

中共塔城地区委员会

综 述

【地委书记、副书记、地委委员】

书 记：

薛 斌（11月离任）

魏建国（11月任）

地委副书记：

木合亚提·加尔木哈买提

（哈萨克族，4月离任）

阿依丁·托留汗

（哈萨克族，4月任）

王光强（厅长级，6月离任）

王庆东

（辽宁援疆前方指挥部总指挥，7月任，厅长级）

朱 钢

（6月任，12月免政法委书记）

地委委员：

付政辉

李 旭

（兵团第九师党委书记、政委，9月任）

朱 钢

（政法委书记，6月任地委副书记）

李 勇

宿召兵

（托里县委书记，1月离任）

马依山·扎合帕尔

（统战部部长，哈萨克族，2月撤职）

张耀华

（4月离任塔城市委书记）

宁雪松

（组织部部长，11月离任）

薛桂强

杨 柳（宣传部部长）

赵翠芳

（纪律检查委员会书记、监察委员会主任，女）

柯 旭

（政法委书记，12月任）

张立东（2月任）

木合塔尔·卡里木别克

（哈萨克族，4月任）

迟国君

（组织部部长，12月任）

加尔肯·江布尔拜

（统战部部长，哈萨克族，4月任）

【庆祝中国共产党成立100周年文艺活动】 2021年，地委宣传部围绕庆祝中国共产党成立100周年，开展“铭记光辉历程 共享百年辉煌”主题系列活动10项，各族群众线上线下参与30余万人。举办大型文艺演出节目12场，在各级媒体平台进行直播、转播，观看群众10万余人。开展“建党100周年——看电影·学党史”送电影下乡8830场。

【民族团结进步创建】 2021年，塔城地区全力推进创建“全国民族团结进步示范地区”工作，于9月份顺利通过国家验收，成功创建“全国民族团结进步示范地区”。额敏县被命名为“自治区民族团结进步示范县”，塔城市新城街道、托里县托里镇被命名为“自治区民族团结进步示范乡镇（街道）”，国家税务总局塔城地区税务局等5个单位被命名为“自治区民族团结进步示范单位”。复验、创建、验收命名353个地区级民族团结进步示范单位。全地区7个集体、14名个人被自治区表彰为“自治区民族团结进步”模范集体和模范个人。县市召开民族团结进步表彰大会，表彰模范集体125个、模范个人292名。进一步提升西部红色驿站、红楼博物馆、达斡尔族戍边纪念馆、锡伯族西迁纪念馆、巴克图口岸博物馆、塔城市教育史馆等极具塔城特色的18个地区级民族团结进步教育基地，创新打造“塔城沙勒克江家庭展馆”“乌苏农耕文化园”等铸牢中华民族共同体意识实践教育基地，充分发挥教育基地的带动引领作用，全年参观受教育人数达5万人次，使之成为民族团结教育的生动课堂。促进各民族深入交往交流交融，积极选树主题鲜明、各具特色、群众反映好的互嵌式示范社区，有计划、分批次地打造不同类型的互嵌式示范小区和示范村镇，全地区互嵌式小区达100%。逐步实现各民族在空间、文化、经济、社会、心理等方面的全方位嵌入，营造各民族共居、共学、共事、共乐的良好环境。

重要会议

【地委全面依法治地工作会议】 1月26日召开。会议强调，要坚定不移走中国特色社会主义法治道路，奋力开创全面依法治地新局面，切实做到依法治地、依法执政、依法行政一体推进，法治国家、法治政府、法治社会一体建设。一要坚持习近平法治思想指导地位，把习近平法治思想作为推进全面依法治地的根本遵循和行动指南。二要聚焦新时代党的治疆方略，切实发挥法治引领和保障作用，筑牢新疆社会稳定和长治久安的基石。三要明确总体要求，把全面依法治国、依法治疆的要求落实到地区工作各个领域，为建设和谐生态宜居塔城提供有力法治保障。四要坚持开创依法治地工作新局面，坚持运用法治思维和法治方式，保持社会大局持续稳定长期稳定；加快法治政府建设，为地区经济社会发展营造良好法治环境；着力强化依法治理，坚持在法治轨道上推进地区治理体系和治理能力现代化，以重点突破带动全面依法治地整体推进、取得实效。

【地委农村工作会议】 1月27日召开。会议强调要紧盯目标任务、突出工作重点，推动新发展阶段“三农”工作要求在塔城落地见效。一要全面推进巩固拓展脱贫攻坚成果同乡村振兴有效衔接，做好防止返贫监测帮扶机制，持续推进产业发展壮大，扎实做好贫困劳动力稳岗就业工作，大力推进消费扶贫，持续巩固脱贫成果。二要坚定坚决落实保障粮食安全各项措施，坚定坚决落实最严格的耕地保护制度、打好种业翻身仗、提升粮食综合生产能力、保障农民种粮权益、制止餐饮浪费，确保粮食安全。三要全面深入推进乡村振兴，依托地区良好的工作基础和资源禀赋，在构建现代乡村产业体系上用心用力，在加快补齐乡村短板弱项上用心用力，在激发农村资源要素活力上用心用力，在建设宜居宜业美丽乡村上用心用力，在加强农村精神文明建设上用心用力，在促进形成新型工农城乡关系上用心用力，在不断提高乡村治理水平上用心用力，统筹谋划好全面推进乡村振兴各项工作。

会议强调要加强领导、压实责任，为做好新发展阶段“三农”工作提供坚强组织保障。要从讲政治的高度谋划和推进“三农”工作，压紧压实责任，做到人员到位、责任到位、工作到位、效果到位；加强队伍建设，加强班子建设和干部选配，强化能力建设；强化投入保障，为乡村振兴提供强大的资金保障；切实转变作风，深入细致做好群众工作；强化氛围营造，营造人人关心、人人支持、人人参与乡村振兴的浓厚氛围。

【地区党风廉政建设和反腐败工作会议】 2月8日召开，会议明确做好2021年纪检监察工作的总体要求，强调要突出工作重点，为“十四五”开好局、起好步，推进地区社会稳定和长治久安提供坚强保障。一要加强政治建设，坚决做到“两个维护”，全力保障党中央决策、自治区党委安排部署落实落地，不断强化政治意识、提高政治能力、严明政治纪律、加强政治监督、深化政治巡察；二要强化理论武装，深入学习贯彻习近平新时代中国特色社会主义思想，确保新疆工作始终沿着习近平总书记指引的正确方向前进；三要深化标本兼治，不断实现“不敢腐、不能腐、不想腐”一体推进的战略目标，把“严”的主基调长期坚持下去；四要持续纠治“四风”，坚决防止形式主义、官僚主义滋生蔓延，以钉钉子精神转作风、改作风；五要坚持人民至上，坚决整治群众身边腐败和不正之风，着力实现好、维护好、发展好各族群众的根本利益；六要深化“三项改革”，强化对权力运行的制约和监督，推动改革成果更好地转化为治理效能。会议强调，要强化组织领导，为推动全面从严治党不断向纵深发展提供坚强保障。地区各级党组织和纪检监察机关要切实增强全面从严治党的责任感和使命感，全面落实责任，强化组织保障，营造良好氛围，不断开创地区全面从严治党、党风廉政建设和反腐败斗争的新局面。

【县市党委书记抓基层党建述职评议考核会议】 2月23日召开。会上，各县市党委书记和地委直属机关工委书记、地委教育工委常务副书记分别作了述职，地委网信工委、地区国资委党委、地委卫健委工委、塔城市边境经济合作区党工委和各工业园区党工委作了书面述职。会议强调要进一步压实各级党委书记管党治党责任，持续推动全面从严治党向基层延伸，推动基层党建与中心工作深度融合，为实现社会稳定和长治久安总目标提供坚强保证。

【地区党史学习教育动员会议】2月24日召开。会议强调，要牢牢把握目标任务，高质量推进学习教育深入开展。要紧密结合塔城实际，准确把握学习教育总体要求，不断提高政治判断力、政治领悟力、政治执行力，守正创新抓住机遇、锐意进取开辟新局；准确把握学习教育目标任务，坚持学史明理、学史增信、学史崇德、学史力行；牢牢把握重点学习内容，深刻铭记中国共产党百年奋斗的光辉历程，深刻认识中国共产党为国家和民族作出的伟大贡献，深刻感悟中国共产党始终不渝为人民的初心宗旨，系统掌握中国共产党推进马克思主义中国化形成的重大理论成果，学习传承中国共产党在长期奋斗中铸就的伟大精神，深刻领会中国共产党人成功推进革命、建设、改革的宝贵经验；细化工作安排，开展专题学习，加强政治引领，组织专题培训，开展“我为群众办实事”实践活动，召开专题组织生活会，确保取得预期效果。

会议要求，要加强组织领导，确保党史学习教育取得实效。要落实领导责任，坚持以上率下，各级党委（党组）要压紧压实主体责任，党委（党组）主要负责人要亲自谋划、亲自研究、亲自推动，地区党史学习教育领导小组要发挥好整体谋划、牵头抓总、协调指导、组织实施作用，各相关职能部门和单位要各司其职、各尽其责，密切配合、一体推进，切实形成工作合力；注重分类推进，做好督促指导，持续传导压力，推动工作落实，确保学习质量；把握正确导向，强化宣传引导，坚持马克思主义历史观，发挥好主流媒体和新兴媒体作用，为党史学习教育营造良好氛围；坚持统筹兼顾，做到两手抓两促进，进一步焕发干事创业的精气神，切实贯彻“三新”要求，时刻绷紧维护稳定这根弦，时刻绷紧疫情防控这根弦，时刻绷紧安全生产这根弦，坚持贯彻新发展理念，持续推进经济高质量发展，确保重点工作落实落细，取得学习工作两不误、两促进的良好效果。

【地区全面推行林长制工作会议】3月26日召开。会议强调，要按照山水林田湖草系统治理的要求，扎实开展森林草原保护修复工作，持续改善生态环境质量，实现“党委领导、党政同责、属地负责、部门协同、源头治理、全域覆盖”的常态长效责任体系，严守生态红线底线，筑牢生态安全根基，促进人与自然和谐共生，不断满足各族群众日益增长的优美生态需要。一要规范高效抓“建林”，在构建共管共治工作格局上用心用力，强化组织体系建设，充实基层管护力量，健全完善工作机制，引导全社会共同守护绿水青山；二要固本强基抓“护林”，在增强森林和草原等生态系统稳定性上用心用力，加快完善生态保护机制，加强森林草原资源保护，提高资源管护能力，加大资源执法力度，提高林草地资源质量，守护好美丽塔城的每一寸绿色；三要扩面提质抓“造林”，在不断提高森林覆盖率上用心用力，持续开展国土绿化，持续绿化美化乡村，提升生态资源质量，久久为功开展好造林绿化攻坚；四要多措并举抓“用林”，在全面提升森林草原资源综合效益上用心用力，深入实施林果业提质增效工程，推动生态产业化和产业生态化发展，深化森林草原领域改革，着力优化林草营商环境，实现生态受保护、林业增效益、群众得实惠。

【新时代“访惠聚”驻村工作会议】3月12日召开。会议贯彻落实自治区新时代“访惠聚”驻村工作会议精神，对地区新时代“访惠聚”驻村工作进行动员部署。

【地区环境保护委员会议】6月24日召开。会议要求，要坚持“绿水青山就是金山银山”的理念，正确处理经济发展和生态保护的关系，加大生态保护建设修复力度，以提升空气质量为核心、坚决打好蓝天保卫战，以防止水污染为核心、坚决打好碧水保卫战，以防止土壤污染为核心、坚决打好净土保卫战，以美丽乡村建设为核心、持续改善人居环境，以生态保护修复为核心、提升生态系统质量，以强化治理能力为核心、全力提升环境监管水平，为建设天蓝地绿水清的大美新疆作出塔城贡献。

【中共塔城地委扩大会议】7月8日召开。会议认真学习贯彻习近平总书记在庆祝中国共产党成立100周年大会上的重要讲话精神，贯彻落实第三次中央新疆工作座谈会精神，学习贯彻自治区党委九届十二次全会精神，完整准确贯彻新时代党的治疆方略，牢牢扭住社会稳定和长治久安总目标，深入推进党史学习教育，总结回顾地区上半年工作，安排部署下半年重点任务，动员地区广大党员干部群众立足新起点、开启新征程，奋力谱写和谐生态宜居塔城新篇章。

重要活动

【上级领导调研】 4月25日，自治区党委常委、组织部部长李邑飞在沙湾市调研推进乡村振兴战略情况。李邑飞实地走访沙湾市乡村振兴大数据中心、西戈壁镇上八家户村、五道沟村等地，了解农业信息化、乡村旅游产业以及农村基层组织阵地、村容村貌、人口结构和发展思路等情况，组织召开乡村振兴座谈会，听取沙湾市乡村振兴汇报，并就推动沙湾市乡村振兴工作提出要求。李邑飞强调要结合沙湾城乡发展变化，找准乡村振兴战略定位，理清发展思路，整合资源，细化落实措施。要紧贴民心，紧扣民生。以民生为切入点，启动一批乡村振兴工程，补齐乡村振兴短板，形成推动乡村振兴发展热潮。要突破重点，示范引领。按照城乡发展规划，坚持细化分类，通过优先实施一批，达到示范带动一片的效果，逐步推进乡村振兴深入实施。要软硬结合、激发动力。发动村民广泛参与，让村民真正成为乡村治理的主体、乡村振兴的受益者。要加强领导，狠抓落实。形成推进乡村振兴工作合力，以优异成绩庆祝中国共产党成立100周年。

7月11—12日，自治区人大常委会副主任、社会建设委员会主任委员董新光带领调研组在地区开展《自治区未成年人保护条例》《自治区预防未成年人犯罪条例》立法调研工作。调研组先后到塔城市青少年校外活动中心、第二小学、第一中学等，实地查看和召开座谈会，详细了解地区未成年人犯罪预防工作，并就如何更有效地预防未成年人犯罪等问题展开讨论。调研组要求，地区相关部门要进一步提高认识，增强预防未成年人犯罪工作的责任感和紧迫感；要强化法治宣传，营造预防未成年人犯罪的浓厚社会氛围；要不断创新方法形式，面向青少年开展更富有针对性和实效性的法治宣传教育；要坚持齐抓共管，形成预防未成年人犯罪的强大合力，更好地造福群众、呵护未来；要根据职责落实情况、采取具体措施、取得经验等实际情况，开创预防未成年人犯罪立法工作新局面。

7月29—30日，自治区党委副书记、自治区人民政府主席雪克来提·扎克尔在塔城地区调研。雪克来提·扎克尔先后到新疆华凌三农草原牧业有限公司、额敏县工业园区、额敏县杰勒阿尕什镇纳仁恰汗库勒村，调研现代农牧业示范区建设、特色产业、乡村旅游发展等情况。到新能源创新产业园、国际公路港等项目建设现场，详细了解项目进展，强调要全力以赴加快建设进度，使试验区成为推动塔城地区高质量发展的重要引擎。雪克来提·扎克尔还到巴克图口岸综合运行指挥部、巴克图边境警务站、塔城市千泉湖广场、塔城地区新时代文明实践中心，调研口岸常态化疫情防控、城市建设、文旅产业发展等情况。

雪克来提·扎克尔听取有关工作汇报并召开座谈会。他强调，国务院批准设立新疆塔城重点开发开放试验区，为塔城地区乃至全疆开放发展带来难得机遇。自治区各有关方面要大力支持，齐心协力把试验区建成丝绸之路经济带的重要支点、深化与中亚国家合作的重要平台、沿边地区经济发展新的增长极、维护边境和国土安全的重要屏障。塔城地区要发挥主体作用，加快推进项目建设，研究好、落实好国家赋予的各项支持政策，加强体制机制创新，更好吸引人、财、物向塔城聚集，最大限度释放开发开放活力。雪克来提·扎克尔强调，塔城地区要用足用好自身优势，立足新发展阶段，贯彻新发展理念，构建新发展格局，推动经济高质量发展。要加强保障和改善民生，办好就业、教育、医疗、住房等民生实事，不断增强各族群众获得感、幸福感、安全感。要持续巩固拓展脱贫攻坚成果，推进全面脱贫同乡村振兴有效衔接。要坚持统筹发展和安全、统筹疫情防控和经济社会发展，抓好社会稳定、常态化疫情防控、安全生产等工作。要进一步促进民族团结，发挥好在全区民族团结进步创建中的示范引领作用。

8月25—26日，自治区党委常委、宣传部部长，塔城地区片区林长田文来地区开展巡林工作。巡林期间，田文深入林场、农村等基层一线，详细了解了地区全面推行林长制工作开展情况，实地查看地区森林草原资源保护、森林草原生态修复、湿地保护、村庄绿化、护林防火队伍建设等工作情况，看望慰问一线护林员。还听取有关工作汇报，对全面推行林长制工作提出具体要求。田文强调，要增强“四个意识”、坚定“四个自信”、做到“两个维护”，认真学习贯彻习近平生态文明思想，进一步提高政治站位，切实把思想和行动统一到党中央决策部署上来，统一到自治区党委工作安排上来，把全面推行林长制作为一项重大工作任务抓紧抓实抓好；进一步压实党政主体责任，形成层层抓落实的工作合力；进一步加强工作专班和执法队伍建设，做到工作力量和形势任务相适应、人员结构和工作要求相匹配；进一步加大植绿护绿力度，健全国土绿化长效管护机制；进一步抓好林长制的宣传工作，营造良好氛围和舆论环境。

9月27—28日，自治区人民政府副主席、自治区政法委副书记哈德尔别克·哈木扎带领自治区全覆盖、拉网式安全生产大排查、大整治“回头看”第六督导组在沙湾市、乌苏市督导检查安全生产工作。督查组先后到沙湾市、乌苏市的部分企业，通过听汇报、实地检查、查看档案资料等方式，全面了解两地各行业部门、生产经营单位深入落实安全生产大排查、大整治发现的问题和整改情况。哈德尔别克·哈木扎强调，要持续开展排查整治工作，深入重点区域、重点环节、重点部位进行全面风险辨识和隐患排查，严格落实安全生产监管各项措施，加大安全隐患排查力度，完善应急处置预案，做到早预防、早发现、早处理，切实提升安全生产风险管控能力。要进一步完善安全生产工作机制，压紧压实安全生产责任，严格对标安全生产“党政同责、一岗双责”的工作要求，严格执法检查程序，对标安全生产制度规范，持续做好查隐患、促整改、保安全，让安全生产红线成为“带电的高压线”，确保安全生产工作落到实处；要不断夯实安全生产基础，建立完善安全生产保障制度，加强应急救援力量建设，不断推动安全生产形势持续稳定向好，努力为实现经济社会高质量发展保驾护航。

11月3—4日，自治区人大常委会党组书记、主任肖开提·依明在乌苏市调研，强调要深入贯彻落实自治区第十次党代会精神，聚焦社会稳定和长治久安总目标，坚持依法治疆、团结稳疆、文化润疆、富民兴疆、长期建疆，推动新时代党的治疆方略落地生根。

【地委主要领导调研】 1月12日，地委书记薛斌在地区应急管理局调研，强调要时刻绷紧安全生产这根弦，全力抓好安全生产各项工作，切实维护好各族群众生命财产安全。

4月27日，地委书记薛斌就新疆塔城重点开发开放试验区核心区先行启动区规划项目工作情况进行调研。他强调，要切实增强加快建设试验区的紧迫感和责任感，坚决扛起重大责任、抢抓重大机遇，先行先试、敢闯敢试，全力以赴把试验区建设各项工作推向前进。

5月1—3日，地委书记薛斌在额敏县和托里县调研，看望慰问坚守岗位的干部群众。

5月4—5日，地委书记薛斌在裕民县和塔城市调研。他强调，要深入学习贯彻党的十九届五中全会和第三次中央新疆工作座谈会精神，全面贯彻新时代党的治疆方略，牢牢扭住社会稳定和长治久安总目标，以稳定发展的优异成绩庆祝中国共产党成立100周年。

【外省市区领导在地区考察调研】 2021年7月22日，辽宁省委常委、常务副省长陈向群带领党政代表团来塔城，就进一步做好对口支援工作进行考察。自治区人大常委会副主任托乎提·亚克夫出席相关活动。

重要文件

【决定】 2021年，塔城地委作出的决定（部分）：

6月12日，中共塔城地区委员会印发《关于撤销地区扶贫开发办公室党组、设立地区乡村振兴局党组的通知》。

8月10日，中共塔城地区委员会、塔城地区行政公署印发《关于表彰第十批辽宁优秀援疆专业技术人才的决定》。

【意见】 2021年，塔城地委印发的意见（部分）：3月25日，中共塔城地区委员会、塔城地区行政公署印发《塔城地区关于新时代加快完善社会主义市场经济体制实施方案》。

组织工作

【基层组织建设】 2021年，地委组织部研究制定《塔城地区基层党建工作点评问题整改实施方案》《塔城地区抓党建促乡村振兴实施意见》等规范性指导性文件。统筹县乡村三级采取经验互学、先进同创、问题互解方式，常态化开展“互学互促”活动，推动地区基层组织建设全面进步、整体提升。制定《地县乡三级示范引领工作实施方案》，践行“一线工作法”，1092名地县乡领导干部驻县走乡进村查短板、补弱项、促提升。实行基层党建定期调度、任务清单、“要情直通车”、“书记项目”等机制，召开视频调度12次，下发任务清单51份，印发“要情直通车”2期，实施县市党委书记基层党建项目7个，实现明责、履责、考责闭环管理。

抓实软弱涣散基层党组织整顿，落实“四个一”包联整顿措施，组建调研组对104个软弱涣散村社区党组织进行“回头看”，全部实现晋位升级。研究制定加强村党组织和带头人队伍建设9条措施和村党组织书记县级党委组织部门备案管理工作规范，选优配强村党组织书记662名。研究制定加强村级后备力量培养工作指导意见，动态储备后备力量3155名，确定村干部和后备力量素质提升培训现场教学点、挂职锻炼点180个，建立师资库400名，开展培训班40个班次、2622人。规范村党组织运行，地区662个村全部完成“一支部三中心”的优化调整。组织开展“基层基础工作集中提升月”活动，通过集中培训、制定标准、对照自查、互学互促、建章立制、选树典型等方式，对乡镇街道、村社区各项工作进行全面“体检”，不断提升基础工作规范化标准化水平。

持续抓好街道管理体制改革，突出规范“三办三中心”建设，推动市场监管、文化市场等7个领域执法力量下沉街道，建立街道党工委统一指挥、统一管理、统一调度的运行机制。健全地区域化党建平台，98名县级领导兼任街道“大工委”、社区“大党委”第一书记，按季度召开联席会议，驻区单位、包联单位党组织、在职党员定期到社区服务居民群众、参与基层治理，结合党史学习教育、“我为群众办实事”实践活动为社区群众办实事好事5.4万件。及时总结党建引领物业试点工作经验，推荐符合条件的社区“两委”成员、居民党员进入业主委员会，通过发展党员、选派党建工作指导员扩大物业服务企业党的组织和党的工作覆盖。

争取中央、自治区发展壮大村级集体经济扶持专项资金1050万元，扶持薄弱村项目21个。争取中央“十四五”项目、自治区基层组织民生建设项目资金5518.6万元，新建社区综合服务设施5个、村级组织活动场所22个、村民服务中心3个、基层干部周转宿舍210套。上调村“两委”正职报酬每人每月180元、其他村干部报酬每人每月144元，“三老”人员生活补贴每人每月60元。

完成村（社区）“两委”换届工作。全地区751个村（社区）依法选举产生“两委”班子成员5377人，实现“一肩挑”占比66.77%，高中（中专）以上学历占比71.74%，平均年龄41.4岁，党组织成员兼任村（居）务监督委会主任占比99.07%，“两委”班子结构更加合理，实现组织意图和群众意愿高度统一。

充分发挥参谋助手作用，先后筹备召开地委党建工作领导小组会议4次，研究制定《地委党的建设工作领导小组2021年工作要点》和两新工委工作规则、委员单位职责，建立地委两新工委委员单位“轮值”机制，指导6个园区党工委设立企业（综合）党委，指导县市、地区行业监管部门新建党组织400个，“三有”非公企业和社会组织党组织覆盖率均达100%。建立健全党组织书记、党建指导员“选拔、培养、使用、管理”全链条工作机制，选派1526名党建工作指导员驻企（社）开展工作，调整撤换不胜任岗位党组织书记14名，为47家规模较大的两新组织党组织配备副书记。组织开展“党员当先锋百日行动”，推进党员示范车间、党员示范班组、党员示范岗、党员责任区、党员突击队、党员攻关组、党员诚信经营户创建活动。

【县乡党委换届】 2021年，地委建立换届协调联系制度，多次召开协调联席会议，明确党委、人大、政协、组织、纪检监察、宣传、统战等部门（单位）职责任务，倒排工期、挂图作战，形成齐抓共管、扎实推进的工作合力。坚持将政治标准贯穿推荐考察全过程，按照换届班子结构和功能需要，采取“小步快跑、压茬进行”方式，有序推进县市领导班子配备工作。同时，精心组织做好出席自治区第十次党代会代表推荐提名工作，坚持自下而上、上下结合、反复酝酿、逐级遴选原则，落实“三上三下”要求，选举产生塔城地区出席自治区第十次党代会代表44名。按照“十严禁”换届纪律要求，做好县乡村三级换届风气监督工作，印发《地区换届工作“五类责任主体”责任清单》，地区累计开展警示教育300余场次，签订责任书或承诺书2万余份，按照“六必谈”要求开展谈心谈话3000余人次。会同地区纪委制定《塔城地区严肃换届纪律加强换届风气监督检查工作方案》，先后开展4轮督导检查。各县市党代会、人代会、政协会及乡镇人代会换届风气测评满意率均为100%，确保换届风清气正。严格执行中央、自治区党委换届政策要求，坚持好中选优、优中选强，树立鲜明用人导向，使领导班子结构进一步优化、整体功能进一步增强。县市党政领导班子中配备40岁左右年轻干部24名，占党政领导班子成员总数的22.86%；配备女干部14名，每个县市党委、政府班子中各配备1名，配备比例均符合中央和自治区党委要求。县市人大常委会、政协班子中配备党外副职5名。恢复县市领导班子少数民族干部配备惯例，配备少数民族干部93名。注重以事择人、人岗相适，根据不同类型领导班子职责任务，着力选拔具有相应专业素养、相关工作经历的干部。县市领导班子成员中大学以上学历干部占82.94%，党政班子成员中配备具有乡镇党政正职经历干部52名，占党政班子成员总数的49.52%，实现“不同类型班子专业化配备”的要求。

【党员队伍教育管理】 2021年，地区制定《2021年塔城地区发展党员指导性计划的通知》，将发展党员工作进行重点安排，各级党组织突出政治标准，严格发展程序，加大在少数民族农牧民、高知识群体、生产一线中发展党员的力度。坚持做到“好中选优”，推荐自治区“两优一先”表彰对象37名（个），其中优秀共产党员14名，优秀党务工作者9名，先进基层党组织14个；提出地区“两优一先”表彰对象230名（个），其中优秀共产党员118名，优秀党务工作者55名，先进基层党组织57个。持续推进党组（党委）清理规范，对党组织设置不规范、班子配备不合理情况进行全面摸底排查，梳理出需清理规范党组14个，指导相关县市全部完成整改。加强支部委员会和带头人队伍建设，落实党支部书记由各部门（单位）主要负责人担任要求，将1159个党支部书记调整为党组（党委）书记担任。常态化做好党内激励关怀帮扶，拨付123.1万元对3936名党员进行走访慰问，开展宣传宣讲2304场次，帮助解决实际困难585个，广大群众更加深刻感受到党的温暖。建立党员过“政治生日”制度，党支部为4.1万余名党员集中过“政治生日”，增强党员的政治荣誉感。结合庆祝建党100周年系列活动和“我为群众办实事”实践活动，地区2880个党支部累计开展主题党日活动3100余场次，讲专题党课2.2万余场次，先进典型教育2200余场次，开展谈心谈话3.3万余人次，投入资金44.5亿元，解决群众“急难愁盼”事项3769件，完成实事好事6873件，惠及群众90.8万人。

【干部培训】 2021年，地委组织部完成党的十九届五中全会和第三次中央新疆工作座谈会精神集中轮训，覆盖地、县2.79万名党员干部，切实引导党员干部用党的创新理论武装头脑、指导实践，推动工作。落实上级调训任务，完成部委、自治区党委组织部、相关厅局办50个班次82名学员调训工作，其中厅级领导5名，县级干部68名，科级干部9名。实行“传学述训”活动，切实达到培训一人、覆盖一片的目的，进一步提高培训效益。开展中青年干部、基层干部国家通用语言及两种语言（国家通用语言、哈萨克语）培训等7个常规班次，培训学员255名；开展党史学习教育、文化润疆、民族宗教理论等15个专题培训班，培训学员670名。利用网络培训拓宽学习广度，跟进督促县处级以上干部、乡镇党政正职抓好“新疆干部网络在线学习课程”学习。开展乡科级干部党史学习教育线上培训活动，将地区县两级乡科级6800余名干部全部纳入新疆干部网络学院参学范围，按时完成学员账号注册、信息录入等工作。推进党性教育基地建设，组织推荐县市当地红色历史、文化内涵、革命传统和经济社会稳定发展等各领域某方面或整体上的优势和成就的现场教学点16个，为党性教育基地建设打好基础。开展党的十九届六中全会和自治区第十次党代会精神集中培训工作，组织17名厅级干部、461名地直县级干部参加自治区“党的十九届六中全会和自治区第十次党代会精神”集中培训；邀请6名地委领导作专题辅导、6名党校讲师集中授课，以视频形式培训各级领导干部3857名7345人次，实现地、县、乡、村四级联动，确保全会和党代会精神学习培训全覆盖。

【干部监督】 2021年，地委组织部落实“两项法规”，随机抽查和重点查核471名领导干部个人有关事项报告，批评教育7人，责令作出检查7人，诫勉6人，查核一致率95.61%，比上年有大幅度提升。坚持“凡提四必”，受理办结信访13件，在干部动议、考察、讨论决定前三次征求纪检监察部门意见，严格落实“双签字”制度。根据干部考察、评先评优等工作需要，全年征求意见累计1400余人次。落实从严管理干部工作要求，完成13名领导干部在企业、社团兼职审批，做好6名领导干部申请“三龄两历一身份”的审核认定。结合地委巡察对10个地直部门（单位）党组（党委）选人用人工作进行专项检查，提出整改意见39条，并督促抓好整改落实。做好县处级以上领导干部因私出国（境）自查，全地区在出入境管理部门登记备案的县级干部和退休厅级干部1402人，集中保管全地区县级干部和退休厅级干部因私出国（境）证件168本。严把党员干部因私出国（境）政审关，对4名县处级干部因私出国（境）事宜进行审核。按照自治区统一部署，梳理汇总6589名地直单位、国有企业干部职工信息转公安局进行查核，配合做好“一人多证”问题专项清理整治工作。

【人才工作】 2021年，塔城地区聚焦政治引领，完善党委联系服务专家和各级领导干部直接联系专家制度，推行用人单位与人才谈心谈话制度，健全服务保障措施，关心帮助解决实际困难。研究制定急需紧缺人才购房补贴发放实施细则，为43名急需紧缺人才发放购房补贴430万元，提供周转住房36套，发放“人才绿卡”102张。编制《塔城地区人才发展“十四五”规划》和《“十四五”援疆规划》，列出重点人才政策清单，用好用活国家、自治区、地区人才政策措施，着力破除制约人才发展的体制机制障碍。以建设新疆塔城重点开发开放试验区为契机，健全完善人才引进、培养、使用、评价、流动、激励等制度机制，向自治区争取人才发展优惠政策20条，制定符合塔城实际人才发展优惠政策11条，营造具有区域竞争力的人才发展环境。实施农业科技人才服务乡村振兴行动，遴选骨干人才和技术人才1082名，采取结对包联方式开展基层技术服务。组织申报国家、自治区重大人才项目，推荐2021年“西部之光”访问学者1名；推荐第十届新疆青年科技奖候选人1名；申报自治区科研创新平台3家。用足用好干部人才援疆政策，207名援疆干部人才任实职、分实工、担实责，调整2名援疆干部人才岗位，激发援疆干部人才干事创业热情。完成辽宁省援疆干部人才年度考核定等、第十批援疆干部人才进疆满一年集中考核等工作，统筹做好119名辽宁省中期轮换专业技术人才、141名“万名支教教师”和17名“组团式”教育人才进新疆工作。组织召开辽宁省第五批“组团式”医疗援疆工作总结表彰暨第六批“组团式”医疗援疆人才欢迎大会，实现批次轮换无缝衔接。加大援疆干部关心关爱力度，地县两级均开展重大节日走访慰问活动，着力解决工作生活等实际问题。

【信息调研和党建研究】 2021年，地委组织部推进组工宣传工作提质增效，报送组工宣传稿件400余篇，编发《塔城组工信息》正刊、专报90余期，1条信息被中央组织部采用，59条信息被自治区党委组织部采用，67条信息被地委办公室采用，组工信息资政辅政作用进一步凸显。注重加强与党内刊物、新闻媒体的联系沟通，在中央、自治区级媒体刊播原创稿件1142篇（条），其中50条优秀文章在中国组织人事报刊发，8人获评《中国组织人事报》优秀通讯员；214篇在《新疆日报》《今日新疆》《党员之友》等自治区级报纸杂志上刊发，塔城地区被评为《党员之友》先进组稿单位。结合地区党建和组织工作重点、热点、难点，确定组织工作重点调研课题2个、党建研究会立项课题2个、自选课题3个，并高质量完成调研课题，为领导决策、指导实践、推动工作提供参考。

【党员（远程）教育工作】 2021年，地区充分运用党员（远程）教育平台和站点开展教育培训，累计培训6.5万余场次，参学基层党员干部群众81.7万余人次。在全疆率先推荐基层党组织书记在自治区基层党员（远程）教育站点集中培训日进行交流发言，增强基层党员学习的针对性和实效性。完成党员教育“百年初心”系列电视展播片9部，其中《跳动的音符》《小城大事》等4部作品在自治区党员教育电视片观摩交流活动中展播，《巧手“织”富》《黄土地里走出的农机达人》等4部七一展播片在“共产党员网”展播。组织7万余名党员收看中央组织部、中央广播电视总台联合录制的《党课开讲啦》《榜样6》等节目，组织近15万名党员干部群众参与党史知识和党的十九届六中全会网络答题活动。统筹推进党员教育工作系列平台一体化建设，投入1538万元实现全地区760个基层党员（远程）教育站点视联网全部接入并投入正常使用，地区首批确定党员教育示范点51个，完成塔城市西部红色驿站等3个党性教育网上展馆建设，推荐自治区“党员教育之星”17名。

【公务员管理】 2021年，地委组织部落实公务员法律法规，把政治标准和政治要求融入公务员队伍建设各方面。坚持把公务员法及配套法规纳入各级党委党校教学计划，列入主体班次和公务员初任培训、任职培训的主要内容，受训人员达860余人。制定《地区贯彻落实公务员法律法规实施情况督导方案》，对10个地直部门（单位）公务员法律法规落实情况进行督查，并逐一反馈督促整改。严把公务员“进、出”关口，设置2021年塔城地区公务员考录职位245个，录用公务员286名，组织2700余名考生参加笔试。完成66名2019年新录用公务员试用期满考核、任职定级和登记工作。健全完善塔城地区人事调配工作制度，实行组织、编办、拟调动单位“三方”联审机制，对地县提交的220名拟调配干部进行严格审核，提交通过156人，退回不符合资格人员64人。坚持德才标准，从严择优开展公务员调任9批58人，促进优秀企事业单位工作人员有序向公务员队伍流动。严格执行公务员辞职、退休规定，审核24名干部退休、56名干部辞职（解聘）事宜。持续规范科级干部选任，根据政策法规变化跟进完善流程模板20余个，常态化对《地直部门（单位）干部职数及配备管理台账》进行更新。坚持“四联审签”制度，审核完成地直49个单位282名干部调整，暂缓7个单位13名不符合资格条件干部动议。坚持“小步快跑、多轮滚动，畅通堵点、形成梯次”原则，完成地直38个单位267名公务员职级晋升，暂缓11个单位动议。建立职级职数核算台账，统筹使用一级、二级主任科员18个，帮助17个单位消化解决因机构改革、编制较少而产生的“结构性拥堵”问题。稳步推进公务员分类改革。完成参公管理单位申报，339家继续列入参照公务员法管理范围，占拟申请保留参照单位的93%，27家综合行政执法队伍待中央政策明确后进行批复。首批将市场监管、生态环境、文化市场、农业、交通运输、城市管理6支执法队伍纳入行政执法类管理。狠抓公务员平时考核，设置“德、能、勤、绩、廉”共性指标，量化岗位职责、奖惩表现个性指标，有效避免干好干坏一个样的现象。沙湾市大泉乡、地区财政局分别被确定为中组部和自治区党委组织部公务员平时考核联系点。精准落实工资福利政策。完成全地区11203名在编干部职工规范津补贴、74名离休干部生活补贴提标工作，确保中央和自治区党委对新疆干部的关心关爱落到实处。按照工资福利构成逐项统计审核地区2017年以来公务员工资津补贴及福利保险执行情况，自查梳理违规发放津补贴15项，并逐一整改落实。坚持工资专项审核常态化，新建工资档案328人，纠正执行有误工资74人，确保工资政策精准落实。完成499名公务员嘉奖、三等功审核审批，及时兑现一次性奖励金，发放证书、奖章，进一步激励干部担当作为、干事创业。

【干部人才支援塔城】 2021年，地区完成辽宁省第十批援疆专业技术人才中期轮换工作，并于9月14日组织新轮换援疆人才顺利进疆。地委与辽宁省相关部门达成“组团式”教育援疆帮扶计划，辽宁省参照“组团式”医疗援疆工作模式，选派17名职业教育领域专家教师进新疆支援塔城职业技术学院。会同自治区党委组织部、辽宁省委组织部和中央援派单位分别完成辽宁省第十批援疆干部人才进疆满一年、中央单位援疆干部进疆满一年集中考核工作。组织选派援疆专家和当地骨干人才，配合自治区党委组织部、自治区卫健委在塔城地区开展“援疆情·边疆行——第十批援疆医疗专家巡边义诊办实事”活动，其间接诊病患者320余人次。顺利完成第五、六批“组团式”医疗援疆人才批次轮换工作，辽宁省“组团式”医疗人才全年累计帮带当地学员45人次，接诊门急诊量8862人次、抢救危重患者287人次，开展手术2563台。经辽宁塔城两地积极对接，结合塔城地区实际，2021年。累计确定干部人才赴辽宁培训项目32个，使用援疆资金1043万元。确定民族交往交流交融活动项目83个，使用援疆资金2832万元。（林　鑫）

宣传工作

【概况】 2021年，地委宣传部围绕庆祝建党100周年、塔城重点开发开放试验区等主题，邀请自治区以上主流媒体68批次200余名记者到塔城采访。截至年底，在自治区级以上各类媒体（报、刊、台、网）刊稿39483篇（条）。策划完成沙勒克江·依明与天安门国旗护卫队的交流互动活动和入党仪式，在中央电视台、新华社等20余家权威媒体报道。配合完成中央和自治区组织的“中外记者看新疆”参访团系列采访活动。针对“新疆棉花”“少数民族文化保护与传承”等热点问题开展直播等新媒体宣传报道，配合中央广播电视总台CGTN法语节目中心、文艺节目中心、欧洲拉美中心，开展《非遗文化——塔塔尔族“撒班节”》《走进新疆——与中国哈萨克牧民的一天》转场直播活动，阅读量近亿人次，相关稿件被译为英语、韩语、德语多语种在“脸书”“优兔”等海外社交媒体转载。打造民族团结等16个参访主题74个参访点位，向自治区媒体推送24期100余个采访点。制作民族团结宣传片、MV、招商引资宣传片各1部，制作手风琴造型，内含塔城本土手风琴曲、歌曲及宣传片的外宣品U盘1000个。

【理论武装】 2021年，地委宣传部制定学习报备制度，从报备程序、内容、形式等方面明确要求，建立地直80个党委（党组）“一学一档”，审核指导中心组学习900余次。通过理论学习中心组学习示范观摩会、举办专题培训、下发示范课光碟，引领各级党委（党组）开展中心组学习5200余次，地委理论学习中心组集体学习19次。构建“百千万”宣讲体系，组建“百人理论宣讲团”“千人特色宣讲队”“万名志愿宣讲员”，开展线上线下宣讲4.1万余场，受众164万余人次。举办“永远跟党走”主题宣讲大赛21场次，参与人数1800余人次。塔城地区1篇宣讲报告获评全国基层理论宣讲优秀报告，1部微视频获评全国基层理论宣讲优秀微视频。开展庆祝中国共产党成立100周年理论文章征集，塔城地区一名代表经推荐参加中央庆祝中国共产党成立100周年理论研讨会，所撰写的理论文章入选中宣部编印的《庆祝中国共产党成立100周年理论研讨会论文集》。举办“百万党员学党史 学习达人挑战赛”等活动90余场，开展“学习之星”“基层优秀学习党组织”等评选活动，表彰个人215名，党组织10个，地区11名学习达人进入全国前1000名。塔城地区1部作品获全国“学习强国”县级融媒双月赛三等奖，所供稿件被全国、新疆学习平台采用331篇，位列全疆前列。

【新闻舆论工作】 2021年，地委宣传部做好建党100周年宣传教育，启动“奋斗百年路 启航新征程”大型主题采访活动，刊发稿件7930余篇（条）。办好重大主题宣传专栏，刊发贯彻落实习近平总书记重要讲话精神、党的十九届六中全会精神等重大主题宣传报道稿件8900余篇（条）。组织开展“永远跟党走”系列主题宣传教育活动，通过快闪、微故事等形式，选拔47部作品进行展播。开辟“崇尚先进 见贤思齐”等专栏，展播重要英雄模范等典型人物4期。梳理收集上报“纪录小康工程”宣传片（专题片）、报告文学等12个方面资料650余个。坚持正确的舆论导向，严格落实自治区新闻处宣传指令350条，各级新闻媒体落实“日研判”“三审三校”等工作制度，未出现新闻错情及事故。深入推进地区媒体融合，成立地区融媒体中心建设领导小组，推进“三定方案”等建设工作逐项落实。各县级融媒体中心依托“i塔城”App“新闻+政务服务商务”功能，发布具有当地特色的抖音、短视频等融媒体产品。

【文化文艺工作】 结合“我们的中国梦”——文化进万家活动，开展网络摄影、书法等展播活动155期，展播作品3690余幅（个）。在“i塔城”App开发“冠军塔城·文明有我”模块，按照村社区、乡镇街道、县市、地区四个层级组织开展文体竞赛活动1368场。制定“文化润疆·文润塔城”工作方案，谋划3～5年的规划。创作文学、戏剧、音乐等民间文艺、群众文艺作品2246部。与新疆师范大学、新疆艺术学院分别签订合作协议，设立新疆艺术学院（塔城）实践教学与创作基地，签订《塔城地区历史文献资料汇编》等2个研究项目合作。坚持做好非遗保护传承，俄罗斯族踢踏舞等2项内容被列入第五批国家级非物质文化遗产代表性项目名录，塔城市“伊曼树塔塔尔风情园”被评为自治区非物质文化遗产民族传统节庆保护基地。深入推进文物发声，以新疆“四史”为主题开展“流动博物馆”巡展284场，在“抖音”推出“遇见塔城”系列短视频，展示馆藏文物故事。

【落实意识形态工作责任制】 2021年，地委宣传部严格落实宣传思想工作领导小组工作机制，分析研判当地意识形态领域形势，向自治区党委宣传部上报分析研判报告2次。制定《关于当前塔城地区意识形态领域形势的通报》，在地区各级党组织进行党内通报1次。合力抓好中央、自治区意识形态工作责任制专项检查整改落实，承接中央反馈整改问题26个，落实自治区党委反馈整改问题10个，已全部整改。结合地委第十六轮、十七轮巡察开展意识形态工作专项检查，专项检查地区各级党委（党组）27个，有效督促各级党委（党组）全面落实意识形态工作责任制。成立68人的地区审读工作专家库，严格落实“三审三校一读”制度，对52项大型演出、主题出版、节庆活动进行审批审核，对各县市17家展馆展陈内容进行专项审查。开展“扫黄打非”融媒体产品竞赛、“护苗”网络知识竞赛等活动，制作融媒体产品72部（张），发放书包670个，小奖品2000余个，覆盖3万余名学生、家长。组织成员单位专项检查文化市场5次，清理盗版出版物1105册，查处版权案件3起、网络传播淫秽色情案3起。

【基层文化阵地建设】 2021年，地区强化文化事业经费使用管理，足额拨付中央、自治区专项补助资金2539万元。争取各级财政资金7022万元，加强“两个中心”建设、维护基层文化阵地、营造良好舆论氛围，切实保障宣传思想工作有力开展。坚持做好地区各级“三馆”免费开放工作，接待73万余人次。新建、翻修、搬迁文化广场、展馆、场馆等大型文化阵地15个，为基层宣传工作提供阵地保障。保障各族干部群众精神文化需求，向基层下发图书音像制品、党员群众读本109万余册。制作下发庆祝中国共产党成立100周年宣传品11万余个。向地区中小学校发放“绿书签”、宣传海报10.5万余张。组织各党委（党组）征订《论中国共产党历史》等学习资料7万余册。配齐配强地区各级宣传思想文化队伍力量，各村（社区）均配备兼职宣传员，地区宣传文化系统干部在岗1131人。组织开展宣传思想文化和意识形态工作业务培训26期（次），培训1600余人，邀请辽宁省专家学者到塔城指导培训2次。

（张泽涛）

·精神文明建设·

【公民道德建设】 2021年，地区加强理想信念教育和爱国主义教育，围绕培育和践行社会主义核心价值观开展“讲文明、树新风”公益广告宣传，在各类电子显示屏播放民族团结、文明交通、文明旅游、文明上网等公益广告1.8万余次；在国道、省道、乡村主干道墙体和重点区域布置大型户外公益广告牌1.2万余块，在全社会营造了浓厚的宣传教育氛围。做好全国第八届、自治区第七届道德模范推荐工作，塔城市沙勒克江·依明获得第八届全国道德模范提名奖；沙湾市张秋良、库丽哈依夏·玛沙林获得自治区第七届道德模范称号，托里县帕力达·胡特勒合等4人获自治区第七届道德模范提名奖，在地区形成崇尚道德模范、学习道德模范、关爱道德模范、争当道德模范的和谐新风尚。地委宣传部（文明办）联合地委统战部（地区民宗局）、工会、团委、妇联组织开展地区第五届道德模范评选表彰活动，评选出地区第五届道德模范18名、12人获提名奖，以线上直播的方式在塔城地区电视台演播大厅举行颁奖典礼。持续开展“中国好人”“最美新疆人”评选推荐活动。沙湾市“诚信之星”张秋良作为全疆唯一候选人上报中央宣传部和国家发改委；乌苏市夔翌宸入围自治区“最美基层民警”候选人。截至年底，累计向自治区推荐“中国好人”“最美新疆人”12人，1人荣登中国文明网“中国好人榜”。进一步树立德者受尊、好人好报的鲜明导向，引导人们争做崇高道德的践行者、文明风尚的维护者、美好生活的创造者。

【精神文明创建活动】 2021年，地区不断深化文明城市、文明村镇、文明单位、文明家庭、文明校园创建活动，创建全国文明城市提名城市1个，全国文明村镇3个、全国文明单位（社区）4个、全国文明校园1个、全国未成年人思想道德建设工作先进单位1个，吾哈斯·苏莱曼家庭获第二届全国文明家庭称号。地区129个村（镇）、224个单位、42个校园获得自治区2017—2019年度文明村镇、文明单位、文明校园称号，马新华家庭获2020年自治区文明家庭称号。

地区开展文明村镇、文明单位、文明家庭和第一届地区文明校园“零基启动”创建，累计创建地区文明村镇186个、文明单位283个、文明校园64个、文明家庭7个。

【新时代文明实践中心建设】 2021年，地区推动新时代文明实践中心建设在地区各县市广泛深入开展，充分发挥乌苏市、沙湾市全国、自治区级试点县市引领作用，紧紧围绕“深化、巩固、拓展、提升”工作目标，在规范化、标准化上下功夫，对地区新时代文明实践中心、所、站实施分级管理、梯度推进。截至年底，地区挂牌新时代文明实践中心7个、所81个、站886个，挂牌率100%。已建成新时代文明实践所示范点28个、新时代文明实践站示范点70个、新时代文明实践点47个。

【未成年人思想道德建设】 2021年，地区做好乡村学校少年宫项目申报和资金使用，争取中央专项彩票公益金支持乡村学校少年宫建设项目1个，资金15万元；争取中央专项彩票公益金支持乡村学校少年宫项目运转资金26万元，已拨付各县市投入使用的乡村学校少年宫，切实发挥乡村学校少年宫开展文体娱乐、技能培训、文明实践等活动的作用。地区文明办、地委教育工委等六部门共同组织开展2021年度自治区“新时代好少年”推荐评选工作，引导广大青少年以“新时代好少年”为榜样，在潜移默化中增进对主流价值的认知认同，推动全社会共同做好未成年人思想道德建设。开展“童心向党”教育实践活动。在“扣好人生第一粒扣子”主题教育实践活动中，围绕“童心向党”教育实践主题，通过开展“我向党旗敬个礼”“唱支红歌给党听”“党的故事我来讲”等形式多样的学习实践活动，切实抓好青少年党史学习教育，引导青少年从小听党话、感党恩、跟党走，在青少年心中厚植爱党爱国爱社会主义情怀，培养担当民族复兴大任的时代新人。开展“听党话 跟党走”第二届青少年“美育云端课堂”系列活动，用艺术精品陶冶情操，通过引导广大青少年积极收听收看“美育云端课堂”系列活动，用红色文化艺术讲好党的历史、传承红色基因、培育文明风尚。

【志愿服务】 2021年，地区文明办注重加强志愿服务队伍建设，累计组建志愿服务总队7支、支队337支、分队856支，志愿者4万余人。利用红色教育“资源库”——魏德友、小白杨哨所、巴什拜展览馆、孙龙珍烈士陵园等红色资源，广泛开展现场教学、党性教育，创新形式讲好红色故事、传承红色基因；依托新时代文明实践所、站各支志愿服务队伍，进一步整合资源，通过组建宣讲队、文艺志愿服务队，以广大党员和农牧民喜闻乐见的形式开展党史学习教育，使党史学习教育更有针对性和实效性。围绕中国共产党成立100周年，地区文明办发动全国和部分自治区级文明单位举行“传承红色基因 传递关爱之情”送温暖志愿活动，13个参与单位主要领导及志愿者走访慰问100名生活困难的老党员、老干部、劳动模范、道德模范、困难职工、“三无”人员等群体。开展“学雷锋”月系列志愿服务活动，地区及各县（市）累计开展各类新时代文明实践志愿服务活动9800余场次，参与志愿者56000余人，受益群众达120000余人。 （孙 洋）

统战工作

【概况】 2021年，地委主要领导召开专题会议听取统战工作汇报，安排部署2021年统一战线各领域相关工作，下发《塔城地委统一战线工作领导小组2021年工作要点》。大力开展《中国共产党统一战线工作条例》学习宣传贯彻，组织地、县统一战线工作领导小组成员单位负责人参加自治区专题视频培训，将条例纳入全地区各级党委（党组）理论学习中心组学习内容和年度绩效考核指标，纳入地、县市委党校（行政学院）和地区社会主义学院教学内容，不断提高统战工作科学化规范化制度化水平。开展新的社会阶层人士庆祝中国共产党成立100周年“凝聚新力量·筑梦新时代”教育活动。塔城市、乌苏市完成新的社会阶层人士实践基地试点工作。开展“不忘创业初心、接力改革伟业”理想信念教育，巩固民营经济代表人士共同思想政治基础，建立健全地县党政领导干部联系民营企业制度，支持服务民营经济高质量发展。成功申报塔城市群众文化馆为自治区级“侨胞之家”，地区首个“侨胞之家”在塔城市群众文化馆挂牌成立。参加中侨举办的“侨心向党·圆梦中国”征文活动，乌苏市、裕民县分别获得一等奖、三等奖。辽宁省侨联一行20人到塔城开展“侨爱心·乡村学生眼视光工程”，为塔城市铁列克提中心小学捐款20万元及各类学习用品。圆满完成7个县市侨联换届工作。

【宗教工作】 2021年，地区全面贯彻党的宗教工作基本方针，坚持保护合法、制止非法、抵御渗透、打击犯罪，积极引导宗教与社会主义社会相适应。加强党对宗教工作的领导，完善地区、县市、乡镇街道、村社区四级宗教工作网络。深入推进“四进”（国旗、宪法和法律法规、社会主义核心价值观、中华优秀传统文化），常态化组织县市宗教教职人员开展卧尔兹演讲比赛、“我是中国公民”宣誓、“爱党爱国爱社会主义”主题教育。坚持依法保护宗教活动场所、宗教人士和信教群众的合法权益，满足信教群众正常宗教需求。在常态化落实疫情防控措施的前提下，全地清真寺全部做到应开尽开、服务管理到位。持续做好“去极端化”宣传教育工作，严厉打击境外宗教组织渗透，确保宗教领域持续和谐稳定。针对境外反华敌对势力蓄意抹黑新疆民族宗教政策问题，及时组织宗教界人士开展批驳回击，撰写3篇署名文章、拍摄完成7部反映塔城地区宗教和睦和谐、信教群众幸福生活的视频。

【关心关爱宗教人士】 2021年，地区落实领导干部联系宗教活动场所、与宗教人士谈心谈话和联系交友制度，坚持做到“四必访”（重要节日必访、婚丧事宜必访、生病住院必访、培训前后必访）、“三帮扶”（积极帮扶做好思想教育引导、积极帮扶做好困难问题解决、积极帮扶做好增收致富发展）。持续提高宗教人士生活补贴费发放标准，全面落实宗教人士“四险一保”，采取个人缴纳一部分、财政补贴一部分，做到宗教人士社会养老保险、社会基本医疗保险、大病医疗保险、人身意外伤害险应保尽保，进一步密切党同宗教界的爱国统一战线。坚持以管理促进培训质量的提升，突出抓好教学质量，加强教学监督管理，严格按照自治区统一编印的培训教材备课授课，创新开展“两抓好、三结对、四考试、一送学”教学模式，丰富学员课外文体活动，激发参训学员自觉学习、互助学习意识，通过培训宗教教职人员政治思想素质普遍提升，国家通用语言文字听、说、读、写能力显著提高。

【党外知识分子和新的社会阶层人士统战工作】 2021年，地区完善落实领导干部联系党外知识分子制度，地厅级领导干部带头联系33人，地（县）级干部直接联系202人。指导乌苏市率先成立新的社会阶层人士联谊会，打造实践创新基地1个、实践创新示范点4个。

【侨务工作】 2021年9月25—27日，由中国侨联主办，辽宁省侨联承办的“侨爱心·送温暖”医疗队走进辽宁省侨联援建的希望小学——塔城市窝依加依劳牧场铁列克提中心小学，为全校师生进行眼健康检查，并捐款20万元。

地区建立海外统战工作协作机制，通过举办座谈会、知识竞赛，加强《中华人民共和国归侨侨眷保护法》的学习宣传教育。组织开展“暖侨行动”，帮助解决抗疫困难，向海外新疆塔城籍侨胞及时传递党和政府的关心关爱。支持海外新疆塔城籍侨胞和留学生回塔城探亲考察，讲好新疆民族团结、宗教和谐、社会稳定的故事。

【“民族团结一家亲”和民族团结联谊活动】 2021年，受到自治区集中表彰2017—2020年度“民族团结一家亲”和民族团结联谊活动先进集体62个、先进个人273名。地区表彰2018—2020年度“民族团结一家亲”和民族团结联谊活动先进集体60个、先进个人208名。各族干部职工围绕“我为群众办实事”主题实践活动，充分发挥部门（单位）、驻村工作队、结亲干部职工优势作用，助力乡村振兴建设。全地区2.8万名干部职工与3.2万户群众结对认亲，帮助各族群众增收致富、稳岗就业，解决急难愁盼问题，开展送政策、送法律、送温暖、送文明、送科技、送文化、送健康、送技能等活动，全地区各族干部职工开展走访12.6万人次，举办以“民族团结一家亲”为主题的报告会、座谈会、联谊会、文体活动等8300余场次，参加人数8.5万人次，开展宣传宣讲8.6万场次，受教育群众23.4万人次，围绕就医、就学、就业、扶贫帮困等方面为各族群众办好事实事2.1万件，捐款80.35万元，捐物3.64万件。争取少数民族发展项目17个，资金4633万元，推动实现巩固拓展脱贫攻坚成果同乡村振兴有效衔接。为27家民贸民品企业申请贷款贴息1680万元，保障各族群众特需商品供应，加快企业经济发展步伐。

（侯　健）

【地区社会主义学院】 2021年，地区社会主义学院举办2期伊斯兰教教职人员（每期时间3个月）和2期驻村管寺干部及1期佛教、基督教、天主教教职人员集中教育培训班，2期其他短期培训班，累计培训350人。根据地委《塔城地区2021年伊斯兰教教职人员培训方案》，社会主义学院按照自治区“六个统一”的要求，将伊斯兰教教职人员培训费、误工补贴和交通补助等列入财政预算，先后选派2名科级干部全程跟班管理，4名优秀教师专职负责国家通用语言教学。

培训突出抓好政治和国家通用语言教育，着力提升学员听说读写能力，实行“两抓好三结对三考试一送学”的国家通用语言教学模式，组织学员开展学习成果展示活动2次。对教案实行“三级审读”，严把课堂教学“政治关”和授课“纪律关”，确保政治安全。

组织教师深入基层宣讲习近平总书记在庆祝中国共产党成立100周年大会上的重要讲话和第三次中央新疆工作座谈会、中央民族工作会议精神9场次，受众达1000余人次。累计撰写理论调研文章5篇，其中1篇获得自治区统战理论研究创新成果优秀奖、1篇入选《2021年塔城地区庆祝中国共产党成立100周年理论研讨论文汇编》。

2021年，地区社会主义学院积极争取上级支持，申请增加3名专业技术人员编制，完成事业编人员的岗位设置变更。通过选调方式调入国语教师1名，充实师资力量。创新办学理念，与地委党校、相关部门实行资源共享、联合办学，逐步打造“专家+教授+领导”的高水平动态师资库，建立一支以社会主义学院教师为主、外聘教师为辅的专兼职教师队伍。（欧玉民）

政策研究

【概况】 2021年，地委政策研究室紧密结合地区工作实际，坚持把调查研究作为服务决策的重中之重、吃透精神、找准问题、选准切口，研究探索贯彻落实党中央决策部署，推动地区高质量发展的实践路径。制定《2021年度重点调研课题计划》和《重点调研方案》，采取实地、书面、访谈等方式开展调研，并形成《抢抓战略机遇开启全面建设和谐生态宜居塔城新征程》《精心谋划创新机制积极探索国有农牧场改革新途径》《关于地区牧区经济社会发展情况专题调研报告》《关于推动解决形式主义突出问题为基层减负工作调研报告》《关于深入推进新疆塔城重点开发开放试验区建设调研报告》呈报地委，其中《抢抓战略机遇开启全面建设和谐生态宜居塔城新征程》在《新疆工作》上刊登发表，3篇得到地委主要领导的批示和肯定，调研成果均转化为地委、行署的政策文件和主要领导讲话，为地区科学决策提供重要参考。

【深化改革】 2021年，地委政策研究室全面承接自治区党委部署的重点改革任务，按照地委扩大会议关于推动地区深化改革工作的部署要求，结合地区实际，塔城地委出台《地委全面深化改革委员会2021年工作要点》，积极推进社会治理领域、经济和生态领域等9个方面，提出31条，129项改革举措。同时制定《地委全面深化改革2021年工作要点任务分工方案》，明确牵头厅级领导、责任单位、配合单位及完成时限，重点抓好上下衔接、督导检查，全面督促推进各项任务落实。2021年，地委召开全面深化改革委员会会议4次，召开深改委专项小组联络员推进会议1次，召开全面深化改革工作推进会议1次，听取各项改革汇报4次。提请地委研究审议《新疆塔城重点开发开放试验区建设主要任务分工方案》《塔城地区国资国企改革三年行动实施方案（2020—2022年）》等改革方案10余个，对“十四五”期间改革工作进行超前谋划，为做好各项改革工作奠定坚实的组织保障。同时修改完善《地委全面深化改革督察工作办法》，对督察内容方式和程序进行补充完善，强化协调，指导督办，按照“三督三察”要求，对各县市、改革专项小组、相关地直部门改革任务落实情况开展3次全面督察，确保地区全面深化改革任务的圆满完成。（李召富）

机构编制

【机构改革】 2021年，中共塔城地委机构编制委员会办公室（简称地委编办）按照自治区统一部署，完成地县生态环境保护综合行政执法改革，成立地区生态环境保护综合行政执法支队，指导县市完成生态环境保护综合行政执法大队与生态环境局“局队合一”设置。做好全面推进乡村振兴体制机制保障工作。地县两级乡村振兴机构设置全部完成。按照法院改革要求，制定审核印发7个县市人民法院“三定”规定。完成地县两级公安系统食品药品环境犯罪侦查机构组建。清理规范开发区管理机构。制定《塔城地区清理规范开发区管理机构工作实施方案》，摸排出1个问题予以规范。深入研究新疆塔城重点开发开放试验区管理机构设置工作，加强对国家、自治区、地区有关新疆塔城重点开发开放试验区建设相关政策文件的学习，积极与自治区党委编办、地区开发开放试验区指挥部沟通联系，赴库尔勒市开发区实地调研，与其他地州横向交流沟通，了解相关机构设置，结合地区实际，初步提出机构设置建议。

【机构编制管理】 2021年，地委编办围绕地区“3+1”重点工作，优化机构编制资源配置，盘活各类编制存量，统筹调剂各类编制用于保障地区重点工作的落实。做好机构编制实名制数据库管理工作。办理人员入编手续424名、自然减员手续99名。扎实做好公务员、事业单位工作人员、“绿色通道”招录人员编制审核工作。审核上报事业单位招聘计划1337名，自治区批复808名。审核紧缺人才（绿色通道）招录计划116名。审核优秀基层干部选拔招录（招聘）21名。严格把好编制使用审核“入口关”，审核人事调动116人次，确保调入人员“人岗相适”，促进编制效益最大化。完成机构编制实名制数据库和统计数据季报工作，做好全地区23372名聘用编外人员信息核实入库工作。

筹备机构编制委员会会议3次，37项编委会议题，对68件地委、行署领导批示件，提出合理化意见建议，提交编委会研究。

【事业单位登记管理】 2021年，地委编办完成121家地直单位、指导县市完成1044家事业单位年度报告公示工作，年度报告率100%。抽查76家事业单位法人。完成事业单位法人变更登记83家、注销登记4家、设立登记4家。做好机关、群团、垂管部门统一社会信用代码工作，初领、补（换）领、撤销以及信息变更统一社会信用代码工作28家。完成“一体化在线政务平台”事项维护、电子印章制作、签章配置、电子证照维护、历史数据上传等工作，办理9家单位申请事项、上传113家单位历史数据。

【机构编制监督管理】 2021年，地委编办根据中央、自治区的统一安排部署，开展地区第二次全地区机构编制核查工作。制定《关于开展第二次全地区机构编制核查的实施方案》，明确核查职责，核清机构编制资源的实际配置情况，为加强和改进机构编制管理、持续深化党政机构改革、推进党政机构职能体系建设提供依据和保障。完成核查部门单位318个，其中实地核查单位130个。落实机构编制监督检查工作，对地直和县市、乡镇22个部门进行调研，对职责范围进行界定，规范机构编制管理工作，严肃机构编制纪律。研究制定《塔城地区机构编制执行情况评估办法》，引导部门和县市大力挖潜增效，使机构编制资源向重点领域、基层和一线倾斜，进一步优化机构编制资源配备，建立健全机构编制动态调整和管理评估机制。配合自治区党委编办做好经济责任审计机构编制专项检查工作，对发现的问题督促县市及时整改。（张　文）

机关党建

【机关党组织概况】　截至2021年年底，党组织关系隶属于地区直属机关工委管理的党组织170个，其中机关党委10个、党总支16个，党支部144个。有共产党员3036人，其中预备党员114人。

【机关政治建设】　2021年，地直机关工委围绕“3+1”重点工作，组织7个县市、91家地直部门（单位）召开地区机关党的建设工作会议，对2021年机关党建重点工作进行总体安排，印发《地直机关2021年党建工作要点》，指导地直机关党支部认真落实“三会一课”、主题党日、领导干部带头上党课等制度，并制定《地委直属机关工委“8+1”任务清单》，发挥党建引领作用，推动工委自身和所属党组织将维护稳定、疫情防控、安全生产、经济社会高质量发展与机关党建工作同部署、同落实、同推进、同考核，推进“3+1”重点工作落实，及时调整相关领导小组、充实工作力量、完善工作方案，有序推进各项工作。

严格执行《中国共产党支部工作条例（试行）》等党内法规，编印600册《机关党建常用党内法规选编》发放至地直各党（工）委、各级机关党组织、县市机关工委。紧盯组织设置、规范配备委员、收缴党费、落实“三会一课”和主题党日等方面，成立3个小组，对地直机关党组织开展全覆盖调研、督导和上门指导服务，进一步推进党支部标准化、规范化建设。

指导新成立机关党委2个、机关纪委9个、党总支4个、党支部14个，撤销党支部1个、整合党支部4个，机关党组织按期换届选举14个、改补选42个。配合地委组织部指导地区疫情防控工作指挥部、新疆塔城重点开发开放试验区建设指挥部成立临时党委，批复临时党支部；批复成立地区维稳指挥中心党支部、地区应急指挥中心临时党支部，为做好“3+1”重点工作提供组织保证。

【机关思想建设】　2021年，地直机关工委结合党史学习教育，充分利用理论学习中心组、“三会一课”、政治理论学习日、“党旗映天山”主题党日、“四微”活动等载体，不断丰富党史学习教育内容，深入学习百年党史中的100位重要英雄模范、“3个100杰出人物”事迹、“七一勋章”获得者、全国和自治区“两优一先”获得者等先进人物，加强理想信念教育，不断深化巩固“不忘初心、牢记使命”主题教育成果，推进“两学一做”学习教育常态化制度化。采取灵活多样的小班辅导、主题调度等方式，统筹推进党史学习教育和“我为群众办实事”实践活动走深走实。理论学习中心组学习33次、党支部集中学习44次、党史学习教育学习59次、全体干部集中学习78次，举办读书班5期、主题党日活动12场次。通过抓紧抓实政治理论学习、对先进模范人物的学习，工委干部政治领悟力进一步增强，信仰之基更加牢固。

【机关作风建设】　2021年，地直机关工委认真履行全面从严治党“第一责任人”职责和“一岗双责”责任。全年召开工委委员会议专题研究党风廉政建设和反腐败工作5次，听取县处级干部报告“一岗双责”情况3次，开展谈心谈话20人次，上廉政党课4次，有效推进压力传导；充分发扬党内民主，严格执行民主集中制，贯彻落实地委《关于加强对“一把手”和领导班子监督的具体措施》，研究制定工委“三个责任清单”“六权三单一流程”等制度，划定权力边界，落实“三重一大”“四不直接管”等制度，凡涉及人、财、物及其他重要事项，报请派驻纪检监察组列席，主动接受派驻纪检监察组的监督；加强机关廉政文化建设，以第23个党风廉政教育月活动为抓手，采取集中学习、收看反腐倡廉警示教育片、专题研讨等宣传教育形式，积极营造廉政氛围；注重对干部日常教育管理监督，专题研究制定《地委直属机关工委运用“第一种形态”的具体适用细则（试行）》，结合工委部门职能和干部履职情况，对处置的适用范围进行细化。结合“创建廉洁塔城”活动，制定《地委直属机关工委开展“创建廉洁机关”活动实施方案》，通过提高法纪意识、狠抓作风建设、开展警示教育、营造廉政氛围、倡导清正家风等，有序推进“廉洁机关”创建工作。运用“第一种形态”1人次，签订家庭助廉倡议书1次，发放节前廉政提醒函4次，开展任华严重违纪违法案以案促改1次，强化纠“四风”树新风，把干部苗头性、倾向性问题消除在萌芽状态，始终保持惩治腐败高压态势，干部政治判断力持续增强。

【党代表推选】 2021年，地直机关工委统筹地直16个党（工）委252个党支部，按照塔城地区出席自治区第十次党代会代表条件、名额及构成比例，周密安排、精心组织、严格程序、严把质量，适时召开推进会、筹备会，协调各部门（单位）开展现场演练，10月16日召开中国共产党塔城地区直属机关党代表会议，圆满完成塔城地区出席自治区第十次党代会16名党代表的推选工作。

【党员教育培训与发展】 2021年，地直机关工委通过佩戴党员徽章、党费集中交纳日、过政治生日、创建党员先锋岗、党员民主评议等措施，引导党员增强党员意识、发挥主体作用。坚持严管和厚爱相结合，通过春节、七一、国庆节等重要节日对老党员、生活困难党员、因公殉职党员家属进行慰问及为离退休党支部返还党费等，落实党内激励关怀帮扶制度。提高发展党员质量，严把程序关、质量关，抓好政治审查关键环节，严禁“带病发展”。举办党务干部专题培训班1期，赴各单位开展小班培训20余次，举办发展对象培训班6期；发展党员114名，完成全年计划的105%。督促行业主（监）管部门抓好社会组织党组织党建工作。

【党史学习教育】 2021年，地直机关工委把组织开展好党史学习教育作为重大政治任务，先后2次召开工委委员会议专题研究、7次党史学习教育领导小组会议具体安排，聚焦主题主线，及早制定实施方案、明确职责分工、细化具体工作方案，为推动党史学习教育奠定坚实基础。在深入学习的基础上，开展研讨交流会，分享学习心得。坚持支部书记带头谈、支部委员相互谈、支部委员与其他党员全覆盖谈的原则，落实谈心谈话制度。开展批评和自我批评，明确努力方向，支部班子查摆3个方面9个问题，10名党员围绕5个方面查摆问题118个。开展交流研讨2场次，形成研讨材料17篇，工委班子及县处级领导干部带头讲授专题党课11次（其中廉政党课4次），谈心谈话20人次。落实在职党员“双报到”，14名党员全部到居住地社区、到“民族团结一家亲”结对认亲户所在“访惠聚”工作队报到、开展志愿服务活动、主题党日和社区共驻共建等活动，为发展社区送党旗2面、党徽50个、笔记本30本、党史书籍5本，为困难群众捐赠衣服12件；联合驻村工作队协调农资贷款900余万元，惠及农户90余户，为身有残疾的村民送轮椅3辆，为结亲户协调申请解决低保3人次，推进“我为群众办实事”落细落实。

【党务干部队伍建设】 2021年，地直机关工委修订完善《地委直属机关工委工作规则》《地委直属机关工委议事决策规则》等相关工作制度，坚定不移贯彻“集体领导、民主集中、个别酝酿、会议决定”的规定，强化对民主集中制的有效监督，做到发展党员、财务、党务等重要事项及时公开公示，接受党员群众监督。积极向地委分管领导提出加强班子建设的建议和干部队伍建设的报告，2021年，配备2名副书记，调入4名工作人员。

采取多种措施，加强干部队伍政治规矩和工作、纪律、作风的养成教育，用人所长，合理安排工作，实行工作目标量化管理，制定《地委直属机关工委2021年度工作任务分解方案》《地委直属机关工委公务员平时考核实施方案》，定职责、定任务、定时限、定标准，将干部日常考勤、完成工作情况、“学习强国”学习情况等与公务员平时考核相挂钩，充分调动干部工作的积极性。激励关怀，助力干部成长，严格按照《党政领导干部选拔任用条例》规定的程序和要求，落实干部选拔任用工作全程纪实制度，有序开展干部任用调整、晋升职级及干部调动工作。（张亚萍）

机要保密

【宣传教育】 2021年，地委机要保密局制定宣传贯彻《中华人民共和国密码法》工作方案，利用全民国家安全教育日、世界电信日等重要节点开展《中华人民共和国密码法》宣传教育活动，推动密码安全宣传教育进机关、进社会、进课堂、进网络。举办《中华人民共和国密码法》培训3次，发放宣传资料6500余份，制作展板21块，宣传横幅30余条；组织开展庆祝中国共产党成立100周年保密宣传教育活动，讲授保密党课30余次，举办保密知识答题活动2次，组织“读讲传学”活动和保密宣传教育进商圈、进媒体、进企业、进学校、进村社13场次，协调宣传部、塔城机场、公交公司等部门，在地区电视台、机场、公交车、出租车、商场等融媒体平台进行播放保密宣传片和悬挂宣传标语，组织各县市同步开展播放保密宣传片，同时利用全民国家教育日，联合塔城市开展室外宣传活动，发放《中华人民共和国保守国家秘密法》等宣传资料2000余份；持续加大保密培训力度，系统举办各类培训活动5次，其中保密干部专题培训班1期，定密知识、涉密人员管理知识专题培训2次，国资委、工商联、银保监分局监管企业以及申请国家秘密载体印制资质企业高管培训1次，西部计划志愿者岗前保密教育培训1次，受教育干部1000余人；采取选派保密干部到自治区国家保密局和国家保密局跟班学习方式，提升基层保密干部依法管理能力素质。

【保密检查】 2021年，地委机要保密局按计划有序开展检查工作，通过开展日常检查、专项检查、联合检查、进驻式检查等，有力地促进各部门（单位）保密工作水平提升；采取保密提醒督办函和保密工作提示函的形式，督促指导各级机关、单位完善十项基本保密制度；加强保密提醒，针对涉密人员保密审查、互联网缩口工作、信息公开保密审查、涉密文件信息资料印制四个方面积极提高工作人员的保密意识和防范能力，堵塞泄密漏洞，防范化解国家秘密、工作秘密和内部敏感信息泄露风险，避免泄密事件发生。

【脱密销毁工作】 2021年，地委机要保密局按照地区涉密单机保密管理要求，制定设备脱密销毁登记表和凭证，指导各县市、各部门（单位）开展设备脱密销毁工作，同时组织开展设备脱密视频培训，学习脱密销毁工作流程方法，为规范脱密销毁工作开展奠定基础；依托地区涉密载体销毁中心和各县市涉密载体销毁中心（站）力量，常态化开展包括纸介质、光介质、电磁介质等涉密载体销毁工作，确保地区涉密载体销毁流向清晰、销毁完全，有效封堵涉密载体流转最后环节漏洞，确保国家秘密绝对安全。

【党委系统信息化管理】 2021年，地委机要保密局发挥电子政务内网支撑平台作用，就各级机关单位全面推进单机接入电子政务内网、内部办公系统向电子政务内网迁移整合、面向社会的政务系统加强密码应用安全性保护等工作作出安排部署，强力推进网络安全联通、数据交换和迁移整合工作；加强电子政务内网管理和服务保障工作，推动沙湾市、裕民县开展内网向村（队）延伸试点工作，接入村（队）86家。加大内网规范管理工作力度，落实日常巡查和运维保障机制，全年为地县乡三级内网接入单位维护和排除故障2100余次。

【保密技术服务】 2021年，地委机要保密局加大测评力量培训力度，采取跟班学习、参加保密测评培训等方式促进测评工作水平提升。加强重点会场保障服务，为地区各类重大会议活动保密保障服务约200场次，其中对重要涉密会议活动会场进行环境安全检测10余次。

【保密工作指导及服务】 2021年，地委机要保密局为重点涉密单位提供保密指导和服务，对各单位举办的涉密会议活动，进行电话预警或现场指导；指导电脑公司为各单位、各部门新装及更新保密设备，上门维护设备；组织开展涉密载体销毁工作，确保涉密文件资料最后环节安全；应邀到部分单位开展保密工作指导及授课，进一步提升各单位保密工作意识、能力和水平。

（郑雅文）

老干部工作

【概况】 截至2021年12月，塔城地区累计有离退休干部22996人，其中离休干部113人，退休干部22883人。退休干部中，正厅级9人，副厅级20人，县处级899人，科级及以下21955人。

【离退休干部思想政治建设】 2021年，地委老干局持续深入学习习近平新时代中国特色社会主义思想，全面开展党史学习教育，通过专题辅导、集中培训、上门送学等形式，确保学习内容全覆盖、参学人员全覆盖。用好红色资源开展党性教育，锤炼政治品格，引导广大老干部不忘初心、牢记使命。截至年底，累计组织县处级以上离退休干部开展“学党史、悟思想、办实事、开新局”专题党课89场次、开展“送学上门”580余人次。深化思想建设，全面落实离退休干部阅读文件、听报告、参加重要会议和重大活动、通报情况等制度。组织80余名地直单位副县级以上离退休干部代表召开2020年经济社会发展情况通报会，使离退休干部思想教育抓在经常、及时跟进。依托地委老干部党校、老干部活动中心、老干部（老年）大学等学习活动阵地，组织离退休干部深入学习中央、自治区及地区有关文件精神，引导老干部自觉将思想、行动同党中央保持高度一致。推进党组织建设，本着“有利于活动、便于管理、应建尽建”原则，采取多种方式设置党组织，抓好离退休干部党员的组织和工作覆盖。扎实推进离退休干部党组织标准化规范化建设，以点带面、整体推进。加强对划拨离退休干部每人400元活动经费的管理力度，指导老干部原单位落实老干部的政治待遇和生活待遇。按规定落实离退休干部党员人均100元教育活动经费，离退休干部党组织书记每月300元工作补贴，累计落实经费16.59万元。

【离退休干部作用发挥】 2021年，地委老干局开展建党100周年庆祝活动，结合深化“增添正能量·共筑中国梦”活动，落实《关于在全地区离退休干部中广泛开展庆祝中国共产党成立100周年系列活动的通知》要求，先后组织开展“我看建党百年新成就”调研活动、“最美塔城”摄影展、“我为党旗增辉·百年伟业”书画展、“我的入党故事”老党员专题座谈活动、“庆百年华诞·诵红色经典”、观看红色影片、门球邀请赛等活动，进一步展现塔城地区老干部爱党、爱国的精神风貌。配合自治区党委老干部局，做好自治区省级干部到塔城参观各项准备服务工作，得到地委主要领导认可。开展大宣讲活动，制定《塔城地区老干部大宣讲活动实施方案》，在全地区范围内开展“庆祝中国共产党成立100周年”老干部大宣讲活动，实施“三级联动”，组织地厅级老干部主动靠前，县处级老干部辐射带动，广大老干部积极参与，以专题讲座、文艺演出等多种形式，与基层群众面对面，多层次全方位立体式讲好中国共产党故事。累计开展大宣讲75场次，受教育群众5000余人。发挥优势作用，组织引导老干部在扩大稳定红利释放、助力乡村振兴、推进塔城重点开发开放试验区建设、加强基层治理等方面，自觉自愿、量力而行献智出力。组织动员更多老干部投身关心下一代工作。通过举办主题作品展、参观红色教育基地等方式，开展传承红色基因主题活动，切实加强青少年思想道德建设。强化学校、家庭、社会三位一体的青少年法治教育格局，持续开展“关爱明天·普法先行”青少年普法教育活动，切实维护青少年合法权益。地区关工委与团委多部门联合举办第六届青少年模拟法庭大赛，提高青少年法治意识。有序组织五老进机关、进校园、进企业、进农村、进社区、进军营，大力宣传新疆社会稳定的大好局势、人民安居乐业的幸福生活，引导广大青少年感党恩听党话跟党走。持续推进五老关爱工程，组织开展“我为青少年送关爱”活动，为1054名少年儿童圆梦微心愿。2021年，全地区5个集体、11名个人被评为自治区关心下一代工作先进集体和先进工作者。

【离退休干部服务管理】 2021年，地委老干局推动信息化与老干部工作深度融合，用信息化手段做好老干部服务管理。持续动员广大离退休干部、老干部工作者推广使用“金色天山”离退休干部服务管理平台、“新疆老干部”“新疆关工委”微信公众号。根据需要，方便快捷浏览相关信息，更好满足老干部的各种需求。组织各级老干部工作部门动员千余名离退休干部收看3场全国离退休干部网上专题报告会、2场党史学习教育网上专题报告会，不断增强离退休干部政治意识和党性修养。提升精准化水平。细化完善离休干部“三个机制”，建立健全113名离休干部信息档案，严格落实离休干部“一人一策”服务机制。推进落实“后盾单位尽责、社区组织尽力、儿女子孙尽孝、职能部门尽职、医疗部门尽心、财政部门尽保”的“六位一体”服务体系，为老干部提供个性化服务。持续做好离退休干部困难帮扶工作，为3名离退休干部及遗孀落实自治区特殊困难帮扶资金2.8万元。按照要求，全面落实12名离休干部按副省级标准报销医疗费用，全面提高离休干部生活补贴标准。做好对易地安置离休干部的日常关怀，通过走访探望、打电话、发短信、视频聊天等形式加强联系，对医药费报销等相关事宜进行全程代办，组织专人赴异地处理丧葬事宜，确保他们的各项待遇落到实处。提升规范化水平。进一步完善“两制度、一办法”，即《塔城地区定期向老干部通报情况制度》《塔城地区县处级及以上离退休干部因病住院出现重大病情报告制度》《塔城地区县处级及以上离退休干部逝世后丧事处理办法》，有效指导县市和地直各部门规范细化服务管理，填补地区乃至自治区此项工作的空白。进一步完善离退休干部走访看望常态化制度化工作机制，按照自治区党委老干部局“每年不少于4次”的要求，定期开展走访看望。七一前夕，实现异地走访慰问全覆盖，慰问资金达11.93万元。

（陈　琦）

党史、地方志工作

【党史工作】 2021年，地委史志办完成《中共塔城地区简史（1950—2012）》的修改补充完善及编辑出版工作。启动《塔城丰碑》编撰工作，全书约40万字，已完成初稿。充分利用自治区党委党史和文献研究院专项购书经费购买党史书籍149本，充实党史资料。以党史学习教育为契机，向各县市史志办、乡镇街道和地直有关部门赠送《绘就天山新画卷——新疆决战决胜脱贫攻坚纪实》等党史资料书籍1000余本。

【地方志工作】 2021年，地委史志办按照出版社对《塔城地区志（1990—2010）》反馈的修改意见，通过与相关地直单位撰稿人联系核对，查找原始档案资料等方法，修改补充完善502项内容，补充更换照片300余张。《塔城地区志（1990—2010）》已形成样书，正在征求地委、行署、人大、政协四套班子最终审核意见。完成地委“塔城地区纪录小康工程”专班工作，审核上报自治区数据库560条大事记，上传塔城地区出版地方志、年鉴电子版10本。

【年鉴工作】 2021年，地委史志办完成《塔城年鉴》2016—2020年5本年鉴的出版发行工作。《塔城年鉴（2021）》已形成样书，正在编辑出版。做好《新疆年鉴》《伊犁年鉴》“塔城地区概况”及县市概况稿件上报工作和地区年鉴大事记记录工作。加强县市年鉴审读工作，不断提高年鉴编修质量。

【史志服务】 2021年，地委史志办开展史志书籍“七进”活动，向机关和社会各界赠送《塔城地区志（1990—2010）》《塔城年鉴》《塔城70年》等资料近百套，正本清源，培根铸魂，为落实社会稳定和长治久安总目标打牢思想基础。组织开展各县市年鉴主编网络培训1场次；参加其他各级各类培训5人次。为辽宁援疆干部讲授“塔城地区概况及历史沿革”线上线下网络培训2场次，有效发挥史志“资政存史育人”的作用。加强审读工作，先后审读志书4部、年鉴3部、地情书1部、组织史资料1部、其他资料2部；完成地委宣传部意识形态领域相关审读工作，提供“伊塔事件”相关材料3份，历史照片2张。 （地委史志办）

党校工作

【教学培训】 2021年，地委党校累计完成培训39期，培训2454人次；有效发挥“开讲了”——地区干部教育培训讲座作用，邀请专家学者来塔城授课2场次，受教干部14700余人次（含视联网会议）；邀请疆内外知名专家学者赴塔城授课6场次，受教干部760余人次。

配合地委党史学习教育和习近平总书记在庆祝中国共产党成立100周年大会上的重要讲话精神大宣讲活动，选派教师宣讲17场次，受教党员干部近万人次。

【科研咨询】 2021年，地委党校专兼职教师发表论文22篇，其中副省级刊物21篇，地区级刊物1篇；参加各类学术研讨会获奖论文22项，其中二等奖5项，三等奖8项；研讨交流会入选论文8篇；决策咨询1篇，得到地区主要领导批示。在自治区党校系统庆祝中国共产党成立100周年理论研讨会上，塔城地委党校获优秀科研组织奖，1人获优秀科研管理奖。

在全地区党校（行政学院）系统第五届精品课暨第三届教学管理优秀奖评选中，地委党校（地区行政学院）参赛课程《震撼世界的立国之战，一脉相承的红色基因——抗美援朝战争与抗美援朝精神》被评为精品课，地委党校（地区行政学院）获“教学管理优秀奖”。

【合作交流】 2021年，自治区党校选派3名青年教师赴塔城市；阿勒泰市、博尔塔拉蒙古自治州党校到塔城开展办学质量评估和教学改革工作交流；地委党校与兵团第七师党校、第九师党校就兵地党校融合发展工作，共同研究制定工作方案；选派第49期中青班赴兵团第七师、第八师开展现场教学；完成清华大学乡村振兴教学点申报工作，清华大学授权书及框架协议书已经批复，各项课程已通过多种渠道广泛推介。2021年，向各县市委党校、兵团第九师党校推介课程11次，受教党员干部近千人次；依托对外经贸大学塔城教学点，助推地区各族干部群众学历升级，2021年完成招生33人，在校学习588人。

（田晶晶）

伊犁哈萨克自治州人大常委会塔城地区工作委员会

【人大工委主任、副主任】

主　任：

沙勒塔娜提·黑那亚提

（女，哈萨克族，7月离任）

阿米娜·瓦尔汗

（女，哈萨克族，7月任主任人选、9月任主任）

副主任：

侯兴会（6月离任）

赛力克·吾拉孜别克

（哈萨克族，10月去世）

张卫平

玛依努尔·加汗

（女，哈萨克族）

重要会议

【工委会议】　2021年4月7日上午，塔城地区人大工委2021年第一次会议召开。会议由地区人大工委党组书记、副主任侯兴会主持，副主任赛力克·吾拉孜别克及委员共9人出席会议。地委委员张立东应邀出席会议，“一署一委两院”以及地区有关部门（单位）主要负责人，各县市人大常委会1名负责人，部分全国、自治区人大代表列席会议。会议听取和审议行署工作报告、地区中级人民法院工作报告、塔城检察分院工作报告，审查和批准2020年地区国民经济和社会发展计划执行情况与2021年地区国民经济和社会发展计划草案报告、2020年地区财政预算执行情况和2021年地区财政预算草案报告，听取和批准塔城地区国民经济和社会发展第十四个五年规划和2035年远景目标纲要（草案）。

6月28日上午，塔城地区人大工委2021年第二次会议召开。会议由地区人大工委主任沙勒塔娜提·黑那亚提主持，副主任玛依努尔·加汗及委员共13人出席会议。“一署一委两院”以及地区有关部门（单位）主要负责人，各县市人大常委会1名负责人，部分全国、自治区人大代表列席会议。会议听取和审议地区2020年度环境状况和环境保护目标完成情况、地区贯彻实施《中华人民共和国种子法》《自治区实施〈中华人民共和国种子法〉办法》《中华人民共和国义务教育法》《自治区实施〈中华人民共和国义务教育法〉办法》情况、2020年地区本级财政预算执行及其他财政收支审计的工作报告。会上，还宣布伊犁哈萨克自治州人大常委会人事任免决定，颁发任命书并举行向宪法宣誓仪式。

9月24日上午，塔城地区人大工委2021年第三次会议召开。会议由地区人大工委主任阿米娜·瓦尔汗主持。副主任玛依努尔·加汗及委员共13人出席会议。“一署一委两院”、各县市人大常委会1名负责人，地区有关部门主要负责人，部分自治区人大代表列席会议。会议听取和审议地区乡村振兴工作、宗教工作、2020年国有自然资源资产管理、行署关于审计查出问题整改落实情况、“七五”普法决议实施情况的报告。会上，还宣布伊犁哈萨克自治州人大常委会人事任免决定，颁发任命书并举行向宪法宣誓仪式。

12月14日，塔城地区人大工委2021年第四次会议召开。会议由地区人大工委主任阿米娜·瓦尔汗主持。副主任玛依努尔·加汗及委员共12人出席会议。“一署一委两院”、各县市人大常委会1名负责人，地区有关部门主要负责人列席会议。会议听取和审议地区公共卫生服务体系建设工作情况、新疆塔城重点开发开放试验区建设情况、地区2021年财政预算执行及变更情况、地区民事审判工作情况、地区控告申诉检察工作情况报告，听取《塔城地区人大工作委员会关于在全体公民中开展第八个五年法治宣传教育的决议（草案）》。

【经验交流会】 2021年11月23日上午，塔城地区人大工委召开地区各级人大及代表工作经验交流视频会，主要任务是交流总结地区各级人大和人大代表在落实自治区人大常委会“四个提升”（立法工作提质、监督工作提效、代表工作提级、自身建设提档）工作中的经验，不断开创地区人大工作新局面。会议由地区人大工委党组成员、副主任玛依努尔·加汗主持，地区人大工委党组副书记、主任阿米娜·瓦尔汗出席会议并讲话。地区人大工委党组成员、秘书长、机关党组书记安金龙传达学习中央人大工作会议精神；各县（市）人大常委会、部分乡镇人大主席和人大代表作发言交流。

检查　调研

【检查《中华人民共和国种子法》及《自治区实施〈中华人民共和国种子法〉办法》实施情况】 2021年5月18—20日，塔城地区人大工委组织地区农业农村局、林业和草原局负责人对地区贯彻实施《中华人民共和国种子法》及《自治区实施〈中华人民共和国种子法〉办法》情况开展执法检查。针对检查出的问题，检查组建议：要把宣传贯彻种子法及实施办法作为规范种子市场、维护农民利益和企业利益的大事来抓，进一步理顺执法体制，加强队伍建设。加大对种子法和实施办法的执法力度，强化监督管理。

【检查《中华人民共和国义务教育法》及《自治区实施〈中华人民共和国义务教育法〉办法》实施情况】 2021年5月25—28日，塔城地区人大工委组织地区教育局对《中华人民共和国义务教育法》及《自治区实施〈中华人民共和国义务教育法〉办法》贯彻实施情况开展执法检查。针对检查出的问题，检查组建议：各级政府要进一步加大义务教育法的宣传力度，结合城镇化建设推动义务教育均衡发展，科学制定办学标准，合理调整学校布局，保障特殊群体平等接受教育权利，扎实推进农村教师队伍建设。

【调研地区“七五”普法决议实施情况工作】 2021年9月13—16日，塔城地区人大工委组织司法局赴塔城市、乌苏市、沙湾市对地区“七五”普法决议实施情况进行实地调研。调研组建议：要科学制定“八五”普法规划。严格落实“谁执法谁普法”责任。加强领导干部和公职人员法治宣传教育。在法治宣传教育形式上注重创新。不断提升普法工作精细化水平。给予普法工作充分保障。努力营造全社会尊法学法守法用法的良好法治环境。

【调研地区宗教工作】 2021年9月13—16日，塔城地区人大工委组织民宗局赴塔城市、乌苏市、沙湾市对地区宗教工作进行专题调研。调研组建议：着力提高统战、民宗干部“导”的能力。提升能力，服务社会，打造高素质教职人员队伍。全面贯彻党的宗教信仰自由政策，依法保障正常宗教需求和合法宗教活动，加强中华民族共同体意识宣传教育，引导各族群众不断增强“五个认同”，树牢国家意识、公民意识、法治意识，促进各民族广泛交往、全面交流、深度交融。

【调研地区公共卫生服务体系建设工作】 2021年11月15—18日，塔城地区人大工委组织卫健委负责人赴塔城市、乌苏市、沙湾市、和布克赛尔蒙古自治县对地区公共卫生服务体系建设工作进行专题调研。调研组通过召开座谈会、查阅档案、深入乡镇、村队、社区对地区公共卫生服务体系建设工作总体情况、存在的主要困难、突出问题及发展规划进行了详细了解。调研组建议：要加大投入力度，提升公共卫生服务保障能力，切实把群众生命健康放在首位，积极谋划争取和实施公共卫生项目，关心关爱疫情防控一线工作人员，以更好的精神状态抓好疫情防控常态化。

【调研塔城重点开发开放试验区建设工作】 2021年11月18—21日，地区人大工委组织部分驻塔城的全国、自治区人大代表围绕新疆塔城重点开发开放试验区建设情况进行集中视察。调研组建议：要主动加强向上汇报对接，不断加大改革创新力度，力争在体制机制、财税金融、土地管理、人才发展等方面取得积极进展。尽快编制完成分区发展规划，继续发挥好各国有企业“顶梁柱”“压舱石”作用，适时召开新闻发布会，吸引更多企业来塔投资兴业。

人大监督

【监督工作概况】 2021年，地区人大工委围绕自治区党委“3+1”重点工作，对地区2020年环境状况和环境保护目标完成情况、2020年地区本级财政预算执行及其他财政收支审计、2020年地区国有资产管理及地区国有自然资源资产管理、地区乡村振兴工作、地区宗教工作、塔城重点开发开放试验区建设等工作进行调研。

【宪法法律宣传实施】 2021年，地区人大工委坚持以宪法为根本活动准则，深入开展宪法法律学习宣传教育，组织实施国家宪法日、自治区宪法法律宣传月活动，严格落实宪法宣誓制度，大力弘扬宪法精神。组织伊犁哈萨克自治州人大常委会决定任命的国家工作人员开展了2次宪法宣誓，激励国家公职人员忠于宪法、维护宪法、履行法定职责。

【经济工作监督】 加强对行署全口径预算决算的审查和监督，审查批准2020年地区财政预算执行情况和2021年地区财政预算草案报告、2020年地区国民经济和社会发展计划执行情况及2021年地区国民经济和社会发展计划草案的报告、2020年地区本级财政预算执行及其他财政收支审计情况的报告；听取和审议行署关于审计查出问题整改落实情况的报告。对2020年地区本级财政预算执行及其他财政收支审计、2020年地区国有资产管理及地区国有自然资源资产管理工作的进行调研。

【环保工作监督】 配合自治区人大常委会开展了2022年天山环保行执法检查，对地区2021年环境状况和环境保护目标完成情况进行了专题调研，并在塔城地区人大工作委员会2022年第二次会议上听取并审议通过了《地区2021年度环境状况和环境保护目标完成情况报告》，依法守护绿水青山。

【司法工作监督】 着眼于维护社会公平正义，听取和审议了法院、检察院工作报告，对地区中级人民法院民事审判、塔城地区检察分院控告诉讼检察工作进行了专题调研，并在工委会上听取和审议了工作报告。充分发挥人大代表的监督作用，组织人大代表旁听地区中级人民法院案件审理，对地区“七五”普法决议实施情况开展专题调研，并在工委第三次会议上对地区“七五”普法决议实施情况进行了审议。塔城地区人大工作委员会第四次会议通过了《塔城地区人大工委委员会关于在全体公民中开展第八个五年法治宣传教育的决议》，为地区普法工作的顺利开展提供了有力保障。

【监督工作成效提升】 2021年，塔城地区人大工委紧扣自治区党委“3+1”工作部署、地委中心工作安排、司法公平正义和民生热点难点问题，突出监督重点，推动党的决策部署贯彻落实，推动法律法规有效实施，推动“一署一委两院”依法行使职权，推动监督工作提效。

人大代表工作

【代表学习培训】 2021年，塔城地区人大工委组织各级人大代表25名赴全国人大（深圳）培训基地开展培训，组织自治区人大代表6名分别赴乌鲁木齐、哈密市参加自治区培训班。组织全地区4700余名人大代表深入开展“百年辉煌感党恩、万名代表进万家”主题实践活动，开展宣传宣讲8931场次，听取和反映群众意见建议1034条，解决群众困难诉求4639件。

【“家室站”建设】 2021年，塔城地区人大工委按照“十有”标准建立标准化地区“人大代表之家”1个、完善县（市）“人大代表工作室”7个、乡（镇、街道）“人大代表联络站”70个、村（社区）“人大代表联络站”212个，实现基层全覆盖。组织开展“家室站”建设观摩交流活动，召开地区各级人大及人大代表工作经验交流视频会。

【代表议案建议】 2021年，塔城地区人大工委扎实开展代表专题调研、集中视察工作，组织14名驻塔城的全国、自治区人大代表，围绕乡村振兴和新疆塔城重点开发开放试验区建设情况，进行专题调研和集中视察活动，累计发现问题6条，提出意见建议10条；抓好代表议案建议工作。2021年驻塔城的全国、自治区人大代表累计向全国、自治区、自治州“两会”提交议案建议80多项，内容涉及稳定、防疫、教育、农业、交通、环保等各方面；做好塔城地区推荐出席伊犁哈萨克自治州第十五届人民代表大会代表初步人选工作，按照程序推荐候选人初步人选90名，差额人选47名。

【换届选举工作】 2021年，塔城地区人大工委指导推进县乡人大换届选举工作，选举产生新一届县（市）人大代表1223名，乡（镇）人大代表3472名，7个县（市）、67个乡（镇）召开新一届人民代表大会，选举产生新一届县乡人大领导班子；加强代表培训和交流工作，地县人大开展人大代表履职能力培训74场次，培训代表4000余人次。

（赵长云）

塔城地区行政公署

综　述

【行政公署专员、副专员】

专　员：

木合亚提·加尔木哈买提（哈萨克族，4月离任）

阿依丁·托留汗（哈萨克族，4月任）

常务副专员：

薛桂强

副专员：

李　勇（援疆干部）

阿　里（蒙古族）

诺尔买买提·诺尔东（维吾尔族，7月离任）

闫　枫

毕　海

木合塔尔·卡里木别克（哈萨克族，4月离任）

托力肯·铁力敢（哈萨克族，5月任）

斯坎旦·克尤木（维吾尔族，12月任）

【行署全体会议】　2021年7月16日，地区行署召开第一次全体会议，主要任务是，贯彻落实习近平总书记在庆祝中国共产党成立100周年大会上的重要讲话精神，贯彻落实自治区党委九届十二次全体会议和自治区2021年上半年经济运行分析会议精神，按照地委扩大会议的部署要求，认真总结年初以来各项工作开展情况，深入分析当前发展面临的形势，安排部署下半年重点工作，进一步动员全地区上下统一思想、振奋精神，自加压力、攻坚克难，扎实做好下半年各项工作。

11月1日，地区行署召开第二次全体会议，主要任务是，贯彻落实自治区第十次党代会精神，贯彻落实自治区第十三届人民政府第十一次全体会议精神，贯彻落实10月28日地委委员（扩大）会议精神，总结1—10月地区经济社会发展情况，安排部署后两个月经济工作，动员全地区上下统一思想、坚定信心，自加压力、开拓奋进，全力以赴做好当前各项工作。

【行署专员办公会议】　2021年，地区行署召开专员办公会议22次，部分会议情况如下（部分）。

1月15日，行署召开第一次专员办公会议。会议研究通过《塔城地区国民经济和社会发展“十四五”规划纲要》《塔城地区2021年固定资产投资项目》《塔城地区2021年重大项目责任分工》《新疆塔城重点开发开放试验区2021年建设项目》等事项。

3月15日，行署召开第五次专员办公会议。会议研究通过《塔城地区深化职业教育改革实施方案》《塔城地区全面推进城镇老旧小区改造工作实施方案》《塔城地区既有住宅建筑加装电梯实施办法（试行）》《塔城地区促进商业消费工作实施方案》《塔城地区促进外贸高质量发展实施方案》等事项，听取地区消防救援工作情况，研究部署推进工作。

3月29日，行署召开第六次专员办公会议。研究通过新疆塔城重点开发开放试验区启动区2021年项目建设事宜，听取塔城站至巴克图口岸铁路专用线项目汇报，研究部署推进工作。

4月22日，行署召开第七次专员办公会议。会议研究通过《关于加快推进塔城地区农业产业化优势特色产业集群发展实施方案》《关于防止耕地“非粮化”稳定粮食生产工作实施方案》《塔城地区标准化资助奖励资金管理办法（试行）》《抢抓新疆塔城重点开发开放试验区建设历史机遇 全力推动地区就业高质量发展实施方案》《关于推进塔城地区人工影响天气工作高质量发展实施方案》《塔城地区驻点招商工作实施方案》等事项，听取地区一季度经济运行情况，研究部署推进工作。

5月22日，行署召开第九次专员办公会议。会议研究通过《塔城地区国企改革三年行动重点工作任务分工方案（2020—2022年）》《塔城地区2021年依法依规推动落后产能退出工作方案》《塔城地区进一步巩固提升国家通用语言文字教育教学质量行动方案》《加快推进塔城地区快递业高质量发展实施方案》等事项，研究推进乌苏市哈图布呼镇行政管理体制改革试点、塔城市边境经济合作区融入新疆塔城重点开发开放试验区等事宜。

6月21日，行署召开第十一次专员办公会议。会议研究通过《塔城地区“三线一单”生态环境分区管控方案》，研究塔城市原博孜达克农场饮用水水源地保护区核销事宜。

6月24日，行署召开第十二次专员办公会议。会议研究通过《塔城地区国资委监管企业负责人薪酬管理办法》《塔城地区国资委监管企业负责人经营业绩考核办法》《塔城地区国有企业对新疆塔城重点开发开放试验区先行发展区贡献度年度考核奖励办法》等事项，研究巴克图口岸文化展示馆划转、国道219塔城连接线（国道219线至巴克图口岸）变更、支持新疆塔城重点开发开放试验区政策等事宜。

8月9日，行署召开第十三次专员办公会议。会议研究通过《塔城地区关于贯彻落实中央经济工作会议精神重点工作任务细化分工方案》《关于重庆金科新能源有限公司战略合作协议有关事宜的请示》《塔城地区国资委监管企业外部董事选聘和管理办法》《关于拟将地区巴克图口岸景区经营管理权划转的请示》《塔城地区林业草原发展“十四五”规划》《塔城地区养殖水域滩涂规划》等事项。

8月26日，行署召开第十四次专员办公会议。会议研究通过《塔城地区国有金融资本出资人职责实施规定（暂行）》《塔城地区（新疆塔城重点开发开放试验区）投资建设发展有限责任公司组建方案》《塔城地区深入开展爱国卫生运动工作实施方案》《塔城地区“六重清单”》《关于贯彻落实自治区〈关于进一步推进沿边口岸经济带高质量发展的指导意见〉的实施方案》《塔城地区巩固拓展就业扶贫成果助力乡村振兴实施方案》《塔城地区关于服务“六稳”“六保”进一步做好“放管服”改革工作实施方案》等事项。

9月16日，行署召开第十六次专员办公会议。会议研究通过《塔城地区推动县域义务教育优质均衡发展实施方案（2021—2035年）》《塔城地区应急管理体系建设“十四五”规划（2021—2025年）》《塔城地区综合防灾减灾“十四五”规划（2021—2025年）》《塔城地区安全生产“十四五”规划（2021—2025年）》《塔城地区突发事件总体应急预案》《塔城地区自然灾害救助应急预案》《塔城地区森林草原火灾应急预案》《塔城地区“十四五”药品安全及高质量发展规划》《塔城地区药品安全突发事件应急预案》《塔城地区坚决遏制“两高”项目盲目发展工作方案》《塔城地区建立地厅级领导包联制度推进“10+5”产业高质量发展工作机制》等事项。

9月27日，行署召开第十七次专员办公会议。会议研究通过《关于塔城地区日均3天天然气消费量储气能力建设的请示》《塔城地区低收入群体补贴与物价上涨挂钩联动机制实施方案》《关于成立塔城地区农村综合产权流转交易中心有限公司的请示》《塔城地区贯彻落实〈自治区关于巩固拓展脱贫攻坚成果分类全面推进乡村振兴的实施方案〉责任分解方案》《塔城地区关于进一步减轻义务教育阶段学生作业负担和校外培训负担实施方案》等事项。

10月11日，行署召开第十八次专员办公会议。会议研究通过《塔城地区关于全面加强和改进新时代学校体育工作实施方案》《关于推进塔城气象事业高质量发展的意见》等事项，研究地区文体广旅局行政审批事项新增、调整和下放事宜，新疆和什托洛盖煤田布腊图井区开发业主确认事宜，推进地区新能源综合开发事宜，向自治区推荐第七次全国人口普查先进集体和先进个人事宜。

10月30日，行署召开第十九次专员办公会议。会议研究通过《塔城地区装配式建筑发展三年行动方案（2022—2024年）》《塔城地区重大沙尘暴灾害应急预案》《塔城地区重要商品市场供应突发事件应急预案》《塔城地区2021年保障性并网新能源项目竞争配置方案》等事项。

12月5日，行署召开行署第二十一次专员办公会议。会议研究通过《关于加强县域商业体系建设促进农村消费的实施方案》《塔城地区规范财政收入管理意见》《塔城地区落实第三轮草原生态保护补助奖励政策实施方案》《塔城地区科技创新“十四五”规划》《塔城地区科技计划指导性计划项目管理办法（试行）》《塔城地区辐射事故应急预案》《塔城地区水利水电勘察设计院转企改制方案》《塔城地区金融突发事件应急预案》等事项，研究地区2021年1—10月新增地方政府债务限额分配及政府债券预算调整、副厅级以上领导干部、离退休人员体检经费、地区生育津贴支付和职工基本医疗保险缴费等事宜。

12月22日，行署召开第二十二次专员办公会议。会议研究通过《做好今冬明春蔬菜等重要民生商品保供稳价工作方案》《塔城地区粮食应急预案》《塔城地区全面加强城市地下市政基础设施建设的实施方案》《塔城地区加快农业全产业链培育发展实施方案》《塔城地区农副产品加工业高质量发展实施方案（2022—2025年）》《塔城地区“十四五”水安全保障规划》《塔城地区“畜牧业振兴行动”实施方案》等事项。

【行署重要会议（部分）】 2021年5月10日，地区水库安全度汛视频会议召开，主要任务是：认真贯彻落实习近平总书记关于防灾减灾和水库大坝安全工作的重要讲话和重要指示批示精神，深入贯彻落实全国防汛抗旱工作电视电话会议、水旱灾害防御工作视频会议、水库安全度汛视频会议和自治区水库安全度汛视频会议精神，进一步统一思想、明确目标、落实责任，安排部署2021年水库安全度汛工作。

5月22日，地区防震减灾救灾工作会议召开，地委副书记、行署专员阿依丁·托留汗出席会议并讲话，从提高政治站位、加强地震监测研判、加强风险隐患排查、提升应急救援能力、强化宣传引导等方面进行了系统安排部署。

6月16日，地区深化“放管服”改革着力培育和激发市场主体活力电视电话会议召开，主要任务是：深入贯彻中央经济工作会议和《政府工作报告》部署，贯彻落实全国、自治区深化“放管服”改革着力培育和激发市场主体活力电视电话会议精神，总结地区2020年深化“放管服”改革、优化营商环境、着力培育和激发市场主体活力工作，研究分析面临的新形势新任务，安排部署下一阶段重点工作，坚定不移地把地区“放管服”改革向纵深推进。

7月14日，地区安全生产视频会议召开，传达学习自治区安委会下发的《坚决防范遏制事故 安全生产严管严控36条措施》《强化安全生产领导责任 包保安全生产重点任务办法（试行）》精神，通报自治区第六督导组对塔城地区安全生产大排查、大整治反馈问题情况，提出明确要求。

10月12日，地区高标准农田建设暨冬小麦种植专题推进会议召开。会上，通报地区高标准农田建设和冬小麦种植情况，深入分析当前地区高标准农田建设和冬小麦种植面临的新形势，总结各县市经验做法，对当前和今后一个时期工作进行再安排、再部署。

10月14日，地区粮食安全专员责任制协调小组联席会议召开，就扎实做好粮食安全工作、进一步落实好粮食安全专员责任制工作提出明确要求。

11月2日，地区防范寒潮暴雪天气工作调度会召开，听取各县市防范寒潮暴雪天气工作情况汇报，安排部署寒潮暴雪灾害防范应对工作。

11月23日，地区举办新疆塔城重点开发开放试验区招商引资推介会，地委副书记、行署专员阿依丁·托留汗出席会议并致辞，从试验区资源富集、先行先试、优惠政策等方面进行了宣传推介。

12月23日，地区举办试验区招商引资座谈会暨银企项目对接会，地委副书记、行署专员阿依丁·托留汗出席会议并致辞。会议的主要任务是，充分发挥政府职能作用，通过银企之间面对面的沟通与交流，积极搭建银企对接交流合作平台，对接信贷投放项目，推动资金供需双方更深入的了解、更直接的交流和更广泛的合作，推动金融更好地服务实体经济，实现地方经济、金融普惠、企业发展互利共赢，为实现社会稳定和长治久安总目标提供强大的经济支撑。

【行署主要领导调研】

1月10日，地委副书记、行署专员木合亚提·加尔木哈买提先后到塔城市农牧民技工学校、二工镇满城村、也门勒乡三工村、喀拉哈巴克乡五工村，实地调研农牧民培训工作。

2月10日，地委副书记、行署专员木合亚提·加尔木哈买提在塔城市就疫情防控、春节期间安全生产和市场供应、社会稳定等工作进行实地调研。

4月6日，地委副书记、行署专员木合亚提·加尔木哈买提在地市文化卫生系统调研。

6月11日，地委副书记、行署专员阿依丁·托留汗对地区财税和审计工作进行调研。

6月16日，地委副书记、行署专员阿依丁·托留汗在地区发展和改革系统调研。

8月23日，地委副书记、行署专员阿依丁·托留汗调研地区住房保障和城乡建设工作。

8月31日，地委副书记、行署专员阿依丁·托留汗在地区教育系统调研。调研中，阿依丁·托留汗先后到塔城职业技术学院、塔城市第四幼儿园等地，详细了解学校项目建设、校园安全和秋季开学准备情况等。

9月10日，地委副书记、行署专员阿依丁·托留汗来到地区第一高级中学、地区特殊教育学校，代表地委、行署看望慰问学校各族师生，并向全区广大教师、教育工作者和离退休教职工致以节日的祝贺和诚挚的祝福。

9月27—30日，地委副书记、行署专员阿依丁·托留汗先后赴塔城市、裕民县、托里县、额敏县冬牧场调研牧民生产生活情况、疫病防控情况和饲草料储备情况，并召开地区畜牧系统座谈会。

综合政务

【政务信息】 2021年1—10月，行署办公室采编《塔城政务信息》206期1465条，其中自治区采用97条，全疆排名第六；报送自治区专报约稿164期，其中国办采用10条，被国务院领导批示2条，自治区采用61条，被自治区领导批示1条，被地区领导批示6条。

【办会工作】 2021年，行署办公室在会务保障上，坚持科学统筹、周密安排，确保会议既开得好又不给基层增添负担。全年服务保障国家、自治区各类视频会议121场，保障行署党组会议20场、专员办公会议20场、行署党组理论学习中心组集体学习17场、专题会议33场。

【督查督办工作】 2021年，行署办公室牢固树立“大督查”意识，建立“流程式工作规范、无缝式责任衔接、目标式跟踪落实”工作机制，充实督查室工作力量，确保行署每一项安排部署，都有人抓、有人管，有人负责、有人落实。围绕自治区党委“3+1”重点工作部署、地委工作要求和行署党组会议、专员办公会议、各类专题会议研究决定的重大事项，全面跟踪、认真督查、及时反馈，全年督促办理会议安排事项154件，跟踪落实行署领导重要批示件633件，做到事事有交代、件件有结果。同时，坚持把面上督查与点上抽查相结合，坚持把日常催办与协调服务相结合，坚持把督查反馈与情况通报相结合，实现被动督查向主动督查转变，增强督查工作的主动性和前瞻性。全年开展专项督查21次，编发督查通知13件，有效提高督查工作的有效性和时效性，提升政府系统的公信力和执行力。

【政务服务】 2021年，行署办公室从优化营商环境、提升便民质效等方面，制定印发4个具体实施方案，对“放管服”工作做到逐项跟踪推进落实。组织相关部门赴县市开展调研指导两次，总结经验、查找问题、优化提升，有力提升政务服务成效。全面做好“互联网+”、政府信息公开等工作，在政府网站专栏公开地区27个部门、2575项行政处罚、行政强制事项。不断加强网络安全检查，全面做好政府网站普查，实行“三审三校”，确保信息发布精准。截至年底，地区政府网站发布各类信息5153条；办理领导信箱有效信件114件，办结率100%；受理中国政府网网民留言28件，办结率100%，有效解决与群众切身利益息息相关的问题。不断健全完善电子政务运行管理机制，电子政务平台、政务服务一体化平台、“互联网+监管”高效运行，实现地区各部门间电子政务实时通信全覆盖，有效提升工作效能、降低行政成本。

【制度建设】 2021年，行署办公室结合办公室工作实际，从会务服务、活动组织、公文处理、内部管理、廉政建设等方面，对办公室各项制度进行全面审视和系统梳理，全年制定完善办公室工作制度31项，有力保障办公室工作的制度化、规范化、科学化开展。坚持把制度的规范性、程序的严密性、纪律的约束性相结合，进一步强化干部职工按制度办事、按程序办事意识，增强办公室全体人员的“执行习惯”，增强办公室工作的内生动力，形成程序更规范、衔接更紧密、服务更优化、运转更高效的工作新格局。

重要文件

【行署印发的文件（部分）】

4月7日，行署印发《塔城地区深化职业教育改革实施方案》。

9月12日，行署印发《塔城地区关于加快新疆塔城重点开发开放试验区高质量发展有关政策（试行）》。

9月28日，行署印发《塔城地区药品安全“十四五”规划》《塔城地区突发事件总体应急预案》。

10月14日，行署印发《关于推进塔城地区气象事业高质量发展的意见》。

12月28日，行署印发《塔城地区粮食应急预案》。

【行署办公室印发的文件（部分）】

1月23日，印发《关于做好塔城地区2021年固定资产投资项目建设工作的通知》。

1月27日，印发《塔城地区新冠肺炎疫情防控常态化期间深入开展爱国卫生运动实施方案》。

2月18日，印发《塔城地区落实自治区贯彻落实全国深化“放管服”改革优化营商环境电视电话会议重点任务清单》。

2月20日，印发《塔城地区加快落实政务服务“跨省通办”工作方案》。

3月3日，印发《塔城地区招商引资工作实施方案》和《塔城地区招商引资工作考核办法（试行）》。

3月31日，印发《塔城地区全面推进城镇老旧小区改造工作实施方案》《塔城地区既有住宅建筑加装电梯实施办法（试行）》。

4月5日，印发《塔城地区2021年促进外贸高质量发展实施方案》。

5月24日，印发《塔城地区2021年国民经济和社会发展计划》。

6月7日，印发《塔城地区落实2020年土地例行督察反馈问题整改方案》《塔城地区地震应急预案》。

7月1日，印发《塔城地区坚决遏制耕地“非农化”专项行动工作方案》。

7月8日，印发《塔城地区国资委监管企业负责人经营业绩考核办法》《塔城地区国资委监管企业负责人薪酬管理办法》《塔城地区国有企业对新疆塔城重点开发开放试验区先行发展区贡献度年度考核奖励办法》。

8月17日，印发《2021年塔城地区融入丝绸之路经济带核心区建设工作要点》。

8月27日，印发《塔城地区关于服务“六稳”“六保”进一步做好“放管服”改革工作实施方案》。

8月30日，印发《塔城地区关于巩固拓展就业扶贫成果助力乡村振兴实施方案》。

8月31日，印发《塔城地区贯彻落实自治区〈关于进一步推进沿边口岸经济带高质量发展的指导意见〉实施方案》。

9月18日，印发《塔城地区推动县域义务教育优质均衡发展实施方案（2021—2035年）》。

9月28日，印发《塔城地区药品安全突发事件应急预案》《塔城地区应急体系建设“十四五”规划》《塔城地区综合防灾减灾“十四五”规划》《塔城地区安全生产“十四五”规划》。

10月8日，印发《关于加快项目建设扩大有效投资的意见》。

10月18日，印发《塔城地区国有金融资本出资人职责实施规定（暂行）》。

11月3日，印发《塔城地区装配式建筑发展三年行动方案（2022—2024年）》。

11月6日，印发《塔城地区推进医疗保障基金监管制度体系改革实施方案》。

11月12日，印发《塔城地区消防救援事业发展“十四五”规划》。

12月13日，印发《塔城地区科技创新“十四五”规划》。

12月28日，印发《塔城地区“全覆盖”严厉打击非法盗采矿产资源专项整治行动工作方案》。

（陈多金）

行政服务与公共资源交易中心

【概况】 2021年6月28日，根据《关于塔城地区行政服务中心更名等机构编制事宜的批复》，塔城地区行政服务中心正式更名为塔城地区政务服务与公共资源交易中心，根据《关于印发〈塔城地区政务服务与公共资源交易中心职能配置、内设机构和人员编制规定〉的通知》，中心为全额预算管理，公益一类事业单位。中心下设“地区建设工程交易中心”，机构规格相当于正科级，为自收自支单位。

【优化政务服务】 2021年，地区行政服务与公共资源交易中心推行事项网上办理服务模式，完成新疆政务服务网上事项发布4621个，可网办事项比例达99.24%，即办事项比例达49.19%，网上办件量达50.3万件次，上传历史证照16.5万件，实现一体化在线政务服务平台网上个人和法人注册用户达55.99万个。在中心大厅公积金、公安户籍、不动产等窗口持续推行预约式服务，有效缓解群众办事排队和容易扎堆现象。开通塔城国家级重点开发开放试验区工程建设项目代办帮办服务窗口，提供全程代办帮办服务18次，确保试验区工程建设项目审批事项不出大厅。

【信息化服务平台建设】 2021年，地区政务服务与公共资源交易中心争取资金489万元开发建设地区“12345”政务服务便民热线，统筹地县（市）两级324个单位纳入“12345”热线管理范围，进一步畅通政府、企业和群众互通渠道。自4月1日正式对公众开放，已汇聚知识库内容8953条，设定话务员8名，提供全天候在线服务。截至年底，累计接听有效来电16292个，当场答复11255个，即时接通率96.7%，群众满意率达96.83%。推动地区政务服务平台深化应用开发，于12月初完成总计358万元应用开发项目招投标，并进入开发建设阶段。采取吸引社会资金投资方式，商谈地区公共资源交易平台建设，已完成平台开发项目协议签订，并进入推进实施阶段。

【“跨省通办”工作】 2021年，地区行政服务与公共资源交易中心梳理地区县市两级“跨省通办”各类事项206项，在打通“跨省通办”关键环节上下功夫，满足各类市场主体和各族群众异地办事需求。在已完成线上850个乡镇（街道）、村（社区）便民服务中心和便民服务站组织架构搭建基础上，完成线下63个乡镇（街道）、451个村、71个社区便民服务中心和便民服务站的场地设置和工作人员选配。

【公共资源交易】 2021年，地区采取以吸引社会力量投资方式，推进地区公共资源交易平台建设。对接项目投资方和平台开发单位，就平台建设相关细节进行磋商，拟定平台建设方案，在进行多次商议，并征求行署分管领导、地直各相关职能部门和行署法律顾问意见建议的基础上，与平台投资方新疆云链融创新软件科技有限责任公司签订《塔城地区公共资源交易电子化交易平台合同书》。推进多类型电子招投标系统运用，完成涉及建设工程、勘察设计、交通、水利、农林、施工监理、政府采购、土地矿产交易等进场交易项目364项，涉及造价金额33.68亿元，总建筑面积98.05万平方米。减免援疆、工业园区、安居富民、定居兴牧四项建设项目场地及设施服务费累计45项，涉及金额20.45万元。 （王　袁）

外　事

【外防疫情输入工作】 2021年，地区外事办公室（以下简称地区外办）按照自治区、地区“外防输入、内防反弹”的工作安排部署，及时向境外塔城户籍人员宣传政策、通报情况，做好协调指导服务工作。统筹公安、海关、边检的工作力量，准确掌握拟从疫情国家返塔城人员信息和活动情况，针对性地落实好管控措施，统筹解决风险点的隐患问题。积极向自治区外办争取抗疫援外资金10万元，购买一次性医用防护服等防疫物资捐助哈萨克斯坦共和国东哈州，为塔城地区与哈萨克斯坦东哈州下一步的沟通联络、经贸合作起到推动作用。

【外事工作】 2021年，地委召开第三次外事委员会议，会上对外事工作提出要求做安排部署。参与塔城重点开发开放试验区建设，做好涉疆对外斗争，对驻华外交人员因私到塔城活动期间进行调研、分析，确保驻华外交人员到塔城活动始终在中方视线范围。2021年，梳理塔城地区五年因公出国（境）人员情况，涵盖出国任务、时间、国家、批准文号、访问成果等，加强因公出国管理。认真梳理疫情发生以来滞留在国外的塔城籍人员，核实在国外的联系方式、国内住址、联系方式，以及社区联系人等，积极与自治区外办联系沟通，为确需回国的塔城籍滞留国外人员回国创造条件。积极争取项目资金下拨5个边境县市，做好边界维护工作，为塔城地区边界走向清晰、界碑完好、国土安全奠定基础，为中国、哈萨克斯坦勘界做好前期准备工作。

（霍淑玲）

信访工作

【信访工作概况】 2021年，地县两级信访部门累计受理信访事项1392件，其中本级380件，上级转来1012件，已办结1266件，网上投诉1270件，占信访总量的91.2%。地委、行署主要领导到信访接待场所接待信访群众各2次，其他30名地厅级领导到地区信访接待场所接待信访群众43次，切实解决信访突出问题。

积极参加国家、自治区“信访业务大讲堂”培训，提高信访干部能力素质和业务水平。严格落实受理办理、转送交办、复查复核、督查督办、答复送达等环节标准，压实责任，实现信访业务规范化、标准化。

【涉疫信访矛盾化解】 2021年，地区信访局坚持把抗击疫情的坚定决心转化为真情为群众服务和及时办理群众诉求的实际行动，落实落细各项工作，特别是对涉及疫情的信访事项“特事特办”，做到依法及时、热情周到，快速高效、妥善处理。对群众反映的涉及疫情类信访问题，地、县两级信访部门及时转送相关单位，在第一时间受理、转办，及时答复，累计受理办理涉疫情信访诉求15件。做好地区信访接待场所疫情防控工作，落实自治区信访局关于信访接待场所疫情防控各项要求，严格落实信访接待场所消毒、通风、进出人员体温检测、佩戴口罩，来访人员登记等规定，保障信访群众的生命健康安全。

【信访制度改革】 2021年，地区信访局不断健全信访信息系统，将信、访、网、电等信访事项全部纳入信访信息系统流转，确保每件信访事项的受理、办理过程都在网上全程留痕。完善提升信访网上投、事项网上办、结果网上评、问题网上督、形势网上判的“一网式”信访综合管理服务机制，形成全程跟踪、动态评价、回访督办的信访工作新模式，为群众提供更为便捷的诉求表达和权益保障渠道。以信访信息服务平台为载体，实时网上信访过程和结果可查询、可跟踪、可督办、可评价，信访群众可以随时查询信访事项办理进展情况，进行满意度评价，让数据多跑路、让群众少跑腿。

2021年，地区信访局学习宣传《新疆维吾尔自治区信访条例》，加大信访“一微一端”宣传力度，引导群众由“信访”向“信法”转变。推进诉访分离，将涉法涉诉信访问题转同级政法部门依法处理，由政府提供公益法律服务。落实依法分类处理，督促指导涉改机构和职能部门，及时梳理完善依法分类处理信访诉求清单，准确分类、及时处理群众信访诉求，全面开展依法分类处理信访诉求工作。

【信访部门建设】 2021年，地区信访局切实加强政治建设，对标对表国家治理体系和治理能力现代化，坚决纠正信访工作中的形式主义、官僚主义问题，特别是不作为、慢作为、敷衍塞责、弄虚作假等问题。进一步转变作风，改进调查研究、督促检查方式，更好地维护群众合法权益、促进社会和谐，实现塔城地区信访工作高质量发展。切实加强素质能力建设，不断提高地区各级信访干部做好群众工作、处理复杂问题的能力水平，提高信访干部政治素质和专业化能力。分级分类组织开展政治理论、政策法规和信访业务培训，开展“业务大学习、岗位大练兵”活动，积极参加国家、自治区“信访业务大讲堂”学习，组织好地区信访业务学习培训工作。全力推进建设人民满意窗口推进“最多访一次”工作，加大联合接待场所建设力度，2021年累计投入20余万元，对地区信访接待场所进行修缮改造和美化亮化。（毛据提）

机关事务管理

【办公用房管理】 2021年，地区机关事务管理局不断推进办公用房统筹管理、集约利用，贯彻落实《自治区党政机关办公用房管理办法》，发挥办公用房统一调配管理的职能。先后为地委办、行署办、地区保密局、教育局、财政局、审计局、口岸委等单位调配办公用房，累计调配办公用房约1.2万平方米。调配临时机构办公用房约500平方米。全面推进办公用房信息平台建设，经行署批准完成办公用房信息平台建设，已完成测绘、录入工作，可实现实时监测和管理地区本级党政机关办公用房使用情况。

【公务用车管理】 2021年，地区机关事务管理局依托自治区公务用车信息化平台，实现自治区、地区、县市三级公务用车信息化、数字化“一张网”建设目标。在塔城开展的干部作风专项整治工作中，从严公车管理作为专题之一，印发《关于进一步严格公务用车管理有关要求的通知》，明确5个方面13条纪律的要求。同时，贯彻绿色发展理念，降低运行成本，大力推广新能源汽车，地区出台《关于进一步加快新能源汽车推广应用和充电基础建设实施方案》，在地区机关事务管理局和县市人民政府的共同推进下，乌苏市（58辆）、沙湾市（50辆）、塔城市（70辆）已率先租赁使用新能源汽车，地区本级第一批80辆新能源汽车已进入公开招标程序，为助力建设塔城国家级开放开发试验区提供有力支撑。

【项目建设】 2021年，地区机关事务管理局推进重点工程建设，投资5000万元的地委人才公寓楼工程，已完成4栋楼主体建设，附属设施建设进入收尾阶段。

【物业管理】 2021年，地区机关事务管理局督促物业公司做好六和小区的安保、绿化和卫生保洁工作，全年排除周转房使用过程中的各种故障20余次。租赁周转住房2套，为异地来塔城工作的地厅级领导解决住房问题。

【公共机构节能】 2021年，地区机关事务管理局持续在全地区范围内实行公共机构节能目标责任制和考核评价制，实现人均综合能耗下降1.05%，单位建筑面积能耗下降0.8%，人均用水下降1.05%的目标。地区第一批143家创建节约型机关单位顺利通过自治区验收，第二批108家申报单位正在积极创建，14家综合办公区重点用能单位开展能源审计，党政机关率先停止使用不可降解一次性塑料制品，投入8.7万元在六合创业大厦集中办公区购置318个“四分类”垃圾桶。地区各级已建成一批有示范、有引领、有成效的节约型机关，切实发挥党政机关、党员干部节能行动率先垂范作用。

【疫情防控工作】 2021年，地区机关事务管理局加强公车服务统筹调度，优先保障各级防控指挥部、卫健委等重点部门用车需求，开通疫情防控公务用车审批、办理等业务开通绿色通道。监督接待宾馆严格疫情防控操作流程作业，重点对“体温检测、公共区域消毒、佩戴口罩、餐具消毒、客房用具”等风险点从严管控，坚决落实消杀程序、频次数量要求。保障专项物资需求，协同财政等有关部门实施“绿色通道”物资采购，做好地区疫情指挥部采购各项物资和各项后勤保障工作。2021年通过政府采购及时为口岸指挥部配置25万余元的办公设备，确保巴克图口岸的及时开通。为辽塔创业大厦和地市行政服务中心2个集中办公区采购近1万元的疫情防控消毒清洁用具。申请财政资金13.7万余元在辽塔创业大厦安装14套淋浴器，解决集中办公区干部职工洗澡难的问题。

（胡庆文）

行署驻乌鲁木齐办事处

【联络和信息采集】 2021年，塔城行署驻乌鲁木齐办事处制定《办事处加强沟通联络工作方案》，与自治区党委、办公厅、自治区人民政府办公厅及自治区各大厅局建立沟通联系渠道，加强经常性沟通联络，收集与地区经济社会发展有关的政策及项目类信息供地区参考。采集各类信息44篇，被地委信息科和行署信息科采用15篇。

【宣传工作】 2021年，塔城行署驻乌鲁木齐办事处大力宣传推介塔城重点开发开放试验区的优惠政策和资源禀赋，利用办事处客流量大的优势，发挥窗口作用，在办事处院内制作“新疆塔城重点开发开放试验区欢迎您投资兴业”的宣传板1块。制作对外宣传折页、海报摆放在办事处宾馆前台、客房等处，将“宣传海报”张贴在宾馆酒店醒目处，让更多的宾客了解塔城，到塔城投资兴业。

【服务保障工作】 2021年，塔城行署驻乌鲁木齐办事处为地委、行署等四套班子领导在乌鲁木齐市的公务活动做好服务保障，制定接待方案，从会议场所、会务服务、资料印制、文件接收传递等方方面面都细化责任，落实到人。先后为自治区两会、第十次党代会的会务工作、地区领导与辽宁领导的援疆工作会谈、地区在自治区举办的试验区推介会做好服务工作。发挥联络的桥梁纽带作用，把重大项目建设、招商引资团队的服务作为工作的重中之重，全年累计接待地区往来人员1000余人次。服务好援疆干部和援疆团队，对每一批援疆干部、组团式医疗团队都安排专人负责，主动掌握他们的行程、食宿及出行安排，事先掌握疫情防控政策，解决援疆干部的后顾之忧，接待援疆干部20批150余人次。

（王道明）

中国人民政治协商会议新疆伊犁哈萨克自治州委员会塔城地区工作委员会

【政协工委主任、副主任】

主　任：

居玛哈孜·哈德尔别克

（哈萨克族，7月任主任人选）

副主任：

阿米娜·瓦尔汗

（女，哈萨克族，7月离任）

马学武（回族）

阿依丁·哈布肯（哈萨克族）

王东升

（塔城市委书记，12月任副主任人选）

重要会议及活动

【委员全体会议】　2021年4月8日，政协塔城地区工作委员会召开2021年委员全体会议。会议传达学习全国“两会”精神，回顾总结2020年工作，安排部署2021年工作。通报《政协塔城地区工作委员会2020年委员提案工作情况》，宣读《关于2021年自治州政协工作会议对地区州政协委员表彰情况及塔城地区政协工委对住地直部门各级委员履职情况的通报》，各县市政协进行大会发言。会议以视频方式召开。

【政协工作经验座谈交流会】2021年4月29日，政协塔城地区工委召开2021年地县市政协工作经验座谈交流会。会议深入学习贯彻习近平总书记关于加强和改进人民政协工作的重要思想，传达学习贯彻全国地方政协工作经验交流会精神，对做好县市政协工作进行交流研讨，推动政协工作提质增效，会议采取座谈会形式召开。

【协商会议】　2021年4月29日，政协塔城地区工作委员会召开2021年第一次季度协商会议。会议围绕“铸牢中华民族共同体意识，不断巩固各民族大团结”主题进行专题协商，会上通报《关于铸牢中华民族共同体意识，不断巩固各民族大团结的调研报告》，各县市政协、政协委员和基层社区围绕大会主题进行交流发言，提出宝贵的意见建议。

7月12日，政协塔城地区工作委员会2021年第二次季度协商会议在乌苏市召开。会议围绕“推动全民健身与全民健康深度融合”进行协商议政，通报推动全民健身与全民健康深度融合调研报告，乌苏市、托里县政协、政协委员方文成、张旭年、乌苏市新市区街道作大会交流发言，地区文广局、地区卫健委通报推进全民健身与全民健康深度融合情况，其他县市和政协委员提交书面发言材料。

9月29日，塔城地区政协工委2021年第三次季度协商会议在和布克赛尔蒙古自治县召开。会议围绕“加大人居环境整治，着力建设美丽乡村”进行协商议政。

12月17日，塔城地区政协工委2021年第四次季度协商会议在额敏县迎宾馆召开。

【上级调研活动】　2021年4月14—16日，自治区政协党组成员、副主席马雄成带领调研组围绕疫情防控、乡村振兴等工作在塔城地区开展调研督导。

5月19—20日，自治区政协农业和农村委员会副主任张伟等5人在沙湾市围绕新疆奶产业化发展助力乡村产业振兴工作专题调研。

7月7—10日，自治区政协文化

文史和学习委员会主任盛春寿带领调研组，在塔城地区开展“进一步提高依法管理宗教事务水平”专题调研。

委员会工作

【提案工作】 2021年，政协塔城地区工作委员会注重提高提案质量，抓好提案的提出、交办、督办和反馈各个环节。在各级“两会”召开前夕，组织委员集中视察，创新开展委员“微视察”等视察方式，确定并印发了73个建言献策参考课题，切实做好委员提案提交和服务工作。2021年，地区三级政协委员提交提案57件，社情民意信息42篇。按照提案工作要求将提案转交有关部门进行答复，会同行署就2件重点提案办理情况进行督办，提案办复率逐年提高。3件提案入选自治区政协成立70年来有影响力重要提案，驻塔城地区的3名自治区政协委员受到表彰。

【委员视察】 2021年，政协塔城地区工作委员会组织政协工委、县（市）政协领导和部分委员开展4次视察考察活动。组织委员围绕“全力推进塔城重点开发开放试验区建设，打造丝绸之路经济带重要支点”开展了1次委员集中视察，推进委员深入了解塔城重点开发开放试验区建设情况，引导委员切实履行好职责，积极参政议政、建言献策。

【联系界别群众】 2021年，政协塔城地区工作委员会引导委员通过调研、视察、慰问、走访等方式，深入部门（单位）认真听取界别人士意见建议，深入界别群众中及时了解愿望诉求、反映难点问题，累计联系界别人士和界别群众80余人次。

参政议政

【调研成果转化】 2021年，政协塔城地区工作委员会先后组织专题调研4次，召开季度协商会议4次，协商会议主要围绕“铸牢中华民族共同体意识，不断巩固各民族大团结”“推动全民健身与全民健康深度融合”“加大人居环境整治，着力建设美丽乡村”“努力实现农业提质增效、农村劳动力转移就业‘两个突破’，破解农民持续增收瓶颈”建言献策，向地委上报建提案4份。

【民主监督】 2021年，政协塔城地区工作委员会组织各级政协委员参加民主生活会征求意见座谈会议、民主测评会议2次。继续推选5名委员作为地区纪委监委特约监察员、3名委员作为地区法院义务监督员，组织15名（次）政协委员参加地区法院、检察院公开审理案件，地区各部门工作旁听座谈会、新闻发布会，以及地委、行署和地直部门的“两代表一委员”民主监督、评议测评活动。在《塔城日报》“委员之声”栏目，刊登委员建言献策稿件4篇，充分发挥了委员民主监督作用。

【深化改革】 2021年，政协塔城地区工作委员会深入推进政协协商民主建设，进一步修订完善各项工作制度，加快协商民主制度化、规范化、程序化建设。制定了《关于开展关心关爱住地直单位各级政协委员工作办法》《塔城地区政协工委委员微视察、微调研办法》《政协委员集中学习制度》等，有效激发委员履职活力和热情。健全了《政协委员管理办法》，切实规范和提高了政协委员调查研究和协商议政行为和质量。 （徐樊盼）

中共塔城地区纪律检查委员会·塔城地区监察委员会

综述

【地区纪委书记、监委主任，纪委副书记、监委副主任】

纪委书记：

赵翠芳（女）

纪委副书记：

阿尼瓦尔·苏里坦（哈萨克族）

朱新川

汪春乾（女，援疆干部）

李荣远

监委主任：

赵翠芳（女）

监委副主任：

阿尼瓦尔·苏里坦（哈萨克族）

朱新川

汪春乾（女，援疆干部）

李荣远（1月任）

【地区党风廉政建设和反腐败工作会议】　2021年2月8日召开。地委书记薛斌讲话。会议强调，要突出工作重点，为“十四五”开好局、起好步，推进地区社会稳定和长治久安提供坚强保障。一要加强政治建设，坚决做到“两个维护”，全力保障党中央决策、自治区党委安排部署落实落地，不断强化政治意识、提高政治能力、严明政治纪律、加强政治监督、深化政治巡察；二要强化理论武装，深入学习贯彻习近平新时代中国特色社会主义思想，确保新疆工作始终沿着习近平总书记指引的正确方向前进；三要深化标本兼治，不断实现“不敢腐、不能腐、不想腐”一体推进的战略目标，把“严”的主基调长期坚持下去；四要持续纠治“四风”，坚决防止形式主义、官僚主义滋生蔓延，以钉钉子精神转作风、改作风；五要坚持人民至上，坚决整治群众身边腐败和不正之风，着力实现好、维护好、发展好各族群众的根本利益；六要深化“三项改革”，强化对权力运行的制约和监督，推动改革成果更好地转化为治理效能。要强化组织领导，为推动全面从严治党不断向纵深发展提供坚强保障。地区各级党组织和纪检监察机关要切实增强全

2021年2月8日，塔城地区2021年党风廉政建设和反腐败工作会议（第二阶段）召开　（侯　森　摄）

面从严治党的责任感和使命感，全面落实责任，强化组织保障，营造良好氛围，不断开创地区全面从严治党、党风廉政建设和反腐败斗争的新局面。地委委员、地区纪委书记、监委主任赵翠芳主持会议并作工作报告。

【重要法规】 2021年1月22日，印发《关于县（市）纪委监委查办案件以地区纪委监委领导为主的实施办法（试行）》。

2月9日，印发《塔城地区纪委监委机关关于失实检举控告澄清工作的实施办法（试行）》。

3月16日，印发《关于加强监督检查审查调查思想政治工作的实施办法（试行）》。

3月30日，印发《塔城地区纪委监委关于发挥监督职能优化营商环境的意见》。

5月19日，印发《塔城地区关于开展农村（社区）集体“三资”提级监督试点工作指导意见（试行）》。

【纪检监察队伍建设】 2021年，地区纪委监委统筹地县两级纪检监察机关和巡察机构，采取面向疆内外招录、区内选调等方式选调153人，着力解决空编缺员问题。强化能力素质培养，扎实开展党史学习教育，集中开展庆祝建党百年系列活动。持续深化全员培训，组织各类培训班32期，培训地县乡三级纪检监察干部900余人次，组织在线测试9场5700余人次。注重实践锻炼，选调75名干部到地区纪委监委跟案培训。完善内部监督制约机制，制定《完善、整改、提升纪检监察干部监督工作方案》《工作日禁止饮酒暂行规定（试行）》，坚持刀刃向内，对“灯下黑”问题不护短、不遮掩、不手软，做到零容忍，累计受理纪检监察干部问题线索32件，立案12人，留置1人，处分11人，运用监督执纪“第一种形态”处理21人次。

监督执纪

【政治监督】 2021年，中共塔城地区纪律检查委员会、监察委员会（以下简称地区纪委监委）以强有力的政治监督践行“两个维护”，聚焦党中央决策部署和习近平总书记重要指示批示精神、聚焦新时代党的治疆方略和第三次中央新疆工作座谈会精神、聚焦“3+1”重点工作任务落实，横向联合、纵向联动及时跟进监督，发现各类问题1565个，约谈2632人次，下发纪检监察建议书107份。严肃党的政治纪律特别是反分裂斗争纪律，查处违反政治纪律案件23件，处分23人，其中违反反分裂斗争纪律案件6件。协同助推政法队伍教育整顿，精准运用“自查从宽、被查从严”政策，将政法队伍教育整顿与常态化“打伞破网”、治理“微腐败”、基层“拍蝇”、换届纪律和换届风气监督等结合起来，全地区立案查处政法系统党员干部违纪违法案件75件，处分41人，采取留置措施3人，移送检察机关3人。开展粮食购销领域专项整治，聚焦粮食购销储重点环节、基层粮库关键部位，聚焦监管缺失、形式主义官僚主义等突出问题，发现涉粮领域问题线索10件，立案3件。

【监督执纪问责】 2021年，地区纪委监委协助地委制定《全面从严治党主体责任清单、第一责任人责任清单、“一岗双责”责任清单、监督责任清单》，组织开展全面从严治党责任检查考核、述责述廉评议。地委委员会议先后研究党风廉政建设和反腐败相关工作11次，地委主要领导落实第一责任人职责，运用“第一种形态”约谈8人，地委班子成员约谈28人，各级党组织运用“第一种形态”处理3108人次。贯彻落实《中共中央关于加强对“一把手”和领导班子监督的意见》，配套出台4个工作规范，健全完善谈心谈话制度，地县两级纪委书记约谈下一级党委书记和党委班子成员42人次。精准把握政策策略教育挽救干部，运用“四种形态”批评教育帮助和处理2662人次，第一、二、三、四种形态分别占比58.1%、34.2%、3.5%、4.2%。落实“三个区分开来”要求，建立健全容错纠错、澄清正名机制，核查错告诬告问题线索2件，为2名受到不实举报的党员干部澄清正名。制定《关于加强监督检查审查调查思想政治工作实施办法》，对2639名谈话对象开展思想政治工作，做好处分决定宣布、送达、执行和执行情况报告工作，开展回访教育996次。

惩治腐败

【审查调查】 2021年，地区纪委监委突出重点持续加大查办案件力度，累计受理信访举报1462件，处置问题线索3694件，立案1591件，给予党纪政务处分1410人，采取留置措施27人，移送检察机关24人，挽回经济损失7100余万元。以制度完善扎牢不能腐的笼子，坚持以案促改、以案促建、以案促治，深入发现个案背后的系统性风险问题，督促主责单位查找风险漏洞1863

个，完善制度措施129项。以教育警醒增强不想腐的自觉，精准开展同级同类干部警示教育，升级改版地区廉政教育基地，累计组织各类警示教育大会626场，接受教育党员干部超过1.2万人次。在纪法威慑和政策感召下，7人主动投案、29人主动交代违纪违法问题。

【干部作风工作】 2021年，地区纪委监委构建全方位、立体化监督体系，紧盯党中央决策部署只表态不落实、加重基层负担以及不作为、乱作为、慢作为等形式主义官僚主义，累计查处问题56件，处理77人，处分69人，通报曝光3批8件11人。从严查处，坚守重要节点、紧盯薄弱环节，聚焦隐形变异，针对“四风”问题新动向新表现，及时调整监督方式，夯实“节假日必查、工作日抽查、分事项督查”的专项检查机制，累计查处享乐主义奢靡之风问题63件，处理78人，处分76人，通报曝光21批63件68人。开展干部作风专项整治，聚焦党员干部纪法意识淡薄、不守规矩，不敢担当、推诿扯皮，拖拉低效、工作不力等突出问题，开展常态化监督检查25轮次，发现问题557个，组织处理212人，立案31人，处分18人，通报曝光干部作风问题21批165件162人。紧盯营商环境整治，采取“室+组+地（县）+巡”联动监督模式，常态化、高频次、全覆盖开展监督检查，累计查处破坏营商环境案17件，处分14人，督促案发单位做好以案促改，梳理廉政风险点734个，制定防控措施865条。

【维护群众利益】 2021年，地区纪委监委扣牢“有效衔接”这个关键强化专项监督，聚焦重点领域、难点热点，把巩固拓展脱贫攻坚成果同乡村振兴有效衔接工作与整治“微腐败”、常态化扫黑除恶惩腐“打伞”结合起来，细化措施31项，开展监督检查8轮次，查处扶贫领域腐败和作风问题43件、处理45人、处分44人，通报曝光6批13件16人。集中整治群众反映强烈的突出问题，持续纠治教育医疗、养老社保、生态环保等领域腐败和作风问题，牵头开展惠民惠农财政补贴资金“一卡通”发放管理问题专项治理、供热领域漠视侵害群众利益问题集中整治，累计查处发生在群众身边腐败和作风问题121件，处分142人，组织处理8人。开展集体“三资”提级监督试点，做深做实基层监督，发现“三资”管理方面资金使用不规范、监管缺失等突出问题135个，立案8人，通报曝光2件2人。

【纪检监察体制改革】 2021年，地区纪委监委制定《地直部门机关纪委纪律检查工作实施方案》，督促和指导10个单位组建完成机关纪委，明确职责权限，助推机关纪委高效履职、发挥作用。明确未成立机关党委的地县直各部门单位党组织，及时选举产生纪检委员，做到全覆盖。强化派驻统筹管理，探索实践“轮驻+协作”监督模式，坚持片区联动、衔接协作，按照“1+1+3+N”模式，形成4个立体协作监督共同体，对103个单位开展“轮驻”监督，发现问题845条；对12个单位进行协作监督，发现问题117条，对3个单位下发纪检监察建议书；协作处置问题线索79件，立案34件。做好监督“后半篇文章”，建立“建账、对账、销账”问题整改闭环管理机制，督促25个单位开展以案促改，查摆问题138个，制定整改措施172条，修订完善机制46个。建立完善考核机制，制定《地区纪检监察工作高质量考核办法》，将考核结果与干部管理相结合，作为干部评先评优、选拔任用的重要依据，有效发挥考评导向作用。

巡察工作

【政治巡察】 2021年，地委巡察办紧扣“三个聚焦”，强化政治体检，地县两级完成对1703个党组织的一届党委任期内巡察全覆盖。其中地委开展巡察2轮，巡察党组织28个，发现问题341个、线索64件；7个县市巡察党组织230个，发现问题3026个、线索232个。构建系统集成、协同高效监督格局，以“巡察+纪检监察”模式，对2个县市公安局开展提级巡察、对5个县市法院开展交叉巡察，发现问题84个、问题线索17、个。通过巡乡带村，巡察乡镇街道13个、村社区25个，发现问题441个、线索78个。统筹地县巡察力量，组建8个巡察组，对17家粮食监管部门、国有粮食企业开展涉粮问题专项巡察，对7个县市党委、政府落实粮食购销储主体责任情况进行监督检查，发现问题线索51件。

【巡察监督】 推进巡察整改和成果运用，把中央巡视新疆、自治区党委巡视地区和地县市巡察发现问题整改一体推动，完善《地委巡察整改工作成效评估办法》等8项制度，落实地县党委、政府班子成员参加巡察反馈会制度，压实整改责任。地县巡察反馈问题累计反馈各类问题27570个，整改率95%；移交问题线索2822件，办结率90.57%，处分788人，组织处理882人，移送检察机关12人。 （侯　淼）

群众团体

工会办事处

【工会组织建设】 2021年，地区工会坚持以职工为中心的工作导向，创新工会组建方式，打造职工身边的工会组织。地区有基层工会1768个、覆盖职工14.2万人，其中工会会员12.7万人，职工入会率89.45%。按照新修订《基层工会法人登记管理办法》，换发“新版工会法人登记证”1750份。发挥党工共建优势，推进“两新”组织工会组建，符合建会组织770家（新建330家），已建成757家，覆盖职工29160人，入工会会员17940人。发挥政法工会联动，稳步推进“护边员”入会行动，实现符合入会条件并全部入会护边员818人，申请自治区总工会一次性入会补助16.36万元。发挥区域性、行业性工会联合会作用，推动新就业形态群体入会，新就业形态劳动者单独建立工会32家、联合建立工会22家，覆盖从业职工1935人，其中1631人已入会。

【思想政治引领】 2021年，地区工会围绕新时代党的建设总要求，以党的政治建设为统领，把政治建设贯彻落实到工会工作全过程各领域，切实履行“参与、维护、建设”等基本职能，通过接受“送学”、上门“送学”和结对“帮学”相结合方式，把党的十九大和十九届历次全会精神，中央民族工作会议、第三次中央新疆工作座谈会、习近平总书记在庆祝中国共产党成立100周年大会上的重要讲话精神及自治区第十次党代会精神等内容深入人心、落到实处。开展庆祝中国共产党成立100周年、“党旗映天山”、“永远跟党走”和“共庆建党百年华诞”等形式多样、内容丰富的主题活动。以“万民职工说新疆”“万人说新疆”主题活动为依托，组织开展文艺作品、视频线上征集，奏响地区民族团结的永恒旋律。借助各种新媒体宣传阵地和形式，联合塔城地区广播电视台开办制作专题栏目《工会在线》，多角度、全方位、深层次凝聚职工正能量，发出工会好声音，让崇尚劳动成为新时代的最强音，切实增强各族职工群众政治自觉、思想自觉和行动自觉。

【服务职工群众】 2021年，地区工会坚持以职工需求为重点，履行竭诚服务职工群众的基本职责，制定《塔城地区工会“我为群众办实事”任务清单》，开展实践活动，深入基层、开展调研，为民做好事、办实事、解难事。利用元旦、春节、五一、十一等重大节日节点，开展“春送岗位 夏送清凉 秋送助学 冬送温暖”常态化服务。各级工会采取集中慰问、进家入户走访等形式，投入价值81.43万元慰问物资，对216家行政企事业单位、中小微企业、供给侧结构性改革中困难企事业单位进行慰问，覆盖劳动模范和先进工作者、困难职工家庭、新就业形态劳动者1.47万名，并为7名困难职工子女发放助学资金3.2万元，让广大职工群众切身地感受到工会是“职工之家”，工会组织是最可信赖的“娘家人”。按照“因地制宜、分类实施、注重实效”的原则，结合服务站点建设实际，以共建方式投入24.78万元建成站点21个并挂牌使用，累计为户外劳动者提供线上线下服务3800余人次，2021年推荐申报最美户外劳动站点2个（全国级1个、自治区级1个）。全国职工书屋示范点图书补充更新申报1个，新增劳模书架配书站点2个，职工阅读配书站点1个。地区参加在职职工互助保障单位261家1.44万人，享受活动政策862人次，“一站式”报销、“一单式”结算赔付48.12万元。以“对口援疆”为桥梁，促进两地职工交往交流交融。争取辽宁省总工会对口援疆项目资金354.79万元，达成塔城工人文化宫建设、塔城地区工会干部赴辽培训、塔城地区工会干部赴辽挂职、辽宁省劳模工匠、先进工作者赴塔城交流项目4个。各级工会以“落实安全责任，推动安全发展”为主题，组织开展“安全生产大讲堂”、“事故隐患大扫除”、“6·16”安全宣传咨询日”等活动75场次，覆盖职工1980人。配备各类消防器材6.8万具，覆盖职工6.8万人、工会会员7.69万人。

【职工文化活动】 2021年，地区工会着眼工作实际，主动融入“十四五”规划和2035年远景目标，为职工成长成才搭建建功立业平台，制定印发《塔城地区工会劳动和技能竞赛五年规划（2021—2025年）》，掀起职工“线上+线下”学技能、大练兵的热潮。联合地区、县市人社部门开展塔城地区职业技能竞赛暨全国乡村振兴职业技能竞赛选拔赛，涉及电工、养老护理、美容美发等工种11项，配合地区人社局举办城乡劳动力的技能培训和竞赛活动，对企业职工、城乡转移就业劳动者、应届高校毕业生、下岗失业人员等就业困难群体开展“七个一工程”技能培训。联合住建部门举办建筑领域技术工种职业技能集训竞赛，涉及木工、砌筑工等工种10项，参与职业技能竞赛选手1020人，为99名获奖选手发放活动奖金7.3万元，同时选派3人参加自治区纺织和服装行业第二届职业技能大赛。聚力“六稳”“六保”叠加发力，为塔城地区经济社会发展提供技术技能人才保障。地区工会将“安康杯”竞赛贯穿全年，联合地区应急管理局、地区卫生健康委员会研究并制定塔城地区“安康杯”竞赛活动实施方案，组织开展“强意识 查隐患 促发展 保安康”主题竞赛活动，全面提高职工安全生产意识、技能和事故防范能力。参与企事业单位27家，投入资金178.038万元，参赛职工4084人。协同地区卫生健康委员会开展“职业健康达人”推荐工作，层级筛选、推荐上报候选人17名。岗位练兵锤炼疫情防控能力。充分发挥工会桥梁纽带作用，积极配合党委政府，加强宣传引导落实各项防控措施。组织开展地区卫生系统新冠肺炎疫情防控岗位练兵技能竞赛，118家医疗单位投入6.81万元开展竞赛，覆盖职工1970人。做好做实对防疫一线人员的关心关爱，协力筑牢疫情防控战线。根据实际情况开展疫情防控一线人员系列慰问活动，为435家2.27万名一线职工送去价值96万余元慰问品。

【劳模工匠和先进工作者】 2021年，地区工会以“劳模和工匠人才创新室”为载体，积极发挥“传帮带”，推荐全国五一劳动奖章1人、工人先锋号5个（全国级1个、自治区级4个）、自治区开发建设新疆奖章4人，开发建设新疆奖状1个。申报“五小”创新成果262项，劳模引领创新成果15项。创建劳模和工匠人才创新工作室9家（自治区级2家、地区级7家），为各级劳模发放专项补助资136万元。以社会主义核心价值观为引领，大力弘扬劳模精神、劳动精神、工匠精神。充分利用新媒体宣传阵地做好宣传、讲好劳模典型事迹，联合地区电视台采编各级名劳动模范和先进工作者，制作播放工会在线专栏《劳动者风采》。同时通过理论宣讲、劳模宣讲、座谈会等方式，开展“劳模工匠进校园·思政老师进企业”“中国

2021年5月31日，城市困难职工解困脱困工作总结表彰会在北京人民大会堂举行，塔城地区工会被全国总工会授予全国“五一劳动奖状”

（杨　霞　摄）

梦·劳动美·塔城好”等主题活动。组织11名劳模、先进工作者代表深入基层前沿开展宣讲，以实际行动诠释劳模精神、劳动精神和工匠精神。以“培养、选树、管理”为方向，全力营造“尊重劳动，尊重劳动者”的浓厚社会氛围。地区工会党组高度重视加强劳模的选树、管理和困难劳模的关心关爱工作，不断健全劳模管理服务长效机制，提升劳模社会地位。选树表彰2021年塔城地区级劳动模范和先进工作者80名，推出伊犁州劳动模范和先进工作者23名。

【困难职工帮扶】 2021年，地区工会建立运转“五个坚决”长效机制，加强对劳动领域社会组织的政治引领、示范带动和联系服务，制定印发《塔城地区城市困难职工家庭认定和档案管理实施细则（试行）》《塔城地区工会帮扶资金使用管理实施细则（试行）》，为开展困难职工帮扶工作提供政策支持。利用工会组织优势，引领各级工会采购价值36.59万元消费扶贫产品。

【工会维权工作】 2021年，地区工会组织开展集体协商“集中要约”行动，督促指导企业劳资双方平等协商。全地区开展“春季要约”推进会7场次，发放要约提示函310份，覆盖职工20525人。实际签订“1+3”集体合同294份，覆盖企业294家、覆盖职工19617人，占企业总数的94.84%、占职工总数的95.58%。举办首届专职集体协商指导员岗位练兵选拔赛1场次，选派县市4名干部参加自治区级集体协商指导员岗位练兵竞赛。参与市域社会治理，全力维护劳动领域政治安全。摸排完成国有、民营企业227家，排查不稳定因素40余起，化解职工队伍稳定风险隐患10起，办结欠薪投诉案20件，为144名农民工追讨工资235.07万元。区域内劳资纠纷排查率100%、化解成功率100%。并协同劳动监察单位检查用人单位63家，涉及劳动者6300余人，补签劳动合同310份。充分发挥好职工“娘家人”作用，扩大职工关爱的广度。组织开展“妇女健康关怀行动”“巾帼共奋进 永远跟党走”等主题活动。发放“贫困地区困难女职工经期保护支持项目”健康包30箱，惠及困难女职工家庭62户。推荐上报自治区级女职工哺乳室5家。

配合地区人社部门开展以“‘职’在民企、‘就’有未来”为主题的民营企业招聘月专项活动。协助做好各类招聘活动33场次，提供就业岗位8418个，参与招聘活动5308人、签订就业（意向）协议2614人，发放就业政策宣传材料1.2万份。同时促进家政服务业提质增效，开展培训班1期，完成培训人数98人，拨付补助资金78400元。（杨　霞）

共青团塔城地区委员会

【团组织概况】 2021年，塔城地区有基层团委127个，团工委26个，团总支49个，团支部2015个；有共青团员39504名，新发展团员2585名；有团干部4385名，其中专职团干部54名。

【青少年思想政治引领】 2021年，地区团委围绕“学党史、强信念、跟党走”工作主线，开展团队干部培训、微团课大赛、宣讲大赛、青年代表座谈会、致敬先烈等活动3700余场次。组织各族团员青年、少先队员开展参访、寻访老党员、分享党的历史故事等活动2300场次。组织青年讲师团、红领巾巡讲团、马背宣讲团到学校、牧区开展习近平总书记在庆祝中国共产党成立100周年大会上的重要讲话精神等宣讲120场次。围绕“十个一”我为群众办实事活动，开展“圆梦微心愿”“共青团爱心生日会”“中高考减压”等服务青年行动；联合北京师范大学研支团在3所学校捐赠13.5万元图书4074册；联合军分区、公安、医疗、教育、金融等部门开展“我为青年做件事”“团·聚”联谊11场次420人，在新华社、新疆电视台、《塔城日报》、新疆军事平台报道，其中新华社浏览量单日达52万人次；深化拓展“千校万岗”等活动，将乌苏市作为自治区“返家乡”工作点，对接50名高校毕业生到乌苏市各岗位工作；推荐塔城地区土特产品参加“团团巴扎·新疆味道”团干部带货活动，开展直播带货14场次，累计观看人数达4.27万人次，累计点赞数达21.8万次，直播带货金额10万余元，推荐农特产品35类。开展农村“领头雁工程”青年典型培养，选树432名农村带头致富好青年。

【基层团组织建设】 2021年，地区团委完善摸排3250家企业，对符合条件的1827家企业新建团支部325个、青工委542个，开展外卖、快递行业专场招聘会，提升两新团组织服务力。完善团属社会组织建设，成立地区青年企业家协会、地区青年创业协会、地区青年电商联盟、地区青少年足球联盟等。坚持党建带团建，在地委党校挂牌成立“塔城地区团校”，设28个“塔城地区团校中学分校”，培养入团积极分子4200名，培养团干部150名，完善培养阵地，选派14名团干部自治区、全国培训班。打造团建示范点，全面完成832个农村团组织换届工作，配齐配强农村团组织力量，推进基层团支部定人、定岗、定场所、定制度，“模板式”推进基层支部有组织牌、有标识、有规范，落实“3214”团务，全地区新发展团员2600名。加强典型树立，推荐1个团总支和2名团干部获全国五四红旗团支部和全国优秀共青团干部称号，推荐1名团干部获自治区民族团结先进个人和关心下一代工作者称号。

【少先队工作】 2021年，地区团委通过打造“我是小小石榴花”品牌，开展“你到我家吃馓子，我到你家吃粽子”“我在农村（城市）有个家”民族团结融情活动300余场次，覆盖2.5万人次。联合辽宁省团委组织31933名青少年开展“线下+线上”辽宁与塔城书信手拉手活动。提升少先队能力，组织240名队委开展培训9场次，举行队委技能大赛7场次。完成4216名少年儿童分批次入队。推荐全国优秀少先队辅导员2人，优秀少先队员4人，优秀少先队集体1个。

开展“学法我先行”活动，依托校外辅导员开展心理健康、防性侵、防欺凌、中高考减压、禁毒、青春自护、青少年毒品预防和艾滋病防治等大手拉小手宣教624场次，覆盖2.8万名青少年。开展“强国有我 争做新时代好队员”冬令营、周末营、警令营、一日营、岗位体验营、民俗营等六大主题营72场次，覆盖3600余名青少年。

开展“红领巾寻访红色足迹”活动，寻访全国道德模范、全国劳动模范和“七一勋章”、中国人民抗日战争胜利70周年纪念章、人民功臣奖章、华北解放纪念章、抗美援朝纪念章、“光荣在党50年”纪念章等获得者215人，开展寻访活动160场次，覆盖1.5万名少先队员。

开展“圆梦点亮行动”，实施希望工程国酒茅台、果本资助22名青少年17万元，开展“乡村振兴我先行共青团‘圆梦微心愿’”活动，实现1921个少年儿童价值38.4万元的微心愿。为428名学生捐赠价值15.6万元“壹基金”温暖包。为地区5.8万名少年儿童开展“共青团爱心生日会”1572场次，联合共青团辽宁省委、辽宁对口支援新疆工作前方指挥部共同打造情景音乐宣传片《我们的梦》，在辽宁省共青团官方微信公众号、北斗融媒、盘锦发布、《大连晚报》、《大连日报》、新闻大连等媒体发布，网络传播量及点赞量超10万次。积极争取辽宁省对口支援塔城地区“十四五”规划项目300万元，用于开展青少年心理健康教育。

【“西部计划”项目实施】 2021年，地区团委服务塔城开发开放试验区人才储备大局，招募西部计划志愿者414人，比上年新增177人。自2003年在塔城地区设立项目办以来，累计招募西部计划志愿者2114人在塔城地区工作，选择留疆工作志愿者501人，留疆率34.8%。

【志愿服务工作】 2021年，地区团委依托凝聚少先队办小事、共青团办实事、青年做好事、志愿者做搭把手的事“四个一”行动，在“雷锋月”“安全日”“环保日”和服务乡村振兴、参与“厕所革命”“民族团结一家亲”宣教、脱贫巩固中发挥生力军和突击队作用。购买树苗100棵，组织大学生西部计划志愿者前往村队开展春季植树活动。联合企业团委组织大型机械设备开展村队积雪清理、环境卫生整治、路面平整等。走访入户宣传党的理论方针政策，特别是第三次中央新疆工作座谈会和自治区第十次党代会精神。发挥单位后盾作用，为工作队安装水泵，慰问关心驻村干部家属，解决工作队生活上的后顾之忧。在当地疫情防控指挥部的统筹下，积极储备社会志愿者，在疫情中参与专业医护服务、便民服务、秩序维护等志愿服务工作。

【红领巾小课堂】 2021年，地区团委依托自治区“红领巾小课堂”在村队（社区）开办红领巾小课堂256个，为7600余名青少年提供假期课业辅导及兴趣培养。

（阿丽玛·米拉什）

妇女联合会

【妇女思想教育引领】 2021年，地区妇女联合会围绕庆祝中国共产党成立100周年，强化妇女思想政治引领。印发《塔城地区妇联关于认真学习贯彻习近平总书记在庆祝中国共产党成立100周年大会上的重要讲话精神的通知》，通过制作习近平总书记在庆祝中国共产党成立100周年大会上的重要讲话精神宣传册、组织读书班、党组成员讲党课、召开专题组织生活会等形式全面学习贯彻落实讲话精神。妇联班子成员带头赴各县市，深入“两新”组织、乡镇（街道）、村队（社区）、驻村工作队、企业车间、农民合作社、巾帼示范基地及退休老党员、农户家庭等开展习近平总书记在庆祝中国共产党成立100周年大会上的重要讲话精神、妇女维权、家庭家教家风等宣讲活动。持续深化“百千万巾帼大宣讲”活动，广泛动员各级妇联组织、最美家庭、三八红旗手等力量，采用群众喜闻乐见、通俗易懂的方式，宣传习近平新时代中国特色社会主义思想，激发凝聚巾帼之志奋进力量。制定《塔城地区妇联“两新”组织党组织深入开展党史学习教育推进落实方案》，做到每月党组主要领导与“爱心妈妈”协会联系交流，深入协会办公点进行送学指导，主题党日活动邀请共同参加、聆听地委党校讲师关于党史学习教育的授课、参观学习西部实业红色驿站、塔城红楼博物馆等。开展庆祝第111个三八国际妇女节系列活动，联合地区公安局、地区法院等8家单位共同开展“建设法治新疆·巾帼在行动”法律宣传、政策咨询、维权服务系列活动，发放宣传单1000余份，解答政策咨询30余人次；开展“情系妇女—巾帼暖人心”慰问活动，看望慰问奋斗在抗疫一线的女医护人员和基层女警、基层一线妇女群众、优秀妇女代表以及困难妇女群众及先进集体14个，为她们送去节日的问候与祝福；与地区妇幼保健院联合开展“妇女健康关怀行动”知识讲座2场次；组织地直单位和塔城市400名妇女代表在塔尔巴哈台电影院开展“红色家风进家庭”送电影活动；联合地区网信办开展征集“最美女性笑脸”活动，阅读量超3万余人次。在塔城市、托里县建立“巾帼志愿阳光行动”试点站。“巾帼志愿阳光站”依托新时代文明实践中心，开展丰富多彩的关爱“一老一小”巾帼志愿服务130余场次，覆盖家庭1800余户。在沙湾市金沟河镇宋圣宫村启动“家庭学校进农户”宣讲培训和“文化润疆进家庭”活动。出资1.14万元聘请专业老师在沙湾市6个村开展美容美发、家政服务、面点制作等培训，累计举办10天的培训，受益人数达200余人。组建巾帼宣讲团深入7个县市13个乡镇、街道开展“文化润疆进家庭”活动，向当地广大妇女宣讲党的十九届六中全会、第三次中央新疆工作座谈会、自治区第十次党代会精神，宣传“人民楷模”国家荣誉称号获得者布茹玛汗·毛勒朵等人的先进事迹，号召广大妇女争做新时代妇女思想政治的引领者、好家风好家教的传承者、幸福生活的创造者，累计举办培训13场次。在母亲节来临之际，利用“塔城女声”微信平台发起“纸短情长，‘爱就要大声说出来’母亲节短视频征集活动”，为母亲节增添感动和喜悦的气氛，增强广大妇女群众的幸福感和获得感。

【家庭文明创建】 2021年，地区妇女联合会开展“文化润疆进家庭·送图书”主题活动，向基层妇联组织、妇女之家、儿童之家赠送《美丽女性·幸福家庭》《新时代新女性新风尚》《中央第三次新疆工作座谈会精神》《中国共产党简史》《预防儿童性侵害系列读物》等图书，进一步丰富基层文化生活，在全社会倡导多读书、读好书的文明风尚，不断丰富各族妇女干部群众精神生活。推荐沙拉依丁·沙力克江家庭获“第十二届全国五好家庭”称号，加米拉·索里坦哈孜家庭获“2020年全国最美家庭”称号，乔丽盼等9户家庭获2020年自治区最美家庭称号。

【家庭教育工作】 2021年，地区妇女联合会动员组织各类巾帼志愿者队伍，以“把爱带回家”为主题，开展送家风故事、送家教服务、送法治安全、送社会关爱为内容的“四送”活动，在全地区营造关心关爱留守儿童和困境儿童的良好氛围。与地区团委联合举办“各族少年小健将，相聚冰雪迎冬奥”情暖童心冬令营活动，促进各族少年儿童的交往交流交融。开展丰富多彩的庆六一活动，联合裕民县妇联开展“传承红色好家风·争做时代好少年”主题活动，带领裕民县15名小学生代表前往萨尔布拉克草原，看望慰问在中国哈萨克斯坦边境萨尔布拉克草原“无人区”守边57年获评第六届全国道德模范的魏德友老人，听他讲守边故事，学习他的先进事迹。联合地区妇幼保健院到塔城市向阳花特殊儿童康复中心，看望慰问这里的孩子和工作人员，并开展义诊活动。开展“学党史颂党恩 守护安全伴成长”绘画比赛活动，参赛作品在“塔城女声”公众号平台进行展播并通过投票开展评比，活动期间累计阅读量达1.5万余人次，评选出一等奖1名、二等奖2名、三等奖3名、优秀奖5名，发放价值1250元的奖品。完成自治区家庭教育评估组对塔城地区家庭教育五年工作的评估验收。6月26—28日，自治区妇联党组书记王丽霞带队组成的自治区家庭教育评估工作组先后到托里县、裕民县开展实施《自治区指导推进家庭教育五年规划（2016—2020年）》终期评估工作，地区家庭教育工作得到评估验收组充分肯定。

【妇女助力乡村振兴】 2021年，

地区妇联充分发挥妇联组织优势，促进妇女就业创业，贯彻落实《塔城地区实施就业培训“七个一工程”工作方案》，配合人社、住建、农业等部门实施就业培训工程。开展“互联网+”就业创业服务，与地区人社局联合举办“2021年妇女人才专场网络招聘活动”，为待业妇女群众搭建新的就业平台，拓宽各族妇女群众就业的途径。联合地区人社局、地区教育局、地区退役军人事务局等部门印发《关于开展2021年塔城地区民营企业招聘月活动的通知》，通过“塔城女声”及县市妇联微信平台提前发布活动预告及活动安排等信息，提高活动知晓度，开展就业创业各项惠民政策宣传和就业指导，统筹开展形式多样的招聘活动。印发《“乡村振兴·她力量”征稿通知》，评选在乡村发展中涌现出来的先进妇女典型14个，全面展示各族女性在巩固拓展脱贫攻坚成果、全面实现乡村振兴的新征程中苦干实干、再立新功。为进一步巩固脱贫攻坚成果同乡村振兴有效衔接，引导农村妇女就业创业，2021年提质升级“靓发屋”项目10个，新建“靓发屋”项目19个。积极组织参加自治区妇联主办的新疆第五届巾帼家政服务员技能大赛，选派的4名选手均获三等奖。

【实施公益项目】 2021年，地区收到社会各界人士“爱心一元捐”捐款54.38万元。下拨2020年“爱心一元捐”募捐资金56.58万元，扶持、救助290名困难妇女、儿童。开展“99公益日”活动，建立355支爱心宣传团队，累计募捐及配捐资金39.21万元。依托全国妇联“母亲微笑行动”公益活动，地区6名唇腭裂患儿在阿克苏市人民医院接受免费手术治疗和修复手术。将2021—2022年度“武警春蕾”助学款10.39万元及时发放到51名学生手中，帮助贫困女学生完成学业。开展村、社区妇女“两癌”防治知识宣传活动近百场，严格执行“两癌”申报的闭环式管理，使34名符合“两癌”救助条件的妇女各享受1万元救助资金。持续开展“恒爱行动——百万家庭亲情一线牵”公益活动，将援疆省份赠送的1760件毛衣、帽子、围巾等保暖物品分发县市，帮扶弱势群体、儿童。

【妇女合法权益维护】 2021年，地区妇联印发《关于做好2021年春节和全国“两会”期间妇联维权信访工作的通知》《塔城地区妇联两会期间维权工作通知》，各级妇联组织积极发挥职能优势，联系服务各族妇女群众，解决妇女重点难点问题，积极为妇女维权发声。联合地区司法局制定印发《塔城地区关于进一步加强婚姻家庭纠纷人民调解工作的通知》，指导县市妇联联合司法局成立婚姻家庭纠纷人民调解委员会。加大民法典的宣传，围绕民法典正式施行多层面、多形式开展专项学习宣传活动，进一步提高各族妇女法律意识。加强与地区公安局、检察院、法院、民政局、司法局等部门的沟通联系，针对婚姻家庭矛盾纠纷化解工作形成整体合力。加强信访安全保障工作，积极发挥妇联组织作用，常态化开展家庭矛盾纠纷排查，多元化解基层矛盾，做好源头治理。全年受理群众来访来电73起，已办结72起，办结率98.6%。联合地区司法局开展“宪法宣传月”活动，围绕民法典实施、《中华人民共和国反家庭暴力法》实施5周年等开展法律法规宣传活动，累计发放宣传册100余份。多措并举深入开展“4·15”国家安全教育日普法宣讲活动，通过采取“线上+线下”相结合的方式，组织地区、塔城市巾帼志愿者宣传《中华人民共和国国家安全法》等法律法规。

【妇联基层组织建设】 2021年，地区妇联通过统一培训、下发方案、跟踪指导、试点先行等措施，确保村（社区）妇联主席100%进入村（社区）“两委”班子。加快“两新”组织中妇女组织组建进程，开展“两新”组织中妇女组织组建“百日攻坚”行动，实现党建带妇建，组建妇女组织1064个，实现应建尽建。全面落实“基层妇联领头雁培训计划”。每月以视频会的方式举办妇联系统“巾帼大讲堂”活动，开展党的十九届五中全会精神、第三次中央新疆工作座谈会精神、党史学习教育、妇联业务等培训，通过邀请地委党校高级讲师、业务骨干、县市妇联党组书记授课、现场测试相结合方式进行授课，切实提升妇联干部综合素质和业务水平。全面实施12345工作法，进一步提升地县妇联工作效能，制定《塔城地区妇联系统2021年“两旗一灯”实施办法》，更好地激发妇联干部干事创业的激情和活力。2021年，地区妇联不断提高妇女干部综合素质，采取地委党校集中学习和参观塔城市示范点相结合的方式，开展妇女干部培训班3期，培训妇女干部120人。为充分发挥社区“会改联”后执委的作用，在额敏县迎宾路社区、和布克赛尔蒙古自治县巴音西尔格社区开展“三组一队”试点工作。

（覃柳萍）

科学技术协会

【科普宣传】 2021年，地区科学技术协会（以下简称地区科协）突出线上疫情防控应急科普宣传。投入10.6万元，与塔城地区融媒体中心、塔城日报社合作，在“i塔城”App、“塔城零距离”微信公众平台等媒体推送健康生活、应急避险、环境保护、疫情防控科普知识640篇、科普短视频197个，播放量75.4万次，有效提升疫情防控科普宣传的覆盖。开展线下疫情防控科普志愿服务活动，邀请科普讲师团专家深入村队（社区）开展健康生活和疫情防控科普知识讲座，向地区各级党政机关发放印有“科普中国”“科普新疆”“i塔城”App二维码的笔筒3226个，有效传递最新的科技信息。依托基层科普信息员队伍转发中科协、自治区科协官网、“科普新疆”公众号等权威机构发布的疫情防控视频、图片、文章等内容，引导公众相信科学，做好防疫。

【全民科学素质工作】 2021年，地区科协印制《全民科学素质行动规划纲要（2021—2035年）》3万册，发放到各县市、地直部门，开展大学习、大讨论活动。开展全国科普示范县市创建工作，乌苏市成功创建2021—2025年全国首批科普示范县市，推荐申报沙湾市创建第二批全国科普示范县市。乌苏市科学技术协会被评为全国“十三五”全民科学素质工作先进集体；组织动员地区干部群众、青少年、社区居民参加2021年新疆全民科学素质网络知识竞赛答题活动，塔城地区位列全疆前三，地区科协、乌苏市科协、塔城市科协、额敏县科协等6家单位获“自治区优秀组织单位”称号。

【科技助力乡村振兴】 2021年，地区科协深入开展“科技之冬”培训活动，从2020年11月至2021年3月底历时150余天，累计举办各类培训班1605期次，培训社区居民2.14万人次、农牧民8.06万人次，发放各类科普资料7.93万余份，提高农牧民科学素质。

【基层科普行动计划】 2021年，地区科协投入项目资金70万元，奖补地县市两级47个先进集体和个人。其中农村科普带头人24人、农村专业技术协会5个、农村科普示范基地11个、科普示范社区6个、科普志愿服务团队1个。

【乡村科普馆建设】 2021年，塔城市阿西尔乡喀拉达拉村建成塔城地区第一家乡村科普馆，馆内分为科技工作者风采、产业发展科普区、健康角、科技体验区、科普图书角、科学大讲堂、消防驿站等7个板块，运用视频、图片、文字、展具等综合手段，集知识性、功能性、参与性于一体，让科普知识融入群众生活。

【青少年网络科技创新大赛】 2021年，地区科协收到各类参赛作品285件，157件作品获奖，从中筛选98件作品参加自治区第35届青少年科技创新大赛，59个参赛作品获奖，地区科协被评为优秀组织单位。

【“全国科普日”活动】 2021年，地区科协通过地区融媒体中心抖音平台对主场活动启动仪式进行网络在线直播，在近1个小时的直播中，收看率达3000多人次，地区全国科普日活动短视频在自治区科协当天主场启动仪式上播放。

【“科普微课堂”栏目】 2021年，地区科协邀请农业、卫生、应急、环保、消防等部门的10多名专家，围绕农业科技新品种、病虫害防治、科学防疫、安全生产等内容录制十五期科普短视频，在《塔城新闻》后滚动播出，同步在“i塔城”App播放，浏览量达3.5万余次。

【科普教育基地】 2021年，额敏县青少年活动中心、乌苏市科技馆等15家单位被命名为塔城地区科普教育基地。（樊国庆）

工商业联合会（总商会）

【概况】 截至2021年年底，塔城地区工商业联合会（以下简称地区工商联）所属商会4个，会员总数571个（人），其中个人会员323人、团体会员8个、企业会员240个。工商联（总商会）常委及执委109人，其中主席（会长）1人、副主席15人、副会长9人、秘书长1人、常委9人、执委73人。

【思想政治引领】 2021年，地区工商联组织地、县市两级工商联党员领导干部39人，参加全国工商联举办的《中国共产党统一战线工作条例》网络培训班，召开塔城地区工商联四届四次执委会议，面向地区109名民营经济代表人士，学习传达党的十九届五中全会精神、第三次中央新疆工作座谈会精神、全国民营经济统战工作会议、自治区党委九届十一次全会和地委扩大会议精神等。在民营经济人士中，开展以“不忘创业初心、接力改革伟业”为主题的理想信念教育，组织参加行署“十四五”规划建议听证会、政法系统教育整顿座谈会，按季度对地区民营经济意识形态领域进行分析研判，查找风险点，制定预防措施，确保非公经济意识形态领域阵地安全稳定。

【服务经济工作】 2021年，地区工商联围绕民营企业“融资难融资贵”问题，组织30家小微企业与建设银行塔城分行召开银企座谈会，组织20家小微企业与税务部门联合会开展“春雨润苗”助力小微企业发展专项行动。各县市先后开展专项行动7场次，参与企业200余家。组织商会、民营企业家代表走进地区发改委、地区国资委、地区市场监督管理局、地区工信局等部门，通过座谈、互访等形式，加强交流沟通。开展劳动关系状况监测调查，根据地区民营企业的分布、行业、规模和生产经营状况等实际，选择28家民营企业代表，对企业生产经营状况、劳动用工、工资分配、休息休假、社会保险等内容进行网上问卷调查，形成《塔城地区民营企业劳动关系状况监测调查工作报告》并及时上报，此项工作位居全疆第二名，获自治区工商联表扬通报；引导民营企业积极参与塔城重点开发开放试验区建设，服务地区招商引资工作。主动对接塔城地区消博会代表团，联系海南省温州商会、海口民营企业家协会，与塔城地区代表团召开座谈会2场次，达成多项合作意向；走访30家驻疆的外省商会，并邀请参加地区招商引资新闻发布会，向所属商会组织推送招商引资项目库，为地区经济高质量发展贡献力量；按照自治区确定的十大产业，参照有关地区标准，推荐5家代表性民营企业，配合有关部门进行重点培育，加强日常关注和反映问题的协调落实。做好14家年营收5000万元以上的上规模民营企业调研，为党委政府决策提供依据。

【民营企业法律服务】 2021年，地区工商联充分发挥地、县市两级民营企业投诉中心职责优势，开展依法维护、保障民营企业合法权益工作，受理、协调、解决5家民营企业道路通行、债务纠纷等问题，涉及金额220万元；为温州商会2家涉及担保责任纠纷的会员企业排忧解难，帮助企业恢复生产；积极协调帮助民营企业清欠账款工作，协调追回56万元欠款，有效保障民营企业合法权益。

【引导民营企业履行社会责任】 2021年，地区工商联赴各县市开展“万企兴万村”工作的前期调研，及时向民营企业宣传中央、自治区决策部署，目前正与相关单位会签城地区“万企兴万村”工作方案，拟为地区100个乡村振兴示范村筛选帮扶企业，建立帮扶关系，引导塔城地区企业全面参与乡村振兴工作。组织民营企业开展消费扶贫，28家民营企业参与采购扶贫产品102种，价值1.5亿元。推荐10家“万企帮万村”活动中的优秀民营企业进行宣传表彰；会同人社部门联合开展“职在民企 就有未来”为主题的民营企业招聘周，361家民营企业提供就业岗位3000余个，参与招聘活动的高校毕业生、退役军人、农牧民3237人。会同地区工会开展民营企业“集中要约”行动，保障民营企业职工权益；会员企业新疆全荣投资有限责任公司获全国就业与保障先进民营企业称号。

【组织建设】 2021年，地区工商联认真筹备工商联换届，印发《地委统战部关于地区工商联换届工作的实施意见》，与编办对接，争取换届契机，规范托里县、裕民县工商联设置。开展非公经济代表人士综合评价工作，为工商联换届工作摸底排查出代表人士119人，其中A级74人的队伍状况；印发《地区工商联直属商会章程（示范文本）》《关于加强乡镇、街道商会登记管理工作的通知》强化所属商会管理。培育发展新商会，新成立沙湾市陕西商会、托里县农副产品加工行业商会。积极配合两新工委，完成7个非公企业党组织和2个商会党组织的转接工作，7月下旬，成立地区工商联党总支，进一步规范商会党组织架构。指导地区江苏商会党支部和地区川渝商会党支部进行换届。组织直属商会3名支部书记参加自治区工商联举办为期4天的商会党组书记培训。 （陈永江）

文学艺术界联合会

【文艺创作】 2021年，地区文联搜集整理地区民间艺术，汇集文化塔城系列书籍。编纂出版《塔城地区民族团结小故事》特辑，深入挖掘塔城“民族团结”事例，整理2016年以来各族干部群众在民族团结工作中的精彩印记和感人故事120篇。启动《塔城地区美术作品集》编纂工作，该书是继《地区优秀音乐作品集》《地区民间艺术家》《地区书法和篆刻作品集》之

2021年9月14日 塔城、兵团第九师兵地文艺融合发展暨文艺创作交流座谈会在塔城地区六合创业大厦召开 （马燕丽 摄）

后，专门为本土文艺家所出版的第4本书籍，全面展现地区“油画塔城”良好风貌。启动《塔城地区经典文艺作品集》编纂工作，按照地区提出的“永远的经典 永恒的记忆”的要求，收集地区庆祝建党100周年举办的各类摄影、书法、美术、剪纸、工艺美术等展览作品编辑成册。继续编纂《在塔城》系列丛书，年初召开《美在塔城》《爱在塔城》新书发布会，《歌在塔城》《食在塔城》已进入编辑阶段。尤其是《歌在塔城》为地区广大诗歌文学艺术爱好者搭建展示平台，对礼赞故乡、歌颂塔城起到有效的推介推广作用。

实施精品创作，多层次、全方位、立体式讲好新疆故事、塔城故事，创作出具有地域特色、反映地方历史、丰富群众精神文化生活的文艺精品。已创作完成塔城歌曲《敞开了喝酒歌唱吧》，进行宣传推广；邀请全国报告文学名家创作报告文学《塔城密钥》，展现塔城各民族相融共生、和谐发展的地区特色，打造出地区民族团结的特色文化品牌；创作历史小说《巴克图往事》，反映百年口岸经商历史演变，展现巴克图在时代变迁中传播红色文化、维护祖国统一、爱国爱疆的情怀，显现出塔城厚重的历史文化，切实提升地区知名度和美誉度，弥补地区文化软实力不足的现状，为塔城社会经济发展奉献文艺力量。

【文艺活动】 2021年，地区文联围绕“举旗帜、聚民心、育新人、兴文化、展形象”的使命任务，以丰富的活动为载体，营造喜迎建党100周年的浓厚氛围。组织各文艺家协会开展文艺志愿服务活动，以“送欢乐，下基层”的形式，组织本土50名书法爱好者开展“迎新春、过大年、送春联”活动10场次，赠送春联近5000副；举办迎新春送春联“文化润疆”兵地联谊活动，赠送春联近300副；举办“喜迎新春——当代工艺美术作品”网络展，征集作品近400件，入选作品124件；组织开展“三下乡”系列活动30场，展演各类文艺作品近100件（个）；举办“最美塔城”摄影大赛，展出作品100幅。同时，组织赴各县市巡展，得到广大摄影爱好者一致好评；举办“文化润疆·翰墨春风”书法作品网络展，展出作品近30幅；举办“学党史、悟思想、办实事、开新局”书写党史名言警句网络展四期，展出作品80幅；举办“学党史、践行总体国家安全观，统筹发展和安全”主题书法网络邀请展，展出作品50幅；承办“学习强国”新疆学习平台“童绘新疆·畅想2035”中小学生绘画作品塔城巡展；举办童心向党六一文艺会演，演出节目32个，参与演出的小演员近500名；举办“我为党旗添辉·百年伟业”书画展；地区美术馆微信公众平台推出《走近大师“感受经典 陶冶情操 提高修养”品味艺术》《走近油画塔城》《走近镜头里的塔城》系列栏目6期，展出各门类作品近200幅；参加兵地文艺融合发展现场推进会，举办书法作品交流展，展出作品15幅；依托新时代文明实践中心站（所）平台，成立地区新时代文明实践站文艺志愿者服务点，设置摄影、书法、民间工艺、国画4个板块，主要用于开展各文艺门类展演、展示、文化体验和文艺志愿服务活动，展出文艺作品29幅。

【文化润疆工程】 2021年，地区争取援疆项目4个，落实资金达788.61万元，其中三交项目类3个、教育文化项目类1个。三交类涉及资金204.61万元，教育文化类为“十四五”期间项目，涉及资金584万元；争取地区“名师名医名人”工作室项目，预计5个，涉及资金20多万元；争取新疆文联项目4个，涉及资金20多万元；落实塔城市新时代文明实践中心项目1个，涉及资金5万元，为实施“文化润疆”工程奠定坚实的经济基础。

【基层文艺组织建设】　2021年，地区文联继续以深化改革为动力，不断激发地区文联的组织力、向心力、吸引力和行业影响力。继续深化改革和加强基层组织建设，形成四级联动良好格局，巩固完善《地区文联乡镇、街道文联工作运行管理机制》，推进乡镇文联建设逐渐规范化、制度化。以深化文联体制改革为动力，不断总结经验，深化改革步伐，切实增强地区文联的凝聚力、向心力、吸引力和行业影响力。在做好塔城市村级基层文联组织建设试点的基础上，形成乡村两级文联工作制度，在各县市推广。大胆探索，努力形成新经验，打造地区、县市、乡镇街道、村社区四级联动的良好格局。　（马燕丽）

残疾人联合会

【残疾人康复】　2021年，塔城地区残疾人联合会（以下简称地区残联）下达县市补助资金198.74万元，为2980名残疾人开展免费康复救助服务。指导地区定点机构为77名残疾儿童开展线上、线下康复训练服务。为40名符合条件精神病患者按照每人每年900元标准给予服药补助，资金达3.6万元。联合地区卫健委为2540名重度精神病患者、一户多残、行动不便贫困残疾人开展上门访视、家庭护理、心理干预、健康教育等精准的康复服务。为400余名残疾人发放轮椅、手杖、坐便器、腋拐等辅助器具452件。协调自治区残联辅助器具中心为地区45名残疾人进行辅助器具适配，其中适配取型大腿假肢20人、小腿假肢22人、膝离断3人。在定点机构和社区卫生院为34名18岁以上的肢体残疾人进行康复训练。组织地区康复工作者参加自治区残联举办的各类培训班6次、55人。第三十一次全国助残日和家庭医生日期间，联合地区卫健委投入资金0.3万元，为塔城市向阳花特殊儿童康复中心的30名教师、残疾学生及家长开展上门免费健康体检。开展第五次全国“残疾预防日”宣传教育活动，活动期间全地区累计悬挂横幅、LED屏幕滚动播放标语12条，制作短视频2则，制作微信链接和彩页4篇，发放宣传资料3000余份，接受群众咨询、义诊500余人次，免费适配残疾人辅助器具14件，慰问残疾人5户，发放价值1.65万元的各类生活物资。

【残疾人就业】　2021年，地区残联按照每人500元标准，向4个县市下达残疾人农村实用技术培训资金13.5万元，累计培训270名农村户籍残疾人。开展以“就业帮扶、真情相助”为主题的残疾人就业援助月活动，全地区累计走访登记失业残疾人员家庭43户，登记失业残疾人员25人。举办专场招聘会9次，累计提供就业岗位信息20余条，职业指导和职业介绍220余次，开展咨询服务300余人次，发放宣传资料1500余份，登记实名制纳入年度培训计划人数209人，残疾登记失业人员实现就业7人，帮助残疾人享受专项扶持政策人数9人。配合税务部门做好残疾人就业保障金征收工作，审核用人单位145家，其中党政机关事业单位安排残疾人就业92人，企业安排残疾人就业219人。

【残疾人社会保障】　2021年，地区残联建立残疾人“两项补贴”动态调整机制，发放残疾人护理补贴88712人次、补贴金额1034.1万元，困难生活补贴67986人次、补贴金额846.21万元。开展残疾人托养服务，向额敏县、乌苏市、和布克赛尔蒙古族自治县下达“阳光家园”项目，按照每人每年3000元标准，累计为70名符合条件的残疾人提供照护服务。

【残疾人权益保障】　2021年，地区残联向各县市下达中央项目225户、配套资金78.75万元，自治区项目200户、配套资金50万元，为地区425户符合条件的残疾人家庭开展家庭无障碍改造项目。印发《关于加快推进塔城地区第三代智能化残疾人证换发工作的通知》，推进第三代智能残疾人证换代工作，累计发放第三代智能化残疾人证20522张。协调地区医院鉴定专家组成义务小组，到裕民县为52名残疾人开展上门鉴定服务，帮助办理残疾人证。

（李　辉）

红十字会

【组织建设】　2021年，塔城地区新增红十字会基层组织87个、个人会员1154名、团体会员114个、注册志愿者229名。

【社会救助】　2021年，地区红十字会结合“红十字博爱送万家”活动，为生活困难群众发放大米、面粉、清油、棉衣、棉被等各类爱心物资，价值6.1万元。国家彩票公益金大病救助项目资助6人，资助金11.64万元。

【民生项目】　2021年，地区红十字会多次深入托里县铁厂沟镇哈图村、乌雪特乡克孜勒克亚村进行“博爱家园项目”指导，2个项目点已经顺利通过自治区红十字会评估验收。

【应急救护培训】 2021年，地区红十字会主办电力企业应急救护知识技能培训班2期，培训应急救护员377人；指导各县市培训救护员2034人，深入企业、学校、村队、社区开展普及性应急救护知识培训11355人次。

【无偿献血、造血干细胞工作】 2021年，地区红十字会推动无偿献血工作，联合地区卫生健康委员会印发《塔城地区无偿献血及造血干细胞捐献宣传工作方案》，无偿献血宣传动员工作取得显著成效。全地区有固定无偿献血队伍1000余人，其中133人获卫生部和中国红十字会总会颁发的“生命奖牌”。造血干细胞捐献工作稳步推进，全地区加入中国造血干细胞捐献者资料库的在库志愿者为1761人，2021年造血干细胞血样采集304人份，完成志愿捐献者高分辨血样采集2人，成功实现捐献1人。各级红十字会充分利用“5·8”红十字博爱周、“无偿献血日”活动，组织医疗工作者、红十字会志愿者开展以发放宣传资料、义诊、咨询培训为内容的宣传活动，开展红十字会法律法规和基本知识、无偿献血、造血干细胞、人体器官等捐献宣传等宣传活动18次，活动中悬挂宣传横幅50余条，发放宣传册2000余册，受益群众4000余人次。

【遗体（角膜）和人体器官捐献工作】 2021年，塔城地区人体器官捐献登记志愿者333人，实现遗体捐献1例、器官捐献1例（肝脏、眼角膜），地区逐步形成良好的捐献氛围。

【志愿服务】 2021年，地区红十字会加强救援队伍建设，做好红十字会志愿服务系统注册工作，引导督促各县市建立应急救援志愿服务队伍19支。蓝天救援队、995救援队、沙湾市红十字会顾海英爱心工作室等志愿服务组织在车辆救援、山地救援、敬老爱老服务、应急救护知识技能培训等方面发挥重要作用，全年组织志愿服务活动319次，参与人员2900余人次。加强与企业、公益组织的项目合作，扩大固定捐款人队伍，不断扩大红十字会的影响力，提升社会公信力。全地区红十字会系统1个社区、1个志愿服务组织获“全国红十字模范单位”称号；4个志愿服务组织获“突出贡献志愿服务组织”称号，11名志愿者获“突出贡献志愿者”称号；1个模范团体会员单位、1名优秀个人会员受到红十字总会和自治区红十字会的通报表扬。

（霍秀珍）

社会科学界联合会

【理论研讨】 2021年，地区社会科学界联合会（简称地区社科联）充分发挥“思想库”“智囊团”作用，组织地区各级协会、学会、研究会社科工作者申报自治区社科基金项目和自治区社科联治疆方略课题23个。报送相关论坛论文18篇，其中获二等奖3篇，获三等奖1篇；3个课题通过评审。

【地区社科智库建设】 2021年，地区社科联印发《关于推荐报送社会科学界相关人才的通知》，选定53人充实到塔城地区哲学社会科学专家人才库和青年人才库，为发挥桥梁纽带作用储备人才。

【学会管理】 2021年，地区社科联认真做好各学会、协会、研究会组织、协调、服务工作，充分发挥社科联组织引领作用。完善《塔城地区社科联所属团体学术活动审核制度》，按照《地直社会科学界社会团体的管理办法》，对32个地直社会团体摸底调查。

【社会科学普及】 2021年，地区社科联开展《中华人民共和国科学技术普及法》《新疆维吾尔自治区社会科学普及条例》的学习、宣传、普及活动6场次，覆盖地县两级60%的机关、企事业单位，参与活动群众达2000余人。11月15日，在宁城宾馆召开学习宣传贯彻“自治区社会科学普及条例”专题会议，28个相关单位参会，其中地区人大工委法制处、地委宣传部、地区司法局等单位做大会交流发言，会议将推动条例向纵深发展。

（郭　晶）

法 治

政法委与综治工作

【政法工作综述】 2021年，地委政法委紧紧围绕社会稳定和长治久安工作总目标，坚定坚决全面贯彻党中央、自治区党委决策部署和地委具体工作要求，地委分管领导以上率下，带头履行责任，从紧从严、从实从细抓好各项措施落实。坚持警钟长鸣、警惕常在，深入学习贯彻习近平法治思想，强作风、重落实、提效能，确保全国“两会”、中国共产党成立100周年、自治区第十次党代会等重大节点顺利平稳度过，实现地区社会大局持续和谐稳定。

全面准确学习领会习近平法治思想，坚持稳中求进工作总基调，坚持统筹发展和安全，加强党的政治建设，全面深化改革，奋力推进塔城政法工作高质量发展。树牢法治思维，加强执法司法规范化建设，推动法治化常态化取得实质性进展。聚焦工作主线，确保塔城地区社会大局持续稳定长期稳定。提升治理效能，全面形成党委领导、政府负责、社会协同、公众参与、法治保障的社会治理体制，打造共建共治共享的社会治理格局。

【扫黑除恶专项斗争】 2021年，地委政法委推动扫黑除恶专项斗争常态化，持之以恒、坚定不移打击黑恶势力及其“保护伞”，坚持有黑必扫、除恶务尽的坚定决心和顽强定力，坚持打小打早、消除后患，坚决不让任何黑恶势力死灰复燃。持续把源头治理作为扫黑除恶的治本之策，常抓不懈，彻底铲除黑恶势力滋生土壤，有力维护社会稳定，巩固基层政权，优化营商环境，净化社会风气。

【平安塔城建设】 2021年，地委政法委健全以党组织为核心、群众自治组织为主体、社会各方广泛参与的平安建设新机制，开展各类基层平安创建活动，加快推进地区社会治理体系和治理能力现代化，努力开创平安塔城建设新局面。截至年底，地区7个县市全部被命名为“自治区平安县（市）”，除和布克赛尔蒙古自治县外，其余6个县市被命名为“自治区优秀平安县（市）”；塔城市博孜达克农场等37个乡（镇）场被自治区命名为“优秀平安乡（镇）场”。地区各类治安案件、刑事案件持续下降，各族群众的幸福感、获得感明显增强。

【政法队伍教育整顿】 2021年，地委政法委严格按照“绝对忠诚、绝对纯洁、绝对可靠”的要求，贯彻落实习近平总书记关于加强政法队伍建设的重要指示和训词精神，坚决贯彻落实党中央决策，贯彻落实自治区党委部署和地委具体要求，在自治区政法队伍教育整顿第二驻点指导组的指导下，开展政法队伍教育整顿，进展顺利、成效突出，政法队伍政治忠诚进一步筑牢，政治生态进一步优化，纪律作风进一步好转，素质能力进一步增强，执法司法公信力进一步提升，基本实现教育整顿效果好、社会大局持续稳定“双丰收、双胜利”的预期目标。

【政法宣传舆论】 2021年，地委政法委严格按照自治区党委安排部署和地委具体要求，从政治和全局的高度谋划政法宣传舆论工作，进一步巩固和加强政法宣传主渠道主阵地主平台建设，牢牢掌握政法领域意识形态工作主动权、主导权，以更好回应人民群众需要为出发点，传播正能量、唱响主旋律，把党的声音传播好，把广大群众的心声和诉求反映好，把政法工作的成效宣传好，不断提升传播力、引导力、影响力、公信力。（吕 伟）

法治政府建设

【依法治地工作】 2021年，地区全力推进法治政府建设，贯彻落实党中央和自治区制定的规划纲要，结合地区实际制定《地区贯彻落实〈法治社会建设实施纲要（2020—2025年）〉的实施意见》《塔城地区司法行政改革工作实施方案》《塔城地委全面依法治地委员会2021年工作要点》，指导各县市做好法治政府示范创建工作。严格执行规范性文件“三统一”制度，2021年累计审查、清理重点领域规范性文件143件。

【行政复议工作】 2021年，地区司法系统强化执法监督，推动行政复议体制改革，推进行政执法“三项制度”精细化落实，统筹推动地区行政执法优化提升；坚持“复议为民促和谐”办案理念，不断提升复议应诉办案质量。2021年，抽查执法案卷120份，纠正不当行政行为13件，解决执法难点问题37个，提出指导性意见54条；办理行政复议申请18件，行政应诉案件10件，涉法涉诉案件10件，应诉胜诉率100%。

【优化营商环境】 2021年，地区司法局助力地区经济发展，推进社会服务和营商环境改革，梳理、审核地区司法行政系统行政许可46项；组建地区法律服务队，有计划、针对性地开展企业法治体检和走访，完成线上线下体检企业数36家，提出法律意见和建议57个，为企业解决问题或困难27个，化解各类涉企纠纷27起。（王 懿）

公 安

【概况】 2021年，地区公安机关推动党史学习教育和政法队伍教育整顿深入开展，先后组织开展党史学习教育和政法队伍教育整顿专题政治轮训1480余人次；推动“我为群众办实事”活动走深走实，全面简化审批办事环节，审批事项、时间大幅压缩。连续9年实现命案全破。在扫黑除恶专项斗争中战果突出，乌苏市公安局获评全国扫黑除恶专项斗争先进集体，额敏县公安局获评自治区扫黑除恶专项斗争先进集体。强化道路交通安全管理，共查处各类违法行为55.28万余起，路交通事故四项指数与同期相比，事故起数、受伤人数、经济损失分别下降15.8%、10.5%、15.4%，实现较大道路交通事故“零”发生。在自治区公安厅、总工会举办的首届全地区涉网新型案件现场勘查技能大赛中，塔城地区公安机关代表队获团体二等奖，1名民警获个人一等奖。

全面加强改革强警治警励警工作，制定《塔城地区公安局“大部门大警种制”改革方案》，将全局内设部门归并整合为“一中心两处二部二局八队”管理模式。塔城地区公安局被共青团中央授予“全国五四红旗团支部”称号。2021年，2个集体荣记一等功，6个集体和6名民警相继荣记二等功，33个集体、48名民警荣记三等功。

【110接处警】 2021年，地区公安机关110接警中心不断强化协调指挥、警务调度职能，及时上报信息、下达指令，在协调重大案件侦办、妥善处置重大突发事件、组织指挥各类重大活动的安全保卫工作中均发挥重要作用。同时，针对求

2021年4月11日，塔城地、市公安机关联合地、市相关单位在文化广场开展第十八个“宪法法律宣传月”大型宣传活动 （李书翠 摄）

助类非警务警情报警的实际情况，110接警中心积极协调电力、热力、医院等政府职能部门，建立权责分明的警情联动处置工作机制，在形式上依托“三方通话”报警服务平台和“12345”热线形成联动，拓宽群众报警求助事项快速处置渠道，切实提升服务群众质效。2021年，地区公安机关累计接报警18.02万起，其中有效警情34527起，群众求助报警13152起。

【打击刑事犯罪】 2021年，塔城地区各级公安机关刑侦部门以常态化推进扫黑除恶斗争和“云剑—2021”等专项工作为重点，以政法队伍教育整顿为契机，以深化全警实战大练兵为载体，把党史学习教育同履行刑侦主责主业相结合，统筹做好疫情防控和打击犯罪工作。全年立各类刑事案件3071起，破1964起，破案率61.08%，破案绝对数2824起，同比上升4.75%，抓获刑事犯罪嫌疑人1923名，八类案件破案率100%，连续9年命案全破、电信诈骗案件发案下降、扫黑除恶漏网之鱼全数落网。获首届自治区涉网新型案件现场勘查技能大赛团体二等奖，“惊雷1号”专项行动第二名。

【打击治理电信网络新型违法犯罪】 2021年，塔城地区公安机关按照“全警反诈、全社会反诈”要求，全面落实“打防管控宣”各项工作措施，加强专业队伍建设，提升打击治理能力，推动构建党委领导、政府主导、行业监管、有关方面齐抓共管、社会各界广泛参与的打击治理新格局。2021年，累计立电信诈骗案件473起，破案294起，抓获嫌疑人151人；110累计接警454起，涉案金额2874.55万元；接收预警指令20468条；审核全地区录入侦办平台支付、冻结、查询信息14221条；返还资金105笔，金额1037.83万元；制作宣传视频67个，微信公众号平台文章33篇，宣传海报41组（211张），H5宣传海报3篇。

【“断卡”行动】 2021年，塔城地区公安局反诈中心坚持问题导向、坚持以打开路，勇于担责、担难、担险，全面开展打击治理电信网络诈骗犯罪工作，切实为打击治理电信网络诈骗犯罪履职尽责。2021年，全地区累计破获“断卡”类案件69起，抓获犯罪嫌疑人287人。

【团圆行动】 2021年，塔城地区各级公安机关刑侦部门全力以赴查找失踪被拐儿童，充分发挥刑事技术支撑打拐工作的重要作用，累计找回新疆辖区来历不明儿童4名，协助外省找回来历不明儿童2名；侦办拐卖儿童案件1起，解救被拐卖儿童1名，抓获犯罪嫌疑人2名，为两个家庭实现团圆梦。

【打击经济犯罪】 2021年，塔城地区公安机关突出打击经济犯罪主业、聚焦防控风险，狠抓执法质量，强化实战练兵，为护航地区经济健康发展作出应有贡献，在自治区公安经侦数据化实战大比武活动中，塔城地区公安局经侦部门代表队分别在涉税领域取得全疆第二名，在非法集资领域取得第三名，在金融领域获优秀奖。组织开展“4·26”“5·15”打击和防范经济犯罪宣传活动，发放宣传材料1.3万余份，悬挂宣传标语42条，发布预警信息200余条，发宣传稿件915篇。

【打击涉税领域犯罪】 2021年，塔城地区公安机关对准恶意利用国家创新政策、税收优惠政策实施的犯罪行为，对准从国库挖墙脚的虚开骗税犯罪行为，对准职业犯罪团伙实施的涉税犯罪，依法严厉打击、坚决追缴赃款。

【打击涉毒犯罪】 2021年，塔城地区各级禁毒部门认真贯彻落实党中央、自治区各项决策部署全面实施“清源断流”禁毒战略，变被动堵截为主动出击，变堵源截流为清

2021年5月13日，塔城公安机关开展“5·15”打击和防范经济犯罪宣传活动
（李书翠 摄）

源断流，全面深化“净边2021”专项行动，全力以赴确保禁毒各项工作措施的落实。塔城地区公安机关禁毒部门坚持关口前移、预防为先，开展禁毒宣传教育活动，结合2021年塔城地区新型毒品合成大麻素案件比较突出，各县市禁毒办着重加强新型毒品的宣传教育，持续推进全民禁毒宣传教育，深化青少年毒品预防教育，充分发挥新媒体的作用，做好重要节点宣传。全地区开展禁毒宣传活动100余场次，向各级新媒体平台发布稿件550余篇，发放宣传资料15万余份、宣传品4万余份，受教育群众85万余人次；在自治区禁毒委举办的首届青少年禁毒知识竞赛总决赛当中，塔城地区代表队获二等奖。

2021年，塔城地区公安机关禁毒部门结合“净疆2021”专项行动，联动行业监管单位健全“线索通报、联合执法”协作机制，不定期开展突击检查，督促寄递物流企业落实“实名登记、开箱验视、过机安检”三个100%制度，防范和打击违法犯罪分子利用物流寄递渠道从事毒品犯罪活动。

【流动人口管理】 2021年，塔城地区公安机关治安部门构建完善信息化、动态化流动人口管理工作机制，压实流入流出地派出所责任，严格落实“两头抓、双向管”“369限时工作法”等工作措施，做实流动人口登记、信息采集等环节。

【危险物品管理】 2021年，塔城地区公安机关牢固树立安全发展理念，通过切实强化风险意识，完善和落实“从根本上消除事故隐患”的工作机制，开展危险化学品安全整治工作，全面推进危险化学品安全生产管控提档升级，维护社会大局持续平稳。

【场所特行管理】 2021年，塔城地区公安机关持续加强行业场所治安管控，采取明察与暗访相结合的方式，以查纠消除隐患为目标，深入各类场所进行集中清查整治，重点检查消防设施器材、疏散通道、监控视频、保安管理、内部安全制度落实等情况进行检查，严厉查处和打击特殊行业场所内的打架斗殴、赌博等违法犯罪行为，规范行业场所的治安秩序，并加强日常监管，严格落实各项安全管理制度。2021年，公安部门检查各类场所13000余家次，发现安全隐患2000余处，当场整改500余处，下发整改通知书300余份。

【道路交通安全管理】 2021年，塔城地区公安交警部门紧紧围绕“减量控大”工作目标，从实抓好“战疫情、防事故、保畅通”三项工作，实现全年较大道路交通事故“零发生”，全力确保道路交通安全形势持续稳定。

塔城地区公安机关交管部门始终将路面作为交通事故预防工作主战场，聚焦高速公路、普通国省道、农村和城市道路“四大主战场”，强化显性用警，全天候开展路巡路查，不间断进行秩序整治，聚焦重点区域、重点路线和午间、夜间等重点时段，最大限度将警力投入关键节点，切实提升路面见警率和管事率。持续开展“百日会战”、春运、“减量控大”、农村固本强基以及节假日安保等各类专项整治工作，抓好七大交通安全整治攻坚行动，严防发生较大及以上道路交通事故。2021年查处各类违法行为55.28万余起，路交通事故四项指数与上年同期相比，事故起数、受伤人数、经济损失分别下降15.8%、10.5%、15.4%，实现较大道路交通事故“零”发生。额敏县公安局交管大队秩序一中队立公安部集体一等功。

塔城地区公安机关交管部门强化“两微一端”及新闻媒体宣传，深入开展“七进”安全教育及“一盔一带”安全守护行动，针对元旦、春节、清明、五一等假期交通出行特点，发布“两公布一提示”，同时利用公安交管大数据研判平台梳理客货运、农村地区车辆所有人、驾驶人等人群，通过“交管12123”App、自建短信平台等渠道，“点对点”精准发送提示信息。

【“放管服”改革工作】 2021年，塔城地区公安机关交管部门推进办理业务“四个减免”，深入推广18类车驾管业务凭本人身份证明“一证即办”等便民措施，将车管业务延伸至汽车销售商、二手车交易市场、派出所、便民（辅）警务站、邮政网点、保险网点、医院网点、驾校网点等112个网点，全面推进“电子档案转籍”，实现办理业务不再“两头跑”；不断优化“警医、警邮、警保、警企”合作服务模式，广泛建立交管服务站。2021年，塔城地区公安机关交管部门共办理电子档案转籍业务5万余笔。通过上门服务、“一站式”窗口服务、车管业务进社区、乡镇等活动，及时帮助群众答疑解惑，有效提升群众幸福感、获得感、满意度；开展延时服务140余次260余小时，上门服务138次、设立“一站式”服务窗口25处、“流动”车管所下乡52次，办理业务5万余笔。

【出入境管理】 2021年，塔城地区公安机关出入境管理部门严格出入境证件受理、审核、审批等关键环节审核审查工作，落实国家移民管理局“三必核、三必查”等审核要求，加强内部审核，规范护照签发管理流程，对办理出入境证件的申请人，重点加强面见询问工作，确保出入境证件签发安全。

塔城地区出入境管理部门严格落实国家移民管理局推出的“只跑一次”、“全国通办”、“我为群众办实事”、11项利民措施等便民制度及各项移民和出入境便民利民措施，优化互联网服务功能，通过出入境自助签注机、自助照相机、前台受理一体化等服务，缩短办证时间，大大减少群众办理业务的时间，依托公安出入境微信公众号，实现群众足不出户就能办理出入境业务的网上预约，进度查询，在线解答等业务，切实做到权利“应放尽放”方便群众办事。办理出入境证件9人次，使用自助照相设备64人次，提供延时服务18人次，为外籍华人提供签证、居留便利4人次，申办出入境证件微信支付63人次，占受理量的100%。

【食品药品环境犯罪侦查】 2021年4月8日，塔城地区公安局依托森林分局组建食品药品环境犯罪侦查分局，7个县市公安局于4月26日前均挂牌成立食品药品环境犯罪侦查大队。地区食药环部门联合地区市场监督管理局、畜牧兽医局、农业农村局、烟草专卖局、环保局、卫健委等相关职能部门对重点行业、重点场所、重点部位开展走访摸排工作，主动发现违法线索，严厉打击涉食药环案件。摸排涉及食药环领域基础数据30502条（其中食品类20131条，药品类1366条，环境类1531条，知识产权7474条）。救助国家级保护野生动物95头（只），“三有动物”28头（只）。

2021年8月22日，塔城地区公安局机场分局做好包机保障工作（李书翠 摄）

【林区巡逻检查】 2021年，塔城地区食药环部门配合有关部门加强日常防范，开展源头治理，在重点林区、森林草原防火重点区域，通过开展巡查、设立宣传点、流动宣传车、悬挂条幅、发放宣传单、宣传手册等形式进行宣传，提高公众参与度和积极性。巡查林区重点区域756处（点），检查木材加工销售点、野生动物驯养繁殖场所、农贸市场、畜产品交易场所等3124处次，排查火灾隐患84处，整改隐患84处；开展森林防火、森林法宣传活动290次，发放宣传材料25378余份，受教育人数29670人次，媒体宣传报道158次；摸排涉林线索126条，整改其他涉林安全隐患71处，全面摸排并有效化解林区不稳定因素10个，调解涉林纠纷16起；开展林区防灭火、处突演练162次。

【机场安保工作】 2021年，塔城地区公安局机场分局坚持以“平安民航”建设为工作目标，将空防安全作为机场发展第一要务，全面提升机场空防、综治和应急处置能力，有力维护机场的绝对安全。

地区公安局机场分局在抓好内部疫情防控的同时，始终落实疫情防控航班信息提前分析、传输工作机制，在第一时间协调塔城机场取得航班预售票人员信息，将购票人员信息推送至各县市公安局，同时对进港旅客进行出入境信息核查，并将有疫情风险的有关数据第一时间反馈至防疫部门。2021年，保障航班2310架次，其中进港1155架次，出港1155架次；进出港旅客17.4万人次，核查推送进港旅客7.5万人次。（李书翠）

检　察

【地区检察分院负责人】

检察长：

帕尔哈提·吾买尔江（维吾尔族，11月离任）

副检察长：

黄新敏（12月离任）

苏 昕（12月任）
沙吾列提·哈勒克（哈萨克族）
郭学林
陈书亚
政治部主任：曹春理（女）

【检察机构设置】 2021年，塔城检察分院下辖7个基层人民检察院，分院内设办公室、政治部、第一检察部、第二检察部、第三检察部、第四检察部、第五检察部、第六检察部、第七检察部、综合检察业务部、检务督察部、技术处、行政装备处，在乌苏市设驻乌苏监狱检察室、驻塔城市教育矫治局检察室、驻克拉玛依市教育矫治局检察室。

【案件线索核查】 2021年，地区检察分院严密组织开展重点线索、移交线索核查办理、重大案件评查等工作，制定印发《塔城地区检察分院顽瘴痼疾整治实施方案》《塔城地区检察分院开展顽瘴痼疾专项整治五个专项行动的通知》，分别制定举报线索核查、涉黑涉恶案件线索倒查、涉法涉诉信访案件清查、法律监督专项检查、重点案件交叉评查、智能化数据排查等7个实施方案，充分发挥条线指导、对下指导作用，抽调政治素质高、业务能力强、综合素质过硬的精兵强将作为线索核查组的中坚力量，成立7个线索核查专班和顽瘴痼疾专项整治组，全面推进查纠整改、线索核查工作。分院累计接收全国举报平台（“12337”）、自治区教育整顿办公室等平台转办的各类举报线索和核查线索246条。已办结线索234条，线索核查率为95.12%。同时，教育整顿期间，检察机关认真履行法律监督职能，深入开展法律监督专项检查和重点案件评查工作，抽调各业务骨干力量分别进驻地区中级人民法院、地区公安局和司法局，梳理各类案件14154件，检查14154件。开展案件交叉评查，采取集中、交叉方式开展评查。自查梳理2018年以来重点案件864件，发现问题案件174件，发现问题339条，整改339条。交叉评查2018年以来重点案件695件，发现问题案件73件，发现问题117条，整改117条。按10%比例抽样评查2018年以来重点案件116件，发现问题案件24件，发现问题24条，整改24条。在接收完成教育整顿办公室转办推送234条线索基础上，还完成地委政法委涉及扫黑除恶、法律监督、重点案件评查等线索10条，均核查完毕。

【诉讼监督】 2021年，地区检察分院以公安执法办案管理中心派驻检察室为契机，依托侦查监督平台，深入开展侦查活动监督。对于公安机关应当立案而不立案的案件，要求公安机关说明不立案理由23件。通过监督，公安机关立案18件，监督立案率为78%。对于公安机关不应当立案而立案的案件39件，要求公安机关说明立案理由39件。通过监督，公安机关撤案37件，监督撤案率为94.8%。在审查逮捕和审查起诉环节，纠正漏捕5人，比上年上升400%。纠正移送起诉遗漏罪行7人，纠正遗漏同案犯11人。针对侦查活动在批捕环节书面提出纠正意见32件次，纠正29件次。

【刑事执行检察】 2021年，地区检察分院对监狱提请各类罪犯减刑、假释、暂予监外执行、社区矫正监督、财产刑执行等开展专项检察，暂予监外执行提请审查24人；减刑裁定审查5人；罪犯正常死亡14人；累计核查罚金刑701人2850.7万元，对财产刑执行违法违规行为提出书面纠正意见29件，被采纳28件，监督推进执行26万元。执行检察累计制发检察建议93件，纠正违法通知书29件，均已整改落实并回复。

【民事检察】 2021年，地区检察分院以裁判结果监督、执行活动监督、审判程序监督、虚假诉讼监督等为重点，充分运用调查核实手段，开展违法行为调查，加大民事行政案件审查力度，稳妥办理生效裁判监督案件，累计受理各类民事检察监督案件2265件，其中受理不服法院生效裁判监督案件113件，办结案件中发出再审检察建议7件；向法院提出抗诉9件；向上级院提请抗诉14件；不支持监督申请45件；受理执行监督案件768件，向法院发出检察建议491件，法院采纳检察建议484件，终结审查189件，不支持监督申请决定19件，息诉29件；受理审判程序违法行为监督案件574件，向法院发出检察建议387件，法院采纳检察建议377件，不支持监督申请6件，息诉14件，终结45件；受理支持起诉案件844件，公开听证212件，发出支持起诉意见书85件，人民法院支持56件，经检察机关调解终结执行达成和解协议233件，不支持监督申请71件，其他处理98件。

【行政检察】 2021年，地区检察分院受理行政执行监督案件40件，受理行政生效裁判监督案件6件、已结案4件；受理行政审判程序违法监督7件，办理行政违法行为检察监督45件。

【公益诉讼检察】 2021年，地区检察分院发现公益诉讼线索557件，立案550件，发出诉前检察建议369件，其中食品药品安全54件，生态环境类167件，国有资产保护类3件，国有土地使用权出让领域21件，等外领域87件。对地区老风口生态区、托里县生态林恢复整改工作进行专项督导调研；认真做好乌苏市夹皮沟非法采矿民事公益诉讼工作，依法履行检察职责，恢复生态环境。

【未成年人检察】 2021年，地区检察分院持续推进落实最高人民检察院“一号检察建议”，积极推进未成年人检察社会化建设。深入开展“检爱同行 共护未来”未成年人保护法律监督专项行动。常态化开展“法治进校园”活动，全面落实检察官担任法治副校长制度，实现两级院领导、未检干警兼任中小学法治副校长全覆盖。7月，在沙湾市成功举办全疆检察机关未成年人检察工作现场会。9月在自治区第四届未成年人检察业务竞赛中地区检察分院获优秀组织奖，2名检察人员分获第一、第二名。积极推进未成年人犯罪预防帮教工作，严格落实“捕诉监防一体化”，受理审查逮捕未成年人犯罪44人，上升91.3%，批准逮捕35人，作出不批捕9人。受理审查起诉67人，审结时起诉39人。附条件不起诉10人。开展社会调查41次，对未成年人开展法治讲座111次，法治巡讲15次，参观法治教育基地26次。检察机关办理未成年人社会调查适用率为71.9%，帮教率为93.8%。

（贾建强）

法　院

【地区中级人民法院负责人】

院　长：

穆哈什·库尔班哈力（哈萨克族）

副院长：

张建科

明　丽

任福正

政治部主任：

张　勇

执行局局长：

柳　霞（俄罗斯族）

审判委员会专职委员：

张　超

努尔波拉提·哈力克（哈萨克族）

【概况】 2021年，地区中级人民法院内设办公室、政治部、审判管理办公室、监察室、司法行政装备管理处、立案第一庭、立案第二庭、刑事审判庭、民事审判第一庭、民事审判第二庭、行政审判庭、执行庭、审判监督庭、督导室、研究室、书记员管理处、司法警察支队、技术处、老干部工作处等19个内设部门。下辖7个基层人民法院，设有14个人民法庭。

【案件受理】 2021年，地区中级人民法院探索建立“日研判、一流转”审判管理微机制，每日分析研究两级法院审判数据变化，院主要领导召开视频会议对下调度22次，分管领导对下调度35次，及时对各县市法院进行指导，有效提升辖区法院审判工作质效。牢固树立业务“一盘棋”思想，建立党组成员、审委会专职委员包联县（市）法院制度，“面对面”蹲点帮扶7次，实地分析基层法院症结短板，摸清“弱项指标”，及时调整工作重点。截至年底，两级法院一审判决案件发改率、一审服判息诉率、民商事调解率等多项指标已大幅提升。地区两级法院累计受理各类案件57024件（含旧存496件），审结53111件，结案率93.14%。

【案件执行】 2021年，地区中级人民法院扎实开展执行领域问题集中整治专项行动，强化综合治理、专项执行和执行联动。落实立审执协调联动运行机制，通过集约执行、协同执行，有效缩短结案平均用时。推进先行调解、执前和解，用好执行前保全，推进善意执行，力促涉企案件“双赢”。两级法院累计受理执行案件23790件，结案21199件，结案率89.11%，执行到位标的14.04亿元。

【诉源治理】 2021年，地区中级人民法院坚持探索“社会管理+司法调解”新途径，主动参与社会治理。全面推进“一站式”多元解纷机制，将诉源治理“万人成诉率”指标纳入地区平安建设、综合治理考核体系。按照“一村一法官”、村村都有“法官调解室”的标准，完成塔城地区75个乡（镇场）、796个村（队）、98个街道（社区）、1个社区党委“多元化解矛盾纠纷工作站”挂牌工作，并建立法官包联村队（社区）制度。通过人民法庭、村两委、“访惠聚”工作队，定期开展巡回调解、入户释法、法治宣传，就地化解矛盾纠纷。

【枫桥式法庭】 2021年，地区中级人民法院加强人民法庭建设，创建“枫桥式法庭”8个，对接创建“无讼”乡村、社区32个，在乡镇设立“便民服务点”和“法官工作室”84个，切实搭建“小事不出村，大事不出乡”解纷格局。截至年底，基层人民法庭受理案件2182件，结案2160件，调解1768件，一审服判息诉率99.46%，有效地将矛盾纠纷吸附并解决在基层。

【特色调解室】 2021年，地区中级人民法院推动矛盾纠纷诉前分流和多元化解，依托诉讼服务中心，推行“调裁一体”工作模式，以调减诉，以裁促调，提升各项审判质效指标，减少诉讼当事人的诉累。各县市法院在民商事、家事调解等方面深入推进，打造出“多斯调解室”“四胜调解室”等一批“品牌”调解室。

【服务地方经济】 2021年，地区中级人民法院努力把法院工作融入地区经济发展大局，结合实际制定《关于为推动地区经济高质量发展提供司法服务和保障的“1+N”升级措施实施方案》《塔城地区法院助力本地产业优化升级精品案例工作方案》等与自治区高院“1+N”措施的配套措施，成立“三合一”（知识产权民事、行政和刑事审判）工作领导协调小组，统筹推进知识产权审判改革，发挥景区巡回法庭作用，探索打造“司法+旅游”服务保障新模式。建立环境公益诉讼集中管辖和生态环境损害赔偿诉讼机制，助力经济健康平稳有序发展；突出重大战略，服务“试验区”经济建设和全方位对外开放。

【司法改革】 2021年，地区中级人民法院落实独任法官或合议庭办案责任制，两级法院有审判团队89个，截至12月20日，两级法院结案数累计50328件，结案率91.03%，中级法院员额法官45人，员额法官人均办案量49.5件，辖区法院审判团队最高办案量为2338件；全面推进类案检索机制，两级法院“四类案件”监管221件，均及时识别、监管、反馈；积极完善专业法官会议机制，两级法院共召开会议199次，讨论案件408件，专业法官会议意见采纳率95%；完善审判委员会运行机制改革，两级法院召开审委会108次，讨论各类案件212件，将审委会委员履职情况纳入该院绩效考核；强化院庭长办案，截至12月20日，两级法院院庭长办案量30310件，占总结案数60%，中级法院院庭长办案量1500件，占总结案数67.3%。截至年底，国家级刊物发表改革信息10篇，自治区级刊物发表改革信息10篇，出台改革规范性文件39个。

（丁 凯 赵含青）

司法行政

【基层司法所建设】 2021年，地区司法局聚焦群众需求，延伸服务基层触角。整合实体、网络、热线三大平台资源，充分发挥中心、站、室及村级法律顾问（法律明白人）作用，推广一站式服务模式，打造“线上线下服务圈”，有效推进法律服务进基层从“有形覆盖”到“有效覆盖”的转变。地区累计建立县级公共法律服务中心7家，乡（镇）公共法律服务站78家，村（居）公共法律服务室743家，服务基层群众达13000余人次。

【普法工作】 2021年，地区司法局完善大普法体系。召开地委全面依法治地委员会守法普法协调小组全体会议，审议通过印发《关于在全体公民中开展法治宣传教育的第八个五年规划（2021—2025年）》《塔城地委全面依法治地委员会守法普法协调小组工作细则》《2021年塔城地区普法依法治理重点工作任务分解方案》《关于进一步推进国家机关“谁执法谁普法”普法责任制的实施方案》等文件，深入推进普法工作的全面落实。

【法律宣传教育】 2021年，地区司法局聚焦重点群体和关键环节，深入开展法律体系宣传教育。结合宪法法律宣传月，深入开展“美好生活·民法典相伴”“青年普法志愿者基层行”等主题宣传活动，推动地区各媒体落实公益普法责任的落实，累计宣传干群14.3万余人次，发放宣传资料12.6万册，现场解答咨询1.8万余人；录播《法治讲谈》栏目20期；开展青少年法治讲座等活动4100余场，发放宣传资料2.3万余册，受教青少年2.2万余名。

【社区矫正和安置帮教】 2021年，地区司法局牢固树立底线思维，严守入矫审查关、安全防控关、稳固教育转化质量关，定期对社区矫正对象和安置帮教人员开展走访，认真细致做好教育管理、就业帮扶、心理疏导、社会救助等服务管理工作。

【调解工作】 2021年，地区司法局紧紧围绕推进社会治理新格局，不断创新发展新时代“枫桥经验”。坚持发展新时代“枫桥经验”，指导基层健全完善基层大调解网络，并探索建立司法、政法、综治等部门共同参与的“多调衔接”工作机制，并完善“常态排查”“重点报告”的基层纠纷常态化预警机制。2021年，调解成功率98.51%。

【法律援助】 2021年，地区司法局扎实开展“我为群众办实事”实践活动。推动落实送法上门活动，开辟“绿色通道”，切实保障弱势群体的合法权益，累计办理法律援助案件279件；开展公益法律服务227次，为弱势群体提供预约上门服务270余次；免费办理公证、司法鉴定等业务80余件，减免费用10万余元；举办社区、楼宇关于互联网金融、劳动法等专业法律知识讲座54场，发放宣传资料5000余份，提供线上、线下咨询服务3700余次。

【律师行业管理】 2021年，地区司法局充分发挥地区律师行业党委职责作用，全力推动以党建为统揽的律师管理工作体系，引导律师队伍参与信访接待、“12348”值班、法律援助站等公共法律服务事务。

2021年，地区18家律师事务所成立单独党支部8家，联合设立党支部2家。地区律师行业党委组织开展公益法律服务500余次，开展法律进企业活动17场，发放宣传资料5000余份，解答群众咨询2000次。开展涉企矛盾调解专项行动57次，现场调解案件76件，调解率98.7%。 （王 懿）

巴克图口岸管理

【口岸管理】 2021年，巴克图出入境边防检查站着眼疫情“客停货通”状态下货运甩挂作业区、口岸限定区域“双阵地”，研究出台《边检勤务工作十二条指导意见》，始终严把出入境资料信息采集关口，严守前台验证“三条底线”，严控口岸限定区域准入，探索整合查缉管控流程，狠抓车体双向查缉、甩挂作业人员预核、人员身份后台核查及梅沙系统查控“四个环节”，着力构建口岸全要素闭合管控模式。充分发挥口岸与站机关两级指挥中心联动作用，针对人员冲闯关、涉疫舆情、脱逃藏匿、示威滋事等突发情况，发挥口岸联防联控机制作用，加强与疫情防控、公安、安全、海关等部门的协作配合，进一步厘清口岸限定区域管控权责，形成防控合力，坚决打好口岸安全管控和疫情防控的整体战、攻坚战、防御战、持久战。根据口岸出入境人员成分单一、体量较小等特点，拓展性将全疆出入境数据纳入核查范围。修订调整《重点人员核查工作流程》、完成多个数据建模，对重点数据形成比对碰撞、比对核查、比对重点的“三比对”查缉模式，逐步深挖藏匿在数据背后的骗领证件和漂白身份人员。

【口岸疫情防控】 2021年，巴克图出入境边防检查站刚性落实“五固定、四分流、四支援”及“四个一律”要求，紧盯“人、物、环境”同防三个重点，抓实“红、黄、绿”三区闭环，结合实际制定《“五分、五抓、五联”疫情防控工作措施》《紧急应对口岸突发染疫事件处置预案》《常态化疫情防控接收遣返人员入境工作预案》，切实从制度构建、勤务管理、应急处置等方面，联动毗邻边检机关、口岸疫情防控指挥部、联检单位、公安、涉外企业形成“大闭环”，贯穿限定区域准入、勤务组织管理、常态督导检查形成“小闭环”。严格落实人员进入口岸验码、核卡、测温、消杀、安检、登记“六步工作法”，优化封闭管理和人员进出管理措施，做到疫情防控和安全管理齐抓共管；建立常态化防护装备穿脱考核机制，坚持现场督察、线上调度与视频倒查相结合，确保对重点岗位、重点人员监督管理到位；严抓勤务组织、消杀防疫、跟踪督导三项制度落实，推行执勤队“小单元”独立作战模式，做到入出警力相对隔离，内外队伍相对独立。抓实与哈萨克斯坦共和国边检机关、驻地防疫部门、驻地涉外企业三方联动，加强与口岸疫情防控工作组的通联对接，畅通信息共享渠道，确保每月开展口岸疫情防控应急演练，全面提升民警发现、防护、增援、移交、转运等关键环节的协作能力，夯实联防联控工作根基。深化与驻地涉外企业的沟通联络，做实每日入境车辆和人员“信息报备”，提升警企协作共管能力。依托防疫“双联”信息共商机制，持续拓展发挥警务执法合作渠道和口岸边境三级代表联系机制。 （许 伟）

军　事

塔城军分区

【边境管控】　2021年，塔城军分区贯彻“三防”要求落实体系建边、联合控边、科技强边，努力实现“一个进不来，一个出不去”防控目标。坚持迅即反应、依规处置，妥善处理防区不明空情、荒火、“背包客”企图越界，与哈萨克斯坦边防机关举行会谈会晤，开展非接触性联管行动，联合处置紧急边情。推广“151”“加曼奇”模式，升级改造巡逻路，新建沿边宣传警示标牌、检迹带和防火隔离带，完善防卫设施，完成通信补盲建设，构筑野战观察工事，一线“执勤依托、打仗工事、处突阵地”逐步完善。

【维稳执勤】　2021年，塔城军分区按照《陆军部队战备工作暂行规定》建立应急支援力量，常态做好应急处突准备，适时开展震慑演练，持续保持高压态势。裕民县、和布克赛尔蒙古自治县人武部与驻地相关单位建立应急支援机制，军分区分冬季、夏季不同季节期间、平时不同时段，不断改进屯垦分队定点执勤、乘车巡逻、机动支援、街面执勤方式，常态组织巡逻管控工作，确保驻地社会安全稳定。各县市人武部积极组织民兵参与军地联合执勤，加大“网格化”巡控力度和日常应急集结演练，完成“两节”“两会”时期和重要节点的安保任务。

【后备力量建设】　2021年，塔城军分区根据“十四五”时期民兵调整改革总要求，按照体系重塑、结构重组、模式重建的思路，紧紧围绕安全形势的新变化、使命任务的新拓展和军民融合的新要求，坚持任务牵引、建制对应、专业对口、就近就便的原则，突出建设重点，破解发展难点，不断优化结构布局、提升编组质效，持续推动地区民兵队伍建优建强，在国防和社会发展建设中发挥更加积极的作用。坚持建用结合，注重发挥后备力量在执勤中的重要作用，常态动用民兵担负“网络化”巡逻防控及卡点盘查任务；根据各县市防疫指挥部的统一指挥，在继续担负社会面巡控任务的同时，结合实际协助开展设卡封控、入户排查、定点消毒、防控宣传等行动，进一步充实一线防控力量。动用民兵参加托里县“7·22”抗洪抢险，深入灾区，完成紧急疏散群众、清水挖淤、抢修道理、应急供电、物资输送、伤员救护等任务，不断提升民兵快速反应能力，为社会稳定提供可靠保证。

【征兵工作】　2021年，塔城军分区坚决贯彻自治区、军分区决策部署，认真学习领会全国征兵工作会议精神，按照“认真研判形势、科学筹划准备，积极破解难题、多方合力用劲”的思路，严格落实征兵政策规定，及早筹划部署、扎实组织培训、深入宣传发动，紧盯体格检查政治考核、大学生征集、女兵征集、役前教育训练等重点工作，严格落实廉洁征兵要求，圆满完成自治区、军分区下达的征兵任务。地区适龄青年报名率、大学生士兵征集率稳步提升。　（熊振翔）

塔城边境管理支队

【政治建警】 2021年，塔城边境管理支队围绕“党建带队建、党务促业务、党风树警风”核心课题，推进沿边党建带试点任务，探索党建+边境治理、党建+队伍建设、党建+安全发展工作实践，总结形成“三型四级”沿边党建工作模式。联合地委组织部下发《关于沿边县市开展“沿边党建带”试点建设的通知》，助推“三型四级”沿边党建带向纵深发展。通过探索实践，各级党委核心引领、党支部战斗堡垒、党小组桥梁纽带、党员先锋模范作用得到充分发挥，党支部书记能够熟练开展党务工作，支委成员和党员民警能够有效解决热点难点问题，党建规范化、标准化、科学化水平得到显著提升。

【边境管控】 2021年，塔城边境管理支队主动研究分析“一地两师”边境防控形势，实行准入制通行，构建管控新格局。配套研究提出的边境准入通行、警务室建设、智慧核验、辅警招录等15项意见建议被地委政法委采纳推广。在口岸区域创建边境通行管理平台，实行边境通行证网上办理和“一站式”“一单式”服务，高效保障塔城重点开发开放试验区建设。

【辖区维稳】 2021年，塔城边境管理支队树牢一失万无的思想，坚持万无一失的标准，将中国共产党成立100周年安保维稳作为重大政治任务，建立边境辖区突发事件应急处置机制，开展基层基础工作百日会战、治安隐患排查整治等专项行动，实现警力下沉和警务前移。开展执法专项排查和未结案件清理活动，清理疑难案件，执法执勤规范化水平实现提升。抓民警维权工作，从严从快处理1起袭警案件，被国家移民管理局编发典型案例转发全国学习。

【基层建设】 2021年，塔城边境管理支队树立“大抓基层、大抓基础”的理念，制定边境警务站和农村（社区）警务室规范化建设两个指导意见，推动“一站一室”（边境警务站、边境警务室）样板打造工作，深化警务室（便民警务站）与农村（社区）网格无缝衔接，实现辖区管控由稳向治的转变。紧盯警犬建、管、训、用、养五个环节，建成警犬实训基地，抓好携犬跟勤、随警作战、定期复训，实现警犬技术工作提档升级。

2021年2月3日，塔城边境管理支队召开2021年工作会议 （高泽胤 摄）

【服务群众】 2021年，塔城边境管理支队依托创建“枫桥式派出所”“我为群众办实事”实践活动，制定“为群众办实事，为基层解难题”5类27条工作措施，推出网上办证、错时服务、绿色通道等一批便民利民措施，提升群众的幸福感和满意度。各级为群众办实事1488件，为民警解难题685个，实现党史学习教育成果的转化运用。

【从严治警】 2021年，塔城边境管理支队开展队伍教育整顿活动，制定《支队促推教育整顿查纠整改逐项过关10条措施》，对照“七大顽瘴痼疾”，明确整治重点内容，统筹运用自查自纠、组织查处、专项整治等有力抓手，开展专题学习、警示教育、领导宣讲宣教、谈心谈话，队伍的安全意识愈加牢固，纪律观念日益增强。

【队伍管理】 2021年，塔城边境管理支队出台《安全等级评定实施办法》《要素管控责任清单》等规章制度，建立安全管理“三条线”，推行班子成员过月安全日、网上督察“544”模式等工作机制，抓实安全要素精准管控，紧盯人、车、枪、酒、密等敏感要素，充分延伸管控触角，统筹安全文化建设、知危创安促发展等专项活动，深化排查整改和预警信息发布平台应用，实现安全工作由稳向治的转变。

2021年1月，派出所民警在辖区开展爱心助农活动　（高泽胤　摄）

【文化育警】　2021年，塔城边境管理支队持续深化总站“百长培训班”和“三个经常性工作”座谈会成果转化，深入基层开展政策宣讲，全面摸排梳理问题和困难，抓实“四个知道、一个跟上”，跟进“一人一事”思想工作，尤其是对个别重点人员，普遍采取“点对点”谈心、“面对面”交流的方式，最大限度地将隐患苗头解决在萌芽状态。培育宣传先进典型，丰富立功创模、仪式激励等教育载体，厚植民警家国情怀，推出一批先进典型。

【实战练兵】　2021年，塔城边境管理支队始终把队伍履职能力建设摆在优先发展的战略位置，从“关键少数”、转改新警、骨干队伍三个层面入手，分层分类抓实技能岗位练兵，持续推行“大所带小所”“师徒结对”练兵模式，多名民警取得高级执法资格、国家统一法律职业资格。制定下发《“千警竞发”新警大比武活动普训阶段七项措施》，部署开展征集脱“贫”致“富”金点子活动，以脱“缺乏亮点、缺乏人才、缺乏底蕴”的“贫”，致“人才能手多、思想观念新、队伍形象好”的“富”为指引，为建设“四化”队伍奠定坚实基础。

【暖警惠警】　2021年，塔城边境管理支队深刻理解“警心是最大的政治”，建立地区内民警家属工作调动、就业和子女入学入托工作机制，党委班子开展送奖到一线、慰问到一线活动，邀请民警家属参加民警晋升警衔仪式，推荐警嫂参加“十佳模范警嫂”评选，依托“惠警掌中宝”小程序落实商户惠警折扣价，联合团委、妇联、工会扩大“塔城·遇见”交友平台影响，举办多场警地青年联谊会，各级亲情服务队倾力解决民警家属生活保障难题，极大地激发广大民警的职业认同感和荣誉感。　（高泽胤）

人民防空

【安全生产责任制】　2021年，地区人防通信保障中心组建人防工作安全专班，明确工作职责，纵深推进安全生产专项治理三年行动，确保地区人防领域安全生产事故“零报告”。

【人防审批程序】　2021年，地区人防通信保障中心严格按照人民防空有关政策法规进行人防工程审批工作，坚决杜绝国家、自治区规定以外的各类“人情审批”“关系审批”“地方性政策审批”等，全面实现“网上”受理，关口前移，并联审批，切实提高审批效率。

【人防腐败问题】　2021年，地区人防通信保障中心通过专项治理梳理出11个项目，2个项目已缴费销号，其余项目将移交人民法院申请强制执行。

【人防宣传教育】　2021年，地区人防通信保障中心以“5·12”防灾减灾日、“9·18”人防宣传活动为契机，累计组织3200余名师生开展宣传活动和防灾演练，进一步增强人防宣传教育的影响力，为人防建设营造良好舆论氛围。

（马　莎）

对口支援

综 述

【概况】 2021年，塔城地区实施援疆项目175个，安排援疆资金6.96亿元，深入推进产业援疆、智力支援、民生改善等重点工作，最大限度地发挥援疆工作的综合效益。

【智力援建】 2021年，地区坚持“走出去”与“请进来”相结合，注重补短板强弱项，以双向挂职交流、培养培训、“组团式”援助等为抓手，落实援疆资金7308万元，组织实施乌苏市乡村振兴人才保障、沙湾市优秀干部人才素质提升、中国医科大学医疗组团式援疆等30个智力支援项目，为塔城地区培育一大批能干事、留得下、带不走的人才队伍。

【医疗援建】 2021年，医疗组团式支援在地区取得显著成效，中国医科大学和塔城地区人民医院签订“十四五”对口支援协议，辽宁省中医药大学将塔城中医医院列为附属二院协作医院。工作中涌现出一大批先进代表，中国医科大学作为医疗人才支援方代表，在“组团式”支援工作推进会上进行典型交流发言；中国医科大学附属塔城地区医院重症医学科获全国“工人先锋号”称号；医疗援疆工作队领队获2021年度自治区“开发建设新疆奖章”。

【产业支援促进就业】 2021年，塔城地区充分利用丰富能源、资源、人文等优势，积极搭建农业信息化和电商平台，大力发展乡村旅游业等地方特色、优势产业，吸引辽宁企业来塔城开拓市场、发展壮大。安排援疆资金3.63亿元，组织实施塔城市农业示范基础设施建设、额敏县特色食品产业园建设、沙湾市鹿角湾景区改造升级等73个产业支援促进就业项目，有效推动到塔城企业拓展壮大、当地群众就业增收，实现援受双方互利共赢、共同发展。辽宁省积极搭建塔城特色产品销售平台，举办“辽宁塔城周”等展销活动，在“西洽会”等大型招商展会活动上设立专柜专区专馆，采用网络直播和线下大型商超设立专区等形式，宣传推介塔城特色资源、产品；在“辽洽会”举办塔城特装展区产品展销专项活动，现场签约项目7个，签约金额达79.5亿元。聚焦新疆塔城重点开发开放试验区建设，先行先试，以合作共建的模式，共同建设占地面积25.33公顷的“辽宁飞地产业园”，高质量承接东中部地区产业组团式、链条式、集群式转移。

【保障和改善民生】 2021年，地区坚持聚焦推进乡村振兴和民生改善，以改善农牧区、边境一线乡村群众生产生活条件为重点，安排援疆资金5.49亿元，组织实施塔城市推进落实“四好农村路”建设、乌苏市古尔图镇基础设施优化提升工程、托里县铁厂沟镇安全饮水提升改造等121个保障和改善民生项目，进一步完善基本公共服务体系，改善各族群众居住生活环境。新冠肺炎疫情发生以来，辽宁省、塔城地区援受双方携手抗疫、共克时艰，广大援疆干部舍小家、顾大家，帮助协调采购负压式救护车2辆、核酸检测车2辆，筹集防护服4000套、医用口罩7.5万个等10余种防疫急需物资，指导建设PCR（基因扩增）

实验室，核酸日检测能力达到10000管，有效提升患者转运和核酸日检测能力，为塔城地区克服疫情影响提供坚实保障。

【各民族交往交流交融】 2021年，地区始终坚持以铸牢中华民族共同体意识为主线，将促进民族交往交流交融作为巩固各民族大团结的重要途径，持续加大“三交”（交往交流交融）领域资金、力量投入，不断拓展项目的广度和深度。安排落实援疆资金6105万元，组织实施中国沈阳“和平杯”国际青少年足球邀请赛、塔城市青少年曲棍球队交流交往项目等22个各民族交往交流交融项目。辽宁援疆前方指挥部全力协调南航公司签署航线合作协议，2021年10月16日正式开通沈阳—石河子—塔城往返航线，结束来往辽宁、塔城两地人员和物资在乌鲁木齐转机的历史，极大降低两地旅客往来成本和路途时间，为两地群众之间交往、交流、交融架起空中通道。

【文化教育支援】 2021年，地区安排援疆资金2.5亿元，组织实施塔城市“一带一路”文化艺术传承中心、裕民县北哈拉布拉民俗村、《辽塔情深·携手共进》纪录片等77个文化教育项目，进一步发挥文化在提升各族群众综合素养、丰富精神生活、促进社会稳定等方面的辐射带动作用，有效凝聚人心。

辽宁省根据塔城地区职业教育需要，推动教育支援向职业教育领域延伸，辽宁省教育厅和省内高职院校选派由3名教育专家、14名烹调工艺与营养、汽车检测与维修等领域专业教师，开展“组团式”对口支援地区职业技术学院，推广辽宁教学经验做法，开展各学科示范教学、课题研究、专题讲座，有效促进塔城地区职业技术教学管理工作的科学化、规范化。

县市对口援建工作

【沈阳市对口援建塔城市】 2021年，塔城市下达资金实施援疆项目19个，年度计划投入援疆资金9328万元，其中“交钥匙”项目6个，援疆资金6628万元。“交支票”项目13个，援疆资金2700万元。非固投类项目10个，援疆资金1910万元。固投类项目9个，援疆资金7418万元。

智力支援。安排援疆资金2050万元，通过实施沈阳市柔性专家人才组团支援塔城市卫生（医疗）、农业项目和塔城市医疗卫生干部人才培养等项目，邀请18名“组团式”援疆专家，开展“传帮带”帮扶工作，培养当地医务人员18人次，诊治病患8000余人次，填补医疗技术空白1项，建设重点医疗科室3个（重症医学科、肛肠外科、心血管介入），下乡义诊20余人次，服务群众5000余人。同时，以“送出去”的方式完成19人赴沈阳进修学习工作，加强塔城人才建设。

产业支援促进就业。安排援疆资金780万元。通过实施塔城市馕产业发展项目，组织当地产品生产和销售企业开拓疆外市场，提升疆外市场产品销售量及馕产品在沈阳的市场开拓。降低塔城当地企业的运输成本，进一步提升塔城企业和品牌的竞争力，丰富产品销售和营销渠道，拓展区外市场及馕产品疆外生产运输。通过实施支持塔城市进一步繁荣口岸经济，促进跨境电子商务发展项目，通过带领企业参展进行产品宣传推介，提升塔城名优特产品的知名度，举行招商引资推介会，吸引企业来塔城投资兴业，厚植税源。

保障和改善民生。安排援疆资金4108万元，通过实施塔城市下喀浪古尔村通村道路附属设施建设项目、塔城市推进落实“四好农村路”建设项目、塔城市人民医院南区建设项目、塔城市基层医疗卫生机构中医服务能力提升项目、塔城市村级办公阵地改建等项目，改善人民群众出行条件，加强医疗卫生条件改善，为塔城市卫生健康系统全面开展中医药诊疗服务打下基础，同时有效解决村队党支部办公环境差、活动场所狭小、集中开展党员干部教育培训活动难等问题，使党支部充分发挥核心作用，提升党组织的向心力和凝聚力。

促进各民族交往交流交融。安排援疆资金150万元，通过开展塔城市民族团结一家亲活动、青少年夏令营、基层干部培训。使沈阳塔城两地人才得到培养，同时增进两地之间的感情和认同感。通过塔城青少年足球、曲棍球队赴沈阳参加“手拉手”联谊系列活动让塔城市少年有走出去的机会，为将来有更好的发展方向与奋斗的目标，为城市发展、建设奠定基础。

文化教育支援。安排援疆资金2240万元，通过实施塔城市“一带一路”文化艺术传承中心建设项目、塔城市基层百姓文化场所建设项目、塔城市援疆教师生活补助项目等项目，弘扬中华传统文化，促进塔城市文化发展，加速本市基础文化设施建设，提升人文环境，从全域统筹塔城市旅游业发展，从而促进塔城市旅游业快速发展，提升旅游业收入和区域经济效益。为塔城市乡镇（街道）建设2个百姓大舞台，丰富人民群众的精神生活。引进52名援疆教师，全面实施“科教兴塔”战略，加快促进各类人才的成长，进而助力塔城市教育教学水平的提升。

【辽阳市对口援建额敏县】 2021年，额敏县受援项目22个，援建资金4960万元。其中固投项目15个，资金4249万元，占比85.6%；非固投项目7个，资金711万元，占比14.4%。截至年底开工22个，开工率100%。其中固投类已开工15个，开工率100%；非固投类已全部实施，开工率100%。完成投资8467万元。预计年底全部完工或完成年度投资任务。

智力支援。实施1个援疆项目，已完成投资8万元。2021年帮助地方培养培训干部人才36人次，柔性引进人才12人次。

产业支援促进就业。实施10个援疆项目，完成投资4137万元。2021年开展招商引资引进企业42家，落地项目21个，落地投资8.0202亿元。直接解决就业1245人。累计销售农产品0.076万吨，销售额320万元。

持续保障和改善民生。实施5个援疆项目，完成投资2500万元，开展基层义诊1次、受益群众150人；帮助722户群众改善交通出行条件。投入1750万元支持乡村振兴示范点2个、特色村镇2个。新建基层组织阵地2个。

促进各民族交往交流交融。实施2个援疆项目，完成投资11万元。2021年组织各类交往交流活动7场次，参与群众180人次。

文化教育支援。实施4个援疆项目，完成投资1740万元，新建基层公共文化服务阵地14个，组织文化交流活动40场次，创作文化作品150件。

【营口市对口援建乌苏市】 2021年，乌苏市受援项目共13个、援建资金4521万元。其中固定资产投资类7个，投资3440万元，占比76%。非固定资产投资类6个，投资1081万元，占比24%。13个项目全部开工，累计完成投资150万元。

智力支援。援疆资金1230万元，实施援疆项目4个。乌苏市骨干教师业务学习培训项目、乌苏市卫生系统技术人员培训项目、乌苏市干部人才能力提升项目，3个项目均完成实施方案编制工作。通过培训，开阔视野、增长知识、提升专业技能，为推动乌苏经济社会发展提供人才支撑。乡村振兴人才保障项目（交钥匙工程）选址已确定，正在与前指对接，编制项目可行性研究报告，场地平整工作已开始。项目的建成为引入人才提供集住房、饮食、健身、学习为一体的服务，保障人才引进政策落实落地，有利于完善柔性引才机制，提升支援效能。

产业支援促进就业。援疆资金1441万元，实施援疆项目3个。八十四户乡温室大棚改造项目，场地平整工作已开始、巨菌草（饲料草）示范推广项目，组培室已确定，正在定购组培设备。这两个项目在苏里坊现代农业产业示范园实施，121座大棚改造后可快速投入运营，已形成新的经济增长点，带动百姓增收致富。巨菌草项目以福建省农林大学、国家菌草工程技术研究中心为依托，在乌苏建立巨菌草培育基地，示范推广后将解决当地饲草料需求问题，也可作为乌苏市保供饲料储备。农用无人机统防统治示范推广项目（交钥匙工程），沈阳无距科技有限责任公司与乌苏兴融公司合资成立新公司实施，项目的实施，主要解决传统多旋翼无人机存在的药液喷洒不到根部、病虫害防治效果不佳、棉花脱叶率较低等问题。减少采用传统作业方式，造成拖拉机对作物的碾压和刮擦伤害导致作物减产的发生概率，提高农药利用率10%以上，降低农药使用量20%以上，间接增加棉花产量5%～10%。

保障和改善民生。援疆资金400万元，实施援疆项目3个。村队基础设施建设项目，在西湖镇柳墩村安装路灯，铺设人行道彩砖，项目基本完工。项目的实施，改善西湖镇区多年脏乱差现象和人居环境，助力乡村振兴。古尔图镇基础设施优化提升工程，项目基本完工，改善尔图风情园配套基础设施，围绕旅游打造“武侠小镇”。公共服务保障项目（交钥匙工程），主要购置公路养护应急巡查车1辆及交通工程质量检测设备，用农村公路管护，由地区交通运输局统筹，统一采购。

促进各民族交往交流交融。援疆资金50万元，实施援疆项目1个，项目的实施使得两地文化交往活动有更深入开展，人文交流呈现异彩纷呈。

文化教育支援。援疆资金1400万元，实施援疆项目2个，海河路幼儿园项目，场地平整工作已开始。项目的建成将解决城区小学学位紧缺和入学难的问题。乌苏市援疆教师生活补助项目，该项目由前指直接审核发放。

【鞍山市对口援建沙湾市】 2021年，沙湾市实施援疆项目19个，总投资4723万元全部为援疆资金，其中“交钥匙”项目2个，援疆资金884万元，占年度资金的18.7%，“交支票”项目17个，援疆资金3839万元，占年度资金的81.3%。当年安排固投项目11个，援疆资金3803万元，资金占比78.33%（建设类项目6个，采购类项目5个）；非固投项目8个，援疆资金1052万元，资金占比21.67%。2021年19个项目全部开工，开工率100%。其中安排基本建设类项目11个，援疆资金3721万元，已开工11个；非基建项目8个，援疆资金1002万元，已实施8个。

智力支援。安排援疆资金122万元，实施2个援疆项目，坚持把引进和培养人才作为援疆工作的重点，围绕人才短板制约，加大优秀专业人才支援沙湾力度，推动援疆干部人才向基层倾斜、向关键领域倾斜、向关键岗位倾斜。坚持优秀干部重点培养，把培养和使用结合起来。

产业支援促进就业。安排援疆资金260万元，实施3个援疆项目，通过对沙湾特色农产品精包装、转化，从而开拓特色产品外销市场，开展消费扶贫，依托沙湾旅游景区，采用“线下实体+线上营销”策划推广，推动休闲农业和乡村旅游融合发展，带动沙湾餐饮、商贸流通，构建沙湾特色产品销售疆内疆外“两张网”。

持续保障和改善民生。安排援疆资金3441万元，实施10个援疆项目，切实解决群众最关心、最现实、最直接的利益问题。完成便民服务智能终端、智慧政务综合管理系统建设；沙湾市7座水库环境设施监测、雨水情监测；西戈壁干渠及配套渠系建筑物建设，受益12个村队，灌溉面积7.8万亩；6个乡镇卫生院新建污水处理达标建设；加强妇幼保健计划生育服务中心诊断设备提升；煤矿区群众安全保障能力提升；加大公安、消防帮带培训力度及应急救援服务能力提升；加大对村（社区）基层组织建设的支持力度；不断完善基础设施薄弱村队的道路建设、过水路面改扩建、牧民定居点道路改造。

促进各民族交往交流交融。安排援疆资金200万元，实施1个援疆项目，深入开展援受两地之间、对口行业部门之间互访交流，有计划组织受援地基层干部群众、爱国宗教人士及社会各界人士代表到其他省区市参观学习。组织“手拉手”、冬夏令营活动，促进新疆与其他省区市各族青少年增加了解、增进感情，铸牢中华民族共同体意识。

文化教育支援。安排援疆资金700万元，实施3个援疆项目。推进“组团式”教育援疆，选派32名优秀教师到沙湾中小学开展支教，进一步提升塔城市义务教育教学水平及当地教师的帮带提升；通过对学校运动场的改造，解决青少年的体育锻炼，促进青少年身心健康、体魄强健、意志坚强、充满活力具有重要意义。

【本溪市对口援建托里县】 2021年，托里县实施援疆项目21个，援疆资金6892万元，其中“交钥匙”项目2个，援疆资金808万元；“交支票”项目19个，援疆资金6084万元。截至年底，21个援疆项目均已开工建设，开工率100%。

智力支援。托里县2021年实施智力支援项目4个，援疆资金428万元，项目均已开工建设。项目完成后，预计帮助地方培养干部人才200人次，可使80名干部拓宽眼界，拓展思维，学习先进理念，为今后更好地开展工作奠定基础。

产业促进就业。托里县2021年实施产业促进就业项目2个，援疆资金550万元，项目均已开工建设，其中2个项目已完工。项目全部投入使用后，预计可带动60人就业。

保障和改善民生。托里县2021年实施保障和改善民生项目10个，援疆资金4174万元，项目均已开工建设。项目投入使用后，可能效提高生活、幸福指数，有效提高医疗处置能力，保障各族群众财产、生命安全。

各民族交往交流交融。托里县2021年实施各民族交往交流交融项目1个，总投资250万元，均为辽宁援疆资金，年度投资50万元。此项目完成后，能够有效提高各民族交往能力，增加两地感情，充分发挥新时代文化的引领作用，全面贯彻落实党的民族政策，加强和创新民族团结工作。

文化教育支援。托里县2021年实施文化教育援疆项目4个，援疆资金1690万元，均已开工建设。项目的实施，可有效解决老年人活动场所的问题，不断满足当地百姓日益增长的精神文化需求，有效保障600余名低收入学生就学难问题。

【锦州市对口援建裕民县】 2021年，裕民县下达资金实施13个援疆项目，援疆资金4945万元。其中“交钥匙”项目3个，援疆资金2855万元，占年度资金的57.7%；“交支票”项目10个，援疆资金2090万元，占年度资金的42.3%。基本建设类项目5个，援疆资金3723万元，占年度资金的75.3%；非基本建设类项目8个，援疆资金1222万元，占年度资金的24.7%。

智力支援。安排援疆资金262

万元，通过实施裕民县柔性医疗专家人才项目、裕民县柔性干部人才引进项目、裕民县干部人才培训项目，引进裕民县高层次紧缺人才54人次，培训干部人才4700人次，加强裕民县人才队伍建设，提升人才综合素质。同时引进医疗卫生专家、名医开展基层义诊、巡回巡诊8场次，医疗卫生专家带教、医疗学科带头人等培养大批医疗卫生人才，为法治生态幸福裕民建设提供人才和智力支撑。

产业支援促进就业。安排援疆资金400万元，通过实施裕民县区内外农产品营销推介项目、裕民县助力消费扶贫项目、裕民县特色红花蜂蜜致富脱贫项目，壮大裕民县特色农牧产业发展，为裕民县农牧产品销售和广大农牧民增收致富开辟新路径，同时搭建平台，拉着企业走出去，通过推广平台，累计销售农特产品180吨，销售额达310万元，把裕民的产品推向全中国。

保障和改善民生。安排援疆资金2555万元，通过实施裕民县推进“四好农村路”建设项目、县人民医院住院综合楼建设及设备完善提升购置项目，改善裕民县广大农牧民安全出行，解决城乡居民“看病难、看病贵”等问题，提高人民群众的生产生活条件。

各民族交往交流交融。安排援疆资金100万元，引进20名大学生志愿者，引导和鼓励高校毕业生到裕民县工作，培养造就一批既有现代科学文化知识又有基层工作经验和强烈社会责任感的优秀大学生志愿者，使之成为青年干部、青年人才队伍的重要来源渠道，为裕民县发展提供有力青年人才支撑。

文化教育支援。安排援疆资金1628万元，通过实施裕民县援疆教师等人才办公及个人补助项目、裕民县教育信息化2.0推进建设项目、裕民县哈乡北村特色美食街建设项目、裕民县北哈拉布拉村民俗村建设项目。充分发挥援疆教师的示范引领辐射作用和智力援疆项目的助推作用，硬件软件并举、输血造血并重，打造教育人才高地。借助裕民县特色民族文化资源，利用援疆资金创建独具魅力的乡村旅游，全面提升文化润疆的深度。

【盘锦市对口援建和布克赛尔蒙古自治县】 2021年，和布克赛尔蒙古自治县援疆项目12个，总投资1801万元。其中非固投类项目5个，援疆资金695万元；固投类项目7个，援疆资金1106万元。

智力援疆。实施1个援疆项目，2021年帮助地方培养培训干部人才20人次，柔性引进人才6人次。

产业支援促进就业。实施4个援疆项目，完成投资876万元。解决就业45人，累计销售农产品6吨，销售额50万元。

持续保障和改善民生。实施3个援疆项目，完成投资230万元，开展基层义诊4次、受益群众450人；改造基层组织阵地3个。

促进各民族交往交流交融。实施3个援疆项目，2021年组织各类交往交流活动4场次，参与群众80人次。

文化教育支援。实施4个援疆项目，完成投资342万元，改建基层公共文化服务阵地3个，组织文化交流活动20场次，创作文化作品2件。

（张　磊）

农　业

综　述

【概况】　2021年，地区农业农村局继续按照“稳粮、优棉、促畜、强特色”的发展思路，稳定粮食生产、优化棉花生产，增强特色产业发展，农业农村经济呈现良好发展态势。全年完成总播面积59.96万公顷，实现产量稳步增加。粮食播种面积28.22万公顷，总产335.45万吨，其中小麦6.8万公顷，完成自治区下达目标任务的139.8%，玉米21.32万公顷，总产295.94万吨，完成自治区下达目标任务的106.4%。落实地方耕地地力保护补贴资金和实际种粮农民一次性补贴2.6亿元。特色种植业发展稳步推进。全地区特色农作物播种面积5.69万公顷，特色作物生产水平稳步提升，已发展成为促进农民增收的主导产业。

【农业招商引资】　2021年，地区农业农村局以塔城重点开发开放试验区为契机，推进现代农牧业发展示范区、农牧机械制造业创新发展示范区、旅游休闲示范区建设，先后5次与自治区农业农村厅国合处对接、座谈，梳理农业类支持塔城重点开发试验区政策30条，建立小麦、玉米、中药材、畜牧等8类67个招商引资项目库，成功引进新疆锡伯图商贸有限公司、新疆珍果饮食品科技有限公司和塔城市众海商贸有限公司3家企业入驻塔城重点开发开放试验区口岸边民互市。截至年底，重点开发开放试验区已经累计签约落地农业招商引资项目18个，计划总投资139.83亿元（含自治区外投资3.2亿元）。

【农产品市场开拓】　2021年，地区举办塔城地区首届农产品进景区专项活动，积极组织自治区级重点龙头企业参加北京、上海等13个农业博览会；农产品品牌建设取得新突破。不断拓展品牌建设领域，截至年底，农产品区域公用品牌1个（沙湾大盘鸡），地理标志证明商标2件（沙湾大盘鸡和安集海辣椒）。集体公用商标4件（裕民巴什拜羊、裕民巴什拜羊肉、裕民无刺红花、额敏也木勒白羊），绿色食品认证农产品27个、有机食品农产品78个、全国绿色食品原料标准化生产基地4个，3种农产品入选全国名特优新农产品名录。企业知识产权管理体系认证4个。

【新型农业经营主体发展】　2021年，地区深入推进《塔城地区实施乡村振兴战略推动新型农业经营主体高质量发展实施方案》，助力乡村全面振兴。截至年底，登记注册农民合作社3619家，成功创建国家级示范社18家、自治区级示范社95家、地区级示范社1978家。注册家庭农场270家，纳入全国家庭农场名录系统管理的家庭农场2.8万家。

【现代农业机械化发展】　2021年，地区农业农村局农机科技水平不断提升，以“互联网+”、信息化技术、绿色环保、复式高效等为引领的农机具快速增长，全地区农机总动力达265.42万千瓦，增长2.1%；拖拉机保有量57757台，增长-2.4%；农机具保有量为185311台（架），增长3.16%。耕种收综合机械化水平达99.26%（机耕100%、机播99.61%、机收97.9%）。争取中央、自治区农机购置补贴资金17685万元，资金兑付进度99.3%。争取国家农机深松整地作业补助项目1360万元，完成深松作业面积2.59万公顷，整地7.07万公顷。全年开展大型工程机械、拖拉机联合收割机驾驶员培训、植保无人机操作人员培训59班次，培训4879人，沙湾市迈昂农机培训学校获得自治区批准举办全疆高素质采棉机驾驶员培训资格。

【农机装备制造业发展】 2021年，地区农业农村局抢抓国家重点开发开放试验区建设机遇，研究谋划农机装备制造业发展，及时发布地区农机化主推技术，引导国内先进的一家农机装备企业落户塔城，协助沈阳无距科技有限公司办理农用植保无人机列入自治区农机购置补贴机具目录。引进国内先进农机装备制造企业、科研院所与遴选当地“土专家”合作，完成对额敏县恒创机械有限公司研制的数字化全混合日粮制备机的优化升级。新疆钵施然公司截至年底累计销售农机具1400台（架），销售总额达5.9亿元，已占据全疆59.2%的采棉机销售份额。乌苏鹏程、乌苏鑫宏达、沙湾光大等3家农机制造企业，年均生产植保机械合计约1000台（架），年销售量达700余台，占据28.5%的植保机械销售份额，位居疆内行业前列。

【耕地质量建设】 2021年，地区加大有机肥的推广应用力度，全地区完成积造有机肥351.83万吨，完成有机肥施肥面积17.12万公顷、秸秆还田面积51.33万公顷。建立耕地质量监测网点（GPS定位）124个，开展土壤墒情监测，发简报12期。争取耕地轮作试点项目资金3000万元，试点面积1.33万公顷，每亩补贴150元，重点在裕民县、额敏县、塔城市推行小麦、玉米与红花、油菜、加工番茄等轮作。截至年底，项目县市已与项目实施地点的合作社、种植大户签订耕地轮作协议、核实轮作面积，发放轮作补贴资金。

【农业废弃物资源化利用】 2021年，全地区秸秆综合利用率90%，废旧地膜回收81%。在5个县市实施废旧地膜回收项目，总金额1637.88万元，主要包括废旧地膜回收补贴、废旧地膜回收机械补助、回收网点建设、废旧地膜残留长期定位监测补助、开展降解膜试验示范。

【农产品质量安全】 2021年，地区申报的64项检测参数已通过“双认证”考核，成功通过自治区能力验证考核。2021年，累计抽检蔬菜、水果、食用菌等1950批次（其中小农户抽样占20%，针对豇豆、韭菜抽检占5%），合格率100%。完成快速抽检16801批次，合格率100%。配合自治区农业农村厅例行检测、监督抽查累计抽样1829批次，其中蔬菜914批次，畜禽产品579批次，禽蛋、菌类及牛奶336批次，未出现不合格反馈。

【渔业发展】 2021年，在全地区五个中小型水库实施30万尾渔业增殖放流鱼苗投放任务。开展养殖水产品抽样检测3批次6个样，检测结果均为合格。开展水产养殖专项检查9次，出动执法人员127人次，检查渔业养殖基地（场）89家次。4月1日至6月1日禁渔期，地、县两级渔政执法部门在额河流域成立检查组5个，出动执法人员560人次，出动执法车辆186车次，立案6起，批评教育45起，收缴非法渔具56个张，放生非法捕捞鱼获230余千克，填埋销毁死亡鱼获18.15千克。

【农村厕所革命】 2021年，地区农业农村局充分尊重农民意愿，科学选择4种改厕模式（双瓮式、双坑交替式、三格式、下水道水冲式），确定乌苏市、额敏县2个试点县，18个示范村，打造示范户223户，累计培训2314场次，培训工作人员45101人次。全面完成户厕摸排工作，摸排户数184121户，摸排户厕168195座。

【农业农村法治建设】 2021年，地区农业农村局开展法律法规宣传65场次，发放各类宣传单12000余份，受教育人数7750人次，在塔城新闻播放农资打假、禁渔执法新闻5条，发布抖音禁渔宣传小视频3期。全地区出动执法人员8973人次，检查各类经营门店（企业）5633店次，下达整改通知书88份，移交公安农产品质量案件4起，查办涉农违法案件490起，行政处罚金额98.34万元，没收违法所得8.57万元，没收非法财物货值14.16万元，获全疆农业综合行政执法大比武一等奖和个人风采奖。2个案卷作为全疆优秀案卷上报农业农村部参加全国优秀案卷评选。

【乡村人才队伍建设】 2021年，地区农村实用人才带头人示范培训项目，已培训500人。完成高素质农民培育项目，已培训800人。结合地区科技特派员、农技推广科技服务、“访惠聚”驻村力量、做好塔城地区千名农业科技人才服务乡村振兴行动工作，充分发挥农业科技人才作用，为全面推进乡村振兴，加快农业农村现代化提供强有力的科技、人才和智力支撑。推荐额敏县农乐打瓜专业合作社宋红伟为2021年度“全国十佳农民”。

【土地经营权】 2021年，地区农业农村局完成农户家庭承包地确权登记颁证工作，累计颁发农村土地承包经营权证98853本，颁证率100%，7个县市全部完成农村承包地确权登记颁证数据省级汇交工作。全地区农村承包耕地经营权流转总面积10.45公顷，流转率43.35%。

【农村集体产权制度改革】 2021年，地区农业农村局完成801个村（组）清产核资、成员身份界定、股权量化、建立集体经济组织四阶段任务，确定成员户数156994户，成员总数492502人；量化资产总额15.5亿元，惠及农民股东492502人，全地区已发放股权证书156994本，801个村组全部通过合法程序选举出股份经济合作社理事长，建立股份经济合作社，村级组织架构由村“两委”变成“两委一社”。

【农村“三资”管理、农村产权交易平台】 2021年，地区成立农村产权交易中心，乌苏市率先在市级成立农村集体资产核算中心。同时，依托国有公司组建产权交易平台，累计完成集体发包、农户土地流转交易232宗1.15万公顷，交易额1.64亿元。沙湾市农村产权交易平台已建设完毕，投入试运行。

【农村宅基地管理和改革】 2021年，地区农业农村局有序对宅基地管理工作进行承接，按照《农业农村部 自然资源部关于规范农村宅基地审批管理的通知》文件精神，做好管理审批工作。额敏县、塔城市、乌苏市已完成承接，累计审批宅基地建房25户。

种植业

【粮食作物】 2021年，塔城地区超额完成自治区下达的粮食生产约束性目标任务，落实粮食播种面积28.22万公顷，总产335.45万吨。其中小麦6.8万公顷，完成自治区下达目标任务的139.8%，总产39.1万吨（其中冬小麦4.61万公顷，总产27.71万吨；春小麦2.19万公顷，总产11.39万吨）；正播籽粒玉米21.27万公顷，完成目标任务的106.3%，总产295.69万吨；复播玉米570公顷，完成目标任务的172%，总产0.25万吨。完成2022年度冬小麦生产约束性目标任务，完成冬小麦压种4.67万公顷。发放耕地地力保护补贴资金和实际种粮农民一次性补贴2.60亿元。

【棉花产业】 2021年，地区棉花播种面积24.02万公顷，完成自治区下达目标任务的102.9%，棉花总产53.16万吨，比上年增加0.61万吨；单产148千克，与上年基本持平。推荐2021年重点推广的优质棉花品种新陆早76号、新陆早78号8个品种，推广面积19.55万公顷，占全地区棉花种植面积的81.39%，棉花区域布局和品种结构进一步优化。以发展大型采棉机和配套设备为重点，推进棉花全程机械化技术集成与示范，进一步做好适宜地区机采棉种植模式的精准作业、高效植保、机械采摘等机械化技术推广应用，全地区使用无人驾驶自动导航系统播种棉花面积达91%以上，为棉花高质量发展提供技术装备支撑。进一步巩固扩大棉花供给侧改革试点成果，复制推广沙湾市优质品种推广、单品单种、单收单轧，单轧单批次市场直供纺织企业的棉花全产业链模式，推动棉纺企业向棉花种植、收购和加工环节延伸；强化棉花收获期质量管控，提高棉花采收质量，推动全地区棉花全产业链高质量发展。

【特色种植业】 2021年，地区特色农作物播种面积5.69万公顷。其中红花1.05万公顷，红花籽总产1.14万吨，红花丝总产0.19万吨；打瓜1.22万公顷，打瓜籽总产2.77万吨；加工番茄0.67万公顷，总产80.3万吨；加工辣椒0.51万公顷，总产3.7万吨。各特色作物生产水平稳步提升，市场行情较好，已发展成为促进农民增收的主导产业。抓好蔬菜生产，蔬菜种植面积0.20万公顷，其中落实复播蔬菜面积0.08万公顷，完成复播冬储菜生产任务，市场供给率逐步提升。

【种子生产】 2021年，全地区落实制种面积1.6万公顷，比上年增长87.83%，完成上级下达的制种任务。顺利完成“四个百万亩”制种基地上图入库、信息核对工作。

【高标准农田建设】 2021年，地区农业农村局完成全地区“十二五”以来高标准农田建设摸底调查评估工作问题整改和“十三五”高标准农田建设任务上图入库工作。2021年计划实施高标准农田建设项目23个，计划建设高标准农田0.13万公顷，开工率100%，预计年底前完工面积达85%以上。

【农业技术推广】 2021年，地区

农业农村局制定棉花超宽膜栽培、小麦窄行匀播、玉米密植增穗等3项农机农艺融合技术方案，建设万亩机采棉标准化作业示范区1个、玉米制种机械化作业技术推广示范区1个。塔城市、额敏县建立小麦窄行匀播技术、保护性耕作技术推广示范区2个，发挥较好的示范引领作用。经预测，采用超宽膜示范区棉花平均亩增产31千克，每亩节水36～61立方米；保护性耕作玉米产量较常规种植每亩增产26千克，每亩节约成本58元。积极争取地区基层农技推广体系改革与建设项目，新建村级农技综合服务站10个。开展地县乡村四级农技推广人员培训215人。建立科技示范基地17个，培育科技示范主体750个。开展有机肥积造351.83万吨，施用面积达到17.12万公顷，新增农作物病虫害统防统治服务队伍12支。

【农业绿色生产】 2021年，地区完成测土配方施肥面积55.23万公顷，测土配方施肥技术覆盖率92%，完成田间肥效试验39个，为提高化肥利用率提供科学依据。以项目为支撑，加大配方肥（专用肥），已落实配方肥（专用肥）面积17.08万公顷。推广水肥一体技术面积达52.54万公顷。 （高　峰）

林草业

【全面推进林长制】 2021年，地区林业和草原局建立健全林长制组织体系，完成设置地县乡村四级林长、副林长累计1859人，组建地县两级8个林长制专班，配备30余名工作力量专门推行林长制各项工作；建立完善林长制工作机制，制定印发《塔城地区全面推行林长制领导小组工作规则》等制度7项，严格落实四级林长巡查机制，全地区四级林长累计巡林10243次。

【林草生态建设】 2021年，地区争取各类林草项目90个，争取资金1.89亿元。完成新植人工造林0.27万公顷、退化林修复0.33万公顷、封育0.63万公顷、森林抚育0.19万公顷，完成村庄绿化村队156个，新增绿化面积630公顷，完成退牧还草0.53万公顷、退化草原生态修复治理0.69万公顷、草原边境防火隔离带245千米。持续推进湿地公园建设，完成塔城市、额敏县《脆弱区保护与修复项目可行性研究报告》及《巴尔鲁克山国家级自然保护区2021—2023年建设工程可行性研究报告》的编制及申报工作。

【特色林草产业】 2021年，塔城地区林果种植面积600公顷，年产果品3万余吨，实现林果业总产值2.9亿元。聘请59名林果技术专家，开展技术服务、现场培训59场次，培训林果农2846人次。推进林草种业培育工作，已培育林木种苗600公顷、1758.51万株，建成优质牧草种子生产基地0.19万公顷。塔城国家橡树储备林基地建设顺利，2021年完成橡树储备林建设面积300公顷，累计完成橡树储备林基地建设面积1100公顷，发展林下经济261.67公顷。3月，农业发展银行新疆分行向新疆交建投公司的塔城万橡林业项目发放3.3亿元生态环境建设与保护贷款顺利落地。

【林草资源管理保护】 2021年，地区林业和草原局严格建设项目使用林地监管，办理使用林地、草地手续172个。落实自治区打击毁林专项行动，全面清查党的十八大以来的涉林违法违规行为，查处案件101个。做好林业和草原有害生物防控工作，累计完成有害生物监测面积19.41万公顷，监测覆盖率96.26%，防治率99.16%，无公害防治率100%，产地检疫苗木1651.36万株，调运复检苗木602.6万株，未发现检疫性、危险性林业有害生物，产地检疫率、调运复检率达100%。完成山区野果林防治任务0.13万公顷，通过综合防治，虫口减退率90%。累计完成草原鼠虫害防治面积5.54万公顷，出动人员400余人次，出动车辆390余车次，使用农药10.05吨，及时控制灾情的危害与蔓延，达到预期防治效果。加强野生动物疫源疫病监测防控预警，严密防范重大疫情发生。组建9支66人的森林草原消防应急分队，在4月1日前全部完成靠前驻防，开展应急演练9次，组织为期10天的森林草原防灭火集中培训和塔城地区首届森林草原应急分队“大比武”活动。在全地区林草系统持续开展拉网式、全覆盖安全生产大排查，每月更新隐患排查台账，针对每条风险隐患制定整改措施及时限，整改责任人。严格落实24小时领导干部值带班制度，强化火情监测和核查反馈，确保火情早处置。联合森林草原防火指挥部开展专项检查指导，联合兵团第九师、边防委员会办公室、裕民县及塔城市开展边境森林草原防灭火工作调研指导。

【护理员管理】 2021年，地区林业和草原局贯彻落实“四个不摘”“八个不变”工作要求，严格按照国家林业和草原局、国家发展改革委的要求，规范管理生态护林员，及时做好人员补聘工作，托里县新增34名生态护林员，完成841名生态护林员续聘工作，截至年底，塔城地区累计有生态护林员875名。结合乡村振兴战略，坚持因地制宜、以水定林的原则，完成村庄绿化61个村，新增绿化面积500公顷。（瞿 梅）

水 利

【水利规划及建设】 2021年，塔城地区重点水利工程规划取得新进展，托里县柳树沟水库可行性研究报告获得批复，额敏县铁列克特水库工程可行性研究报告、沙湾市西隔壁镇及东湾镇农村供水保障工程初步设计取得自治区水利厅审查意见，沙湾市大南沟可行性研究报告在自治区水利厅组织审查，全年组织审查项目42项，其中通过审查40项，2项报告正在修改中。

2021年，塔城地区续建、新建水利工程32项，塔城市锡伯图水库等重点水利工程开工建设，年度计划完成投资14.84亿元，实际完成投资15.43亿元，为推动塔城地区高质量发展、建设重点开发开放试验区提供水利支撑和保障。

【水旱灾害防御】 2021年，地区水利局坚持人民至上、生命至上，锚定“人员不伤亡、水库不垮坝、重要堤防不决口、重要基础设施不受冲击”目标，紧盯防汛重点区域和关键环节，召开视频调度会6次，专题会商会2次，强化落实“四预”措施和隐患排查整治，成功应对2次强降水引发的暴雨洪水。向各级行政责任人和社会公众发布预警信息4056条，各水库、堤防无一垮坝决口，无人员因洪伤亡，重要基础设施未受损失，确保人民群众生命财产安全。

【水资源管理】 2021年，地区水利局严格按照自治区总河湖长3号令要求，制定地区水资源管理突出问题整改方案，地区及辖区内兵团用水总量控制方案通过自治区水利厅和兵团水利局联合批复。完成各河流水系及县市、乡镇、村队、团场用水总量指标分解。制定地区“十四五”退地减水计划，2021年退地0.35万公顷，关停机电井14眼。全面排查掌握各类取水口基本情况，建立数字化信息台账，并对工业、服务业及公共供水企业等用水大户信息全面摸排核查，建立用水企业名录库，实现用水监管全覆盖。全面加快节水型社会建设，水利行业节水型机关率先建成，完成地直20家党政机关和19家企业水平衡测试，塔城市、乌苏市、沙湾市节水型社会建设基本完成，其中乌苏市已通过自治区水利厅验收。制定取用水专项整治行动整改提升方案，完成6183个取水口整改，整改完成率99.49%。开展取水口信息审核和电子证照转换工作，发放电子证照10315个，发放率89.46%。落实超定额超计划累进加价制度，加大水资源费征收力度，全年征收水资源费2.7亿元。做好2020年度自治区对地委、行署主要领导自然资源审计发现问题的整改落实。完成塔城地区退地减水试点工作地块核查上图等前期工作，为落实退地减水任务打下坚实基础。

【河湖治理保护】 2021年。地区水利局紧盯河湖长制六项任务，以河湖治理体系和治理能力提升为重点，推进河湖长制各项工作落实到位。地、县、乡、村四级河湖长累计开展巡河湖4240次，召开联席会议21次。地、县市组织开展联合执法检查36次，下达整改通知14份，查处涉河违法案件13起，行政处罚6.83万元，切实解决各类涉河突出问题。持续开展河湖四乱清理整治，查处涉河湖四乱问题21个，均已建立台账并销号。完成18条规模以下重点河流岸线保护与利用规划编制、审查，规划已经相关县市人民政府批复。完成58条已划定管理范围河流和1个湖泊界桩埋设和公示牌设立，埋设界桩5473根，设立公示牌222个。加快地区重点河流生态流量（水量）确定，额敏河、喀浪古尔河、四棵树河等9条河流生态流量目标制定与保障方案已编制完成，上报自治区水利厅待复核。定期开展水质监测，地区11条重点河流，18个水质监测断面水质监测结果均达标。确定塔城市喀浪古尔河作为地区示范河流，各项工作有序推进。坚持正向激励，地区全面推行河湖长制工作连续三年被自治区考核评定为“优秀”等次。

【水土保持监管】 2021年，地区完成水土流失治理面积212.33平方千米，超额完成年度计划任务；受理审批生产建设项目水土保持82项，并及时进行数据录入，确保系统正常运行。全面落实水土保持补偿费征收工作，累计征收水土保持补偿费1331.47万元。加大生产建设项目水土保持“三同时”监督检查力度，完成71项水土保持自主验收项目和82项生产建设项目水土保持现场核查，核查率100%；完成2021年47处水土保持违法违规图斑整改工作。加强对县市监督履职尽责情况督导，对各县市水利局落实水土保持监管责任开展情况进行检查，现场反馈监督履职情况记录表，有力促进水土保持监督工作。同时，争取100万元援疆资金用于地区水土保持监测站点一期建设，为地区水土保持监测工作提供科学可靠的数据支撑。

【水利扶贫工作】 2021年，地区组织审查农村饮水安全工程维修养护项目等4项，实施16项农村供水保障工程，完成投资3102.89万元，受益人口23.82万人，地区农村自来水普及率、集中供水率分别达97.9%、98%，水利脱贫攻坚成果进一步巩固。加强大中型灌区续建配套与现代化改造工程储备力度，已完成编制审查大中型灌区改造项目报告5项，计划总投资8亿元，项目方案已上报水利厅，待资金计划下达后实施建设。

【水库安全运行】 2021年，地区水利局压紧压实水库、水闸、堤防“三个责任人”职责，培训“三个责任人”及管理人员445人次。完成6座水库及6座水闸的安全鉴定，组织3座水闸除险加固初步设计审查。推进三道水水库、马尔孜水库等6座水库降等报废工作，相关材料已通过自治区水利厅审核。全覆盖开展水利工程安全运行管理工作指导检查6轮，立查立改隐患193处，实现安全隐患动态清零。投入803万元用于水库维修养护，进一步补齐水库工程短板，确保水库正常发挥效益。

【水利执法工作】 2021年，地区水利局开展非法取用水专项执法行动，立案查处非法凿井、破坏水利工程、水土保持、非法采砂等违法案件112件，维护良好的水事秩序。加强水行政法律法规宣传，充分利用“世界水日”“中国水周”宣传活动，将节水、惜水、爱水宣传到全社会，引导社会遵守水法律法规。

【水利信息化建设】 2021年，地区水利信息化平台建设初见成效，实现县市监测数据的集成整合，并向自治区水利厅提供数据共享。全地区62个地表水一级取水口及6854个地下水取用水量实时监测数据、40座水库大坝安全监测和水雨情监测数据接入地区水利信息化平台，55座水库视频监控全部接入自治区水利厅，实现区地县三级监测数据互联互通。

【水利改革】 2021年，地区稳步推进农业水价综合改革，完成2.8万公顷改革任务。地区水利水电勘察设计院整体转企工作全面推进，已完成资产清查、资产评估、财务审计等工作，转企改制方案已通过行署审批并上报地委。水利“放管服”改革持续深化，权责清单制度不断规范和完善，窗口服务水平进一步提升。 （扎格尔）

畜牧业

【概况】 2021年，地区畜牧兽医局坚持以市场为导向，实施“五大振兴”行动，全力推进畜牧业高质量发展各项任务落实落细。地区牲畜存栏390.82万头（只），比上年增长7.12%；牲畜出栏355.35万头（只），比上年增长12.82%。肉类、奶类、禽蛋总产量分别达到12.32万吨、12.68万吨和1.236万吨，分别比上年增长9.55%、67.64%和27.06%。

【重大动物疫病防控】 2021年，地区春季重大动物疫病免疫猪17.97万头、牛69.39万头、羊266.73万只、家禽266.9万羽，均实现应免畜禽免疫密度100%。经自治区春防“飞行检查”，塔城地区各类重大动物疫病免疫抗体水平合格率均达70%以上的国家合格标准。秋季重大动物疫病免疫猪17.6万头，应免密度102.66%；免疫牛69.38万头，应免密度98.94%；免疫羊274.05万只，应免密度95.03%；免疫家禽152.44万羽，应免密度98.21%；羊小反刍兽疫已免疫羊359.24万只次，应免密度100%。

【牲畜品种改良】 2021年，地区畜牧兽医局加大优质种公畜引进，提纯复壮发展力度，在各县市种畜场对种公畜开展精细鉴定。截至年底，鉴定种公羊1070只，鉴定种公牛212头，鉴定新增核心群母羊3000只，新疆褐牛核心群母牛600头。定期指导督促辖区内种畜场做好育种规划制定、育种核心群组建、系统档案建立、信息化建设等常规工作。为各县市发放肉牛冻精8万余枚，完成黄牛改良39000余头。

【畜产品安全】 2021年，地区畜牧兽医局强化畜产品质量安全日常监管，每个定点屠宰场（点）派驻2名检疫员实行24小时驻场，严格按照检疫规程实施检疫，对进场的牲畜查验动物检疫合格证明，坚决杜绝病害动物和动物产品进入流通环节。对病死畜禽严格执行“四不准一处理”（即不准宰杀、不准食用、不准出售、不准转运，必须无害化处理）的要求。全地区开展产地检疫369.1547万头（只、羽），其中跨省调运家畜11.9916万头（只）、家禽1.2万羽；省内调运家畜84.86万头（只）、家禽271.1万羽；屠宰检疫家畜肉产品2.06万吨、副产品0.86万吨。农业农村部、自治区畜牧兽医局对塔城地区畜产品、瘦肉精、兽药、饲料、生鲜乳抽样检测548份，检测结果均合格。各县市动物卫生监督所驻屠宰场兽医按照批检3%～5%的比例进行"瘦肉精"抽检，累计检测38762份，各屠宰场未查出含瘦肉精畜产品。地州际公路消毒检查站累计检查运输牛羊及畜产品车辆483辆次，检查家畜3.42万头（只、匹）、家禽0.51万羽、畜产品0.56万千克。

【生态保护】　2021年，中央下达草原生态保护奖励政策补助资金2.74亿元，10月9日自治区第三轮草原生态保护奖励政策实施方案下发后，地区结合实际制定并下发第三轮草原生态保护奖励政策实施方案，抓紧督促各县市完成资金发放工作。推动招商引资社会资本投入畜禽粪污资源化利用工作，塔城市北山牧业有限公司已投资400万元用于有机肥加工机械、撒肥车等机械设备购置，已建成年产1.5万吨有机肥加工1座，并对533.33公顷农田进行有机肥撒播，减少化肥的使用量。督促各县市加大辖区规模养殖场粪污处理配套设施建设力度。截至年底，全地区畜禽粪污资源化利用率达90%以上，规模化养殖场粪污处理配套设施配套率达94.57%，大型规模场粪污处理配套设施配套率达92.19%。

【牲畜安全越冬度春】　2021年，地区畜牧兽医局根据地区畜牧业整体情况，切实抓紧做好牲畜越冬准备工作，越冬牲畜379.95万头（只），其中农区112.15万头（只）、冬牧场193.54万头（只）、牧业定居点74.26万头（只），全地区储备牲畜越冬饲草185.74万吨，饲料23.27万吨。

【国家第三次畜禽遗传资源普查】　2021年，地区畜牧兽医局按照自治区统一部署，多措并举、扎实开展第三次全国畜禽遗传资源普查工作，累计安排专业技术人员赴各县市、乡镇场开展现场指导技术培训会107场次，参加培训人员达1732人，张贴宣传横幅102条。全地区88个乡镇场964个行政村已全部完成普查任务，普查进度100%。

（王　玲）

乡村振兴

【概况】　2021年，塔城地区印发《关于成立塔城地委农村工作领导小组暨乡村振兴领导小组的通知》，由地委、行署主要领导担任"双组长"，继续按照"五级书记"的机制推进巩固拓展脱贫攻坚成果同乡村振兴有效衔接工作，形成领导高度重视、制度不断完善、排查全面细致、监测常态运转、项目稳步推进的良好态势。

2021年，地委综合各项工作任务，突出乡村建设"十项重点"（乡村建设典型示范、抓好院外三件事、抓好院内三件事、推进乡村绿化美化、加快农村户厕改造、健全农村生活垃圾收运处置体系、开展农村生活污水治理、加强农村饮用水水源保护、加强农村大气污染防治、强化土壤污染管控和修复），抓好乡村产业"八件大事"（巩固脱贫攻坚成果同乡村振兴有效衔接、落实粮食安全三项任务、实施种子三项工程、棉花产业四项目标、建设林果业三级特色示范园、畜牧养殖"十百千亿"工程、推广节水工程、壮大农业机械装备制造业），以"十个一"（一个好规划、一批好项目、一套好班子、一支好队伍、一个好阵地、一个好机制、一个好产业、一个好庭院、一个好面貌、一个好氛围）为抓手的工作思路。结合地区实际出台抓党建促乡村振兴、文明村镇创建、发展庭院经济建设美丽乡村、新型农业经营主体高质量发展、畜牧业

2021年5月31日，塔城地区乡村振兴局正式挂牌成立　（王道明　摄）

高质量发展、农村电子商务提质增效、建筑领域职业技能培训、发展劳动密集型产业等重要政策文件，形成组织构架严谨、机构运转有序、人员力量充足的工作态势，有序推进巩固拓展脱贫成果各项工作的开展。

【包联责任】 2021年，地区乡村振兴局建立领导干部包联机制，制定《关于建立塔城地区地厅级领导干部乡村振兴联县包乡工作制度的通知》，由29名地厅级领导分别包联7个县市78个乡镇场，做到包联县市、乡镇全覆盖，全面推动巩固拓展脱贫攻坚成果，建立完善乡村振兴联系点制度，完善乡村振兴项目库，实行“一村一策”“一户一策”，打造乡村振兴示范村，做好各类反馈问题整改等各项重点工作。为强化工作落实，确保力度不减，地区定期调度推进巩固拓展脱贫攻坚成果同乡村振兴有效衔接重点工作任务落实情况。

【返贫监测和帮扶】 2021年，地区乡村振兴局对18万户55万人进行全面摸排，采集率、录入率、覆盖率均达100%。精准识别188户603人“三类户”，制定“一户一策”帮扶措施745项，确定帮扶责任人586人，对帮扶措施实施月月监测，确保措施落地生效，动态清零；消除风险“三类户”65户198人。开通“960123”塔城地区困难群众诉求热线，累计受理办结来访诉求14件，对诉求意见详细登记、建立台账、精准交办、跟踪落实，确保及时有效化解风险。

【扶贫资产及项目建设】 2021年，塔城地区投入各级各类财政衔接补助资金13.03亿元，实施项目333个。2022年衔接资金项目库，入库项目752个，总投资30.4亿元，其中产业类项目库建设320个、资金15.75亿元。

【人居环境建设】 2021年，地区成立人居环境整治专班和农村改厕专班，强化人居环境整治人员力量，抓紧细化政策举措，形成工作合力。制定《关于塔城地区常态化开展村庄清洁行动的通知》《村庄清洁行动重点工作清单》，积极推行定期清扫清理制、包村包户制、督查调度制、红黑榜制等制度，投入8.45亿元实施各类人居环境整治工程，持续抓好“三清三改两提升”。牢固树立“小厕所、大民生”理念，制定时间表和施工图，累计摸排184121户、户厕168195座，打造额敏县、乌苏市两个改厕工作示范教学点。

【发展庭院经济】 2021年，地区乡村振兴局制定《塔城地区大力发展庭院经济建设美丽乡村实施方案》，在持续加大对农村基础设施建设投入的基础上，充分调动各族群众发展庭院经济的积极性和主动性。2021年发展庭院种植0.48万公顷，庭院养殖小畜150万头（只）、大畜40.7万头（只）、家特禽养殖122万羽，庭院实现“绿起来、种起来、养起来、美起来、受益起来”。

【稳岗就业工作】 2021年，塔城地区实现脱贫人口外出务工1.62万人，安排公益性岗位0.32万人，外出务工人员平均月工资2500元以上，极大地增加了脱贫户家庭收入。实施易地搬迁后续扶持项目10个，投入资金0.46亿元，1495户5820名搬迁安置区中有劳动能力的3417人，月平均增收3000元以上，实现全部稳定就业，真正实现“稳得住、有就业、逐步能致富”。

【社会帮扶】 2021年，地区制定《关于做好定点帮扶和助力示范工作全面推进乡村振兴的通知》《塔城地区贯彻落实〈全国驻村帮扶工作会议〉任务分解方案》，进一步优化111个定点帮扶及示范村队“访惠聚”驻村力量，选优配强派驻工作队，扎实推进驻村帮扶及助力示范工作。消费帮扶。构建畅通高效的农村电子商务体系，加快农产品销售流通，认定扶贫产品448个，累计销售扶贫产品3.18亿元；完成建设消费扶贫专柜24个、消费扶贫专馆2个、消费扶贫专区2个，在援疆省市布放消费扶贫专区4个。区内协作。乌苏市对口帮扶巴楚县，选派26名有效教师赴巴楚县开展支教工作，为富余劳动力调剂务工岗位100个，已转移75人，帮助销售农副产品1.4万元，投入1800万元建设乌巴产业园，已入驻企业3个，吸纳安置当地富余劳动力44人；沙湾市对口帮扶伽师县，投入400万元用于援助伽师县；接受伽师县脱贫人口就业202人，月平均工资2000元；选派34名优秀教师赴伽师县开展支教送教，选派16名专业技术人员开展医疗对口帮扶。东西部协作和对口支援。2021年投入4734万元，主要用于农业重大病虫害统防统治、现代农业产业园建设等援疆项目。 （李晓明）

工　业

工业和信息化

【概况】 2021年，地区研究制定《2021年塔城地区工业经济和信息化高质量发展工作方案》，编制完成《塔城地区工业化和信息化深度融合发展规划》《塔城地区产业布局和工业高质量发展“十四五”规划》等10余个发展规划，为推动“十四五”地区工业和信息化高质量发展开好局、起好步指明方向。落实规上工业经济运行调度工作机制，协调解决影响经济运行的重大问题，累计召开调度会30次，到企业调研20余次。推动塔城市天瑞农牧、沙湾市众泰汇鑫、额敏县众诚热力完成“升规入统”。

2021年，125家规模以上企业完成产值194.8亿元，增长23.9%；增加值72.3亿元，增长3%；主营业务收入利润率6.41%，比上年同期增长5.62个百分点；税金总额10.96亿元，增长57.2%，比上年同期增长42.9个百分点。规模以上工业企业营业收入212.11亿元，增长29.6%；利润总额13.59亿元，增长923.6%；工业用电量38.54亿千瓦时，增长37.19%。主要产品产量“九增三降”，其中天然原油产量129.86万吨，增长7.38%；原盐产量215.28万吨，增长22.7%；焦炭产量96.04万吨，增长56.22%；水泥产量222.68万吨，增长20.5%；啤酒产量12.2万升，增长15.1%；发电量91.1亿千瓦时，增长27.81%；棉纱产量9.40万吨，增长11.6%；乳制品产量3.2万吨，增长13.8%；化纤用浆粕产量3.69亿吨，增长133.1%；原煤产量803.64万吨，下降6.41%。黄金2658.5千克，下降27.2%；小麦粉产量15.09万吨，下降6.2%。

【工业领域招商引资】 2021年，地区以加快新疆塔城重点开发开放试验区建设为契机，紧紧围绕十大产业，采取产业链招商、会展招商、以商招商、网络招商等方式，有针对性地对接引进一批补链强链扩链项目，推动三一重能、金科新能源等企业到塔城考察，引进中大

2021年6月20日，和布克赛尔蒙古自治县宏达盐业有限责任公司已生产工业盐150万吨、食用盐原料20万吨、硒盐原料1万吨，满足市场供应。图为公司一分厂职工在洗涤原盐　（何承强　摄）

2021年3月4日，乌苏市的新疆恩硕塑料包装有限公司进入生产旺季。图为工作人员在查看全速运转的生产线　（文　博　摄）

镁业、钵施然等产业链条长、高附加值项目。2021年，落实招商引资项目103个，到位资金82.53亿元。其中引进亿元以上项目21个，5000万元以上项目7个，1000万元以上项目38个。

【工业项目建设】　2021年，地区建立工业固定资产投资项目储备库，推动乌苏市钵施然获得自治区战略性新兴产业专项补贴资金50万元，凯赛（乌苏）生物列入2021年自治区技术改造升级导向计划项目。2021年，工业领域重点项目已开工112个（500万元以上），完成投资56.7亿元，增长12.7%。

【油气资源开发】　2021年，地区建立油地沟通联系机制，推动企业加大油气勘探开发力度；推进天然气利民工程项目建设，试验区先行发展区标段于9月30日举行开工仪式。2021年，生产原油343.94万吨，增长3%；天然气7.48亿立方米，增长15.7%。

【纺织服装产业发展】　2021年，地区做好纺织服装企业招聘及劳动力转移工作，缓解企业用工短缺问题。审核拨付一季度流动资金贷款贴息46家企业179笔贷款376.91万元，2020年四季度及2021年前三季度专项补贴资金69家企业8356.89万元。2021年，正常生产企业32家，完成投资1.24亿元，吸纳就业5100人，新增就业1966人。

【馕产业】　2021年，地区打造“塔城香馕”“额麦香馕”等品牌及系列产品，借助电商平台、网红直播带货等现代电商及物流配送模式，开拓疆内外以及国内外市场。研究制定相关文件进一步规范馕产业企业经营行为，累计开展培训8期261人。2021年，地区7个馕产业园建成投运，3个馕产业园正在建设，日产馕35万个，已开发各类系列产品50余种。

【信息化建设】　2021年，地区推荐地区人民医院和乌苏市人民医院成功申报国家和自治区级“5G+智慧医疗健康”应用试点项目。定期召开通信行业运营与发展调度会，协调解决通信企业反映的问题。做好新疆数字经济示范园区的组织申报工作，推进沙湾市“5G+工业互联网”示范园区项目建设。推动乌苏市钵施然、华泰石油完成网络建设规划及系统改造方案。2021年，地区新建基站1318个，完成投资3.95亿元，其中5G站点942个（已开通535个），完成投资3.13亿元。

（曹兵兵）

电力工业

【概况】　2021年，塔城供电公司全年电网总投入6.51亿元，比上年增长30.22%，创近5年新高；售电量28.72亿千瓦时，增长19.77%；综合线损率5.76%，低于年度计划2.94个百分点。年度安全运行365天，长周期安全运行4902天。

【安全管理】　2021年，塔城供电公司安全管理体系进一步完善，累计整治问题183项，整改率95.81%，工作质效取得国网新疆电力前三的好成绩。落实227项安全巡查问题整改，完成国网新疆电力“回头看”，安全生产状态量化考评全疆第四。开展安全大检查、“五查五严”隐患排查治理，治理问题345项。

2021年，塔城供电公司将管理延伸至全电压等级，确保各类作业均纳入风险管控体系。在全疆范围率先实施“关键节点远程复核”，全覆盖督查1287处作业风险，纠偏制止违章问题178次，创建无违章班组58个，无违章员工332人。

【电网运行】　2021年，塔城供电公司应对电网六级及以上运行风险191项。持续优化电网运行方式，精准管控电网风险61项，开展安全检修556项。成功应对高温酷暑及寒潮覆冰等恶劣天气，在夏季、冬季负荷双创历史新高情况下，实现全年电网安全稳定运行。

【设备运维】 2021年，塔城供电公司以变电“六六九”、输电“六防”为主线，开展专业化联合巡视及隐患排查，消除缺陷2076项，安全倒闸操作5万余次，八级及以上事件数同比降低43%。整改240项站用交直流隐患和203项家族性缺陷，完成57台六氟化硫断路器低温液化治理、44台超期服役设备换型改造、22座变电站直流系统绝缘检测装置大修，设备本质安全水平不断提升，继电保护正确动作率连续四年100%。发挥配网“两集中”巡检质效，消除缺陷隐患421项。督办整治高跳线路49条、低压台区86个，供电可靠率99.79%，生产类投诉比上年下降73.33%。完成庆祝建党100周年等重大活动、重要节假日保电任务175次。

【电力规划】 2021年，塔城供电公司聚焦服务“双碳”目标，形成公司“1+15”“十四五”规划成果。编制开发开放试验区建设配套电网规划，促成由政府出资建设先行示范区电缆管廊，争取到电网资金支持。储备城镇网格化和乡村“一所一册”规划项目852个，推进乡村电网整村、整台区补强。开展配电网网架提升工作，梳理中低压建设项目460个。加快电力设施空间布局规划编制，推进解决66条现状线路和12个规划项目占用基本农田问题。西部110千伏项目前期有序推进，陆中110千伏变电站二期扩建工程纳入2022年计划实施。推动塔城—乌苏750千伏项目获国家电网批复。

【电网建设】 2021年，塔城供电公司推动信息园—陶泉—丁香220千伏工程按期投运，彻底消除全疆最后一个三级电网风险，中西部电网供受电能力及供电可靠性大幅提升，110千伏察和特、莫特格二期扩建等工程按照里程碑计划有序推进，开工建设220千伏陆东变工程，大力服务油田开发建设。优化农配网项目管理模式，充分发挥三个项目部合署办公作用，安全、高效完成133项工程建设，1项工程获国家电网公司“百佳工程”，8项工程获国网新疆电力优质示范工程。加强进度及过程管控，全面完成60项技改、大修项目建设任务。完成兵团第九师163团、塔城市城区等8条沿街路段10千伏电力线路迁改，服务开发开放试验区建设。

【能源互联网建设】 2021年，塔城地区建成新疆首个机井群控智慧农业用能示范区，推动机井负荷精准控制和科学用电用水，平均每亩耕地每年节约灌溉用水30吨，以电力赋能方式助力乡村振兴和生态文明建设，成果列入国家电网公司能源互联网示范项目，做法经验在国家电网公司工作动态刊登，研究与应用入选2021年国家电网调度运行典型经验。完成塔城市、额敏县、裕民县整县机井群控智慧农业项目储备。“5G+北斗”的智能分布式馈线自动化试点完成建设，实现线路故障秒级自动隔离和恢复。运检领域首次应用北斗技术，完成2套线路风偏舞动和1套地质沉降监测装置安装，实现线路风偏及变电站地质沉降监测预警；助力公司数字化转型升级。促成政府印发《关于塔城地区分布式光伏项目开发建设有关事宜的通知》，服务并网新能源10.05万千瓦，利用率达95.99%，提升1.89个百分点。

【精细化管理】 2021年，塔城供电公司结合国网新疆电力“碳达峰、碳中和”行动方案，细化制定35项任务清单并按月推进落实。解决问题123项，年度县供对标得分比上年增长16.8%。授权成立塔城地区能源大数据分中心。

【提质增效工作】 2021年，塔城供电公司完成提质增效专项行动47项重点任务。落实台区四级监控措施，执行高损“五查法”、负损“四查法”标准排查方法，综合线损率同比降低2.27个百分点，全年入选国网百强县公司2次、国网新疆电力十强县公司21次、五十强供电所50次。公司被国家电网公司列为全疆两家技术降损示范区之一，年度减少电量损失456万千瓦时。在全疆率先完成HPLC智能电能表更换，整体覆盖率100%，全量采集成功率、远程充值成功率分别比上年提升0.51%、4.23%。深化内稽外查，挽回经济损失984.85万元，完成率270.56%，结合数字化审计追收电费125.94万元。清洁用能、油田钻井“以电代油”等领域电能替代电量1.17亿千瓦时，完成率111.4%。

【电力服务】 2021年，塔城供电公司助力开发开放试验区高质量发展，完成80项自治区级、地区级“10+5”产业项目，新增地区重点项目报装容量50.7万千伏安。服务保障民生用电，塔城市南部新区及6个清洁取暖进校园电供暖项目如期投运，4012户电采暖客户实现低压接入，通过“三零”“三省”节约客户办电成本3328万元。“健康塔城”植入网上国网App实现线上缴费，能效账单覆盖全量大工业用户，节省电费近百万元。与114个专变公用小区签订资产移交意向书，逐步实现“四到户”管理，服务品质不断提升。供电服务投诉同比下降79.27%。

【创新创效】 2021年，塔城供电公司持续推进专利成果转化落地，“金具式防鸟伞罩”经济效益累计突破60万元，“防风设备线夹”专利销售收入超过50万元。3项专利列为国网新疆电力第一批孵化转化项目。“智慧农业电管家——机井群控柔性调度技术研究”成果获国网新疆电力青创赛金奖、科技进步一等奖，第八届中国青年创新创业大赛优秀奖，取得历史突破。4项成果成功申报自治区及国网新疆电力科技进步奖。获国网新疆电力、电力行业优秀QC成果三等奖2项，自治区管理创新二等奖、三等奖各1项。

【改革工作】 2021年，塔城供电公司支持配合用电企业与发电企业直接交易，2145家企业直接交易电量4.66亿千瓦时，为用户节约成本823万元。做好兵团供电保障，服务兵团第九师电网并网。承接国网新疆电力第四批“放管服”事项清单8项。（赵　欣）

建筑业

【概况】 2021年，塔城地区发放施工许可证370项，资质以上建筑业企业总产值31.32亿元，比上年增长42%。产业工人队伍不断发展壮大，从业人员近1.2万人。发展方式加快转型，地区建设装配式建筑27.08万平方米，占新建建筑面积的比例9.8%。

地区住房和城乡建局采取“双随机、一公开”的检查方式，对各县市进行综合执法检查2次。地区住建系统化解工程建设领域欠薪案件49起，帮助461名工人讨回工资1352.28万元。

【建筑企业管理】 2021年，地区住房和城乡建局严格按照《建筑企业资质管理规定》要求进行审核审批，建筑业企业资质审核审批全面实现网上办理，受理增项、新设立、变更等业务173项，退回53项，受理120项，其中新设立、增项资质44项。各类资质变更等76项。

2021年，地区新增建筑业企业28家，建筑业企业累计达176家，其中总承包一级企业3家、总承包二级企业37家、总承包三级企业59家、施工劳务41家、预拌混凝土专包企业36家。

【建筑市场监督管理】 2021年，地区累计开展各类联合检查4次，约谈建筑业企业37家次，管理人员72人次；计入不良记录企业4家，项目经理3人。开展预拌混凝土生产企业专项检查2次，指导商品混凝土生产企业整改27家，责令停产整顿1家；开展施工企业座谈19家。

【农民工工资保障】 2021年，地区住房和城乡建局遵照“边界清晰、突出重点、源头治理、循序渐进”原则，将历年来住建系统逾期欠款问题作为清理重点，清偿拖欠民营企业账款869.7万元。排查核实243个在建工程项目，累计受理涉及拖欠农民工工资案件35起，帮助农民工讨回工资600余万元。

【建筑领域培训就业工作】 2021年，地区开展《自治区建筑领域技术工种3年20万人职业技能培训就业行动》工作，累计培训合格取得双证16780人，实现就业10208人，培训和就业任务完成率均为全疆第一。在自治区首届建筑领域技术工种职业技能大赛中，塔城地区代表队取得奖项6个（团体奖1个、一等奖1个、二等奖2个、三等奖2个），全疆排名第三。

【工程建设领域专项整治】 2021年，地区工程建设领域保函缴纳替代率明显提升，工程建设领域投标保证金保函缴纳比例达36%，比上年增长29个百分点，降低工程建设领域制度性交易成本，提高资金利用率，促进地区建筑业高质量发展。

【建筑质量管理】 2021年，地区工程主体结构质量稳中有升，装饰质量不断提高，环境质量和使用功能得到改善，住宅工程分户验收工作得到进一步加强，建筑节能工作稳步推进，参建方质量行为规范，未出现重大质量事故。全年累计监督房建工程263项，累计监督面积323万平方米。对11家质量检测机构开展专项检查3次，加强地区建设工程质量检测和预拌混凝土质量的监督管理工作。

【消防设计审查】 2021年，地区新增受理单体建筑消防设计审查受理56项，办结56项，消防验收189项，办结189项，消防验收备案170项，办结170项。

【监督检查执法】　2021年，地区本级做出行政处罚，9起，涉及5家施工单位、4家监理企业，处罚金额累计88万元。

【建设工程招标投标管理】　2021年，完成建设工程开评标269项，其中施工237项（含EPC总承包模式141项）、勘察设计8项，监理24项，工程中标价格59.79亿元，建筑面积178.49万平方米。加强对进塔城从业招标代理机构信息登记管理，收集整理塔城地区招投标代理企业信息78家，登记从业人员信息618人。严肃查处招投标各类违法违规行为，累计查办案件6起，涉及建筑企业14家。强化业务教育培训，全年累计培训386人次。

【工程建设标准化与造价管理】　2021年，地区指导县市完成控制价备案280项。按月发布采集材料信息，并汇总上报自治区造价总站，对造价咨询企业的信用评价进行初审。按照总站要求，编制房建和市政定额配套估价表，组织专家成立编制小组，分工进行调查，采集材料市场预算价。

【建设工程质量安全管理】　2021年，地区有24项“智慧工地”与自治区服务平台对接联网。通过推进“智慧工地”建设，有效提高工地现场的生产效率、管理效率和决策能力，实现工地的数字化、精细化、智慧化管理，进一步推动建筑产业现代化。　（马　莎）

工业园区建设

【园区概况】　2021年，塔城地区有国家级园区1个：塔城市边境经济合作区。自治区级工业园区5个：乌苏工业园区、沙湾工业园区、和丰工业园区、额敏（兵地、辽阳）工业园区和托里工业园区（金港区），总规划面积235.62平方千米，累计开发面积50.46平方千米。

2021年，塔城地区园区入驻企业205家（其中规上企业55家），开工企业109家；累计完成园区基础设施投入13.26亿元；入驻园区企业固定资产投资30.89亿元；园区企业工业总产值151.66亿元，增长34.7%；园区企业工业增加值50.72亿元，增长31.2%；园区规上企业工业增加值48.93亿元，增长29.5%。园区质量效益不断提升，乌苏工业园区2019年在自治区园区B层级综合发展排名中位列第七，被评为优秀等次；沙湾工业园区被确定为“5G+工业互联网”试点示范园区；乌苏与沙湾工业园区被列为自治区“十四五”重点发展的“独山子—奎屯—乌苏”产业园区集群；和丰工业园区增量配电网项目被纳入国家第二批试点，获得国家售配电许可；乌苏、额敏、和丰工业园列入自治区“飞地园区、共建园区”试点园区，园区已成为推动工业经济持续发展的有力支撑。

【塔城市边境经济合作区】　塔城市边境经济合作园区规划面积40平方千米，开发面积10平方千米，基础设施总投资13亿元。围绕口岸“七通一平”建设条件，全面推进口岸供水、排水、道路、电力以及边民互市等基础设施建设项目，口岸基础设施规模逐步扩大、日趋完善，2021年，先行发展区（口岸区）实施37个重点建设项目，计划总投资55亿元，年度计划投资12.26亿元，已完成投资7.19亿元。

塔城市边境经济合作区是国务院特区办公室1992年12月3日批复成立的国家级边境经济合作区，批复规划面积6.5平方千米，2018年塔城地委、行署决定将边合区作为巴克图口岸建设、发展的实施主体，巴克图口岸区交由边合区代管。

依据国家重点开发开放试验区的定位，巴克图口岸打造为新疆重要的内陆口岸，地区级商贸物流中心和重要商贸物流城市，并依托丝绸之路北中南三条大通道的历史脉络，打造为丝绸之路商贸物流北通道的重要支点。依据新疆产业集群和集聚分布规划，重点发展进出口加工、互市贸易、商贸物流、旅游、康养、跨境电商、金融服务等产业。充分利用巴克图口岸农产品快速通关“绿色通道”优势和边民互市贸易，不断加大和哈萨克斯坦在粮油制品、葵花籽、菜籽、活畜、肉类、小麦、蜂蜜等进口加工产业方面的合作，大力发展农牧产品加工产业。

塔城市边境经济合作区入驻企业7家（其中规上企业2家），开工企业2家。2021年1—12月，完成园区基础设施投资12.13亿元；园区企业工业总产值2.39亿元，增长7.6%；园区企业工业增加值0.28亿元，增长14.6%；园区规上企业工业增加值0.28亿元，增长14.6%。

【乌苏工业园区】　乌苏工业园区于2005年3月经自治区人民政府批准设立，是自治区级重点工业园区之一，乌苏工业园区规划面积55.32平方千米，开发面积20.21平方千米，基础设施总投资38.1亿元。已完成一期（东区）的供排水、供电、道路等基础设施建设；西区（马吉克园区）完成土干道、供排水主管网、污水厂、净水厂、蒸汽热源、110千伏变电站及中水库、垃圾处理厂等基础设施建设。

乌苏工业园区入驻企业111家（其中规上企业29家），开工企业64家，初步形成结构合理、各具特色、优势互补的产业发展格局。园区内有中电投、青松建材、新疆乌苏啤酒（乌苏）有限公司、新疆北方科技投资有限公司等生产性企业，涉及发电、化工、建材、农产品、纺织、制造等多领域近百种产品。2021年1—12月，完成入驻园区企业固定资产投资25.43亿元；园区企业工业总产值84.31亿元，增长36.3%；园区企业工业增加值34.23亿元，增长37.9%；园区规模以上企业工业增加值33.43亿元，增长38.4%。

【沙湾工业园区】 2012年7月，沙湾工业园区经自治区人民政府批准设立为自治区级工业园区，为“一园三区”。沙湾工业园区规划面积60平方千米，开发面积5.6平方千米，基础设施总投资12亿元。

2021年，沙湾工业园区入驻企业54家（其中规上企业16家），开工企业36家。1—12月，完成园区基础设施投资1.07亿元；园区企业工业总产值44.36亿元，增长48.6%；园区企业工业增加值6.29亿元，增长38.8%（含一园多区）；园区规上企业工业增加值5.49亿元，增长23.2%。

【和丰工业园区】 和丰工业园区2011年9月被批准为自治区级工业园区，园区规划面积67平方千米，开发面积10平方千米，基础设施总投资4亿元。已完成日供水1万立方米的应急供水工程、30千米主次干道路工程、19千米主干道路绿化工程、35千伏变电站工程、生活污水处理厂、渣场一期、服务中心综合楼及附属工程、警务室及附属工程；日供水17.2万立方米给排水工程已完成主体，实现10平方千米内基础设施的“七通一平”。配套危废处置中心项目已启动建设。铁路专用线、和丰机场等规划及其附属规划已相继获批。

和丰工业园区入驻企业15家（其中规上企业2家），开工企业2家。2021年1—12月，完成入驻园区企业固定资产投资0.95亿元；园区企业工业总产值9.67亿元，增长16.8%；园区企业工业增加值6.59亿元，增长17.8%（含一园多区）；园区规上企业工业增加值6.49亿元，增长18.5%。

【额敏（兵地、辽阳）工业园区】 额敏（兵地、辽阳）工业园区于2011年12月28日就被自治区人民政府破格批准为自治区级园区。园区规划面积10.14平方千米，开发面积4.4平方千米，基础设施总投资2.8亿元。已完成园区一期供排水、道路、景观绿化、亮化和行政管理服务中心等一大批基础设施工程，一期内各项基础设施建设已初具规模。创业、就业（扶贫）孵化园建成16栋标准化钢结构厂房，可容纳30家中小微企业入驻发展。

额敏（兵地、辽阳）工业园区入驻中粮塔原红花、新宏基饲料、恒丰塑业等企业17家（其中规上企业6家），开工企业4家。2021年1—12月，完成入驻园区企业固定资产投资1.76亿元；园区企业工业总产值10.76亿元，增长3.6%；园区企业工业增加值3.25亿元，下降6.3%；园区规上企业工业增加值3.24亿元，下降6.4%。

【托里工业园区（金港区）】 托里工业园区（金港区）2015年1月11日经自治区人民政府批准设立为自治区级工业园区，位于托里县铁厂沟镇。园区规划面积3.48平方千米，开发面积0.25平方千米，基础设施总投资0.3亿元。已完成污水处理厂、工业固废填埋场等基础设施；园区其他基础设施：供排水、道路、电力、通信等，已申报政府债券资金项目，已完成项目立项、可行性研究报告、地勘、测绘、设计等前期工作。

托里工业园区（金港区）入驻企业1家（无规模以上企业）。2021年1—12月，完成入驻园区企业固定资产投资400万元；园区企业工业总产值1683万元；园区企业工业增加值776万元。 （曹兵兵）

交通运输·邮政通信

交通运输

·公　路·

【概况】　2021年，塔城公路总段隶属自治区公路管理局垂直管理的全额预算事业单位，下辖塔城市、托里县、额敏县、裕民县、和布克赛尔蒙古自治县5个公路管理分局和一个恰夏收费站，管养6条省道和14条专用公路，管养里程1520千米，其中省道989千米、专用公路531千米，是全国唯一使用装甲车进行冬季抢险保通的公路养护单位。

【公路养护管理】　2021年，塔城公路管理局公路养护服务水平不断提升，完成公路养护工程，为群众打造安全便捷出行环境。实施养护工程7项，房屋建设项目5个，全部保质保量按期完工。开展精品养护，提升群众出行质感。开展养护示范路创建，精心打造国道219线“畅安舒美”路、省道201线“科技示范”路、省道318线“平安和谐”路，不断巩固“一路一景，一路一特色”养护示范格局。深入推进区段养护。将管养的路线划分43个路区段，针对不同区段合理制定养护方案。加强日常养护，提升路容路貌。完成清理垃圾杂物1万余立方米，清扫路面2886.6万平方米，整修标准化路基151.7万平方米，保养路肩边坡298.67万平方米。大力开展路面预防性养护。完成路面微表处18.87万平方米/23千米，处治路面裂缝24.98万延米，处置路面坑槽、桥跳等病害1.7万平方米。加强桥涵养护管理。完成桥涵除碱6950平方米，勾缝抹面8262平方米，实施桥涵防腐处置57座（道），更换桥梁橡胶支座408个，安装桥梁踏步2270块，安装桥梁告示牌264块，有力防范公路桥梁安全风险。快速做好交通安全设施维修。清洗维修波形梁1.8万延米，更换沿线设施2908块（根），更换示警桩反光膜7903块，实施嵌入式百米号5354块，粉刷标志牌2140块。推进公路养护集约化发展。建立铁厂沟公路沿线设施修复工间，制作更换道口桩、示警桩反光膜3262根，波形梁端头反光膜280块，标志牌反光膜1700平方米，实现全局损坏的沿线设施集中快速修复。不断提高公路养护专业化发展水平。组建沿线设施快速修复、突发事件应急处置、冬季防风雪保交通等专业化养护队伍，让有限资源发挥最大效能。组建路面病害处治专业化队伍，充分利用现有的沥青路面机械设备（摊铺机、压路机、铣刨机等）联合作业，负责对全局范围内较大面积桥跳、沉陷、松散等病害进行集中处治1.1万平方米，降低职工劳动强度。全力推进绿色、智慧交通发展。推进公路养护专项子系统应用，使用桥梁巡查微信小程序，提升公路桥隧信息化水平。为地区“12345”热线平台提供路况通阻信息，发布路况信息350余次。创新废旧沥青混合料回收再利用生产工艺流程，提高废旧沥青混合料循环利用率。履职尽责，做好行业监督管理。完成对新疆交通投资（集团）有限责任公司塔城分公司，新疆交建盛塔交通项目管理有限公司经营性公路养护日常评价，加强冬季防风雪保交通工作监督指导。与公路综合执法部门对接，迅速厘清行政许可职责边界。对农村公路建设项目实施情况进行指导服务，推动“四好”农村路高质量发展。

【收费服务】 2021年，塔城公路管理局持续开展“微笑新疆”服务提升专项行动，管辖的1个收费站累计收取车辆通行费42.29万元，重大节假日减免车辆4320辆，减免通行费8.64万元。积极落实惠民政策，符合鲜活农产品运输“绿色通道”车辆155辆，减免通行费0.39万元。配备交通医疗急救箱，在一七〇团停车区建设充电桩、休息区。落实监管责任，对交投塔城分公司5个收费站、2个服务区开展日常监督评价。

【应急保通】 2021年，塔城公路管理局推进玛依塔斯、老风口防风雪保交通应急抢险基地为重点的应急体系建设，完成迁建国防应急储备库项目。完善应急预案16个，组建应急救援队伍6支209人。开展消防安全、反抢劫、地震、公路水毁等应急演练12次，参演482人次。与地区各单位建立风雪灾害联合快速处置机制，形成反应迅速的应急保障管理体系。搭建高效便捷公路出行信息发布网。利用24小时应急值班电话、沿线可变信息板，“12345”热线服务平台，及时发布路况信息，方便群众随时查询路况通阻情况。发扬“玛依塔斯精神”，圆满完成防风雪保交通任务。冬春季节，清雪长度18.2万千米，清理路面积雪2633.26万立方米，营救被困车辆384辆、司乘人员1030人。（王红娟）

·塔城执法支队·

【概况】 2021年，塔城执法支队围绕主责主业，不断强化交通运输综合行政执法职能。认真履职尽责，切实维护路产路权。严格按照“一巡查三记录”管理办法开展道路巡查工作，2021年共投入路政巡查5066人次（巡查），2193车次（巡查），巡查里程累计达到429155千米，累计查处、办理各类路政案件47起，收缴公路赔（补）偿费778274.83元，收取行政处罚金额5750元。向公路养护部门送达《公路、公路附属设施修复及隐患排查告知单》52份，其中告知公路养护部门修复40项，安全隐患24处，公路养护部门已修复50项，排除安全隐患42处。配合公路养护、交警部门疏导交通71次，参与自然灾害救援90次。

【整治路域环境工作】 2021年，塔城执法支队以路域环境整治“八个无”为目标，建立路政、交警、公路局、交投、交建一体化管理机制，采取日常巡查、定点检查、重点区域严查等联勤联动的方式，联合开展管辖全线路域环境排查整治。加大公路预防性管理和路政执法力度，坚决打击各种侵占、破坏公路的违法行为，保障公路安全畅通。全年已建档销号322处，目前剩余341处历史遗留跨越缆线设施正在跟踪处理中。

【路警联合治超】 2021年，塔城执法支队采取货物源头治理、收费站入口劝返等治理模式，全方位、多层次开展联合治超工作，依法严厉打击超限超载违法行为。2021年开展路警联合超限超载治理共投入执法人员4954人次（路政部门3428人次，交警部门1526人次），执法车次1857车次（路政部门1031车次，交警部门844车次），检测车辆9443辆，查处违法超限超载运输车辆189辆，路政部门卸载、分流、转运货物2950吨；共罚款80300元（路政部门罚款0元，交警部门罚款金额80300元）、交警部门计669分。2021年共办理49吨以上大件超重货物公路超限运输许可5起，办理大件三超许可5起。

【治超新模式】 2021年，塔城执法支队分别与克拉玛依执法支队、博尔塔拉执法支队、阿勒泰执法支队以及塔城地区交警支队、地区交通运输综合行政执法局、兵团第九师交通运输综合行政执法支队、兵团第九师交警支队、新疆交投塔城分公司、塔城公路局等多家单位签订多方联动协议，建立超限治理协作、路损案件协查、信息资源共享等联动工作机制，为打击跨区域超限超载违法运输行为提供保障。2021年共组织多方、兵地联动治超工作联席会议8次。

【专项整治】 2021年，塔城执法支队围绕执法领域突出问题专项整治行动各项重点工作，成立专项整治工作领导小组和专班，召开整治工作动员会和推进会3次，回头看部署会议1次，研究制定《塔城执法支队执法领域突出问题专项整治行动工作方案》，开展执法大调研、大走访活动2次，走访重点源头和运输企业23家，发放调查问卷145份，宣传单2200余份，共收集意见建议4条。结合调研走访、共性问题清单和调查问卷，研究梳理支队在执法领域“共性问题”5大类20条、“普遍性问题”29条、“个性问题”12条，已全部整改完毕。在此期间，组织多方、兵地联动治超工作联席会议8次，组织相关单位开展兵地融合“一盘棋” 携手共筑“畅安路”等路政宣传活动2次；对地区综合行政执法局开展业务指导2次；组织交通执法监督员开展督导检查3次、明察暗访1次；签订执法领域突出问题专项整治执法人员承诺书57份，填写执法人员专项整治自查问题清单57份，发放满意度测评表187份，满意率达100%。

【执法规范化建设】 2021年，塔城执法支队聚焦行政执法源头、过程和结果三个关键环节，全面落实“三项制度”。紧紧围绕区局党委确定的“12345”目标任务和党史学习教育要求，扎实开展“执法规范化”建设，研究制定工作方案，细化任务分解，明确工作职责，通过组织开展现场旁听庭审、以案释法、典型案例指导等方式，强化执法人员法规纪律意识。全年共组织开展综合执法、宪法等知识测试3次，行政执法案卷评查1次，讲座培训10次，促进执法流程、执法行为、执法案卷不断规范化。

（胡 芮）

・塔城机场・

【安全工作】 2021年，塔城机场按照安全管理体系要求，制订监督检查计划、安全宣传贯彻计划、安全教育培训计划等，并在日常工作中逐项加以推进落实。开展内部安全自查31次，查出问题隐患212项，整改完成211项，正在整改1项，整改完成率99.53%；累计开展机场级安全培训12次，涉及18个内容；以“岗位业务技能提升年”为抓手，开展全员岗位规范考核。机场制定年度航空运行安全重点工作任务清单，做好三基建设、春秋两次换季、安全生产月、“飞行区运行秩序专项整治”等安全专项活动，修订《塔城机场净空、电磁环境及无人机管理手册》《安全从业人员作风建设评价标准》，通过各项安全管理措施的严格落实，塔城机场实现全年未发生机场责任原因严重差错类及以上民用航空器不安全事件及空防类不安全事件的安全目标；完成春节、春运、全国及自治区两会、建党百年系列庆祝活动等重要时段、重要活动的航班安全保障任务。

【运输服务】 2021年，塔城机场实现航班正常率89.68%，放行正常率96.44%；增强服务意识，开展“服务质量标准建设年”主题活动，落实“我为群众办实事”13项任务，推行“首看、首问”服务标准，旅客满意率达到94.49%，货主满意率达到93.85%，航空公司满意率达到99.87%；规范塔城机场服务质量投诉管理工作，机场集团客户投诉率为0；民航局转办投诉率为百万分之49.1；有序推进“星级机场”“星级班组”“民航服务质量品牌建设”专项行动，创建三星级班组2个。严格落实“阳光行李”运输专项整治行动，实现全年行李差错率0，货物运输差错率0。常态化落实服务质量监督检查、KPI指标测量工作，全年开展监督检查10余次，部门级监督检查280余次，对问题整改情况进行跟踪督查，形成闭环管理。以新疆是个好地方、节日文化和机场集团服务宗旨为主题，开展一系列特色服务文化主题活动，增强广大旅客航空出行的安全感、幸福感、获得感。在2021年服务质量绩效考核中取得机场集团（含百万级机场）第三名的优异成绩。

【运输生产与经营绩效】 2021年，塔城机场开通运营航线2条，分别为乌鲁木齐—塔城往返、阿克苏—博乐—塔城—石河子往返；引进新疆龙浩飞行培训有限公司进驻塔城机场开展飞行训练。受疫情影响，机场整体运输生产仍处于缓慢恢复期，2020年11月至2021年10月保障航班起降2543架次、运输旅客169875人次、货邮吞吐量12.4吨。全年保障其他各类飞行2462架次，其中公务机2架次、训练飞行2424架次、校验飞行22架次。生产经营考核期内实现收入888.09万元，完成计划指标的52.64%。（张建波）

邮政通信

・邮政公司・

【概况】 2021年，中国邮政集团有限公司塔城地区分公司（简称地区邮政分公司）下辖乌苏市、沙湾市、额敏县、托里县、和布克赛尔蒙古自治县、裕民县6个县市分公司；全员劳动生产率为24.59万元，比上年增长3.99万元。有123处营业场所，均为自办；33个金融网点，ATM机20台、CRS机40台、ITM机32台；现有边防邮路3条、支线邮路3条、乡邮邮路25条、市内转趟邮路22条，邮路总里程约5600千米。

2021年，塔城地区实现业务收入13853万元，比上年增长11.2%，全地区排名第二位。组织开展“三杯”“三先”劳动竞赛活动，对优秀单位及员工进行表彰奖励。开展“比学赶帮超”活动，做到“后进赶先进，中间争先进，先进更先进”，同时建立红蓝榜评比制度。

2021年，地区邮政分公司金融

业务收入同比增长11.28%。全地区金融机构年新增余额89.02亿元，邮政年新增占有率为9.71%，列全地区金融机构第二位；五大行居民存款规模达到265.19亿元，邮政相对市场占有率为18.89%，比上年末提升1.13%；五大行年新增31.76亿元，邮政相对新增市场占有率27.22%，比上年末提升9.07%，居五大行之首。

【服务质量提升】 2021年，地区邮政分公司普邮信息断点率、报刊短缺率、投递扫描率、建制村直接通邮频次、网点覆盖率、营业时间达标率、建制村通邮率、邮政普遍服务满意度和邮政服务申诉处理满意率等指标全部达标；全年无“两条红线”处罚，保质保量地完成“四压降”“五提升”“七确保”任务，看板系统服务体系10项指标均达标。

【便民服务中心建设】 2021年，地区邮政分公司充分发挥乡镇网点主阵地优势，努力提升乡镇服务水平，地区开办税邮网点35处，警邮网点14处，实现政务服务“就近办”一站式服务；深入推动警邮合作，加强身份证、车证照等业务办理，提高服务能力。

【快递业务发展】 2021年，地区邮政分公司通过各环节时限指标的整改提升，综合达标率、特快专递业务达成率明显提升，确保与竞品对标处于领先地位。规范各环节作业处理流程，提升邮件传递时限。

【物流体系建设】 2021年，地区组织协调召开“快递进村”座谈会，会议明确发挥邮政公司县、乡、村三级网点、邮路优势，以662个建制村全部通邮为依托，将邮政公司作为推进快递进村工作的主渠道，通过邮快合作，逐步完善农村三级物流体系建设，打通“工业品下乡，农产品进城”的瓶颈，积极响应乡村振兴决策部署，融入乡村经济发展，为农村电商和消费者提供便捷的快递服务。各快递企业与塔城邮政分公司签订合作协议，全地区662个建制村，通过“邮快合作”方式实现“快递进村”515个，覆盖率77.79%。

（孙亚青）

·邮政管理·

【概况】 2021年，塔城地区邮政行业业务收入累计完成18223.06万元（不包括邮政储蓄银行直接营业收入），比上年增长6.50%；业务总量累计完成15188.82万元，增长10.62%。邮政寄递服务业务量累计完成2311.14万件，下降15.66%；邮政寄递服务业务收入累计完成1700.86万元，下降4.04%。服务满意度稳中有升，行业运行平稳有序，为促进地区社会稳定和经济高质量发展积极贡献行业力量。

【邮政普遍服务】 2021年，地区邮政管理局民生实事落地落实，推动快递下乡进村，累计代投快件17.42万件，累计代投收入26.14万元。以邮政公司为主体开设“塔城扶贫地方馆”专柜，上线产品达166种，涵盖地区4个县3个市。推动邮政综合服务平台建设，辖区城市网点和部分乡镇局所实现“邮寄办”服务，开展警邮、税邮、政邮等合作业务。实施“放心消费工程”规范邮政业务资费、提升邮政普遍服务水平。推动邮政企业落实好绿色邮政行动，全地区邮政企业已全部使用电子面单，邮政网点都设置邮件包装二次回收箱，实现包装再利用。推进跨境寄递高质量发展，做好国际业务宣传，提升邮政跨境寄递服务能力，与口岸等部门和重点企业深入合作完善口岸交换站邮政功能基础设施建设。

落实普遍服务监督管理工作，分别对邮政企业提出的175项申请事项进行备案登记。组织邮政服务达标检查，下达机要通信整改通知书5份，普遍服务责令改正通知书12份。巩固建制村直接通邮成果，推进辖区“村村直接通邮”工作，一周三班以上的建制村达到644个，比例提高到97.28%，保障建制村日均实地打卡率100%，稳步提升农村地区邮件的妥投率。

抓好邮票发行监督管理工作，做好重大题材纪特邮票发行监督。发挥义务监督员作用，对重大题材的纪特邮票发行销售计划的落实进行监督。落实“扫黄打非”工作，累计检查邮政网点130处（含7处邮件处理中心），快递企业85处，均未发现涉黄涉非的情况。全力保障高校录取通知书投递、中央巡视专用邮政信箱设置、西部农村地区普遍服务基础设施建设、农牧区投递员专项补贴审批等保障工作。做好邮政普遍服务和特殊服务保障工作，积极构建县乡村三级物流体系，推动将智能信包箱纳入城市老旧小区改造和新建小区等设施建设范围，将智能投递设施融入“智慧小区”“智慧城市”建设。

【快递业监管】 2021年，地区邮政管理局推动落实《关于加快推进自治区快递业高质量发展的指导意见》。定期要求县市局上报工作进展情况，强化结果运用，确保实施方案落地见效。抓好行业常态化疫情防控，严格落实行业疫情防控规范，抓好冷链、国际邮件快件等重点部位精准防控，将消杀工作嵌入日常生产作业流程。督促辖区企业全面落实企业安全生产主体责任，促进地区全行业安全生产形势持续稳定。联合地区市场监督管理局印发《关于规范快递末端服务禁止违规收费的通告》，加大监督检查力度，截至年底，下发整改通知书25份，立案行政处罚24件，行政处罚14.2万元。逐步优化快递末端发展环境，联合地区住房和城乡建设局、发展和改革委员会等11个相关单位联合印发《加快推进塔城地区快递末端服务发展工作的实施方案》。补齐快递基础设施和服务能力短板，为促进新型消费、城乡消费、特色优势产业发展、推进实施乡村振兴战略提供有力支撑。

（李　强）

·中国电信股份有限公司塔城分公司·

【网信安全维护】　2021年，中国电信塔城分公司以“新基建”为引擎，聚焦本地云池、5G专网、千兆覆盖区域，开展网络建设和运营提质工作，助推网络高质量发展。按照“一地一云池”规划部署，推进云资源池配套建设。加快OTN精品网络建设，利旧波分业务板卡，解决24个城乡GE、10GE传输问题。5G网络按需建设、靶向覆盖，已覆盖各县市主城区。千兆引领加快光网建设，夯实网络智能化转型基础，合理优化调整资源，为千兆光网、5G建设打下良好基础。筑牢“云改数转”安全底座，落实网络信息安全责任，全年网络信息安全零事件。

【客户服务】　2021年，中国电信塔城分公司践行以人民为中心的服务思想，筑牢大服务体系建设，持续提升全员服务意识。围绕客户提感知提赋能支撑能力，明确部门职责，细化任务清单，按周跟进，客户感知稳步提升。制定塔城大服务体系推进实施方案，明确29项任务清单和目标，按月跟进完成进度。

【经营发展】　2021年，中国电信塔城分公司坚持稳中求进工作总基调，推动高质量发展。以智慧家庭、千兆引领为主线，通过“产品+服务”的极致融合，以“多元化的应用+权益”打造智慧家庭生态圈。聚焦农业生产经营与销售、通信扶贫、乡村管理等领域，空间牵引，重点应用、服务平台切入，稳扎稳打做深做透信息化进村入户，提升信息化水平。2021年，移动用户份额34.92%，宽带份额46.95%。

【通信网络保障】　2021年3月26日9时28分，在塔城地区乌苏市发生3.1级地震，震源深度9千米。地震发生后，乌苏分公司迅速启动应急预案，组织人员对通信机房、办公场所、基站等进行排查。经查未发现网络因地震中断现象，通信机房、基站均完好，设备运行稳定，无人员伤亡。通信网络保持畅通，未发生客户大面积报障情况。

4月28日上午，塔城市人民医院组织地区首届肛肠疾病学术研讨会，克拉玛依第二人民医院、兵团第九师医院及塔城地区所属各县医院20余名肛肠科医生参加研讨，现场通过中国电信塔城分公司打造的“5G+”远程手术开展示教指导。援疆的沈阳市肛肠医院袁和学教授进行2场肛肠手术直播，达到教学与学术交流的目的。远程手术示教的成功举办体现5G网络强大的数据传输和连接能力，为推进“5G+智慧医疗”迈出关键一步，为后期医疗信息化建设奠定良好基础，也为未来医疗行业开发更多的业务协同模式提供可行性。

5月16日，第十五届新疆塔城裕民山花节暨兵地融合发展“文化+旅游+电商”共同助力乡村振兴大型网络直播活动在裕民县吐尔加辽草原上开幕。中国电信塔城分公司组织裕民县分公司、无线网络优化中心等相关部门及人员，进行多次沟通，确定保障方案，确保山花节直播正常，网络负荷正常。

（徐晓燕）

·中国移动通信集团新疆有限公司塔城地区分公司·

【概况】　2021年，塔城移动分公司始终坚持以技术优势为地区经济发展提供保障，以更优质的服务、更实用的业务、更完善的网络、更先进的技术服务于塔城地区经济建设和社会主义和谐社会的构建。保持快于行业的增长速度，做好地区通信、会议保障，积极推进新疆塔城重点开发开放试验区等各领域信息化、数字化基础设施建设，提高5G网络覆盖面，推动5G领域应用。

【企业责任】　2021年，塔城移动分公司深入推进“我为群众办实事”实践活动，推动巩固脱贫攻坚成果同乡村振兴有效衔接，信息化业务赋能乡村振兴，打造数智化乡村示范点；依托家庭安防视频云平台，打造信息化“平安乡村”。持续开展“访惠聚”驻村工作，下派9个驻村工作队26人。坚持以客户需求为本，以客户感知为抓手，集中资源优势，打造精品网络，实现

4个县3个市、乡镇团场的5G网络连续覆盖。（杨喜喜）

·中国联合网络通信集团有限公司塔城地区分公司·

【概况】 2021年，中国联合网络通信有限公司塔城地区分公司（简称中国联通塔城分公司）实现地区全域运营，承担中国联通在塔城地区4个县3个市及兵团第九师的通信工程建设和经营生产，有县级分公司8个，主要经营固定通信业务，移动通信业务，国内、国际通信设施服务业务，卫星国际专线业务、数据通信业务、网络接入业务和各类电信增值业务，与通信信息业务相关的系统集成业务等。中国联通塔城分公司自成立以来，始终坚持“客户为本”的发展理念，积极致力于地区信息化建设，以服务社会、改善民生为己任，为个人客户、家庭客户、集团客户提供全方位、高品质信息通信服务，推动塔城经济社会发展。

2021年，中国联通塔城分公司持续优化七项举措，实现政治建设坚定有力、创新转型稳步推进、网络能力提档升级、客户感知不断提升、市场运营持续向好，区域一体化运营初显成效，公司综合竞争力显著提升。

【经营概况】 2021年，中国联通塔城分公司以数字化转型为契机，狠抓全业务发展，持续开展渠道OMO转型，深化划小改革激发经营网格战斗力，提升渠道的营维能力。推进乡村宽带、创新维护举措，实现重点小区100%覆盖、重点乡镇场100%覆盖、重点村队100%覆盖。存量用户已实现带宽免费提速，各网格数字乡村发展能力进一步提升。二级店面及有效能人数量明显提升，服务范与服务能力有所突破，持续推进塔城联通高质量发展走深走实。截至2021年年底，完成主营收入近1.4亿元，比上年增长1.99%，移动业务用户15万户，固宽业务用户近3万户，基础业务占比稳步提升。同时，中国联通塔城分公司积极响应数字化转型的需要，在公司内部设立创新业务发展中心，并分别成立数字政府专班、“5G应用‘扬帆’行动计划”专班、“算网融合发展行动计划”专班、“大数据创新应用行动计划”专班，培养云计算、大数据、物联网等相关专业的人才，针对智慧政务、智慧医疗、智慧教育、智慧文旅、智慧交通等行业重点领域积极探索，自主研发，开发出一系列平台类产品服务社会。为国防工作贡献信息化的力量；为地区发改委、地区工信局自主开发项目上报汇总平台，为地区网信办提供党建云平台，提高单位党建信息化改革的程度。

【网络运行】 2021年，中国联通塔城分公司加强网优队伍能力提升，持续推进集约化维护，开展资源清查，强化资源管控，资源利用率有效提高。同时紧盯客户服务焦点区域，通过日常拉网、专项优化、共建共享等方式，优化网络结构、提升移动网网络运行质量，提高用户感知。聚焦数字乡村，助力乡村振兴，提高农村区域宽带覆盖率。

公司完成重要时间节点的重保任务，同时在疫情期间协调疫情指挥中心做好中心机房的网络监控工作，有效协调并及时处理故障，保障用户通信质量。其间解决通信故障50余次，出动抢修车辆31次，人员60人次。推动裕民县边境区域电信普遍服务项目顺利交付，累计建设光缆100多千米，提高边境区域网络覆盖。助力塔城地区5G网络建设，全年新建5G基站近200个，完成市区及重点乡镇5G网络覆盖。

【服务质量提升】 2021年，中国联通塔城分公司围绕服务升级关键举措重点推进服务工作，以客户体验和数字化服务能力双提升为目标，开展全业务、全触点业务流程穿越，倒逼内部服务提升，推动焦点问题治本解决。深入服务文化建设，从客户基本需求出发，深化高品质服务。为深入践行“以人民为中心”的发展理念，在营业厅、敬老院、社区开展“银发无忧 智慧助老”公益讲堂活动17场，通过通俗易懂的语言给老年人讲解智能手机、常用App如何使用，切实解决老年人运用智能技术的困难，为老年人办实事，受到老年人一致好评。

（王　倩）

城乡建设

城市建设

【城镇保障性住房建设】 2021年，地区住房和城乡建设局切实发挥统筹牵头作用，对2021年697套棚改任务、300套公租房建设任务情况做到“底数清、情况明”“有思路、有对策”，截至7月1日，所有任务均已开工建设。其中公租房开工建设400套，超额完成建设任务100套。全面完成住房保障租赁补贴发放工作，2021年计划发放租赁补贴42户，实际已发放62户，累计发放金额9.3万元。

【老旧小区改造】 2021年，地区住建部门将“问计于民、问需于民、问效于民”的工作原则贯彻始终老旧小区改造工作，组织业务骨干疆内观摩学习1次，开展实地调研指导8次，为实施推进改造项目奠定基础。2021年老旧小区改造5549户，已开工5549户，开工率100%，已完工4821户、完工率87%，申请中央各类补助资金0.64亿元，已支付0.59亿元，支付率93%。全面带动改善塔城地区居民居住环境，提升城市生活品质，建设“油画塔城、文化净土、康养天堂”。

【城镇基础设施建设】 2021年，塔城地区市政公用基础设施计划完成投资15.58亿元，已完成投资9.76亿元。实施城市道路、供排水管网、污水、垃圾处理、集中供热、城市燃气、园林绿化、老旧小区改造等64个城镇基础设施建设项目，补齐城市发展短板。全地区城镇供水普及率98.1%，燃气普及率95.4%，污水处理率94.2%，生活垃圾处理率99.6%，城镇集中供热供热能力2178兆瓦、供热面积达2855万平方米，人均公园绿地面积达13.97平方米。

截至年底，塔城地区城镇燃气管道总长度为23.87万米，排查率100%。地区天然气入户124810户，结合城镇燃气安全专项整治行动已完成塔城地区城镇燃气入户回访工作，入户宣传率100%。全面开展城市内涝专项清查，全地区更新维修井盖76座次，清理疏通排水管网34.7千米，地区住建领域未发生亡人事故。

【城镇污水处理】 2021年作为城镇污水处理提质增效收官之年，地区城镇生活污水集中收集率平均达到82%以上；污水处理率为100%，水质达到一级A标准；再生水利用率平均达50%以上。塔城市、乌苏市作为提质增效试点城市，累计投资1000万元，完成城市生活污水管网改造10千米。

【道路交通设施建设】 2021年，地区计划新增停车泊位数量14902个，年底完成新增停车泊位14912个，加装充电桩347个。

【城镇生活垃圾无害化处理】 2021年，地区加大城镇、农村垃圾收运、处置力度。持续推进塔城市、乌苏市试点市开展垃圾分类工作，吸引社会资本参与，加快生活垃圾分类收运体系和再生资源回收体系建设，积极探索餐厨垃圾处置机制，额敏县、裕民县餐厨垃圾处置项目已开工建设。额敏县生活垃圾已初步实现无害化、减量化处置。

村镇建设

【美丽乡村建设】 2021年，塔城地区加强小城镇风貌管控，规范小城镇秩序，培育一批设施健全、功能完善、环境优良、布局合理的小城镇和美丽宜居村庄，切实增强农牧民的获得感和幸福感。地区有11个乡镇、18个村庄参与创建活动。全面开展城乡环境卫生综合整治，地区规范户外空间区域摆摊管理20000起，规范户外广告管理6000起，规范停车管理5000起，治理环境污染700起，清扫保洁道路5000万平方米，清理建筑垃圾18万立方米，清理各类生活垃圾5万吨。

【农村生活垃圾治理】 2021年，地区各县市农村收运处置体系建设和运行投入4000余万元，乡村保洁员1000余人，累计清理农村生活垃圾约20000吨，清理村内沟渠600余千米，出动垃圾收集运输车辆600余辆，设立垃圾收集设施118座，垃圾卫生填埋场85座，收运处置体系占行政村的覆盖率91.4%，占自然村的覆盖率73.5%。

【农房抗震改造工程建设】 2021年，地区住房和城乡建局积极实施农房抗震改造工程建设。通过加强技术指导服务、强化农村危房改造全过程监管、开展改造施工过程现场指导、规范竣工验收管理等措施，为改善塔城地区各族群众居住环境、满足抗震安全要求提供有力保障。10月1日，农房抗震改造任务1357户（其中农村低收入群体46户）全面竣工。

【农村房屋安全隐患排查整治】 2021年，地区排查农村房屋136026座，排查率100%；存在风险隐患房屋231座，已整治224座，整治率97%。其中用作经营自建房存在风险房4座，整治率100%；未用作经营自建房存在风险房224座，已整治217座，整治率97%；非自建房存在风险房3座，整治率100%。

房地产管理

【概况】 2021年，地区住房和城乡建局狠抓建筑产值、房地产指标上报，确保经济指标任务落实到位。前三季度，全地区资质以上建筑企业完成建筑业总产值18.18亿元，比上年增长40.5%。地区有房地产开发企业128个，增长12%，已实现产值28亿元。房地产投资完成31亿元，商品房销售72.89万平方米，房地产业工资总额已完成上报3.52亿元。

【房地产市场监管与整顿】 2021年，地区住房和城乡建局共开展网上审批42件，发放各类许可证26件；监管商品房预售资金账3.4亿元，同时对105个开发项目进行商品房合同备案；累计销售商品房住宅5857套，销售面积59.78万平方米；非住宅销售833套，销售面积8.07万平方米。

坚持“房子是用来住的、不是用来炒的”定位，2021年房地产开发计划建设项目59个，计划完成总投资25亿元，实际开工建设项目68个，实际完成投资30.02亿元。新建商品房住宅均价为3805元/平方米。

【物业服务管理】 2021年，塔城地区备案房地产中介机构51家，房地产估价机构2家，对2020年存在问题的2家评估机构以及托里县、裕民县住建局进行通报批评，进一步规范中介市场。地区有住宅小区806家，物业覆盖率99%。通过市场化服务、业主自治、社区代管、单位自管等四种物业服务模式，不断提高物业服务质量。（马　莎）

商贸·旅游业

商　贸

·商贸服务·

【商务经济综述】　2021年，塔城地区社会消费品零售总额完成77.32亿元，比上年增长19.1%，增速在全疆排名第六。地区7个县市、73个行政乡已做到电商服务站全覆盖，662个行政村已完成建设339个村级服务点，覆盖率51%。

2021年，地区完成进出口贸易额8亿美元，增长171.18%。其中出口7.97亿美元，增长178.67%；进口0.03亿美元，下降66.66%。

2021年，地区落实执行各类项目250项，投资总规模822.34亿元，到位资金159.41亿元，增长75.17%。其中落实执行区外招商引资项目207个，到位资金145.03亿元，增长85.15%。引进102个亿元以上项目加快建设，其中亿元以上项目82个，落实到位资金71.95亿元；10亿元以上项目19个，落实到位资金56.51亿元；百亿元以上项目2个，落实到位近0.45亿元。

【社会消费品零售】　2021年，地区商务系统积极组织促进消费活动，鼓励餐饮、商超、商贸综合体、汽车销售企业、家电销售企业等商贸流通经营企业（个体），用海报、微信朋友圈、LED屏、发放宣传单和流动车辆等方式做广告宣传，开展返券、打折、降价、抽奖等形式多样的促消费主题活动，累计开展224次促销活动，拉动市场消费，带动餐饮、住宿、服务业同步发展，让企业增加销售额2亿余元，进一步促进消费品市场的繁荣和经济升温，以“全民创业、大众创新”为理念，着力发展“时尚活力型、商旅融合发展型、便民服务型”夜间经济形态，全面推广额敏县东街自治区级夜间经济示范街区建设经验，创建塔城市西部美食街、乌苏市啤酒小镇2条地州市级夜间经济示范街区，丰富市民的夜生活，提升夜间经济水平，优化夜

冬日里，裕民县乡村夜经济逐渐升温，促进乡村消费，激发乡村经济活动，助推乡村振兴。12月2日晚，顾客在裕民县江格斯乡江格斯村“年代·印象”文化旅游体验园的职工大食堂感受上世纪的大食堂　（杨化光　摄）

间消费环境，激发夜间消费潜力，提升夜间经济对塔城地区经济增长的拉动作用。

【电子商务】 2021年，地区制定《塔城地区农村电子商务提质增效三年行动实施方案》，依托电子商务进农村工作，发展“线上引流+实体批发+直播带货”新模式，鼓励本土电商企业开展直播带货、线上线下融合互动促进消费活动，引导农产品生产基地、农民合作社、农业生产企业对接电商平台促销售，尝试短视频和直播营销、社群营销等方式，不断扩大农产品销售渠道，加大农特优产品销售力度，网络零售额达到1.45亿元，网络交易额达到14.3亿元。推动邮政快递企业与实体商业的协同发展，提升农村配送能力，实现快递到乡镇，配送到农村，全面降低社会物流总成本，推进传统农产品批发市场和重点商业街区转型升级。

【汽车消费工作】 2021年，地区商务局开展促进汽车消费工作，激发地区汽车消费潜能，鼓励企业对销售人员开展电商政策法规、汽车营销策略、抖音等短视频平台应用等方面内容培训，通过推出“进店有好礼”“售后优惠礼”“活动大礼包”等多种促销活动，为广大消费者再降购车“门槛”，稳步推进汽车销售。

【外贸工作】 2021年，地区研究出台《塔城地区2021年促进外贸高质量发展实施方案》，提升对外开放水平，每月对重点外贸企业任务完成情况进行跟踪调度，调查了解企业困难诉求，支持企业提升业绩，帮助天成番茄、天山沃园、金实果蔬等地产外贸企业协调争取中欧班列出口车皮；协调自治区商务厅为地区企业申请新增6家“外汇差异化管理标识”，积极组织地区重点外贸企业参加2021年线上（中国）亚欧博览会中国新疆RCEP成员国经贸合作云对接会议，积极开拓国际市场；组织企业参加“广交会”等网上会展活动，利用新媒体、云平台，展示产品，抢抓订单，开拓境外市场。会同地区财政局联合组织各县市做好外经贸专项资金项目筛选申报工作，帮助地区内37家外贸企业、边合区管委会申报项目52个，拟申请金额1.2827亿元。会同地区财政局研究制定《2020年度塔城地区运用边贸能力建设资金支持国际物流运输干线暂行办法》，组织企业积极申报支持资金，不断发挥好外贸支持政策的引导和支持作用，夯实地区外向型经济发展基础。加快推进地区跨境电商的发展，吸引中国船舶重工集团海装风电股份有限公司、宏运国际货运（上海）有限公司、深圳市华翰国际物流技术有限公司、京东、顺丰、快鸟等多家跨境电商物流运输企业来塔城考察跨境电商项目，以新兴业态促进地区特色优势产业发展。

【外出招商】 2021年，地区开展招商企业对接洽谈活动，地区和各县市累计组建18支招商小分队，赴西安、厦门、深圳、海南、辽宁等地开展54次外出招商活动，对接洽谈农产品加工、纺织、煤化工、商贸物流、文化旅游等一批产业项目。

【会展招商】 2021年，地区商务局组织参加海口消博会、西安丝博会、亚欧商品博览会、厦门投洽会、辽宁辽洽会，与陕西延长石油集团有限责任公司、陕西煤业化工集团有限公司、清源科技（厦门）股份有限公司、福建新迪新材料科技有限公司等300多家企业进行洽谈，举办4场次试验区专场推介会。

【网络招商】 2021年，地区开展新疆塔城旅游产业长三角（线上）推介会、辽宁产业对接会、陕西煤业化工集团年产60万吨PBAT项目调研视频会等18次网络招商活动。

【产业援疆招商】 2021年，地区在辽宁省开展招商“三步走”系列活动，开展辽宁、塔城线上产业对接洽谈暨招商推介会，与各地驻辽商会、相关行业协会等60余家社会团体进行线上专场推介。利用参加“辽宁国际投资贸易洽谈会”的时机，开展特装展区产品展示、招商·签约暨资本融入洽谈会、品牌发布会三项配套活动，专题推介新疆塔城重点开发开放试验区各项政策，向与会的32家金融资本机构推介14个融资合作项目，签订无人机研发植保服务项目、农特产品产销项目合作协议。

【试验区重点招商】 2021年，地区商务局围绕建设现代农牧业发展示范区，引进建设广东悦颜妆生物科技有限公司真空冷冻干燥沙棘系列产品加工项目、新疆昌粮汇通农业有限责任公司沙湾市植物蛋白建设项目、浙江睿洋科技有限公司黑果花楸产业化生产加工项目等20个制种、面粉加工、油料加工和特色农产品加工项目，引进建设北京四季桃园网络科技有限公司食叶草种植、黑香猪养殖加工项目、陕西费迪南生物科技合伙企业塔城市肉牛养殖项目、新疆富润德投资集团有限公司肉食品加工项目等20个饲草料种植加工、畜禽养殖、肉食品加工项目。

围绕制造业创新发展示范区，招引建设新春石油油气开采扩建项目、国家电投新能源产业园、三一重能风电设备制造、广东秦天实业有限公司优质棉花全产业链建设项目、年产10万吨生物质颗粒燃料建设项目等38个涉及现代能源加工、生物制造、纺织服装、装备制造产业项目。

围绕生态文化示范区，招引中铁二十一局集团与塔城旅游发展集团公司合作建设巴克图口岸红色文化教育基地项目、新疆天之瀑文化旅游开发有限公司G217独库公路乌苏段沿线旅游基础建设项目、新旅投乌苏沙湾安集海大峡谷建设项目、上海投资商“沙湾鹿角湾”营地项目、宁波商会沙湾县温泉休闲度假旅游区开发建设项目等9个生态旅游康养项目。

围绕打造商贸物流中心招引建设陕西德元数字科技股份有限公司商贸物流服务平台、吉林省日电楼宇自控有限公司北疆生产资料交易中心项目、新疆凌云文旅投资公司商旅中心生活区项目等11个集商贸物流、中转集散、城市配送于一体的服务业项目。

【重点项目建设】 2021年，地区注重招大引强，引进97个亿元以上项目加快建设，落实亿元以上项目到位资金94.85亿元，占全部到位资金的80.21%。其中中铁二十一局集团与塔城旅游发展集团公司合作建设巴克图口岸红色文化教育基地项目、兴农农业发展有限公司投资建设乌苏市18万吨棉花仓储库建设项目、新疆京奥宏博节能科技有限公司投资建设沙湾市方头西门塔尔牛养殖繁育基地建设等1亿～9亿元项目79个，落实到位资金56.98亿元；华电新疆发电有限公司合作建设风电项目、北京和丰乾源智慧新能源科技有限公司投资建设和丰工业园碳中和绿色循环经济源网荷储示范等项目10亿元以上项目16个，落实到位资金37.42亿元；国电投180万千瓦新能源项目、新疆秦天睿晟纺织科技股份有限公司投资建设沙湾市优质棉花全产业链建设项目等百亿元以上项目2个，落实到位近0.45亿元。持续跟进陕西煤业化工集团PBAT项目、陕西延长石油集团煤油气化工、商贸物流项目等亿元以上项目洽谈，取得积极成效。

【服务企业】 2021年，地区全面贯彻落实深化“放管服”改革，优化各类事项审批流程，将拍卖企业许可办理、二手车交易市场经营者和二手车经营主体备案、对外贸易经营者办理、成品油零售经营许可办理4项商务许可事项全部入住地区行政服务大厅，进一步简化审批程序、压缩审批时限，并借助互联网手段，提速服务效率。进一步优化服务流程、提升服务水平，能快则快，能简则简。优化通关环境，促进贸易通关便利化。行署先后与新疆出入境检验检疫局、乌鲁木齐海关签署合作备忘录，高位推动以农产品出口为重点的外向型经济，实行每周六天八小时通关，促进农产品快速通关“绿色通道”发挥实效；启动关检合作一次申报、一次查验、一次放行的“三个一”通关模式，企业申报时间缩短20%以上，货物查验时间和移箱成本均减少50%以上，推进贸易便利化效果明显。抓好帮办服务，明确专人全程帮办，同时实行重点项目代办制，提供全程帮办活包办服务，将有服务企业职能的地区部门纳入招商引资工作考核，对服务企业事项进行督促检查，设置投诉电话，开通实名举报、电子邮箱等公共投诉渠道，强化投资服务，营造良好营商环境。

【安全监管】 2021年，地区修订《塔城地区重要商品市场供应突发事件应急预案》，落实商务领域各项安全生产措施。抓实重点领域监管，联合消防、应急、市监、公安等部门开展成品油流通领域专项和双打检查，开展大型商场农贸市场等人员密集场所，新车、二手车交易、报废汽车拆解市场等安全生产检查，做到全覆盖、无死角。督导各县市开展全覆盖、拉网式安全生产大排查、大整治行动，并做好整改工作。2021年加油站、大型商超、汽车交易市场等商务领域无安全生产事故发生。 （加那尔）

·供销合作社·

【“三位一体”综合合作试点工作】 2021年9月23日印发《塔城地区贯彻落实〈自治区党委办公厅自治区人民政府办公厅关于开展生产、供销、信用“三位一体”综合合作试点实施方案〉的任务分工方案的通知》，承担自治区试点任务的沙湾市、塔城地区确定的试点县塔城市，及时召开推进生产、供销、信用“三位一体”综合合作试点工作会议，全面启动试点工作。沙湾市、塔城市分别在2021年11月2日和12月21日已制定下发《生产、供销、信用“三位一体”综合合作试点工作实施方案》各项工作已按照实施方案要求正常推进。2021年全系统全资、控股企业资产总额1.49亿元，总负债0.7亿元，所有者权益0.79亿元，利润总额3989万元；2021年全系统实现销售收入25.78亿元，利润总额6046万元。

【推动为农社会化服务】 2021年，地区供销系统完成土地托管面积0.38万公顷；有效实施农业社会化服务项目总投资66.6万元。供销系统共挂牌成立为农综合服务社359个，农村综合服务中心64个。

【推进乡镇基层社建设】 2021年，地区供销系统基层社有68个，覆盖90%以上的乡镇。2021年改造提升薄弱基层社7个。

【土地托管和流转】 2021年，地区供销系统完成土地托管面积0.38万公顷，其中土地全托管面积0.21万公顷，统防统治0.038万公顷，有效实施农业社会化服务项目总投资66.6万元，大大提高供销合作社为农服务质量和水平。

【电子商务平台建设】 2021年，地区供销办事处与新疆首实商贸有限公司签订战略合作框架协议，推进农产品直播带货销售事宜。2021年召开两场产销直播带货，与塔城当地四家供应商签订直播合作协议，平台上销售农副产品1万余元。在塔城市百佳四楼设立塔城名优特农副产品电商服务直播平台及农副产品展示柜，采取线上线下相结合的方式助推乡村振兴。

【农民专业合作社】 2021年，全地区供销合作社累计领办农民专业合作社95家，农民合作社联合社6家，入社社员4510个，带动农户1513户。

【发展壮大社有企业】 2021年，地区供销系统累计有社有企业18家，其中全资企业8家，控股企业2家，参股8家。地区本级及县市社均成立社有资产管理委员会8家。

（郭白峰）

·烟草专卖·

【概况】 2021年，地区烟草专卖局（公司）坚持“总量控制、稍紧平衡、增速合理、贵在持续”方针，巩固拓展疫情防控与生产经营成果，销售卷烟47370.93箱，比上年增长0.66%。单箱销售收入29875.35元，增长6.81%，卷烟零售客户综合满意为95.34分。全年实现税利22438.29万元，增长0.60%。

【专卖管理】 2021年，地区查处各类违法涉烟案件301起，比上年增长54.36%，涉案卷烟114.55万支，增长83.9%。其中假私烟案件32起，涉案金额6.66万元，涉案卷烟5.46万支，5万元以上案件5起，罚没款21.38万元。签订7份联合执法文件，注重大要案经营，紧盯重点人群，重点解决沙湾市十几年来莫合烟厂隐蔽加工、封包销售的违法问题，查扣莫合烟1.16吨、卷烟用纸300余千克。

（景　梦）

旅游业

·综　述·

【旅游指标】 2021年，塔城地区接待游客1150万人次，比上年增长64.3%；旅游收入68.7亿元，增长63.5%。

【旅游宣传】 2021年，地区文化体育广播电视和旅游局（简称地区文体广旅局）成功举办“旅游产业长三角专题（线上）推介会”，就塔城地区旅游资源进行推介和招商。结合旅游援疆积极参加塔城地区首届塔洽会、辽洽会，组织县

近年来，裕民县加大旅游基础设施建设力度，不断完善旅游公共服务体系。图为2021年8月1日，工人在阿克乔克草原风景区游客服务中心项目建设工地加紧施工

（杨化光　摄）

市政府及涉旅企业参与文旅招商洽谈，加大宣传推介。同时邀请网红达人助力旅游宣传，累计通过微信、抖音、快手等新媒体平台发布视频、文章1801条，平台直播35场次，阅读、点击量达418.6万次，转发量33.1万次。

【红色旅游】 2021年，塔城地区有自治区级红色旅游经典环线1条，红色旅游景点1处（裕民县巴尔鲁克景区）；地区级红色旅游专线1条，红色旅游景点3处。建党百年之际，慕名而来的游客组团或采取自驾游的形式往返于各个红线旅游景点参观。

【文旅活动】 2021年，地区结合“融媒体+电商”，通过抖音、淘宝、京东等直播平台开展直播助农活动，提升旅游产品销量。依托“互联网+旅游”，开展大型文旅活动直播。裕民县第十五届“山花节”开幕式当日旅游人次高达3.5万人次，网络直播观看量达7万余人次；各县市还积极举办“体育+旅游”20千米春季环城自行车越野赛、“爱要大声说出来”主题打卡、“情定和布克赛尔·浪漫艾兰盐湖”等特色文旅活动累计560余场次，惠及群众达45万人次。

【精品景区创建】 2021年，地区开展额敏县野果林、沙湾市温泉景区、和布克赛尔蒙古族自治县松海湾等4家景区国家AAAA级旅游景区创建申报工作；推进裕民县“小白杨文化旅游景区”、乌苏市佛山国家森林公园AAAAA级旅游景区创建工作；为加快推进边境旅游，塔城市依托塔城重点开发开放试验区建设契机，积极创建塔城市边境旅游试验区。

【旅游环线】 2021年，地区依托“交通+旅游”成功举办“G219国道（塔城段）2021年新疆自驾游启动仪式”活动和“英雄天山之路，大美乌苏独‘酷’通车仪式”，使国道219线及217线成为疆内外游客追捧的自驾游热线，其中国道217线单日最高通行车辆达1.53万辆，助推自驾游持续火热。

【文旅项目建设】 2021年，地区抢抓文旅项目建设黄金期，针对地区20个重点新建、续建文旅项目，加强督促，倒排工期，确保项目如期完工；为解决好“三难一不畅”问题，新建旅游厕所7座，停车场建设8座，建设旅游民宿63家，床位562张。申请专项债资金2.1亿元，推动沙湾市文化产业基地、和布克赛尔蒙古自治县松海湾旅游景区等3个文旅项目加快建设。积极申请中央预算资金0.92亿元支持沙湾鹿角湾景区旅游基础设施建设项目和5个县市智慧广电固边工程项目建设。

【乡村旅游】 2021年，地区依托“葡萄酒+旅游”“马产业”等产业优势，结合秋收黄金季，启动“家乡人游家乡”活动，开展民俗风情、田园采摘游，不断丰富“本地游”业态。落实自治区文旅厅农产品进景区工作要求，全地区有22家A级旅游景区设置免费摊位，累计销售26类200多种农产品，年销售额达3000多万元。 （李　垚）

·旅游景区（点）·

【裕民县景区（点）】 巴尔鲁克旅游风景区（国家AAAA级旅游景区） 景区由国家级野生巴旦杏保护区、吐尔加辽春牧场、阿克乔克夏牧场，塔斯特河谷风景区、野生芍药谷、霍日姆德湖、巴尔达库岩画、小白杨哨所等组成。巴尔鲁克旅游风景区融合天山的险峻高贵和阿尔泰山的温柔风度，又以其神秘色彩而具有自己独特的风格，享有“不到新疆不知中国之大，不到裕民不知山花之美”的美誉，原始的自然风貌和徒步线路，足以让每位徒步者终生难忘。2014年巴尔鲁克旅游风景区升格为国家AAAA级旅游景区、自治区生态旅游示范区，并已连续举办8届新疆“裕民山花节”。

野生巴旦杏自然保护区 野巴旦杏自然保护区位于裕民县西南65千米的巴尔鲁克山中，是世界上面积最大的野巴旦杏林区。野巴旦杏属第三纪新生代孑遗物种，花是很好的蜜源，果实具有很高的经济价值，果实中含有很多维生素，可以治疗高血压、心血管疾病，从果仁中提炼的苦杏仁甙具有抗癌作用。1980年，自治区将裕民县的野巴旦杏林区列入省级的自然保护区。

巴尔达库岩画 巴尔达库岩画群县城西南23千米处，在略高于周围山丘一片裸露的褐红色岩石上，刻凿有300多幅岩画。巴尔达库岩画内容突出地表现了先民对生殖的崇拜及对生殖的大胆描述，反映古代当地居民生殖崇拜，期盼部族人丁兴旺的愿望。还生动地反映了先民放牧、生活、娱乐的场景，形象地演示当时自给自足的草原生活图景。2003年，巴尔达库岩画群被列为自治区文物保护区。

【乌苏市景区（点）】 佛山森林公园（国家AAAA级旅游景区） 公园2008年9月被评定为国家AAA级旅游景区，同年12月晋升为国家级森林公园。2015年1月被评定为国家AAAA级旅游景区。公园由待甫僧、巴音沟两大景区和乌拉斯台、毛溜沟、四棵树等景区组成。森林公园植被属北疆温带林区，是以天山云杉林为主的山地寒温带原始林和人工林，森林覆盖率76%。公园内天山雪岭云杉原始林平均树龄为120年左右，公园内陆生野生动物有52种，其中保护动物23种。被列为国家一级保护的动物有雪豹、北山羊、金雕3种，二级保护动物有马鹿、盘羊、苍鹰、暗腹雪鸡等9种。

巴音沟景区（国家AAA级旅游景区） 巴音沟景区以山奇水清著称，景区河水潺潺，瀑布高悬，山高林密。进入山势险峻的沟谷，长满整个山峦溪谷的天山雪岭云杉连绵不绝、郁郁葱葱。起伏的山谷内绿色呈片状、块状、带状伸展，与山脚下草原交相辉映。雪山瀑布如同一条银链，悬挂在奇峰峻岭和苍松翠柏之间。林区道路与造型各异的避暑山庄融为一体，是避暑度假的绝佳去处。

2021年，沙湾市疾病预防控制中心驻博尔通古乡喀拉巴斯陶村工作队和村“两委”打造的旅游驿站“花仙谷”，吸引游客前来游玩　（魏艳荣　曹　昱　摄）

【沙湾市景区（点）】 沙湾鹿角湾景区（国家AAAA级旅游景区）

景区位于沙湾县城西南69千米处，由大鹿角湾、小鹿角湾、雷达山庄和加尔肯加尕民俗村四大景点构成。景区拥有雪峰冰川、高山裸岩、高山松林和高山草原四个完整的山地垂直自然景观带，可谓“四季风光一眼揽”。景区衔接天山山脉，整体气势磅礴，冰峰雪岭与蓝天白云相映，连峰续岭的森林层层叠叠，参天松树万株相倚；景区中部草原与山脚结合，湾坳曲折处溪水潺潺，树木丰茂处形态各异；北山脚下，是辽阔无垠的山前草原，这里芳草艾艾、绿茵茸茸，如同一块翠绿的地毯，铺展至天边，与雪山融为一体。鹿角湾夏季，草原地阔天敞，苍穹高远，鲜花争相怒放，香气袭人。

温泉景区（国家AAA级旅游景区） 景区位于沙湾县城南78千米处。景区四面重峦叠嶂，绿草如茵、云杉苍翠，泉溪交错、流水潺潺，不仅景色秀丽，而且气候宜人，最高气温20℃，最低气温14℃，夏无酷暑，冬少严寒，属典型的天山自然景观。良好的气候条件和优美的自然环境，使温泉成为新疆一个集休闲度假、康体健身于一体的避暑疗养胜地。温泉景区主要由避暑山庄、双龙沟、温泉疗养院、灵泉寺（老君庙）等景点组成。景区内的天然温泉最具特色，已开发利用的温泉有三处，这些温泉水出露于石灰岩、凝灰岩、夹层岩裂隙之中，水质透明，水温38℃～54℃，泉眼处有气泡冒出，具有浓重的硫黄味，富碱性，含碳酸根、硫化氢、钙、镁、锶、钠、砷、铬、铅、铁等30多种对人体有益的矿物质，为“重磷酸盐钠型”高热泉，可治疗风湿病、皮肤病、神经系统疾病、妇科病、消化系统疾病等。洗浴后，肌肤爽滑，通体舒畅，面色红润，具有独特的美容效果，被誉为“神水天医”。

除三大热泉外，在金沟河沿岸峭壁与悬崖下，还分布着7个水温不同、气味不同、作用各异的温泉。有专治眼疾的“眼睛泉”，专治耳病的“耳朵泉”，专治肠胃病的“鸡蛋泉”，还有可去热清火、水温仅为7℃的“冰泉”等。

【托里县景区（点）】 托里生态园（国家AAA级旅游景区） 托里生态园是一个集文化、休闲、娱乐、办公于一体的开放式园林。生态园本着经济发展与环境保护、旅游开发与生态平衡相协调的理念，以休闲娱乐为主，规划为文化休闲区、行政办公区、果林游赏区、儿童游乐区、密林休息区、纪念瞻仰区、运动区等七大功能区块，构筑一个自然、生态、文化三位一体的现代化园区。

【额敏县景区（点）】 滨河公园（国家AAA级旅游景区） 公园位于额敏县城中部，是城市滨河景观绿地公园，占地面积70万平方米，从迎宾大桥东（上游）1100米至迎宾大桥西（下游）1000米，全长2100米，2013年被评为国家AAA级旅游景区。

滨河公园主要包括水利建设和景观建设两个部分：水利部分包括两道注水式橡胶坝，一道水力自控翻板闸以及下游的一道冲沙式溢流坝，四道壅水建筑物和城区段河道两岸共4.2千米的防护堤，一道穿河而过的曲桥和一条过水路面；景观建设主要包括额敏河北岸的夕阳红老年公园、额敏河绿色通道、金色年华儿童公园，额敏河南岸的生态公园、时代广场、民俗文化广场六部分。

【和布克赛尔蒙古自治县景区（点）】 双山公园景区（国家AAA级旅游景区） 公园地处和什托洛盖镇区中心，是美丽乡村建设的重点民生工程之一。根据“突显地域特色、续延历史文脉、营造精致生境”的设计理念，按照功能划分为主广场区、中心湖景区、健身广场区、儿童游乐区、滨湖看台区、音乐喷泉区、观景平台、美食屋、文化广场区、休闲广场区、轮滑运动区、海豚叠泉区等11个功能区块和服务设施。

阿吾斯奇旅游区（国家AAA级旅游景区） 景区位于县城西北方向60余千米处，与哈萨克斯坦共和国接壤。这里景色秀丽，水草丰美，如一块绿色的翡翠镶嵌在群山怀抱之中，辽阔的草原地势平坦，气候湿润，降水量高，年平均气温3℃，7月平均气温16℃，无霜期为120天。四周铁布克山、托落盖山、赛木斯台山峰峻石异，此处夏季羊欢马嘶、牧歌荡漾，草地野花争奇斗妍，有松树、苦杨、爬地柏等植物点缀山坡，有旱獭、大头羊、盘羊、猞猁等动物，使这里形成天然的景色公园。

【旅游精品线路】 环塔全景新疆自驾游 乌鲁木齐—沙湾大盘美食城—啤酒之都乌苏市—托里草原丝路驿站—巴尔鲁克山景区—俄风欧韵塔城市—额敏海航牧场—和布克赛尔江格尔文化县—乌尔禾魔鬼城—乌鲁木齐

天山画廊休闲自驾游 乌鲁木齐—百里丹霞—沙湾温泉、鹿角湾、塔城乌沙安集海大峡谷—乌苏佛山森林公园—奎屯河大峡谷—独山子—啤酒之都乌苏市—沙湾美食城—玛纳斯中华碧玉园—葡萄酒庄—乌鲁木齐

边境绿洲自然生态游 乌苏甘家湖—托里草原丝路驿站—裕民巴尔鲁克山—塔城巴克图口岸

戍边风光采风游 乌鲁木齐—俄风欧韵塔城市、塔尔巴哈台山—裕民巴尔鲁克山—托里老风口—额敏海航牧场—赛尔山—和布克赛尔江格尔文化县、龙脊谷—和什托洛盖准噶尔御气园—乌尔禾魔鬼城—乌鲁木齐

草原赏花专线游 额敏野果林—海航牧场—塔尔巴哈台山—库鲁斯台草原—巴尔鲁克山区

红色旅游专线 伟人山观景点—红楼博物馆—巴克图口岸博物馆—边境贸易博物馆—巴什拜纪念馆—孙龙珍烈士纪念馆—小白杨哨所—托里县亚欧大陆地理中心—烈士陵园—孔繁森纪念碑

湖光山色跨国游 俄风欧韵塔城市、巴克图口岸—阿拉湖—谢米市（哈）—乌斯卡缅市（哈）—卡通喀拉盖（哈）—马尔卡湖（哈）—斋桑（哈）—吉木乃口岸

俄风欧韵 塔城市、巴克图口岸—阿拉湖—谢米市（哈）—阿斯塔纳（哈）—阿拉木图（哈）—霍尔果斯口岸

地质矿产寻宝游 和丰玛纳斯盐湖—百口泉盐场—艾里克湖—乌尔禾魔鬼城—白杨河湿地—哈图金矿—龙脊谷—和丰—喀纳斯

四季节庆文化游 新疆塔城裕民山花节、新疆塔城乌苏啤酒节、塔城环塔（国际）拉力赛、塔城沙湾大盘美食文化旅游节、塔城额敏冰雪文化旅游节、塔城阿肯阿依特斯旅游文化节、塔城和布克赛尔蒙古自治县江格尔文化旅游节

草原丹霞旅游风景游 乌鲁木齐市萨尔达坂乡—昌吉市硫磺沟—呼图壁县康家石门子岩画—玛纳斯县五道垭—清水河—东大塘—沙湾鹿角湾—塔城乌沙安集海大峡谷—独库公路—乌苏佛山森林公园

塔城博州边境游 克拉玛依—乌尔禾魔鬼城—和布克赛尔—额敏海航牧场—塔城—裕民巴尔鲁克—托里巴尔鲁克森林公园—阿拉山口—温泉县—赛里木湖—博乐

（李　垚）

经济管理

宏观调控

【经济社会平稳发展】 2021年，地区坚持以规划为引领，抽调精干力量组建专班，高质量编制完成《塔城地区国民经济和社会发展第十四个五年编制规划纲要》，各县市规划纲要相继印发实施；围绕规划落实建立地区“六重清单”，使规划任务年度化、清单化、责任化，全年实现地区生产总值825.31亿元，比上年增长5.6%；一般公共预算收入完成40.55亿元、增长13.38%；规模以上工业增加值增长3%，社会消费品零售总额完成77.32亿元、增长19.1%；进出口贸易总额完成8亿元、增长171.2%；招商引资区外到位资金154.64亿元、增长125%；固定资产投资完成164.82亿元，增长10%，实现“十四五”良好开局。

【塔城重点开发开放试验区】 2021年，地区发改委全面落实“一带一路”倡议和加快推进丝绸之路经济带核心区建设部署要求，研究起草2021年塔城地区融入丝绸之路经济带核心区建设工作要点。积极争取2021年度沿边重点开发开放试验区方向中央预算内资金，落实中亚文化交流中心、巴克图进出口综合加工产业园等项目资金1.57亿元，支持试验区先行发展区项目建设。配合完成试验区建设总体规划和高质量发展若干政策起草工作，委托编制《塔城至阿亚古兹铁路建设的必要性和可行性分析》《推进巴克图口岸陆路物流通道建设研究》，为试验区发展提供有效支撑。

【固定资产投资】 2021年，地区按照“建设一批、开工一批、储备一批”要求，建立续建、新建、储备项目库和项目调度、指导服务、联审联批、排名通报等工作机制，召开地、县集中联审联批会议5次、地区投资项目调度会32次，组织地区重点项目集中开工4次。一批事关经济社会发展的重大事项、重点项目取得实质性进展。乌苏市军民合用机场项目预可研已上报国务院、中央军委，和布克赛尔民用机场完成老机场的评估报告；和布克赛尔至乌苏750千伏输变电项目前期加快推进，乌苏市、沙湾市供电公司业务划转工作全面完成；与国家电投、西安隆基、华电、金科新能源等8家企业签订新能源开发框架协议；推进塔城市锡伯图水库等地区重大水利工程建设，完成投资7.02亿元。乌苏吉尔格勒德水库即将实现下闸蓄水阶段验收。完成5G站址建设745个，已投入使用304个。

【政策性项目落实】 2021年，地区发改委主动跑办对接，最大限度地争取上级补助资金，多渠道落实国家水网骨干工程、县城排水防涝、保障性安居工程、城市供水供热等领域中央预算内项目128个，总投资20.7亿元，其中中央预算内资金13.98亿元，比上年增长12.7%，116个项目已全部开工建设；认真做好2021年专项债券项目申报，已发债项目60个，发债资金37亿元。积极做好前期费争取工作，为塔城至巴克图铁路等重大项目前期推进落实前期费690万元。

【惠民生工程建设】 2021年，地区持续抓好社会民生领域项目建设进度，加强项目调度、督导及部门协作，推进31个惠民生项目年内实现全部完工；紧盯社会事业领域薄弱环节、发展短板，争取2021年政策性资金6亿元，实施教育、卫生、烈士纪念设施等项目24个；鹿角湾景区基础设施项目和地区边境5个县市智慧广电固边工程已纳入国家发展改革委《“十四五”时期文化保护传承利用工程项目储备库》。谋划2022年惠民生项目申报，已完成教育强国推进工程、社会服务设施兜底线工程等六大工程储备项目34个，总投资3.49亿元。

【对口援疆工作】 2021年，地区落实“十四五”援疆规划，累计安排援疆项目244个，安排援疆资金34.73亿元；落实2021年援疆项目175个，下达援疆资金6.95亿元，组织试验区、地直单位、各县市召开援疆项目前期工作调度会，建立项目推进和沟通联络机制，实施定期调度机制，截至年底援疆项目已全部开工建设。

【巩固脱贫攻坚成果】 2021年，地区发改委落实易地扶贫搬迁融资补助资金1228万元，强化易地搬迁后续产业扶持；落实中央财政衔接推进乡村振兴补助资金、中央预算内以工代赈资金5536万元，实施以工代赈项目21个，不断巩固脱贫成果、促进当地群众就地就业、增加收入。集中编制塔城地区“十四五”以工代赈工作实施方案，储备以工代赈项目163个5.79亿元。

【经济体制改革】 2021年，地区发改委充分发挥专项小组联络员单位职责，贯彻落实《塔城地委全面深化改革委员会2021年工作要点任务分工方案》，统筹推进实施创新驱动战略、努力建设高标准市场体系、全力建设塔城重点开发开放试验区等9方面55项重点改革任务；出台塔城地区农业水价考核细则，完成各县市农水价格成本测算工作，促使各县市农业水价达到2015年运营维护成本；继续稳步推进棉花价格体制改革工作，及时解决棉花收购过程中出现的打白条、哄抬价格等不规范行为；承接自治区党委做好中央第六巡视组反馈意见兵地融合发展工作组整改工作，研究起草《塔城地区推进兵地融合发展示范区建设实施方案》等工作方案，建立巡视整改工作台账，高质量完成各项整改任务。

【市场价格监督】 2021年，地区发改委持续开展国有景区门票价格降价工作，额敏县野果林景区、沙湾市鹿角湾景区完成降价；落实国家及自治区清理规范城镇供水供电供气供暖行业收费清理工作；加强对粮油肉蛋等生活物资的零售市场价格监测，密切关注商品价格动态，节日期间启动价格检测日报价的应急工作机制，重点对棉花、生猪、牛羊肉价格开展重点专项跟踪调查。

【粮食和物资储备】 2021年，塔城地区累计收购小麦36.88万吨，比上年增加5.54万吨。累计收购玉米235.55万吨，总收购量增加45.96万吨；梳理自治区2020年度粮食安全专员责任制考核目标任务扣分项目，完成整改任务，2021年度粮食安全专员责任制考核被评为“优秀”等次；军粮供应安全顺畅，成品粮油储备落实有力，应急保障能力不断提升。完成自治区党委、地委对粮食安全主体责任落实巡视巡察任务，整改工作正在推进。

【能耗“双控”工作】 2021年，地区发改委做好项目能耗“双控”工作，制定印发《塔城地区2021年节能工作要点》，梳理排查已建成、在建、拟建的年综合能耗消费总量1000吨标准煤以上的用能单位和项目，理清下阶段贯彻落实遏制“两高”项目工作思路和措施；按照产业布局和环境容量的要求，严格把项目节能审查关；聚焦重点县市、重点行业、重点用能企业，开展挖潜工作，合理降低规上工业综合能耗。

【安全生产工作】 2021年，地区发改委强化储粮安全风险管控和隐患排查治理，未发生粮食安全生产和储粮事故；加大执法检查力度，抓好地区煤矿安全生产专项整治三年行动，及时消除安全隐患；紧紧盯住电力安全生产薄弱环节，组织开展电力安全生产自查工作，切实加强电力安全；开展油气管道保护大排查，制定《油气管道保护大排查大整治实施方案》，聘请专家对辖区长输油气管道进行全覆盖检查。

【粮食工作】 2021年3月23日，塔城地区完成粮食和物资储备系统“十四五”规划建设项目和“十四五”援疆建设项目的申报。地区粮食和物资储备系统“十四五”规划项目重点是粮食应急保障、粮食物流、现代仓储、优质粮食工程、救灾物资储备库等五大工程项目储备工作，“十四五”规划申报项目27个，总投资60044万元，申请中央财政资金21670万元，其中粮食应急保障工程项目7

个，总投资6020万元；粮食物流工程项目1个，总投资19.9亿元（一期工程投资2.5亿元）；现代仓储工程项目10个，总投资15302万元；优质粮食工程项目5个，总投资12730万元；救灾物资储备库项目4个，总投资992万元。“十四五”援疆项目重点是基础建设类和运行保障类，“十四五”援疆规划申报项目4个，总投资4980万元，其中基础建设类项目3个，总投资4480万元，运行保障类项目1个，总投资500万元。（岳中文）

自然资源管理

【国土空间规划】 2021年，地区自然资源局完成《塔城地区级国土空间规划（征求意见稿）》《塔城地区国土空间总体规划（2020—2035年）中期成果》。完成地区本级自然资源“十四五”规划、矿产资源“十四五”规划、地灾防治“十四五”规划、基础测绘“十四五”规划、国土空间生态修复规划（2021—2035年）的文本编制，为地区自然资源事业高质量发展奠定基础。

【耕地保护】 2021年，地区自然资源局与各县市人民政府签订耕地保护责任目标面积46.77万公顷，签订基本农田保护责任目标面积37.32万公顷，均超出自治区下达的各项指标，地区耕地保护责任目标履行情况通过自治区考核通过。推进城乡建设用地增减挂钩节余指标跨省域调剂，确定新增耕地可用于占补平衡面积为1.65万公顷并上报自然资源部备案。

【土地保障】 2021年，塔城市、额敏县成片开发方案通过自治区批复，裕民县、和布克赛尔蒙古自治县城镇基准地价更新修编成果通过自治区验收。审查、上报建设用地报件120个，总面积1238.8公顷。主动抓好涉自然资源类税费征管，完成非税收入超14亿元。

【矿产保障】 2021年，地区自然资源局推进地质找矿工作，引导企业投入资金4500余万元，新增油砂资源量8000万吨、金矿储量1.2吨。加强矿业权管理，梳理地区拟注销采矿权许可证92个，审核探矿权71个、采矿权38个。推进矿权出让，托里县阿拉山口花岗岩探矿权以1200万元成交，累计收缴矿业权收益1985.12万元。

【不动产登记】 2021年，地区自然资源局推进国有农牧场土地使用权确权登记发证，完成发证面积313.06万公顷。完成农村地籍调查及集体建设用地使用权确权登记应发证12.82万宗，发证率98.43%，超额完成年度发证目标任务。全面提升不动产登记便民利民服务水平，颁发不动产产权证2.21万本，不动产产权证明1.12万本。

【测绘地理信息服务】 2021年，地区自然资源局推进测绘资质单位复审换证，完成16家测绘资质单位实地核实并取得资质。落实辽宁省援疆资金200万元，边境区域1：1地形图更新测图项目投入使用。主动提供测绘成果100幅（册）、测量标志服务30次、测绘地理信息基础图件10余次。

【自然资源执法】 2021年，地区自然资源局实地摸排疑似耕地“非农化”图斑4.38万个1.29万公顷。据实将2461个农村乱占耕地建房问题纳入整治范围，为全面整治奠定基础。完成西安督察局反馈的3大类85个具体问题整改并上报自治区。严格按照“月清”“季核”要求开展卫片执法工作，完成1516个土地图斑和21个矿产图斑的外业核查和整改查处。全年立案查处违法案件185宗，结案173宗，罚没款816.79万元，追缴土地出让金506.8万元。（张忠文）

2021年5月12日，地区自然资源局围绕“防范化解灾害风险，筑牢安全发展基础”主题，开展防灾减灾宣传活动（张忠文 摄）

国土资源执法监察

【土地执法监察】 2021年，地区国土资源执法监察支队立案203件，结案197件，罚款891.48万元，协助追缴土地出让金506.8万元，拆除违法建筑物等56827平方米。

【矿产执法监察】 2021年，国土资源执法监察支队矿产立案36件，结案33件，罚没款223.49万元，没收露头煤6.75万吨，移交政府后公开拍卖成交价款330万元。

【卫片执法】 2021年，国土资源执法监察支队配合各县市自然资源局开展卫片执法检查的外业核查。核查2021年1—3季度土地图斑898个，矿产图斑21个。系统共立案查处卫片违法图斑案件41件（含2020年度第四季度卫片），结案38件，收缴罚没款91.32万元。

【乱占耕地建房问题整治】 2021年，自治区下发10353个图斑，经摸排纳入农村乱占耕地建房问题整治范围2461个（住宅类1585个，公共管理服务类81个，产业类795个）。截至年底，已立案查处68件，结案67件，收缴罚没款132.57万元，涉及土地面积21.72公顷（耕地8.58公顷）。

【“以案促改”专项执法检查】 对2013年以来塔城地区9个矿山地质环境治理恢复项目、40个土地整治项目、1个地质遗迹保护项目以及已闭坑、政策性关闭小煤矿、砂石黏土矿治理项目和45个中央环保督察反馈问题整改项目全部进行实地核查、检查、督导，发现违法行为3起，已立案查处并结案。

【共同监管机制】 2021年，国土资源执法监察支队建立健全共同监管责任制，推动落实地区行署及7个县市政府先后下发《国土资源执法监察共同监管责任机制的方案》。开展联合执法行动186次，查处案件26件。 （于马成）

国有资产监督

【国有企业改革】 2021年，地区国资委优化调整完善治理主体，选优配齐监管企业领导班子，结合企业发展实际，对“三会一层”进行优化调整，监管的7家国有企业，2家成立党委，4家成立党支部。家监管企业均建立董事会，25家子企业中符合条件的12家也建立董事会，依法落实董事会各项权力。推进国有经济布局和结构调整。地区国投公司推进基础产业、矿产资源类，加快办理东恒能源煤矿、全荣骆驼包煤矿、山城石灰石矿、金利石英砂矿等相关手续。地区交投公司与中铁十五局集团有限公司按照“资源共享、互惠互利、产业落地、共同发展”的合作思路，采用“投资建设运营一体化”的模式共同出资成立合资公司，负责参与试验区项目的投融资、建设、运营等。国有企业退休人员社会化管理工作已100%完成。深化混合所有制改革。地区国投公司全资子公司源容商贸公司与塔城金农农业开发有限责任公司等9家烘干厂建立购销产业链条，向6家烘干厂注入建设资金4000余万元，新增玉米烘干加工能力10万吨，仓储5万吨，预计销售7亿元。推进重点开发开放试验区建设。研究制定《地区监管企业对新疆塔城重点开发开放先行发展区贡献度年度考核奖励办法》，各监管企业参与实施的新疆塔城重点开发开放试验区项目30个，计划总投资21.91亿元，已累计投入金额4.5亿元。推进兵地国企融合发展。5月份，组织7家国有企业负责人及部分县市国资国企负责人赴新疆生产建设兵团第七师、第八师、第九师就新疆塔城重点开发开放试验区建设、兵地国企产业合作、旅游线路资源共享、农产品资源上下游合作等方面开展调研，深入挖掘兵地国企双方利益共同点，建立兵地国企合作的良好机制，签订《塔城地区国资委和第七师胡杨河市国资委兵地融合发展战略合作框架协议》《塔城地区国投公司和第七师国有资产经营公司战略合作框架协议》《乌苏市兴融建设投资集团有限责任公司和新疆锦恒能源集团有限公司战略合作框架协议》。

【经营业绩考核机制和管理】 2021年，地区国资委持续深化劳动、人事、分配三项制度改革，修改完善《塔城地区国资委监管企业负责人经营业绩考核办法》《塔城地区国资委监管企业负责人薪酬管理办法》《塔城地区国资委监管企业工资总额管理办法》等办法，体现以利润为导向的激励约束机制，有效解决企业内部经营机制僵化、利益相对固化、行政化管理思维尚未改变等问题。加强各类风险管控，研究制定《塔城地区企业国有资产监督管理暂行办法》《塔城地区国资委企业投资监督管理办法》《塔城地区国资委监管企业投资项目负面清单》等办法，聚焦企业债务风险、投资风险、法律风险、金融风险等，完善合规内控体系，及时排查处置风险隐患，防范经营风险。

【国资监管工作】 2021年，地区国资委研究制定《塔城地区国资委授权放权清单》，优化管资本的方式手段，形成以管资本为主的国有资产监管体制。强化以管资本为主的职能，优化考核评价体系，对不同功能定位、行业领域、发展阶段的企业实行差异化分类考核，将落实宏观调控政策、科技创新、引领战略性新兴产业发展和企业责任追究等纳入企业负责人经营业绩考核范围。依法依规对各级企业进行信息公开，接受社会监督。引导企业充分利用新疆塔城重点开发开放试验区战略机遇，积极主动与央企、自治区企业及驻疆商会进行对接洽谈寻求合作商机，并将此项工作作为企业负责人经营业绩考核的加分项。

（谢七成）

财　政

【财政收支管理】 2021年，地区财政局依法依规做好组织收入工作。严格按照要求，加强收入监测和分析，强化重点行业、重点税源的动态监控，防止跑冒滴漏，确保应收尽收。2021年，地区一般公共预算收入完成40.55亿元，增长13.38%。税收收入完成24.59亿元，比上年提高5.62%，收入质量进一步提升。

加强财政支出管理。持续优化财政支出结构，坚持集中财力办大事，地区一般公共预算支出完成172.15亿元，剔除不可比因素，实际增长6%。牢固树立“过紧日子”思想，压减“三公经费”等一般性支出，“三公经费”下降9.96%，其中公务接待费用下降33.4%，公务用车运行维护费下降12.25%。

做好直达资金支出管理工作。全地区纳入直达系统资金29.02亿元，为基层保就业、保民生、保市场主体提供有力支撑。推进落实专项资金闭环式管理，实施闭环资金管理以来，专项资金管理进一步规范，有效防止杜绝项目资金被挤占、挪用、套取的问题发生，确保中央、自治区专项资金发挥最大效益。

【保障和改善民生】 2021年，地区财政局牢固树立以人民为中心的发展思想，持续保障和改善民生，把人民对美好生活的向往作为财政工作的奋斗目标，增加投入、保障基本，全年用于教育、社会保障和就业、医疗卫生、保障性住房等民生支出达127.74亿元，占一般公共预算支出的74.2%，民生福祉持续改善。支持稳就业，加大就业扶持力度，落实就业创业扶持政策，安排促进就业资金支持各族群众就业。全年投入就业资金1.04亿元，有力保障了就业工作。落实“三保”工作责任，把保基本民生、保工资、保运转作为财政运行底线，全地区保障“三保”支出90.83亿元，占一般公共预算支出的52.76%。其中保工资支出65.97亿元，保运转支出5.19亿元，保障教育、社会保障、卫生健康人员类补贴及村级运转等基本民生支出19.67亿元。加强惠民惠农财政补贴“一卡通”发放管理，全地区落实“一卡通”补贴资金27.68亿元，惠及农牧民群众13.69万人次。开展惠民惠农财政补贴“一卡通”发放管理监督检查，抽查742个村队、9832人次，“一卡通”管理进一步规范化、制度化。支持乡村振兴，坚持“四个不摘”“八个不变”，加快乡村振兴资金执行进度，全地区拨付推进乡村振兴衔接补助资金3.7亿元，涉农整合资金3486万元，为巩固脱贫攻坚成果同乡村振兴有效衔接提供了资金保障。

【财政政策实施】 2021年，地区财政局全面贯彻落实党中央关于减税降费、纾困惠企、稳岗就业政策的决策部署，全地区新增减税降费2.89亿元，减税降费效果持续显现。用好用活产业发展专项资金5亿元，重点支持符合政策的产业项目，支持企业87家，实现带动资产投资27.68亿元，带动就业8200人。积极推进政府和社会资本合作（PPP）项目，全地区录入全国PPP综合信息平台管理库项目18个，总投资210.67亿元，支出责任总额254亿元。有效发挥地方政府债券资金积极作用，安排新增债券项目资金49.9亿元，用于支持保障落实乡村振兴、教育、卫生等重大民生领域顺利实施。支持推动试验区建设发展，争取边境县市转移支付资金和试验区补助资金1.2亿元支持试验区建设。发行政府债券11.6亿元，推进试验区基础设施建设和产业发展。成立边合区财政局，确保财政政策支持试验区建设落实到位。

【保障重点工作】 2021年，地区财政局充分发挥财政职能作用，加大疫情防控保障力度，保障疫情防控核酸检测、定点隔离、疫苗接种、物资供应、防疫人员补助等各项政策落实到位。支持保障地区维护社会稳定，加强对政法单位经费预算保障和中央政法补助专款的管理使用，加强基层政权建设，落实公、检、法等部门的经费保障。支持“访惠聚”驻村工作，保障“访惠聚”为民办实事、个人补助经费政策落实到位。加大安全生产保障力度，支持安全生产预防、重大安全隐患治理能力建设，健全保障安全生产监管执法经费保障、专项资金管理、安全生产责任体系，安全生产财政支出机构不断优化。

【财政管理改革】 2021年，全地区各县市财政、各预算单位全面启动预算管理一体化系统，运用一体化系统完成预算编制、预算执行全流程测试，为实现各级财政预算管理顺向控制、逆向反馈的闭环监管做好充分准备。做好政府债务管理工作，坚决按照既定方案化解政府隐性债务，如期完成政府隐性债务化解任务，牢牢守住政府债务风险的红线底线。预算绩效管理体系不断完善，落实财政部门和预算单位绩效管理主体责任，全面实施预算绩效管理、预决算公开、推进政府采购、规范内部控制、强化资产管理等改革管理工作深入实施。实施重点项目预算执行和绩效目标运行情况“双监控”，将绩效结果与预算安排调整有机衔接，财政资金使用效益明显提升。依法依规公开预决算，全面公开政府预决算信息，全地区各部门单位（除涉密单位外）全部按照要求公开预决算信息，财政透明度进一步提高。

（詹文文）

税 收

【税费收入】 2021年，塔城地区税务系统组织税费收入91.7亿元，首次突破90亿元大关，其中税收收入52.5亿元，比上年增长21.5%，增收9.3亿元，完成地方级税收收入（不含省级）25.2亿元，增长23.4%、增收4.8亿元；组织社会保险费入库37.1亿元，增长68.5%，增收15.1亿元；完成非税收入1.7亿元，增长37.2%，增收0.45亿元；完成其他收入0.5亿元，增长14.1%。

2021年，塔城地区税务系统税费收入比重快速拉近，税收收入单年增长额逼近10亿元，对塔城经济社会发展的税收贡献度显著提高。

【依法治税】 2021年，塔城地区税务系统被新疆税务局确定为“精准执法”试点单位。紧紧抓住精确执法试点这个有利时机，推动精确执法试点纳入地方法治政府建设，以规范执行“三项制度”为切入点，选定塔城市税务局、额敏县税务局“一大一中”两个县市局和稽查局先行先试，创建执法约谈室，制定执法记录仪使用流程图，全方位规范一线税收执法，以非强制性执法为“突破点”，成立稽查“说理式执法团队”，编写《说理式执法文书范本》，开展现场模拟培训，探索研究“柔性执法”。首批“首违不罚”清单全面落实，税务执法更加精准，精确执法试点在全疆做经验交流发言。率先在全国实现以股票轮候冻结和期货账户划扣形式，为国际资源案件跨省强制执行贡献塔城经验。

【税收征管】 2021年，塔城地区税务局以税收征管质量5C监控提级增效工作为抓手，制定《塔城地区税务局税收征管质量5C监控评价体系推广实施方案》，分级建立税收征管质量5C监控评价体系运行专班。运用好核心征管信息系统及管控平台，做好提前分析预判，加强指标数据监控，在产生问题数据之前及时调控处理。已实现对31项指标的有效监控。结合辖区内征期历史数据合理安排错峰申报，努力实现均衡申报，推进征期运行平稳。

截至2021年12月31日，塔城地区税务系统管辖纳税人79153户，其中企业18819户，个体工商户60334户。

【风险管理】 2021年，塔城地区税务系统严格落实“信用+风险”监管机制，持续强化“税收洼地”、农产品收购等重点领域风险防控，“以地控税”全面上线，税收票证风险排查工作受到新疆税务局肯定，税收调查数据质量和专题分析工作被新疆税务局通报表扬，国际税收情报交换实现零的突破，全年完成风险任务应对疑点处理率达100%；编制完善全税种风险指引18个，制发《塔城地区涉农产品企业税收风险事项管理工作机制》及涉棉行业风险预警指引和风险应对指引，建立9项风险预警指标，总结提炼出27种风险预警方法；建立土地增值税集成清算机制，经验做法被新疆税务局向国家税务总局推荐。

【纳税服务】 2021年，塔城地区税务系统精心打造“智慧微厅”，形成自助办税、网上办税、实体办税一体化“办税圈”；建立“三零”服务机制，形成“问需求—解难题—再提升”闭环式服务机制；升级调整税费服务7项，“打磨”推出186条服务举措，建立“办税服务厅+税费服务支持中心+企微税征纳互动平台”合成办税服务新模式，出口退税办理时限平均压缩至2.11天，高信用等级重点出口企业实现当日办结，203项税费事项实现“全程网上办”“非接触式”办税缴费比例达96%以上，76项业务实现手机App指尖办理；关注特殊群体，设立特殊人群绿色通道8个，配置轮椅8台，推出政策讲解、现金收付等适老服务，实现社保缴费线上通办、一厅联办、到厅即办；圆满完成财行税“十税合一”、流转税主税附税申报整合，不动产交易实现“一窗办理”全覆盖；推出“小花说税”“云讲堂”等特色云辅导、云帮办服务，开通双语流动办税服务车，指导裕民县、沙湾市税务局成立“小白杨”“吴晓红”工作室，“项目管家”“银税贷”服务提质增效，政务服务好评率达99.99%，税费服务更加精细。

【税种管理】 2021年，塔城地区税务系统负责增值税、消费税、企业所得税、个人所得税、资源税、城市维护建设税、房产税、印花税、城镇土地使用税、土地增值税、车船使用税、车辆购置税、耕地占用税、契税、环境保护税的征收管理工作。

【税收政策落实】 2021年，塔城地区税务系统聚焦税费优惠政策，地县联动、上下贯通，严格执行“一体指挥、集成辅导、智能享受、常态监督”政策落实机制，多措并举强宣传、防风险、抓落实，政策落实的规范性、智能化、精准度明显提升，研发费用加计扣除、降低小规模纳税人征收率等新政策不折不扣落实到位、直达市场主体，全年新增减税降费2.81亿元，依法依规办理出口退税8437.99万元，为制造业、中小微企业办理缓交税款3008万元，为煤电和供热企业办理减退缓税5443万元，政策效应显著，有力促进市场主体恢复元气、增强活力。

【税务稽查】 2021年，塔城地区税务局探索建立税警协作联合办案“双中心运行”模式，率先在全地区实现以股票轮候冻结、期货账户划扣形式，跨省划扣税款3.3亿元，为税收稽查案件跨省强制执行提供塔城经验。打击虚开骗税两年专项行动圆满收官，被新疆税务局点名表扬。

2021年，地区稽查立案检查户数同比下降28.92%（全国下降37%、全地区下降13.2%），查补收入比上年增加481.14万元。稽查立案55户，入库税款3275.32万元；积案清理率100%，超全疆53%的平均线；依法有序组织开展欠税清理，全系统清欠入库税款4.49亿元。

（王秀娟）

统计管理

【经济运行分析】 2021年，地区统计局坚持经济运行月度分析制度，每月组织召开经济形势分析会，从结构、趋势、原因、比较等多维度展开分析，全面完成统计各专业定报工作。截至年底，撰写统计信息26篇、统计运行分析40期、统计月度卡片10期、2020年度统计公报1期，2020年度领导干部手册1期、统计专报26期。创新前瞻性分析举措，实行周分析月监测制度，组织工业、商贸、投资等专业围绕项目和企业入统、重点企业生产经营情况，按周进行滚动分析研究预判，为领导决策提供预警预测信息。贯彻落实地委、行署决策部署，充分发挥统计部门优势，及时跟进、主动作为，着力做好地区经济发展监测预警，为地委、行署统筹疫情防控和经济社会发展提供统计保障。

【统计基层基础建设】 2021年，地区统计局将统计基层基础建设列入议事日程，多次召开专题会议研究部署统计基层基础工作，成立统计基层基础建设领导小组，确保地区统计基层基础建设长效化推进。截至年底，地区89个基层站点168名基层统计人员进行第一轮全覆盖培训，投入200余万元专项资金购买相关设备已全部到位。

【落实住户一体化调查制度】 2021年，地区统计局高度重视住户一体化调查工作，各县市不断改进工作中存在的不足，进一步夯实住户调查工作基础。加大基层报表的审核、评估、监管，提高基层统计数字的可信度，保证统计数字准确、系统、全面。在数据汇总、评估时把好评审关，使数据合理性、真实性得到保障。加大对县市业务员、辅调员、调查户的培训力度，累计组织现场培训2次，地区及县市参加自治区培训1次，使辅调员能全面、细致掌握辅导记账方法、账页编码、完善工作台账等工作，便于培训调查户会记账、记好账。

【统计督察整改】 2021年，地区统计局针对自治区统计督察反馈的5个方面15个问题，及时召开党组会议研究整改落实工作，深刻剖析问题产生根源，第一时间制定整改落实工作方案和问题清单、任务清单、责任清单，组织地区统计系统扎实推进整改落实工作。整改中，始终坚持问题导向、目标导向、结果导向，严格按照自治区统计督察反馈意见和地委、行署关于统计督察整改的工作要求，推进各项整改任务落实落细落具体并长期跟进。截至年底，统计督察组反馈指出的5个方面15个问题已全部整改完毕。（谢 斌）

审计监督

【概况】 2021年，塔城地区各级审计机关累计开展审计项目188个，其中自治区统一项目37个，援疆项目13个。完成审计项目合计168个，其中2021年度审计计划完成项目151个，接续完成2020年年度审计计划完成项目17个。审计中发现679个问题，其中2021年度审计计划完成项目发现问题562个，接续完成2020年年度审计计划完成项目发现问题117个。出具审计报告和专项报告160篇。已完成整改问题422个，正在整改中问题257个，其中41个问题未到整改时限。移送审计处理事项24件。

【审计项目统筹】 2021年，地区审计局紧盯党中央重大政策措施贯彻落实、财政资金使用绩效、生态环境保护、重大风险防控、重要民生事项及公共工程等经济社会发展重点，依法履行审计监督职责，加强对经济社会运行中各类风险的揭示力度，加大对公权力运行的制约和监督力度，坚决揭露和查处重大违纪违法问题，坚决纠正损害群众切身利益的突出问题和不正之风，推动各项惠民富民惠企政策落实到位，地区本级全年累计实施疫情防控、支持旅游发展政策落实、直达资金惠企利民情况审计、财政审计、民生资金审计、领导干部经济责任审计、重大公共工程等审计项目22个。加强审计项目和审计组织方式“两统筹”，在优化资源配置，盘活用好审计资源上下功夫、挖潜力，打破科室边界，通过以经济责任审计为主线，融合开展多项审计任务的“1+N”审计方式，在开展领导干部经济责任审计的同时统筹开展自然资源资产审计、单位财务收支审计，实现“一审多项、一审多果、一果多用”，努力提高审计效能。牢牢守住审计质量“生命线”，恪守审计权力边界，更加精准高效揭示问题，客观公正作出评价，实事求是处理问题。严肃揭示违法违纪问题线索和风险隐患，推动源头治理，促进防患于未然。把审计监督与政治监督贯通融合，发挥“经济体检+政治体检”的叠加效应，加强与地区纪委监委、地委巡察办、组织人事部门沟通对接，强化信息共享、资源互通。积极配合组织部门征求干部廉政审查意见工作，运用好审计结果，出具审查鉴定材料73份。

【审计制度建设】 2021年，地区审计局研究起草《塔城地区贯彻落实加强地方党委审计委员会工作的具体措施》，解决审计职责定位不够清晰、作用发挥不够充分等问题。制定《塔城地委审计委员会成员单位工作协调推进机制》，包括协调会议、联络员、督查督办等制度，明确各成员单位工作职责，形成工作合力，推动委员会议定事项落实，为审计工作提供指导。研究起草《塔城地委审计委员会办公室关于审计工作重大事项和重要文稿运行工作规程》，规范审计工作重大事项和重要文稿的办理程序及报送内容，进一步理顺工作机制、保障审计委员会日常工作协调、有序、高效运转。

【信息化建设】 2021年，地区加强审计信息化建设，强化县市审计信息化建设指导，投资15万元为地区本级及7个县市搭建联网审计平台，采取现场授课、以审代训、技术服务等方式传授大数据审计经验。推进数据分析室设备更新升级，为县市审计信息化建设提供业务指导，为审计全覆盖的实施提供技术支撑。加快推进“金审工程三期”建设，强化财务数据的采集和标准化处理工作，为大数据审核提供有力支撑。（朱玲莉）

市场监督管理

【市场主体注册登记】 2021年，地区市场监管局实现登记注册时间压缩至1个工作日内，实现企业开办时间压缩至3个工作日内。截至12月31日，地区各类市场主体68160户，注册资本（金）1127.6亿元，比上年增长18.8%、8.7%。现有药品经营企业462家，医疗器械经营企业433家，累计办理药械经营许可证725个。地区有食品生产企业159家，新办理食品生产许可事项15项、发放食品小作坊登记证183家，馕产品取证12家。累计办理压力容器、锅炉、电梯、起重机械、气瓶等特种设备行政许可18310台（个）。

【食品安全监管】 2021年，地区市场监管局落实冷链食品快递物流监测预警机制，从严做好冷链食品闭环管理，建立集中监管仓3个，抽检食品2182批次。开展食品安全突发事件应急演练15次，冷链食品应急实战演练和桌面推演54次。对7618家食品销售单位全部开展风险分级管理。截至年底，食品经营者入驻冷链食品追溯平台率达100%；累计完成首站赋码1.76万条，流转数据17.83万条。累计查处食品违法案件500起，罚没款164.64万元。餐饮服务单位“互联网+明厨亮灶”覆盖率达30%、学校幼儿园食堂覆盖率达100%，学校食堂实施用餐陪餐制度达100%。

【药品安全监管】 2020年，地区市场监督管理局按照“四个最严”要求，组织开展疫情防控、新冠病毒疫苗流通环节、中药饮片等专项整治。累计查处违法案件230起，罚没款111.44万元。完成国药、化妆品、抽样32批次；完成自治区药品、中药饮片、化妆品、医疗器械抽样100批次；不合格批次核查处置率均达100%。完成药品不良反应报告数1648份、化妆品报告636份、医疗器械不良事件报告10241份，比上年分别增长77.9%、133%、48.4%。

【特种设备安全监管】 2021年，地区市场监督管理局组织开展特种设备安全隐患排查治理，累计查结违法案件44起，罚没款149.78万元。检验压力容器、锅炉、电梯等7187台（个）；检验埋地天然气管道151.85千米、供暖热力管道92.03千米。转移乌苏市2.3万个自购液化气钢瓶产权。组织完成8批次等特种设备作业人员理论及实操考试，填补地区此项工作空白。完成2553部电梯应急救援标识牌贴牌，电梯维保刷卡率100%，电梯安全责任投保率100%，特种设备定检率为100%。

【产品质量安全监管】 2021年，地区市场监督管理局印发《2021年塔城地区质量强企实施方案》《搭建质量基础设施“一站式”服务平台实施“质量小站”方案》，有效融合综合服务各类资源。召开新闻发布会，对塔城地区质量状况分析报告进行通报。开展“监管护棉”专项行动，完成144家企业的技术条件和149条生产线的核查工作；现场核查质量补贴试点企业19家。2021年度棉花检验量达到32.6万吨。累计抽检产品470批次，不合格率为16%。查办质量案件156起案件，罚没款47.89万元。全年未发生“四大安全”责任事故。

【执法打假】 2021年，地区市场监督管理局牵头制定地区净化重点市场环境工作方案、公平竞争审查工作要点和地区反不正当竞争联席会议制度，开展公平竞争审查网上交叉检查和地区有关优化营商环境政策措施的公平竞争审查。召开地区打击侵权假冒伪劣工作联席会议，开展“铁拳行动”、监管护棉、“护苗2021”、规直打传、“双打”等专项整治工作。全地区累计办理各类行政执法案件1352起，罚没款入库669.5万元。

【标准化工作】 2021年，地区市场监督管理局制定《塔城地区标准化资助奖励资金管理办法》，填补地区标准化工作无资助奖励经费的空白。完成节能领域推动重点用能单位能耗数据在线监测6家。新建地县两级社会公用计量标准9项，复查11项；新建的容重器计量标准填补地区空白；地磅、天平、谷物水分测定仪、容重器等4类覆盖粮食收购计量器具标准走在各地州前列。地区质计所经自治区市场监管局协调完成克拉玛依市、阿勒泰市、克孜勒苏柯尔克孜自治州等三地35家企业、79台（件）谷物水分测定仪、容重器检定；受自治区计量处委托培训阿勒泰市、巴音郭楞蒙古自治州等地区质计所计量检定人员6人。累计检定计量器具41678台件，校准3724台件；检定数量同比增长30%以上。469家企业公开声明724项标准；8家企业达标公开声明达到（超过）国际标准。开展医疗卫生、粮食安全等8项计量专项检查；累计查办计量、认证违法案件54件。

【市场价格监管】 2021年，地区市场监督管理局组织开展疫情防控用品、中介服务、商业银行、殡葬养老、粮食、教育、水电气暖等领域收费价格专项检查，累计检查经营主体3751家次，查处3家燃气公司违规收费2.93万元并全部清退。召开系统贯彻落实非电网直供电价格政策推进会，摸排转供电主体32家，查办价格违法案件56件，涉及金额376.71万元，解决价格咨询举报投诉43件，确保全地区防疫用品及群众生活必需品价格基本稳定。

【信用监管工作】 2021年，地区企业、农民专业合作社、个体工商户年报率分别为92.27%、77.47%和71.06%。成员单位制定系统内双随机抽查计划75个，任务107项；制定部门联合双随机计划39个，任务45项，完成并公示结果任务37项。累计列入经营异常名录36628条；列入严重违法企业名单（黑名单）584条；申请移出黑名单1条、移出经营异常名录480条；录入公示行政许可和行政处罚信息累计1107条。

【网络市场监管】 2021年，地区市场监督管理局强化“三非”商品、“清风行动”，严厉打击非法野生动植物及其制品交易行为；加强“网剑行动”，全覆盖检查404家网站（店），查办网络案件9起，罚没款1.58万元。审查校外培训机构格式条款备案合同61份。累计受理投诉和举报2121件，已办结2092件，办结率为98.63%，挽回经济损失金额229.38万元。引导59家企业成为ODR企业，推动消费纠纷在线解决。

【广告监管】 2021年，地区市场监督管理局开展违法违规商业营销、医美、保健品、教育等领域广告监管，共监测发布广告33485条次，清理不良导向广告11条，广告监测条次违法率和时长违法率较上年同期相比分别下降1.2%和3.7%；查办广告案件49起，罚没款18.6万元。与教育部门开展校外培训广告联合执法12次，检查线下（线上）教育培训机构155家次，责令整改39件；清理拆除不规范广告660个。

【知识产权保护】 2021年，地区市场监督管理局印发《塔城地区加强知识产权保护工作实施方案》，明确相关责任。开展知名医院被冒牌、商标领域意识形态安全、蓝天专项整治等行动，累计查办违法案件194起，罚没款27.32万元；维权援助8起，调解侵权类矛盾纠纷5起。成功为一家企业凭借“63件专利+1件商标”质押融资贷款3千万元。截至年底，地区授权专利281件，专利许可4件，专利转让63件；有效注册商标总量5732件；推荐上报地理标志运用促进工程重点项目1件。开展知识产权法治讲坛、召开知识产权促进与保护新闻发布会各1次。国家知识产权局商标业务塔城地区受理窗口获国家知识产权局批准设立。

【普法宣传】 2021年，地区市场监督管理局在“3·15”消费者权益日、“4·26”知识产权日、“5·20”世界计量日、质量月、“6·9”世界认可日、“10·14”世界标准日、质量认证宣传周、药品安全用药月、医疗器械、化妆品安全科普宣传周、实验室开放日等节点，充分利用电视、网络、报刊、微信、微博等各种媒介开展普法宣传活动。采取专家讲课集中式、内网推送便捷式、座谈交流讨论式等多种形式宣传贯彻新修订《中华人民共和国药品管理法》《中华人民共和国疫苗管理法》《化妆品监督管理条例》《医疗器械监督管理条例》，召开《化妆品监督管理条例》和《医疗器械监督管理条例》视频培训。强化执法监督，规范执法行为，梳理公示行政处罚、行政强制等事项累计435项，累计评查各类案卷932件。严格落实行政处罚案件审核制度、重大案件集体讨论制度。（雷雪岭）

口岸管理

【口岸货运通关情况】 2021年，地区口岸委实现无接触式查验。在国门处新建电动悬浮大门，配备高清摄像头、高音喇叭等设施，远程遥控开启电动悬浮大门，通过高清摄像头核对、拍照留存哈萨克斯坦驾驶员护照、车辆信息，并使用高音喇叭远程引导，做到边检人员与哈萨克斯坦入境车辆全程不接触。同时，在国门处新建破胎器、液压桩等防闯关设施，严防入境车辆闯关等突发情况。创新通关模式。巴克图口岸货运通关在原有甩挂通关模式基础上，坚持因地制宜、精准施策、科学防控，创新实施中方平板甩挂通关模式。将原甩挂车厢改成甩挂中方平板，固定的中方平板、行驶路线、工作人员等极大降低车厢途经多地接触感染病毒的风险和冬季车厢结冰的问题，提升消杀质效、简便消杀流程，且1辆平板出口货物量相当于2辆标准厢式货物量，既降低疫情输入风险，又提升出口货运量，并且该经验做法已在全疆陆路口岸进行推广。助力“一带一路”建设。在确保疫情防控安全的前提下，不断加大口岸基础设施建设力度，完善各类防疫、通关设施，继续提升完善吊装、界桥交接等通关模式，最大限度降低通关成本，提升通关效率，持续优化营商环境。

2021年，巴克图口岸出入境车辆2.16万辆，出口货物量20.2万吨，货值18.5亿美元。出口货物中百货及电商产品占70%，机械设备占10%，果蔬占20%。货运量中60%左右的百货及机械设备通过巴克图口岸出口到哈萨克斯坦、乌兹别克斯坦等中亚国家，10%左右的电商和果蔬出口到俄罗斯，30%左右的电商及果蔬出口到德国、法国、西班牙等欧洲国家。

【口岸基础设施建设】 2021年，地区口岸委投入220.5万元，建成面积170平方米的熏蒸库，完成设备采购和老熏蒸库设备搬迁；投入430万元，对巴克图口岸纵二路、横一路路面进行改造；投入249万元，安装货检查验业务用房硬件设备；投入131万元，对口岸服务楼

2021年8月12日，中哈阿克都卡二期50兆瓦风电站建设项目所需的一批大型风电设备，从巴克图口岸实现快速通关　　（新生平　摄）

外立面进行改造和楼体亮化；投入81万元，对口岸联检区6000平方米地面进行绿化。实行“铁公铁”联运模式，即“铁路+公路+铁路运输（中欧班列至乌鲁木齐，乌鲁木齐公路运输至巴克图口岸出口至哈萨克斯坦阿亚古兹，阿亚古兹铁路运输至欧洲）”，既有效缓解中欧班列运输压力，又提高巴克图口岸货运通关量。为加快塔城深度融入“一带一路”建设，着力发展口岸经济，创新支撑试验区建设，助力试验区国际贸易、产能合作、产业转移等全面高质量发展奠定良好基础。从单一的出口果蔬类产品，逐步增加百货、电商、设备类产品。特别是通过“甩挂+吊装模式”，保障中国哈萨克斯坦产能与投资合作重点项目阿克斗卡二期50兆瓦风电站建设项目大型设备安全顺畅通关。在确保口岸防疫安全的前提下，巴克图口岸出口货物从最初的每日七八辆车，逐步增加到平均每日50辆以上，货物量1000吨左右，货值1000万美元左右。

（新生平）

海　关

【概况】　2021年，塔城海关累计监管进出口货物20.2万吨，比上年增长4.9倍；货值18.5亿美元，增长15.1倍；监管进出境车辆21952辆次，增长8.5倍，其中出境重车10976辆，增长8.3倍；累计罚没收入14.29万元。

【海关监管】　2021年，塔城海关严格落实进境运输工具、货物、物品“3个100%”机检查验要求，做好安全准入、预警提示工作。与边检实施跨部门一次性联合检查，开展核生化演练1次。持续做好非洲猪瘟疫情防控工作，统筹推进对出口食品企业、定点加工厂、原料种植基地的监管，发现并指导企业整改问题20个。开展口岸区域卫生监督11次；开展口岸杂草及媒介生物监测。推进“国门利剑2021”、打击“洋垃圾”走私、“蓝天2021”等联合专项行动，刑事案件立案1起，行政案件立案28起。

【新冠肺炎疫情防控】　2021年，塔城海关细化“五分五联”管理，形成工作闭环。合理调配人员进驻甩挂场地和货场，实行“56+14+7”全封闭管理。常态化开展“外防输入”应急演练9次，筑牢“外防输入”全链条管理闭环。1—12月，累计开展运输工具采样10976辆次，均为阴性。

【深化改革服务】　2021年，塔城海关成立塔城重点开发开放试验区工作课题组。向地方报送调研报告2篇，获地方主要领导批示。参加各类专题会议8场次，办理相关文件7份，反馈相关意见建议30余条。派业务骨干参加乌鲁木齐海关支持塔城重点开发开放试验区工作专班，配合乌鲁木齐海关提出支持措施。参与总体规划、政策和工作计划制定。支持地方和兵团在巴克图口岸区域规划建设B型保税库、海关监管库。积极鼓励支持辖区企业申请进境粮食定点生产、加工、存放企业备案。不断优化营商环境。签发原产地证签证65份，签证金额达188.05万美元，签证准确率100%；积极落实“单一窗口”和一个窗口推广工作。做好企业分类管理工作，以干代训共实施认证辅导10次，培育一般认证企业1家。

【口岸公共卫生核心能力建设】　2021年，塔城海关持续推进口岸公共卫生核心能力建设，与塔城地区8家单位签订处理公共卫生事件工作联络协调机制；通过周会晤机制加强与哈萨克斯坦巴克特海关的合作交流；积极与塔城市边合区对接旅检负压隔离留观设施建设事宜。动植物检疫防控能力提升示范口岸建设卓有成效。加强示范口岸创建工作的组织领导，着重培养和提升关员动植物检疫能力，完善动植物检疫工作技术设施和基础保障。

（郭一兰）

金融业

银行业

【概况】 2021年，塔城地区银行业整体运行平稳，各项业务稳健增长，受疫情、经济下行及存贷利差收窄因素影响，银行业盈利水平较上年下降。

资产负债规模快速增长。2021年年末，银行业资产总额988.58亿元，较年初增加102.58亿元，增幅11.58%。从构成看，各项贷款和存放款项合计950.78亿元、占资产总额的96.18%，各项存款合计814.78亿元，占负债规模的82.42%。

所有者权益平稳增长。2021年年末，塔城银行业所有者权益43.99亿元，比年初增加5.14亿元，增幅13.23%，实收资本、未分配利润、一般风险准备占所有者权益总额的84.52%。

存款规模小幅增长。2021年年末，塔城银行业各项存款余额814.78亿元，比年初增加87.42亿元，增幅12.02%。

贷款规模大幅增长。2021年年末，塔城银行业各项贷款余额611.09亿元。贷款规模较年初增长129.32亿元，增幅26.84%。分行业看，贷款投向主要是农林牧渔业、个人贷款、批发和零售业，占比均超过10%，合计占比69.53%。

表外业务规模略有下降。2021年年末，塔城银行业表外业务余额132.41亿元，比年初减少3.35亿元，降幅2.47%，其中承诺类较年初减少10.90亿元，金融资产服务类较年初增加6.08亿元，担保类较年初增加1.47亿元。从结构看，承诺类、金融资产服务类、担保类分别占比71.18%、21.12%、7.70%。塔城银行业表外业务余额132.41亿元，比年初减少3.35亿元，降幅2.47%，其中承诺类减少10.90亿元，金融资产服务类较年初增加6.08亿元，担保类比年初增加1.47亿元。从结构看，承诺类、金融资产服务类、担保类分别占比71.18%、21.12%、7.70%。

盈利水平整体下降，存贷利差收窄。2021年，塔城银行业净利润8.03亿元，比上年增加1.24亿元，增加的原因是贷款规模的大幅增长，影响净利润整体规模。净利差2.60%，下降0.12个百分点；净息差2.72%，下降0.11个百分点。下降的原因是持续贯彻减费让利的政策，收入下降、成本增加；利率市场化的改革，银行利差缩窄，盈利水平下滑。

【银行业发展】 2021年，塔城地区银行业鼎力支持塔城开发开放试验区建设。辖区分支机构信贷支持试验区风电、基建等项目9.3亿元，水利改造、旅游建设等重点项目贷款余额12.93亿元。同时，依托巴克图口岸优势，积极引导机构提供贴现、票据、流贷等短期资金融通便利，推动塔城外贸经济发展，全年累计发放外贸企业贷款3.66亿元（含贴现），截至2021年年末，余额2.58亿元，比年初增加0.35亿元，增长15.6%。

推进高质量服务乡村振兴。截至2021年年末，全辖涉农贷款大幅增长，贷款余额494.84亿元，增速36.33%，普惠型涉农贷款余额94.16亿元，增速12.26%。积极落实脱贫人口小额信贷政策要求，信贷资金向脱贫县（托里县）和资金适配性较差县域（裕民县）倾斜，截至2021年年末，累计发放脱贫人口小额信贷11355户、金额6.13亿元，脱贫小额信贷户数覆盖率68.27%；托里县贷款余额24.73亿元，比年初增加6.57亿元；裕民县存贷比为55.69%，提升13.9%。

做好小微企业金融服务。法人机构普惠型小微企业贷款余额40.54亿元，增速0.29%，户数7435户，比上年增加705户。积极纾困帮扶，推动辖区银行业减费让利2.28亿元，有力保障金融支持经济高质量发展。

【银行业监管】 2021年，塔城银保监分局按季召开非现场监管分析例会，深入剖析银行保险业总体状况与突出问题，年内下发监管提示书36份，开展约谈26次，通报59次，分别比上年同期增加9份、21次、15次，切实做到风险导向与问题导向，有效促进风险识别、研判、处置一盘棋。

综合运用行政处罚、暂停业务、限制准入等监管措施，加大违法行为惩处力度，依法对8家机构、12名责任人实施行政处罚，累计罚款254万元；对平安财险公司停止使用商业车险条款和费率3个月；对乌苏市农商行限制利润分配，切实做到执法必严、过罚相当、准确高效。

推进公司治理三年行动方案，开展法人机构党建工作情况摸底排查，提升公司治理规范性。各法人机构均已将党建工作写入章程，夯实“金融党建+”基础。辖区农商行与村镇银行全面完成股权托管，总体确权率87.38%，辖区法人机构公司治理能力得到不断提升。

【银行业风险管控】 2021年，塔城银保监分局督促辖区机构强化信贷管理，压实不良资产处置主体责任，全力压降不良贷款，年内累计处置不良贷款12.83亿元，完成处置计划的119%；逾贷比指标降至33.72%，大幅优于监管标准66.28个百分点。根据新疆银保监局重点化解单体机构风险部署，持续做好已摘帽高风险机构乌苏农商行风险管控，坚持标本兼治，指定专人监测资产质量，并对该行开展公司治理现场评估，不良贷款余额、不良贷款率分别比上年下降0.41亿元、1.88个百分点，各项核心指标均已达三级机构标准。持续跟踪监测房地产贷款集中度变化情况，对房地产贷款不良率偏高的3家机构下发风险提示函，密切跟进处置进度，辖区各机构房地产贷款集中度均符合监管标准，主要机构均低于监管红线10个百分点以上。

（唐　静）

·中国人民银行塔城地区中心支行·

【支持地方经济】 2021年，中国人民银行塔城地区中心支行践行“大金融”理念，强化与地方党政领导、职能部门、金融机构的协调对接，提高金融服务实体经济能力。年末，塔城地区本外币各项存款余额822.25亿元，比上年增长11.1%，各项贷款余额608.05亿元，比上年增长26.6%，为实体经济发展提供金融支撑。紧抓“两项直达工具”窗口期，制定支持服务小微企业指导意见，出台12条措施，创新启动贷款信用培植工程，多维度助力小微企业和个体工商户发展，年末中小微企业贷款余额同比增长46.39%，小微企业信用贷款占比20.58%，金融支持小微企业工作得到地方党政高度评价。引导金融机构探索创新黑牛养殖支持机制，向新疆华凌三农草原牧业有限公司发放贷款2.5亿元，向养殖户发放活畜抵押贷款1942.5万元，有效解决企业和农户的融资需求，增强农牧民贷款的便利可得性。

【防范化解金融风险】 2021年，中国人民银行塔城地区中心支行探索构建风险防控关口前移机制，以央行评级、早期纠正为切入点，组织召开辖区金融机构能力提升工程启动会议，建立央评6～7级机构能力提升机制，通过关口前移防范新增高风险机构。推动修订《塔城地区金融突发事件应急预案》，与多部门建立工作协调与应急处置机制。开展三级联动的应急演练，进一步检验应急预案的可操作性，为应对突发金融风险奠定坚实的基础。

【金融服务】 2021年，中国人民银行塔城地区中心支行金融支持开发开放试验区稳步推进，通过召开项目对接会，引导金融机构在网点布设、项目对接、政策争取方面取得初步成效，辖区金融机构累计为试验区项目授信35.24亿元、投放贷款19.49亿元，为前期基础项目建设启动提供资金保障。牵头开展土地承包价格上涨、春耕生产成本上升等调研，为地方政府预判农产品价格波动对种植贷款风险带来的影响，采取促进农民增收、保障农业生产持续稳定措施，提供翔实有价值的政策参考。开展“金融知识送你，乡村振兴有我”宣传活动，创新推出“支付服务适老化改造工程”，推动金融服务向边缘下沉。在全疆率先出台《举报假币犯罪奖励办法》，创新绘制假币收缴全景流程图，开展整治拒收现金行政处罚，实施“人民币整洁度提升工

程”，取得突出成效。（冯玉贤）

·中国农业发展银行塔城地区分行·

【经营概况】 2021年，中国农业发展银行塔城地区分行积极开展存、贷款营销工作，与地区4个县3个市人民政府签订战略合作协议，实现与驻地辖区政府签约全覆盖。截至2021年年末，塔城地区农发行各项贷款余额94.22亿元，比上年增长12.76亿元。全年累计投放各项贷款47.07亿元。实现各项收入3.43亿元，各项支出3.18亿元，实现FTP拨备后利润0.16亿元，完成自治区分行年初下达FTP利润计划的215.19%，实现全辖整体增盈目标。

【履行主责主业】 2021年，中国农业发展银行塔城地区分行乡村振兴巩固衔接贷款贷款余额为34.41亿元，占全行贷款的36.52%。累计投放巩固衔接贷款20亿元，完成目标任务的142.85%。全行助力消费扶贫28.45万元。

确保粮棉收购资金供应，累计发放小麦收购贷款5.64亿元，支持收购小麦22万吨，市场份额占比80%；发放玉米购贷款4.16亿元，支持收购玉米18.49万吨，实现较大突破；2021年国家启动新一轮棉花目标价格改革，农发行主动提升站位，及时发放棉花收购贷款20.73亿元，累计收购籽棉25.04万吨，市场份额占比25.13%。

支持地区重大项目建设。特别是在脱贫攻坚、乡村振兴、“一带一路”核心区建设方面充分作为，累计投放固定资产贷款11.63亿元，重点支持国道219农村公路建设、城乡一体化、生态环境建设与保护等领域。通过采取大面积执行贷款优惠利率、减免企业结算手续费等措施，累计让利434万元，支持地区实体经济发展。

【经营管理】 2021年，中国农业发展银行塔城地区分行各项存款余额10.96亿元，比上年减少0.58亿元。日均存款余额14.13亿元，比上年增加1.63亿元，完成支农资金筹集任务103%。地方债日均存款余额2.2亿元，完成全年目标任务的104.1%。

履行中、后台信贷风险管理职能，做好评级、授信、贷款审查、审议、贷后监督等工作，强化信贷管理与风险防控管理工作，累计完成客户信用等级评定审查73家、办理权限内授信13家。地区农发行对6个支行排查贷款风险分类结果351笔。开展案件风险排查业务3万余笔。防范合同法律风险开展信贷担保审查20次；审查业务合同131套。（谭鎏鹏）

·中国工商银行股份有限公司塔城地区分行·

【经营概况】 2021年，中国工商银行股份有限公司塔城分行各项贷款累计投放29.68亿元，其中公司贷款21.8亿元，个人贷款6.5亿元，票据贴现1.38亿元；各项存款日均余额56.88亿；全年足额上缴各项税收823.60万元，积极履行纳税义务。

【推进试验区建设】 2021年，中国工商银行股份有限公司塔城分行结合塔城地区建设塔城重点开发开放试验区的有利契机，成立自治区分行层面的金融支持团队，推进新疆塔城重点开发开放试验区项目，针对开发开放试验区建设定期召开相关专业部门联席会议。工行塔城分行邀请自治区区分行信贷业务专家组来塔城指导工作，对重点开发开放试验区建设项目进行梳理分析，筛选出8个重点项目进行信贷支持，并积极推进评级授信工作。

【电商平台助农】 2021年，中国工商银行股份有限公司塔城分行继续实施“电商扶贫+消费扶贫”模式，借助“融e购”电商平台助力托里天山小哥农业科技有限公司、托里天鼎惠农科技有限公司开展线上销售工作，全年实现线上农产品交易额32.97万元，切实增强各族群众的获得感、幸福感，进一步巩固脱贫攻坚成果。（岳钰）

·中国银行股份有限公司塔城地区分行·

【业务发展】 2021年，中国银行股份有限公司塔城地区分行（中国银行塔城分行）存款时点新增最高超过30亿元，企业及行政事业存款达到均衡发展的良性目标。

发挥普惠金融优势，积极服务小微企业、民营经济和“三农”领域，提升金融服务实体经济质效。创新业务操作模式，对塔城地区小麦、玉米、棉花、番茄种植产业链进行深耕细作，形成闭环产业链授信。通过银税贷、税易贷、惠商助民贷等产品助力小微企业和个体工商户发展，扭转普惠户数负增长局面。

个金业务实现四个提升，实现客户和金融资产规模提升、场景建设适应数字化时代能力提升、产品销售能力和收入提升、战略业务量质提升。存款、理财、基金、信用卡、分期、手机银行等业务全面提升。

紧跟塔城开发开放试验区和兵

团第九师设立白杨市的发展步伐，致力于当地经济发展，积极为各类客户提供全方位金融服务，针对跨境金融发展召开专题会，通过为客户提供远期结售汇、单一窗口、线上汇款等产品赢得客户认可。

截至12月末，实现国际收支、结售汇、跨境人民币三项市场份额第一；实现套期保值业务和对公交易平台线上业务突破。

【风险管理】 2021年，中国银行塔城分行突出人文关怀、坚守风险底线，要求每一名管理者都牢固树立“关爱员工，从心开始”的理念。坚守风险底线，确保资产质量稳定。将风险管理前置，引领业务发展。关注监管动态，加强与监管部门的沟通，建立月沟通机制，结合监管部门对其他金融机构处罚的典型案例，“以案为鉴”加强员工合规教育，促进业务合规性管理。

·中国建设银行股份有限公司塔城地区分行·

【推进新金融行动】 2021年，中国建设银行股份有限公司塔城地区分行（建设银行塔城分行）扎实推进新金融行动。发挥资产业务引领作用，立足新型农业经营主体需求，有效解决该企业在农产品收购、资金结算、财务管理等方面的痛点难点，为沙湾市农业农村局提供土地流转信息化解决方案建设及项目开发服务，实现农村土地的宗地信息登记、土地承包经营权证管理、土地承包经营权证流转、合同管理、流转信息发布、分红管理以及统计分析，为还未开展农村产改工作的县域带来良好示范。分行持续推进“门市化+数字化经营”模式，充分利用“建行惠懂你”App线上产品，创新“互联网获客+全线上信贷业务流程”业务新模式，持续开展数据挖掘分析、整合和利用互联网大数据，为小微客户服务。

【构建风控机制】 2021年，建设银行塔城分行逐级签署2021年案件防控责任书，进一步强化责任意识，严格落实“一岗双责”，覆盖率100%；定期召开两防工作会议，切实履行好合规主体责任，认真抓好辖内案件防控工作，保障业务安全稳健运营；依托网格加强员工行为管理系统应用，履行网格职责，全年累计开展9次不同主题的排查活动，累计排查960余人次；严格遵守重大事项报告制度，相关业务部门、经营部门切实履行主体责任，指导督促营业机构落实业务合规要求，树立底线意识；开展“学制度、用制度、守制度”专项活动，将《中国建设银行员工违规处理办法》和“30条禁令”作为全行员工重点必学内容，开展线上答题活动；进一步强化员工的合规意识和底线意识，组织全行员工学习开展《金融案鉴》《明罚守规鉴往知来》监管处罚典型案例教育读本、内控合规类规章制度的学习，组织选拔员工参加区分行“建合规、致远行”合规知识竞赛，通过微信开展“内控合规管理建设年”知识问答，引导全行员工进一步掌握本岗位基本规章制度要求。

（伊帕热亚）

·中国农业银行股份有限公司塔城地区分行·

【经营概况】 截至2021年年末，中国农业银行股份有限公司塔城分行（简称农行塔城分行）本外币核心存款时点余额120.68亿元，比上年增加10.83亿元，存、增量市场份额均居同业（五行，下同）第一；核心存款日均余额106.97亿元（本外币，含同业），增加9.75亿元，存、增量市场份额均居同业第一。累计投放各项贷款57.73亿元（不含信用卡），增加22.23亿元，投放额为历年最多，其中农户贷款投放12.47亿元，同比多投3.8亿元，投放量系统内排名第一。贷款余额60.71亿元，增加22.22亿元，存量、增量、增幅均居同业第一。实现中间业务收入5755万元，市场份额同业排名第一。综合绩效考核系统内排名第三，比上年末提升1个位次。

【服务地方经济】 2021年，农行塔城分行紧盯塔城地区重大建设项目，以“一核”“两廊”“三区”和口岸经济带为重点，全力做好交通、水利、能源、信息基础设施等“两新一重”项目营销工作，为塔城地区省道101线、省道258线、国道335线PPP项目投放贷款7.58亿元，为乌苏赛石园林PPP项目投放贷款2.4亿元。在地区首家发行国资公司中期票据2.5亿元。加大制造业贷款投放力度，聚焦制造业转型升级等供给侧结构性改革重点领域，为新疆钵施然智能农机股份有限公司投放贷款3000万元。全面提升普惠金融服务能力，支持小微企业和个体工商户复工复产，普惠小微企业法人贷款余额1.89亿元，比上年增加0.66亿元；贷款户数82户，增加21户；“小微e贷”余额9054万元，增加2873万元；个体工商户、小微业主贷款6.34亿元，均超额完成计划。发展个人贷款业务，提前做好个人贷款客户储备工作，第一时间抢占信贷规模，定期监测数据，按时通报完成进度。年末非三农个贷余额14.77亿元，比上年净增2.06亿元，存、增量市场份额均居同业第一。

【服务“三农”和深耕乡村】 2021年，农行塔城分行持续做好特色“三农”企业金融服务，以塔额盆地区域为重点，推进粮食全产业链、产业联合体提供精准金融服务。加大对粮食收储企业的支持力度，为天康汇通、天宝绿色、储绿面粉等企业投放贷款9.31亿元。加大对棉花种植、收购、加工、销售等全产业链金融支持，为棉花收购加工企业投放贷款13.15亿元。在全疆率先与全国棉花交易市场、棉花收购企业签订仓单监管业务四方合作协议，实现非标准仓单到标准仓单质押业务的突破。农户贷款实现扩户上量，以支行为单位组建乡村金融服务团队，深入乡村对接农户春耕备耕融资需求，推进农户信息建档，加大重点授信力度，全年累计投放农户贷款12.47亿元，同比多投3.8亿元，投放量系统内排名第一。优化农贷结构，加大农机按揭类贷款和养殖类贷款营销投放力度，投放农机按揭类贷款0.8亿元，养殖贷款0.2亿元。巩固拓展脱贫攻坚成果，脱贫县托里县支行贷款余额5.02亿元，比上年增加1.72亿元。加大贫困地区农产品购买力度，组织购买南疆三地州贫困地区及国家乡村振兴重点帮扶县农产品22.86万元。

（张梦丽）

保险业

【概况】 2021年，塔城地区有保险机构17家，其中财产险公司10家，人身险公司7家；地区辖属保险公司实现原保费收入28.69亿元，比上年增长5.08%，累计赔（给）付支出10.86亿元，增长11.27%，其中财产险公司保费收入11.54亿元，减少1.83%，赔款支出7.46亿元，增长2.81%；人身险公司保费收入17.15亿元，增长10.33%，赔付支出3.40亿元，增长34.96%。

【保险业发展】 2021年，塔城地区保险机构提供风险保障1.33万亿元，比上年增长69.67%。车险综合改革有效落实，车险综合费用率同比下降12.83个百分点，车均保费下降15.32%，车险“降价、增保、提质”显成效；农险提供风险保障93.76亿元，增长11.12%，平均费率6.52%，同比下降0.35个百分点。同时，结合辖区实际积极探索，成功推动首个甜菜“保险+期货”落地塔城，覆盖兵团第九师8个团场近600户农户，承保甜菜0.4万余公顷，承保货值近2亿元，农户自缴保费仅占9.64%。

【保险业监管】 2021年，塔城银保监分局逐月跟踪监测辖内农险、车险行业指标变化，针对农险统计数据未精确到县级、更新不及时问题，设计“分县市农业保险情况月报表”和“分县市农业保险受灾报损查勘理赔统计月报表”，以准确掌握风险情况。加强满期给付与退保风险监管等重要时间节点的风险情况，督促机构对应付未付保单持续进行溯源清销，截至2021年年末，塔城地区满期给付支出9825.21万元，比上年下降13.69%，退保率1.08%，上升0.32个百分点。强化风险分析及成果运用，按期对财产险、人身险、和中介市场运行及风险状况进行综合评估，查漏补缺，调整监管侧重，并以通报形式下发机构，全年报送年度、季度分析报告9个，下发行业监管通报9个，提出监管要求40余条。持续推进辖内保险行业经营区域划归工作，提升属地监管质效，地区20家非所属地管辖的保险公司分支机构已全部完成划归。

（唐　静）

·中国人寿保险股份有限公司塔城分公司·

【经营情况】 2021年，中国人寿保险股份有限公司塔城分公司（简称中国人寿塔城分公司）下辖6个县支公司、9个营销服务部、1个营销专业化支公司。

2021年，公司总保费收入7.52亿元，比上年增长13.77%。其中长险首年标准保费收入3857.89万元，首年期交保费收入11766.13万元，十年期保费收入3768.97万元，短期险保费收入3766.86万元，政策性健康险保费收入5442.7万元，寿代产业务保费收入1604万元。

【赔付情况】 2021年，公司业务流程全面优化，累计受理各类案件8400笔，赔付金额5724.89万元；重疾一日赔案件268件，赔付金额1098.42万元。其中柜面受理案件318笔，微信报案累计7938笔，直付业务131笔。2021年支付塔城地区城乡居民、城镇职工大病赔款10155万元，其中城乡居民大病保险支付赔款5298万元，惠及9782人次（含贫困人口1375人次），城镇职工大病保险支付317.51万元，惠及587人次，异地城乡居民大病1065.99万元，当地零星医疗给付3474万元，在配合医保提高保障水平、确保资金安全、有效防止家庭灾难性医疗支出、提高基金使用的公平性和效率等方面发挥积极作用，在自治区相关政策范围内积极稳妥推进社保补充医疗保险和城市定制商业医疗保险发展。

【风控管理】 2021年，中国人寿塔城分公司深入开展“人身保险市场乱象治理”和“内控合规建设年活动”，全力聚焦乱象整治，实现重点风险专项治理，及时化解风险隐患。制定《塔城分公司2021年案件风险专项排查整治工作方案》，分渠道开展案件风险排查工作，向塔城地区银保监分局报送《案件排查工作开展情况简报》9份、《季度案件排查报告》4份；按照上级公司统一要求在线填写从业人员案件风险调查问卷，133名员工、14名劳务派遣人员100%完成依法合规遵章守纪个人承诺书签署，931名销售人员完成签署工作，签署率95%。

公司积极组织员工、销售人员通过早会参加“合规大讲堂”，以销售人员真实违规案件制作警示教育专题11期，制作《中国人寿保险股份有限公司员工违规违纪行为处理规定（2020修订）》小视频11期，制作《中国人寿保险股份有限公司保险销售人员行为规范》宣导课件11期，并以微信方式转发，达到宣导、传播、学习目的；组织开展全体员工、销售人员开展风控制度线上考试，考试内容包含《销售人员诚信文化建设工作管理办法》（新修订），有效提升公司人员的内控风险识别能力和水平。

【品牌建设】 2021年，中国人寿塔城分公司进一步强化企业品牌形象宣传的广度，在塔城市调频97.6、沙湾市调频98.7、乌苏市调频94.3综合广播发布广告，通过整点报时广告、中国人寿专访、早高峰节目冠名、电台活动赞助、春节团拜等活动让公司品牌深入人心。同时，中国人寿塔城分公司在火车站、飞机场等地黄金广告位进行公司宣传。

【助力乡村振兴】 2021年，中国人寿塔城分公司坚持以人民为中心的发展思想，落实国家战略部署积极有力，持续巩固帮扶贫困户脱贫成果，在推动乡村振兴、带领群众致富中更好发挥作用。购买地区已认定扶贫产品企业名下的扶贫认定产品累计4.35万元；投入资金累计5万元，协助完成托里县阿克别里斗乡拉巴村农村人居环境整治院内院外六件事。 （雷艳丽）

·中华联合财产保险股份有限公司塔城分公司·

【概况】 2021年，中华联合财产保险股份有限公司塔城分公司（简称中华财险塔城分公司）位于塔城地区额敏县第九师朝阳区上户西街，下辖14个支公司、7个营销服务部，在第九师11个团场和在塔城市、托里县、额敏县、裕民县、乌苏市、沙湾市、和布克赛尔蒙古自治县、铁厂沟镇3个市4个县1个镇设有四级经营机构。 （何　刘）

【保险经营收入】 2021年，中华财险塔城分公司保费收入总额28426.61万元。财产险保费9967万元，其中车险保费7736万元，增速为-1.49%，低于行业9.86个百分点，市场份额20.21%，比上年下降2.02个百分点。非车财险保费2231万元。意外健康险保费3120.29万元，增速为-0.15%，高于行业55.36个百分点，市场份额34.65%，比上年增长19.21个百分点。其中健康险699.72万元，意外险2420.38万元。农业保险15339.32万元，增速为11.83%，高于行业8.94%，市场份额24.91%，增加1.99个百分点。车险赔款4248.21万元，非车财险赔款1183.25万元，累计农险赔款支出15888.35万元。

（何　刘）

【防灾减损支援】 2021年，中华财险塔城分公司向乌苏市政府捐赠防灾防损费120万元，向沙湾市捐赠防灾费26万元，托里县捐赠防灾费25万元，塔城市捐赠防灾费20万元，额敏县捐赠防灾费35万元，新疆生产建设兵团第九师捐赠98.56万元，2021年累计捐赠防灾防损费324.56万元，支持塔城地区开展防灾救灾工作。 （王　蕊）

生态环境保护

生态环境污染防治

【大气环境管理】 2021年，地区生态环境局制定印发《关于持续改善塔城市空气质量专项攻坚工作分工方案》《塔城地区2021年度夏秋季大气污染防治“冬病夏治”工作分工方案》《塔城地区贯彻落实自治区进一步深入打好大气污染防治攻坚战视频会议精神分工方案》等文件，统筹安排指导各县市、各部门开展大气污染防治工作。印发《关于开展重点区域执行特别排放限值要求和采暖季集中供热企业污染物达标排放现场核查工作的通知》，要求各县市分局开展重点区域执行特别排放限值要求和采暖季集中供热企业污染物达标排放现场核查工作，检查中累计发现环境违法线索13个，已立案调查7个、责令改正违法行为4个、现场整改2个。为做好迎检自治区、兵团2021年“乌—昌—石”“奎—独—乌”区域联合生态环境保护督察工作，地区环委会牵头成立2个帮扶指导组，对乌苏市、沙湾市开展迎接大气专项督查准备情况进行现场帮扶指导2次，形成问题清单2个，并通过视频调度、现场检查的方式，督促问题整改到位。积极向自治区生态环境厅申请沙湾市城北供热二期环保提标改造项目资金150万元，为2021年地区大气污染物减排做好前期准备。强化移动源监管，指导乌苏市德坤机动车检测服务有限公司等6家公司开展机动车检测平台连接环保专网工作，做好环保尾气检测服务工作。制定《乌苏市颗粒物与臭氧协同控制监测网络能力建设项目实施方案》，切实提高“十四五”期间大气污染防治重点区域协同控制监测能力。截至11月1日，塔城市环境空气质量达标280天，优良比例98.6%；乌苏市环境空气质量优良比例89.1%，沙湾市环境空气质量优良比例84.0%，其他县市均在98.6以上。

【水生态环境管理】 2021年，地区生态环境局按照《自治区2021年水污染防治工作要点》的要求，督促各县市全面落实地区重点水环境监管企业环境监管，定期调度企业污水处理设施建设运行情况。编制完成《塔城地区水生态环境保护要点》，启动编制《塔城地区重点流域水生态环境保护“十四五”规划》，积极推动地区水环境保护工作整体上台阶、上质量。排查涉及铅、锌工业污染物排放标准变化等8项标准的相关企业。协同地区财政局监督指导各县市分局及相关单位做好污染防治项目资金申报、下达及执行落实工作。做好入河（湖）排污口设置管理和入河排污口整治工作，积极组织县市进行入河排污口情况摸底。截至年底，16个地表水水质监测断面（点位），10个饮用水水源地监测断面（点位），2个采测分离水质监测断面（点位）水质均达到或优于Ⅲ类水质标准，10个万人千吨水质监测断面（点位）均满足监测要求。

【土壤生态环境管理】 2021年，地区生态环境局监督指导托里县做好铁厂沟区域疑似污染地块调查修复资金申报及项目执行实施工作。继续做好地区危险废物规范化监管工作，排查问题点位25个，按照一点一策的方式，督促完成整改点位24个，保证年度任务顺利完成。组织各县市分局通过视频形式对地区7个分局及37家危险废物产生经营单位开展危险废物规范化环境管理评估工作，对评估过程中发现的问题，当时反馈并要求相关单位及时落实整改。开展辖区重点行业企业涉镉等重金属排查。经排查，地区无此类企业。截至2021年11月，纳入地区危险废物重点源清单企业单位66家，其中危险废物产生单位59家，危险废物经营处置单位7家，累计转移、处置工业危险废物35077吨，处置医疗废物342.25吨。

【应对气候变化】 2021年，地区扎实推进应对气候变化减碳治污工作，组织涉发电、石化、化工、建材等重点排放企业开展2020年度温室气体排放数据填报，组织重点行业企业开展碳排放权交易培训工作，为国家开展碳排放配额分配打好重要基础。召开《塔城地区"十三五"控制温室气体排放工作方案》编制推进会，配合自治区开展塔城地区2019年度温室气体清单报告编制工作。

【污染物治理】 2021年，地区印发《关于上报储备塔城地区"十四五"主要污染物总量减排项目的通知》，组织各县市、各单位举全地区之力从工业、农业、畜牧业、林业、能源、水利、交通、基础设施建设及自然资源开发领域等多方面、多角度、深层次的挖掘辖区主要污染物减排项目，酝酿储备一批污染物治理项目，科学谋划"十四五"主要污染物治理工程，为推动地区主要污染物排放总量持续减少提供支持保障。

【生态环境安全】 2021年，地区生态环境局落实《塔城地区突发环境事件应急预案》等5个预案修编工作。加强核与辐射环境安全监管，对全地区35家医疗机构和7家核技术利用单位开展现场帮扶指导，累计发现问题31条，均已要求限期整改。积极开展核与辐射许可证审核换证工作，核与辐射许可证新办2家、延续1家、变更5家、重新申领3家，受理6家。9月29日，在塔城地区沙湾市天山水泥有限公司开展"塔城地区2021年突发辐射事故应急演练"，通过演练进一步增强塔城地区核技术利用单位核与辐射安全意识，推动建立多部门联合联动应急响应机制，提高辐射事故各部门协同作战能力，最大限度保障公众安全。开展重点水域隐患排查，先后三次前往额敏河流域开展风险隐患调研，形成专题报告2份，积极协调自治区生态环境厅水污染防治资金186万元用于开展地区跨国界河流水环境风险防控与应急能力提升。该项目已完成招标程序。以案为鉴，深刻汲取伊犁河苯酚泄漏、昌吉丰源煤矿透水事故经验教训，开展辖区大排查、大整治专项活动。加大环保执法力度，严查污染治理设施不正常运行、偷排偷放等环境违法行为，切实保护人民群众切身利益。截至年底，全地区出动执法检查人员3250余人次，排查企业520余家次，排查一般隐患问题79个，行政处罚3家，立行立改问题70个，限期整改问题9个，所有发现问题隐患均已整改完毕。

【生态环境督察】 2021年，为进一步做好迎接自治区、兵团2021年"乌—昌—石""奎—独—乌"区域联合生态环境保护督察各项工作，地区生态环境局主要领导任总联络员，负责自治区督察组进驻督察的前期准备和协调督察组进驻乌苏市后的疫情防控、安全保障、车辆保障、宣传等工作。地区生态环境保护综合行政执法支队抽调2人全程负责督察组进驻后开展工作期间的保障和督察反馈问题整改工作，并跟踪督促乌苏市分局对督察组反馈的5个问题进行整改。

生态环境治理

【项目环评审批】 2021年，地区进一步深化"放管服"改革，积极做好重大项目环评审批服务，配合优化生态环境部门网上审批系统流程，落实工程领域改革试点及开发开放实验区先行先试相关政策制定实施工作，切实助力地区经济社会高质量发展。制定实施《关于印发〈塔城地区环评与排污许可监管行动计划（2021—2023年）〉〈塔城地区2021年度环评与排污许可监管工作方案〉的通知》，严格建设项目环评审批把关，认真按照公示审查流程、审批权限做好建设项目审批及限时办结工作，截至2021年11月，批复建设项目环评报告书（表）168个，审核备案环境影响登记表项目300余个。

【环境监管体系】 2021年，地区编制《塔城地区"十四五"生态环境保护规划》，已经完成初稿。高水平如期完成"三线一单"管控方案编制，并以《塔城地区"三线一单"生态环境分区管控方案》文件印发。方案将全地区国土空间划定108个环境管控单元，分别为优先保护单元43个、重点管控单元41个、一般管控单元24个。

【环境监测】 2021年，地区完成水环境质量监测、大气环境质量监测、农村环境质量监测、声环境质量监测、生态遥感监测野外核查、污染源执法监测等监测任务。

2021年，自治区重点考核城市塔城市环境空气质量优良天数比率为97.9%，2021年度环境空气质量排名全疆第二，是全疆四个空气质量改善目标达标城市之一。地表水环境质量均好于三类。县级饮用水源水质均好于三类水质要求，达到水环境质量目标。声环境质量总体良好；全地区土壤环境质量优良。

【生态损害赔偿制度改革】 2021年，地区组织相关地直部门开展生态环境损害赔偿制度改革专题培训1次。通过现场核查，已启动1起生态环境损害赔偿案件，案件已完成并验收。督促各部门常态化做好案件线索摸排，并按月报送。

【排污许可证发放及质量核查】 2021年，地区成立生态环境局控制污染物排放许可制实施工作领导小组，制定印发《塔城地区2021年度固定污染源排污许可工作方案》，核定核发排污许可证首次申领1家、变更25家、整改后申领1家、延续5家。排污许可证执行报告规范性审核已完成31家，完成率100%，排污许可证质量审核已完成115家，完成率100%。

自然生态环境保护

【环境问题整改】 2021年，地区生态环境局积极发挥环境保护委员会办公室职责，牵头做好承接地区巡视整改任务2项，通过积极与任务单位地区农业农村局、地区林业和草原局沟通协调，整改任务已完成1项，正在整改1项。以乌苏市夹皮沟一带破坏生态环境案件为警示，督促地区自然资源局开展全地区矿山整治摸排，联合相关部门对52个点位开展联合执法行动，形成问题清单。督促乌苏市按照进度推进夹皮沟喇嘛河一带环境修复工作。

【农村污水处理】 2021年，地区督促各县市结合当地农村人居环境整治实际编制县域农村生活污水治理专项规划，乌苏市、沙湾市、和布克赛尔蒙古自治县、额敏县已经完成规划初稿，其他三个县市正在委托编制中。积极协助申报农村污水治理项目。督促沙湾市落实大泉乡城郊西村和城郊东村生活污水治理项目。牵头制定2021年乡村振兴工作要点，并及时报送进展情况，做好脱贫攻坚档案移交工作。

【生态文明理念宣传】 2021年，地区生态环境局通过“两微”平台及时、准确推送信息2000余篇，制作世界环境日线上宣传品1件，环保设施线上公开10次，录制宣传科普电视节目1次，配合参与塔城电视台相关采访4次。制作线下实物宣传产品2000件，组织六五世界环境日线下宣传活动5场，累计1000人次参加线下活动，开展“让中国更美丽”快闪活动，组织参加“歌唱伟大祖国·礼赞伟大时代”歌咏比赛。依托地委党校开设生态文明建设专题培训班1次，上报信息90余篇，被采用50篇。

生态环境监管服务

【生态环境监管】 2021年，地区生态环境局制定印发《塔城地区2021年生态环境保护执法工作要点》《2021年度塔城地区生环境保护专项执法计划》《2021年塔城地区扬尘污染防治专项执法等6项工作方案》《塔城地区2021年生态环境保护执法大练兵实施方案》等工作方案，系统部署2021年生态环境保护执法工作任务和生态环境执法稽查工作，其中对额敏县分局开展生态环境执法的稽查工作，并下达稽查意见书。

【生态环境执法】 2021年，地区生态环境局先后组织开展蓝天保卫战重点区域大气污染源专项执法行动、“四季攻坚行动”、开展油田作业区、危险废物、排污许可证执行，水利设施建设项目等重点行业、重点项目现场核查工作，累计出动执法人员230批次、970人次，检查企事业单位720家次。实施行政处罚立案51起，已执行33起，执行处罚金额295.73万元。其中查封扣押2起，行政移送2起（行政拘留1人）。受理环境信访投诉147件，已办结132件、办理中15件。群众对生态环境部门及时办理及工作态度表示满意，满意率100%。

【生态环境服务】 2021年，地区生态环境局开展正面清单企业筛选、征求意见，全地区有正面清单企业37家。为做好中高考及公务员招录考试期间生态环境保障工作，制定印发《关于做好2021年普通高考期间噪声防治和环境应急工作的通知》，全地区累计出动监测、执法人员128人次，检查噪声敏感点位60余个，处理噪声信访案件8起，为考生营造良好的复习考试环境提供保障。坚持执法与政策宣传和指导服务相结合，全方位开展普法宣传进企业活动。

【生态环境改革】 2020年12月底，塔城地区完成综合执法队伍挂牌工作。按照“编随事走、人随编走”的原则，通过多方协调，新增参公管理编制3个。起草《塔城地区生态环境保护综合行政执法支队职能配置、内设机构和人员编制规定》，经局党组研究并报自治区生态环境保护综合行政执法局审定，已报送至地区编制委员会办公室待批复。 （吴频烨）

科学技术

综　述

【科技工作】　2021年，塔城地区科学技术局（以下简称地区科技局）对3家非公有制企业进行党建指导，对地区14家高新技术企业、2家国家农业科技园区、2家自治区农业科技园区和1家高新技术开发园区建立党组织和发展党员情况进行摸排，制定党建指导任务清单。结合“党史学习教育”，将业务工作与“我为群众办实事”实践活动紧密结合，坚持以党建促业务，用业务成果检验党建成效。加强各企业、园区的科技培训力度，推进“我为群众办实事”实践活动，为各县市53家企业宣传科技惠企政策，指导相关企业申报科技项目、高新技术企业、科技进步奖等工作，开展科技培训25场次。深入乡镇、村队、科技园区宣讲习近平总书记在庆祝中国共产党成立100周年大会上的重要讲话精神。

【科技引领】　2021年，地区科技局累计组织申报自治区科技计划项目253项，落地158项，累计落地资金1155万元。申报2022年自治区科技计划项目148项，其中线上申报58项。围绕乡村振兴战略，落实《创新驱动乡村振兴发展专项规划（2018—2022年）》，加快突破农业关键核心技术，推进现代农业科技支撑工程，重点在科技特派员工作和乡村振兴产业行动工作上下实功、出实招。落实科技特派员农村科技创业行动、乡村振兴产业发展科技行动、“三区科技人才”等项目资金1058万元。加强各农业科技园区建设，配合自治区做好各类农业科技园区工作，指导沙湾市完成国家农业科技园区综合评估、指导乌苏市申报自治区农业科技园区等相关工作。

【科技支撑重点任务】　2021年，地区科技局做好科技型中小企业入库和高新技术企业认定工作，申报高新技术企业7家，认定7家。地区有高新技术企业14家。地区有工程技术研究中心5家，配合地委组织部完成3家工程技术研究中心300万

额敏县国家级新疆飞鹅保种场　（苟小霞　摄）

元奖补资金的申报工作。加强各科研创新平台建设，为乌苏市自治区级高新技术产业园区和新疆机械密封工程技术研究中心争取运转资金20万元。

【“双创”引领作用】 2021年，地区打造农业科技创新核心区建设，发挥塔城市、沙湾市两个国家农业科技园区和额敏县、托里县两个自治区农业科技园区的创新创业成果展示示范、成果推广应用和农牧民职业培训功能。利用援疆资金，构建“一网一厅七平台”塔城科技大市场，已完成方案设计和选址工作。搭建塔城创新创业服务平台，有效整合地区资源，及时落实政策，完善服务模式，培育创新文化，为4家企业争取“双创”大赛奖补资金77万元。

【科技人才队伍建设】 2021年，地区科技局抓好巩固拓展脱贫攻坚成果同乡村振兴有效衔接，加大科技培训力度，完成464名科技特派员自治区网络备案工作，落实科技特派员项目和经费331万元。受自治区科技厅委托，完成2020年27名“三区人才”的考核工作，评出“优秀”人才4名“三区人才”累计服务乡镇29个、服务村庄47个、带动农户243户，服务相关机构14个、创办相关机构3个，引进新品种15种、推广新技术21个、建立示范基地7个，为受援地引进项目2个、建立示范基地7个，为受援地引进资金30万元、培养基层技术骨干45人、举办培训场次35期、培训农民974人次、帮助受援对象增收86.45万元，申请实用新型专利4项。为地区68个贫困村免费各订阅一份2021年度《新疆科技报》，为地区51家行政事业单位免费订阅一份2021年度《科技日报》。

2020年11月13日，地区科技局在幸福小区向群众发放科普防疫宣传材料

（苟小霞 摄）

【科学技术普及】 2021年，地区科技局开展全国科普日主场启动仪式网络直播等线上活动，地区融媒体中心对启动仪式进行网络直播，浏览量1.3万余人次；开办系列“科普微课堂”，邀请专家做客地区电视台演播室，围绕农业科技新品种、病虫害防治、科学防疫、安全生产、水资源保护、生态环境保护等方面录制群众关心和关注的科普知识短视频，并在塔城地区电视台、“i”塔城App科普专栏播出。举办青少年科学节等系列线下活动，以首届“全国青少年科学节”为契机，组织各中小学校开展具有趣味性、挑战性的设计制作比赛、科普知识竞答、航模比赛的青少年科学节，累计举办5场次。

（苟小霞）

气　象

【概况】 2021年，塔城地区光热条件略好于常年，降水地区大部较常年偏少，农牧业气象年景为正常年景。主要天气气候特点：塔城地区大部气温较常年略高至偏高；除额敏县、裕民县、托里县降水略偏多外（幅度均在11%以内），其余各县市降水较常年偏少（和布克赛尔蒙古自治县偏少31%）；冬季最大积雪地区北部较常年偏薄，地区南部接近常年。开春期、终霜期地区大部偏晚；初霜期、入冬期地区大部偏早。

2021年，塔城地区平均气温为塔城市8.7℃、额敏县8.4℃、裕民县8.1℃、托里县7.4℃、和布克赛尔蒙古自治县4.8℃、乌苏市8.8℃、沙湾市8.7℃。

2021年总降水量为塔城市294.9毫米、额敏县339.2毫米、裕民县340.5毫米、托里县279.6毫米、和布克赛尔蒙古自治县105.8毫米、乌苏市138.8毫米、沙湾市190.5毫米。

【主要气象灾害】 2021年1月22日午后至23日，塔城地区北部出现入冬以来最强暴风雪天气过程，塔城盆地普降大雪，其中降雪大值中心位于裕民县，为12.1毫米，降雪同时各地伴有7级到8级偏西大风，大风持续13小时左右，其中托里县加尔巴斯洪沟站极大风速44.8米/秒，阵风达14级。受降雪和大风的共同影响，塔城盆地出现暴风雪天气，能见度明显降低，塔城市、额敏县、裕民县最小能见度分别为310米、282米、100米。

3月26日夜间至31日，塔城地区大部出现明显的降水、降温、大风天气过程。全地区30个区域站累计降水量达12.1毫米以上，12个区域站累计降水量达24.1毫米以上，最大降水中心出现在额敏县布尔汗村，过程降水量为39.5毫米；天气过程影响期间各地普遍伴有6级左右偏西大风，其中和布克赛尔蒙古自治县极大风速为20.6米/秒。

6月24日10时至25日10时，塔城地区北部出现冷空气入侵造成的强降水天气过程，全地区17个区域站累计降水量中雨，26个区域站累计降水量大雨，16个区域站累计降水量暴雨，国家站降水量分别为塔城市24.4毫米，额敏县16.5毫米，裕民县12.7毫米，托里县15.1毫米，和布克赛尔蒙古自治县2.3毫米。最大降水中心出现在塔城市楚坎村，达41.5毫米。

10月31日夜间至11月5日，塔城地区自北向南遭受一场寒潮天气过程侵袭，各地普遍出现小到中量的雨转雨夹雪转雪，强降水中心出现在额敏县、塔城市、乌苏市，全地区7个气象观测站普遍出现2021年度首场初积雪，积雪深度为1～12厘米。据区域自动站数据显示，最大降水中心出现在塔城市二工镇铁列克提站，累计降水量为40.3毫米。天气过程影响期间，地区北部普遍有5级左右偏西风，玛依塔斯至老风口风区一线风力8～9级，阵风10～11级，极大风速出现在额敏县喇嘛昭乡，为30.2米/秒。11月5日各地相继转晴，气温较前期明显下降，塔城北部最低气温降至-15.3℃～19.5℃，突破自1980年以来历史同期（11月上旬）最低气温极值，南部最低气温降至-10.0℃；此次天气过程地区北部24小时最低气温降幅达17.4℃～22.6℃，南部48小时最低气温降幅达11.1℃～12.3℃，7个气象站均出现寒潮。

【综合气象监测能力】 2021年，地区气象局地面观测业务数据可用率、业务可用性、传输及时率达到考核指标；农业气象工作基数为32419.4个，错情率为0.03‰；探空业务1—10月基数为21906个，错情率为0.0‰，探空高度为29608米，测风高度为28410米，探测质量为0.2‰。信息网络与装备保障日趋完善。信息网络设备故障率0.0%。

【气象预报预测】 2021年，地区气象局加大重大灾害性、转折性、关键性天气的地县会商，提高预报精准度。预警信息准确率87%，其中暴雪、冰雹预警准确率为100%；地县两级累计发布各类气象服务材料2080期；召开16次气象灾害多部门联合会商，启动5次重大气象灾害应急响应。

【气象防灾减灾】 2021年，地区气象局做好防汛救灾气象服务作为当前最重要的政治任务，全力做好塔城盆地罕见春夏连旱气象保障服务，实地调研了解旱情，在全地区防汛抗旱分析会、地区洪旱分析会商会、农牧业生产调度会建言献策，向地委政府报送干旱监测及天气分析专题预报，服务建议被采纳。严格遵守“三审三校”预警发布机制，做到预警信号制作发布“零失误”，全年启动应急响应5次。认真分析天气变化趋势，加密会商、准确预报、及时预警，跟踪做好气象服务，最大限度减轻了灾害损失。

【人影抗旱增水】 2021年，塔城地区人影投入429.43万元；乌苏市、和布克赛尔蒙古自治县、托里县批准立项新建X波段双偏振雷达项目；托里县人影机构成立；完成呼图壁县丰源煤矿“4·10”事故应急处置工作任务；全地区开展人影作业322次，消耗火箭弹974枚；

2021年9月26日，塔城地区防震减灾科普教育基地被沙湾市团委授予沙湾市青少年校外实践教育基地称号（彭俊源　摄）

人影作业水平和作业能力成效显著。有效发挥人影工作在区域生态修复、防灾减灾、草原防灭火等方面的保障作用。严格落实人影业务安全管理制度，2021年内开展两次人影安全检查，全年无人影安全责任性事故发生。

【依法行政】 2021年，地区气象局全面依法履行社会管理职能，办结行政审批事项4项；完善监管企业目录清单，每月开展全覆盖、拉网式安全生产及专项执法检查；每月按要求对各县市进行安全生产视频调度。与安委会联合开展防雷安全专项执法检查4次，下达执法文书46份。年内组织部门内安全检查4次。

【人才队伍建设】 2021年，地区气象局加强气象科技人才队伍建设，营造科研氛围，科技投入28.3万元；申报各级课题项目28项，立项新疆气象局科研面上项目2项，青年基金项目2项，局管课题15项；业务技术人员在省级期刊第一作者发表25篇论文（其中核心3篇）；申请实用型专利2项，软著1项。地区气象局被中国气象局授予公务员集体二等功奖励。

（杨娇燕）

地　震

【防震减灾】 2021年，地区地震局建立完善防震减灾工作协调机制，发挥防震减灾工作联席会议办公室作用，加强与各县市和地区抗震救灾指挥部（地区应急管理局）的协调沟通，印发《塔城地区防震减灾宏观观测员（三网）管理办法》《2021年塔城地区防震救灾和抗震救灾工作要点》《塔城地区2021年地震监测预报和震害防御工作要点》，制定《2021年度塔城地区震情监视跟踪和应急准备工作实施方案》等，加强防震减灾工作的开展。积极主动做好塔城地区地震应急预案修订工作。6月7日，行署印发《塔城地区地震应急预案》，同时要求各县市及防震减灾领导小组成员单位及时修订相应的地震应急预案，并督促指导县市修订地震应急预案。6月4日，在乌苏市第六中学组织进行防震减灾综合演练。在应急演练中，各应急救援小组科学组织、协调配合，通过多层次调度、多部门联动，演练预设环节均顺利完成。完善防震减灾工作体系，将原有的两个前兆观测站机构整合，组建塔城地区地震综合监测预警中心，进一步优化机构设置和人员编制。

【科普教育】 2021年，地区地震局持续开展防震减灾法律法规、应急避险自救知识、第五代《中国地震动参数区划图》科普宣传“六进”活动，与沙湾市委、团市委、市少工委联合，将地区防震减灾科普教育基地命名为青少年实践教育基地，切实提高地区青少年地震科普知识和防灾自救能力，累计受教育人数16000余人，宣传活动取得良好的效果。

【监测预报】 2021年，地区地震局加强地震前兆监测项目建设，在沙湾市温泉增设硫化氢气体自动监测，新增470米勘探井架设水位、水温自动监测仪器，在博尔通古大阪26泉观测站架设泥火山视频监测。树立“震情第一”的理念，切实抓好震情跟踪，及时核实上报异常。组织各县市、地直相关部门召开防震减灾和抗震救灾工作视频调度会议3次，安排部署地区防震减灾和抗震救灾工作。对1月26日和布克赛尔蒙古族自治县3.1级地震、3月26日乌苏市3.1级地震、8月29日乌苏市3.6级地震采取应对措施。落实地震前兆台站管理制度，严格遵守《塔城地区地震前兆综合观测站巡检工作制度》，每星期三进行巡检一次，遇到特殊情况进行加密巡检，全年进行台站巡检60余次，确保前兆台站运行正常。

【震害防御】 2021年，地区地震局抓好地震观测环境保护工作，先后对乌苏市、沙湾市周边3个地下流体观测站、5个强震台、3个基本站、1个泥火山前兆观测点开展地震监测设施和地震观测环境保护巡查保护工作，切实全面提高塔城地区地震监测预报工作水平。

（彭俊源）

教 育

综 述

【教育事业概况】 2021年，塔城地区有各级各类学校421所，其中高职院校1所、中等职业技术学校9所、普通高中12所、初中36所、小学111所、幼儿园250所、特教学校1所、开放大学1所。在校学生15.37万人，其中高职高校0.14万人、中等职业技术学校0.42万人、中学5.16万人、小学6.6万人、幼儿园3.04万人、特教学校131人。小学入学率101.61%，初中升学率100%，少数民族适龄幼儿学前入园率100%。中职就业率95%，高职院校2020年秋季开始招生，无毕业生。

地区有教职工1.81万人，专任教师1.32万人，其中少数民族专任教师4901名，占总教师的37%；研究生及以上学历109人，占专任教师的0.83%；本科学历10030人，占专任教师的76%；大专及以下学历3061人，占专任教师的23.19%。

【教育经费投入】 2021年，地区教育经费总收入34.79亿元，含国家财政性教育经费33.93亿元（1.一般公共教育经费29.96亿元：教育事业费拨款27.27亿元，基本建设拨款2.09亿元，教育费附加拨款0.60亿元。2.其他一般公共预算安排的教育经费3.75亿元。3.政府性基金预算安排的教育经费0.22亿元），捐赠收入0.10亿元，事业收入0.59亿元，其他教育经费0.17亿元。2021年教育经费总投入比上年增加0.24亿元，增加0.83%，其中教育事业费拨款增加1.33亿元，增加4.65%。

【校园安全工作】 2021年，地区教育局积极开展“护校安园”专项行动，落实消防安全专项整治三年行动计划，建立验收进度工作周报告制度，健全完善校园维稳工作机制。完成建筑工程消防设计审查验收312栋，排查整改安全隐患600处。联合公安部门建立校园安全防范专班，整治学校周边突出治安问题和治安乱点499处。按照自治区“高考不出县，中考学考不出校”要求，落实落细考试与防疫双重措施，坚持“认真细致、廉洁守纪、阳光公正”原则，着力实施科学、规范、严密的考试招生安全体系，全年开展18次考试6.75万人次，无一纰漏。精准做好8944名返乡大学生统计，完成6个县市新建普通话水平测试站点建设任务，成为全疆第二个普通话水平测试站点全覆盖的州。做好暑期运输各项工作，建立分工负责联防联控工作机制，接回全国其他省区市新疆班、自治区内初中班学生3178人次。保障校园食品安全，落实学校食品安全校长负责制，建立市监、卫健、民政、公安等部门联席机制，健全校领导陪餐制度，实施集中采购、索证票据和责任追究制度，“互联网+明厨亮灶”系统达到90%以上。

【通用语言文字教育教学】 2021年，地区印发《塔城地区进一步巩固提升国家通用语言文字教育教学质量行动方案》，持续推进教育资源整合，优化整合地直高中，推动裕民县一中和二中重组，学校布局调整累计达到61所；持续推动少数民族汉族学生混合编班、混合住宿，教师混合编组、混合教学，在全覆盖基础上推动深度融合；持续加大教师队伍建设，新招聘、引进实习支教教师878人，合理分配公费师范生170余人，缓解教师短缺问题。

2021年，地区中考平均分和名次的再提升、再跨越，单列类学生和普通类学生的平均分差较2020年减少35分，教育部民族教育发展中心在自治区召开民族教育质量监测结果综合反馈会议，教育部民族教育质量监测重点研究基地的《新疆维吾尔自治区民族教育质量监测报告2020》显示，在监测的2个学段5个学科中，塔城地区小学语文、数学学科，初中语文、数学学科均表现最好，在初中生物学科上塔城地区和克拉玛依市的表现最好。报告指出：塔城地区在培养学生中华民族共同体意识、交往交流交融、家校关系、成长性思维等方面同其他地州相比水平较高，得到自治区教育厅的高度评价和认可。

【“双减”工作】 2021年，地区教育局扎实推进“双减”工作，制定并印发《塔城地区监管校外培训机构预警联动工作方案》等14个“双减”工作配套方案、通知，细化措施，建章立制，稳步推进地区“双减”工作。地区义务教育学科类机构压减41家，压减率87%，普通高中学科类机构压减6家，压减率100%；义务教育学科类机构转非营利6家，占比100%；非学科类机构移交相关部门86家，占比100%；义务教育学校课后服务实现100%全覆盖；全地区预收费总额12.4万元实现全部退费。印发《塔城地区推进中小学生课后服务工作实施方案》《塔城地区义务教育阶段作业管理工作要求》，全面减轻学生作业负担。印发《关于加强义务教育阶段学校考试管理的通知》，利用政府网站、新闻媒体、微信公众号等各类媒介发布“致家长一封信”，提高师生、家长知晓率，全面减轻家长负担。

【教育教学评价改革】 2021年，地区对照自治区《深化新时代教育评价改革总体方案》，废止清理3项文件、落实任务清单47条，制定印发《关于全面加强和改进新时代学校体育、美育工作实施方案》，将体育学科纳入中考范围。成立地区体育、书法研究会，积极组织各种赛事，创建全国足球、篮球、排球等特色学校（园）35所，青少年科技活动特色学校15所，2021年被自治区评为全民科学素质网络知识竞赛优秀组织单位，塔城市被评为全国中小学劳动教育实验区，成为全疆4个实验区之一。

【兵地教育融合】 2021年，地区多次召开兵地教育融合发展协调会，制定《塔城地区教育系统关于建立兵地融合发展工作协调机制的通知》，联合兵团第七师、第八师、第九师、第十师研究制定《促进塔城地区与教育深度融合发展实施方案》《塔城地区与兵团教育“手拉手”结对帮扶实施方案》，与兵团95所学校（院）、幼儿园建立“手拉手”结对帮扶，建立转学学籍审批机制，组织各级工作室主持人、学科研究会、教学能手到兵团送课、送教、送研533次，促进兵地在教育领域深度融合。

【教育援疆工作】 2021年，地区安排各类教育援疆项目19个，总投资5100万元，其中建设类项目投资1720万元，用于改善学校的基础设施。依托辽宁省高校数量多、培养人才有优势，继续保持援疆定向招生计划252个名额不减，将原有的民语言类、双语类计划类型计划数29个调整为普通类专业计划数和单列类计划数。适当增加普通类计划类型招生计划数，将普通类、单列类、双语类、民语言类四类调整为普通类和单列类，同时，根据塔城地区人才需求，为塔城地区多投放20个急需专业定向招生计划。

通过远程信息技术、线上课堂等方式引进辽宁省优质教育资源，提高基层教育教学质量，促进城乡教育齐头并进、公平发展。利用援疆等各种资源优势积极争取社会资源，启动教育信息化2.0行动计划，辽宁省教育网络学习资源覆盖塔城地区176所中小学校，受益师生13万余名。

【教育信息化建设】 2021年，地区积极构建“互联网+教育”服务体系，投入资金4591万元实施信息化和“三个课堂”建设，学校宽带网络覆盖100%，学校互联网出口带宽达100兆以上，中小学班班通3621套，直录播教室188间，实现县市区域内远程互动教学，21节课被自治区评为优级课，在全国学生信息素养提升实践活动中10件作品获国家级奖项、201件作品获自治区奖项。

【教师队伍建设】 2021年，地区教育局坚持把教师队伍作为提升教育质量的关键，与地委组织部联合组织基层学校党组织书记96名开展专题培训，组织175名校（园）长参加岗位培训和提高培训。185名高中和中等职业学校教师取得教师资格。通过国培、自治区培、新任教师和信息化培训1.2万人，系统推进语文、历史、道德与法治三科统编教材培训267人。

【学生素质教育】 2021年，地区教育局坚持用红色元素浸润校园为青少年培根铸魂，进一步坚定各族师生理想信念，制定《加强党史学习教育，推动地区教育高质量发展指导意见》，组织开展青少年学生“筑基”工程，把中华民族共同体意识教育纳入学前教育、义务教育、高中阶段教育、高职教育全过程，有机融入教学活动和教学管理。把中华优秀传统文化教育作为固本培元基础工程，推进中华优秀传统文化和“中华经典诵读工程”进校园，不断增强各族师生“五个认同”，在教育部、国家语委举办“第三届中华经典诵写讲大赛”中，塔城地区2件作品获优秀奖。持续推进混合编班、混合住宿，着力构建“互嵌式”学习生活环境，积极搭建各民族学生广泛交往、全面交流平台，促进各族师生交往交流交融。

【思想政治理论课建设】 2021年，地区制定印发《地区深化新时代学校思想政治理论课改革创新的实施方案》《2021年塔城地区提升新时代学校思想政治理论课教师教学实践活动实施方案》，统筹推动大中小学思政课一体化，发挥思政课主渠道作用，组织地区800名思政教师开展教学研讨和培训交流，组织47名思政教师开展教学基本功大赛。遴选地区级思政课中青年骨干教师14名，组建10个地区级思政名师工作室，评选年度优秀思政教师15名，440名教师取得思政教师资格认证，专职思政课教师比例从40%提高到82.6%。

【教育教研工作】 2021年，地区教育局落实教育厅《关于加强和改进新时代基础教育教研工作的意见》，构建以地、县、校专职教研员为主线，名师工作室、学科研究会和教学能手工作室为支点的网状教研管理体系，新增3个学科研究会，专兼职教研队伍1570人。创新开展地区“启航和领航工程”，全学段学科赛事316场次，获得国家、自治区各类比赛奖项361个。制定《关于进一步加强校本研修的指导意见》，邀请国内专家组织教研员培训2645人次，学科教研员组织培训教师3万余人次，为基层学校和兵团学校送课送教送研533场次，落实教研员定点联系基层薄弱学校全覆盖。聚焦五项管理和“双减”政策，制定中小学12个学科作业设计与实施指导意见。聚焦师德师风建设，开展“学党史·述我的教育故事”和百名教师向党说活动，激发教师从教情怀。聚焦疫情下的教学模式，出版发行《塔城教育》，入选国家级和自治区级课题188个。持续开展初中学业水平、高考和质量监测数据分析和评价，召开“集体会诊、科学研判”专题研讨会议，制定《关于建立塔城地区开展基础教育教学质量评价与监测体系实施方案》。逐步形成线上线下互动、学科教师互通、全地区学校互联的大教研机制，推进以赛促研、以研促改、研学互助、送教进校、信息技术运用常态化。

（杨　澜）

基础教育

【学前教育】 2021年，地区巩固学前教育普及普惠发展成果，紧盯城镇校区配套幼儿园建设工程，如期实现城镇配套幼儿园8所全部投入运营，新增普惠性学位1840个。投入专项资金6300万元，改造升级幼儿园76所、新建2所，办园能力和承载力全面提升，普惠性幼儿园覆盖率89%，公办幼儿园在园幼儿达80%以上。

【义务教育】 2021年，地区持续巩固义务教育优质均衡发展成效，印发《塔城地区推进县域义务教育优质均衡发展实施方案（2021—2035年）》，召开地区迎接自治区对行署履行教育职责督导评价暨推进义务教育优质均衡发展创建会议。适应义务教育均衡发展需求，投资1.49亿元，规划建设项目281个，改善学校基本办学条件，夯实优质均衡基础。

【普通高中规范发展】 2021年，地区持续推动高中阶段多样化办学，严格按照高中阶段招生“普职比大体相当”工作要求，研究制定《塔城地区普通高中招生录取方案》，合理按照自治区《关于做好2021年普通高中招生管理工作的通知》精神，邀请纪检监察部门、家长代表全程参与现场录取，真正实现阳光、公正、公开。

【特殊教育】 2021年，地区新建5个特殊教育资源教室，实现特殊教育资源教室县（市）全覆盖，充分发挥地区特殊教育资源中心作用，指导各县（市）利用资源教室功能服务于残疾学生，建立健全特教送教上门等有关规章制度，及时开展特殊教育送教上门相关培训，提高送教上门工作质量。调整塔城地区特殊教育专家委员会成员，加强对送教上门服务工作的过程管理和业务指导。建立适龄残疾儿童专门台账，加强对适龄残疾儿童的数据核查、科学评估和分类安置，截至2021年年底，全地区适龄残疾儿童少年总数895人，其中在校生总数709人（普通学校随班就读499人，特殊教育学校就读103人，送教上门107人），适龄残疾儿童少年入学率为99.6%。

【校外教育】 2021年，塔城地区现有青少年校外活动中心7所，建筑面积3.1万平方米，在编教职工37人，外聘专任教师126人。各校外活动中心通过“走出去”“请进来”，派出专业骨干教师，参加各级各类专业骨干教师培训，聘请专家等多种形式的培训手段使专业教师水平不断提高，从而更好服务于校外教育。各校外活动中心本着“培养兴趣、启迪智慧、彰显个性、发展潜能”的培训理念，常年开设舞蹈、美术、器乐、书法、科技、棋类、体育类等兴趣班，全年培训万余人。校外活动中心坚持“公益为先，活动为主，学生为本”的原则，发挥校外活动中心的职能作用，广泛开展经常性、大众化、实践性强的实践活动，积极开展形式多样的系列教育活动。

【招生与考试工作】 2021年，地区考试工作健康、平稳、顺利实施，累计开展考试工作16项。其中塔城地区高考报名总人数7737，实考人数7029人，录取人数6827人，录取率为97.13%（比2020年上升6.76个百分点）。

【自治区内初中班招生】 2021年，1637人报名地区自治区内初中班，录取450人。

【全国其他省区市高中班录取】 2021年，地区全国其他省区市高中班报名人数593人，录取300人，全国其他省区市职高班报名人数619人，录取人数为160人。

（杨 澜）

·地区第一高级中学·

【概况】 2021年，地区第一高级中学有54个教学班，在校学生2367名，在职教师263名。随着教育改革的不断深入，学校教育教学质量逐年稳步提升，2021年高考一本上线率49.1%，本科上线率79.3%。学校先后获自治区文明单位、自治区依法治校示范校、自治区德育示范校、自治区普通高中示范校、自治区教育系统先进集体等称号。

【德育工作】 2021年，地区第一高级中学始终坚持全面育人办学理念，遵循“德育为先、教学为主”教育规律，以德育教育队伍建设为基础，以德育方法改革为突破口，以校外教育资源为依托，以课堂教育实践活动为载体，努力提高德育工作的针对性、实效性，构建学校德育工作体系。通过建立家长委员会、学生会发挥家校联系和学生积极参与学校管理作用；通过班主任节、体艺节、科技节、读书节、社团活动、劳动教育，加强对学生的素质提升；落实“五项管理”，保护学生身心健康。

【教学工作】 2021年，地区第一高级中学顺应教育改革发展潮流，形成以国家课程为主、地方课程与校本课程为辅助的多元课程管理模式，开齐开足国家规定课程，坚持以学生为主体的课堂教学改革，推进学案教学，开展“蓝青工程”活动，培养青年教师成长，充分发挥工作室职能作用，营造浓郁的教科研氛围。狠抓“双困生”帮学帮扶工作，每年都有一大批学生在各科奥赛中获奖。落实“双减”政策和课后服务工作，全方位提高教学质量。 （陈治海）

高等教育

【概况】 2021年，塔城地区有高等院校1所，为塔城开放大学。9月，塔城地区广播电视大学更名为塔城开放大学，是一所以促进终身学习为使命、以现代技术为支撑、以“互联网+教育”为特征、面向塔城全民开展开放教育的新型高等学校。塔城开放大学由地区行署领导和教育主管部门管理，接受国家开放大学和新疆开放大学的业务指导和管理，统筹推进塔城开放教育体系建设，指导和服务塔城开放教育办学业务，着力建设塔城终身学习公共服务平台，面向全地区提供全民终身教育及服务，促进“人人皆学、处处能学、时时可学”。

【高等教育考试】 2021年，塔城地区成人高考累计报考2000人，87个考场，备用隔离考场8个，共2个考点（地区第一高级中学考点为专科起点升本科层次1233人，54个考场；塔城市第三中学为高中起点升本科层次28人、2个考场，高中起点升专科层次739人、31个考场）。

（杨 澜）

·塔城开放大学·

【概况】 塔城开放大学前身为塔城地区广播电视大学，创办于1982年，经地区行署批准，2021年9月更名为塔城开放大学，是一所以促进终身学习为使命、以现代技术为支撑、以“互联网+教育”为特征、面向塔城全民开展开放教育的新型高等学校。塔城开放大学由地区行署领导和教育主管部门管理，接受国家开放大学和新疆开放大学的业务指导和管理，统筹推进塔城开放教育体系建设，指导和服务塔城开放教育办学业务，着力建设塔城终身学习公共服务平台，面向全地区提供全民终身教育及服务，促进“人人皆学、处处能学、时时可学”。塔城开放大学开放教育包括学历教育和非学历教育，主要采用非全日制教育形式，实行注册入学、完全学分制。在国家开放大学和新疆开放大学指导下自主开展专科、本科开放学历继续教育，在地区教育主管部门管理和指导下开展学历和非学历教育。学校占地面积2.18万平方米，建筑面积8272.47平方米，拥有教学办公综合楼、宿舍楼各1栋，教学办公综合楼有28间教室，4个网络多媒体专用机房，130台计算机，1间云教室，1间视联网会议室，2间投影教室，1间录播室。宿舍楼建筑面积2188平方米，可容纳140人入住。

【招生工作】 2021年，塔城开放大学巩固和发展招生网络，开展形式多样的招生宣传，合理设置招生专业。全年招生1831人，其中本科704人、专科1127人，比上年增长11%。学生在籍人数6453人。

【教学工作】 2021年，塔城开放大学开设17个本科、22个专科专业的主干课程，组织712名本科、专科学员参加社会实践调查报告、毕业论文撰写与答辩，毕业作业完成率达75%，初审合格率95%。58名学生获奖学金，其中国家开放大学优秀毕业生1人，新疆开放大学优秀毕业生10人；国家开放大学奖学金40人，新疆开放大学奖学金7人。常规教学管理落实到位，成绩突出，教材征订率100%，发放率97%，圆满完成新疆开放大学和国家开放大学57389条选课任务。

【考试工作】 2021年，塔城开放大学统筹安排考试617场次，报考人数26441人次，各类考试无重大事故发生，做到考试期间零风险、零疫情、零差错、零替考。

（许元博）

2021年9月3日，塔城开放大学举行揭牌仪式　　（许元博　摄）

职业教育

【概况】 2021年，塔城地区有高等职业技术学校1所（塔城职业技术学院），中等职业技术学校8所，其中自治区示范性中等职业学校1所（地区中等职业技术学校）、自治区级重点中等专业学校2所（地区师范学校、地区卫生学校），分别在塔城市、额敏县、乌苏市、沙湾市、和布克赛尔县，中高职在校学生7214人。

【职业教育质量提升】 2021年，地区印发《塔城地区深化职业教育改革实施方案》，统筹布局职业教育资源，将塔城地区和丰职业技术学校到地区中等职业技术学校。中等职业学校基础能力和承载能力进一步提升，高等职业学校主体地位进一步巩固，坚持提质扩容，未升学初高中毕业生3682人全部进入职业学校。立足提升职业教育服务能力，优化中职学校23个专业、高职4个专业设置，创建自治区中职品牌2个，与161家企事业单位开展校企合作，应届毕业生一次性就业率100%，稳定就业率94%。

（杨　澜）

·塔城职业技术学院·

【教育教学工作】 2021年，塔城职业技术学院加强教学管理。根据教学大纲，科学合理制订教学计划，严格落实备课，上课、听课、评课等教学环节，确保课程安排、教学计划、班级布置、教师配置“四到位”。组织听评课，教案检查、优秀“三好学生”的评选。明确办学定位，立足塔城地区，科学设置学科。建立完善中高职科学系统的教学规章制度，加强思政课程体系建设。落实好教材审读、订购，确保开学教材按时到位。加强实践教学，组织师生参加各级各类技能大赛，加强实践教学。加快推进与企业的合作，积极创造条件与当地企业签订学生实习实训协议，为学生提供实践场所，增强实践能力。积极准备全国职业院校技能大赛新疆地区预赛。以汽车维修、中餐烹饪、美容美发与造型、会计等专业为重点，通过以赛促学，以赛带练，培养学生职业技能，丰富学生学习兴趣，提高人才培养质量。组织开展职业教育活动，举办“普通话诵读，规范字书写爱国情怀”、各专业校内技能比赛、职业教育宣传周等系列活动，丰富学生活动，提高学生职业学习兴趣。6月组织教师对2019级学生开展中式烹调师、美发师、汽车维修工等中级工的鉴定工作。落实“1+X”人才培养目标，推进“1+X”特殊焊接职业技能等级证书工作的实施工作，申报增加技能等级的工种数量。开展疫情防控、文化润疆、意识形态、革命传统等教育抓好“开学第一课”，组织学期期末班级考试工作，并做好成绩的汇总、统计、分析工作。

【学生管理工作】 2021年，塔城职业技术学院加强对班主任培训与工作指导，落实班主任职责。实行教官管理制度、“值周班”制度、教师包联宿舍制度，构建学校、班主任、包联老师、宿管老师、教官五位一体的德育体系，强化学生养成教育。加强团委建设，完善智慧团建系统，按照规定发展团员。在重大节日组织开展爱国主义、革命传统教育等活动，进行爱国主义教育。发挥学生会和社团作用，在学生中开展国语演讲、板报、球类等形式多样的文体活动和社团活动，调动学生积极性，丰富学生业余生活。做好学生专项资助经费（贫困助学金、塔城地区户籍生活补助等）的评定、公示、发放等管理工作，确保学生资助资金按政策按时、足额、准确发放。建立建档立卡家庭经济困难明细台账，做到底数清，情况明。做好2020学年家庭经济困难学生认定工作，建立建档立卡家庭经济困难学生专项档案。抓好学生学籍管理，严格办理转学、休学、退学手续，及时更新学生学籍信息库。审核毕业生资格，按时上报毕业生电子学历信息数据和照片，确保毕业生网上数据完整、准确、规范。做好毕业证验印、发放工作。

【招生就业工作】 2021年，塔城职业技术学院做好招生工作，加大招生工作的宣传力度，制定中高职招生宣传方案，将高职新增专业招生计划宣传到各级各类学校和全社会。组织实施“三校生”“直升专”“单招”工作，确保在规定的时间节点完成任务，积极与上级招生部门对接好招生计划，落实秋季中高职招生任务。做好就业指导，在调查研究的基础上，积极与疆内外企业联系，拓宽就业渠道，推荐学生就业，提高就业率。

【提升科研水平】 2021年，塔城职业技术学院印发科研项目参考目录，充分调动院校各科室和教职员工的积极性，对上报的项目进行筛选、组织论证，提交院校领导审定后，启动项目申报工作。建立落实激励机制，每学期召开不少于1次科研项目专题会议，部署任务、总结工作、表彰先进，由院校党委表彰科研工作优秀个人和科研工作先进集体，作为绩效奖励、评优评先的重要依据，激发教师投身科研工作热情，提升院校科研总体水平。深入开展学术交流活动，邀请专家进行教育教研交流讲座；继续采取“请进来、走出去”办法，每学期举办至少1期专家辅导，邀请知名专家学者（包括辽宁省援疆人才）做专题辅导；组织两批教师到疆内或辽宁省及其他发达地区学习培训，提高教学技能；组织2次校内学术交流，推出一批学术论文。

【培训和实训工作】 2021年，塔城职业技术学院做好资金拨付、签约、就业工作，进一步开拓培训市场，开展高技能人才培训、毕业生建筑领域培训、“六个一工程”培训、在校生创业培训、农村电子商务培训工作。做好实训设备维护，做好实训设备维护责任划分，最大限度地减少资源浪费，尽量为学校减少财产损失，加强对学生实训的管理，教学实训过程中控制各种消耗源。（张有莲）

·乌苏职业技术学校·

【教育教学发展】 2021年，乌苏职业技术学校积极提升思政教育水平，充分发挥思政课作为立德树人的关键课程作用，加强思政教研指导，不断提高思政课堂教学水平。持续改善办学条件，投入资金379万元，完成计算机平面设计理实一体化项目、“1+X”试点采购项目的安装调试。同时完成“烹饪实训中心、智慧图书馆、智慧校园信息化”3个新申报项目的答辩工作，申报资金1130万元。积极选派17名教师参加“双师型”教师线上培训，15名教师参加疆内外企业院校培训。以赛促教，成功举办第三届校级技能大赛，有6个专业12个项目380名学生参赛，学生参与面达70%；积极选派师生参加地区乡村振兴技能大赛，教师李兴强和学生白汉龙均获汽修组一等奖，电工组三名学生分别获前三名；选派师生参加地区第二届创新创业技能大赛，学生赵军获一等奖，张莉、任桂华获优秀指导教师奖，学校获优秀组织奖。积极推进校企合作，长期合作企业18家以上，有53名学生跟岗实习，196名学生顶岗实习。学生初次就业率96%以上。

【校园安全工作】 2021年，乌苏职业技术学校时刻绷紧校园安全这根弦，在开展经常性排查的基础上，不定时进班级、宿舍、食堂、车间进行安全隐患排查，及时消除水电暖安全隐患，规范学生宿舍用电，在宿舍楼设充电柜，保障学生用电安全。加强安全教育，召开主题班会、邀请公安政法工作人员来校讲座，利用电子屏、国旗下讲话集中对师生进行防火、防震、防盗、防电、防交通事故安全教育。常态化开展日常演练。组织师生开展抗震减灾、消防疏散演练5次，增强师生安全意识和自我保护能力。持续落实领导陪餐制度，发现问题及时督促解决，在宿舍楼、教学楼、办公楼安装19台直饮水机，保障师生饮食安全。（李　杰）

·塔城地区师范学校·

【概况】 2021年，塔城地区师范学校开办中专层次学前专业，大专（本科）层次（函授）学前教育等专业，每年还承担地区中小学及学前教师的继续教育培训和其他培训任务。学校有20个教学班，863名学生，有教职工128人。

【教师队伍建设】 2021年，塔城地区师范学校全面加强师德师风建设，组织63名教师参加线上保育员能力提升培训、20名教师参加自治区和地区组织的各类培训；开展以老带新、传帮带的“蓝青工程”；组织93名教师开展公开课、12名青年教师赛讲课、14名教师说课大奖赛、讲座5次，开设水粉、篮球、足球、跳绳、手工等7个社团。做好教师职称申报，高级5人、中级3人，教师晋级22人，教师续聘84人，研究生转正2人。

【教研工作】 2021年，塔城地区师范学校教研工作以教育科研为动力，深化学校管理，强化课程改革，全面推进素质教育，顺利完成2021级课程设置。完成2018—2019级学生及部分教师的普通话水平报名及测试工作。开展“听课促发展，教师同进步”听课活动，组织青年教师参加说课比赛等活动。整理青年教师优秀教案，制作优秀教案集。

【招生与就业】 2021年，塔城地区师范学校招生195人。完成直升专科（优秀毕业生）招生工作，为疆内高职院校推荐并被录取10名学生，参加高考录取72人。通过召开现场招聘会及就业指导，组织学生参加各类招聘工作。自主就业209人，2018级毕业生就业率95%。2021年报考“三校生”99人，报考新疆师范大学学前教育专业的考生100余人，函授站2020—2021级在籍学员377人，2019级毕业170人。

【学生资助工作】 2021年，塔城地区师范学校完成2020—2021学年国家助学金造册、发放工作，春季享受免学费895人次，减免金额125.3万元；建档立卡的学生、免住宿费、免教材费以及享受生活补助的学生155人，减免金额21.7万元。发放助学金120人次，助学金金额12万元；免住宿费、教材费153人次，减免金额6.885万元。

（尹丽华）

2021年12月，地区师范学校举行说课比赛　（尹丽华　摄）

文化·体育

文化事业

【基础设施建设】 2021年，地区文化体育广播电视和旅游局（简称地区文体广旅局）完善文化阵地建设，投入资金2000万元实施文化中心提升改造项目，丰富文化中心的多元化服务功能，成为对外展示文化塔城的重要窗口和旅游打卡地。投入资金1000万元新建裕民县图书馆，投入1.3亿资金新建沙湾市文化馆、图书馆。全国第五次公共文化馆评估定级中乌苏市、沙湾市、和布克赛尔蒙古自治县三个文化馆获评国家一级馆。各级公共图书馆、文化馆、乡镇文化站全年开放300天以上。修建、改扩建及配套完善文化广场、文化大院等项目458个，绘制文化墙600多万平方米。

【群众文化活动】 2021年，地区文体广旅局采取“线上+线下”活动模式，开展“见证党的光辉历程”“颂歌献给伟大的党”等群众性文化活动。选派45名文化旅游行政管理和专业技术人员深入各乡（镇）、村（社区）开展文化培训、精品演出等文化专项服务工作。深入实施“我们的中国梦—文化进万家”活动。开展各类群众性文化活动3120场次，文化培训180场次，惠及群众达65万人次。

【精品创作】 2021年，地区文体广旅局组织完成“春节文艺晚会”“在党的阳光照耀下”等大型主题文艺晚会，创作音乐剧《一颗红心》、歌舞剧《祖国在前方》等艺术精品。地区歌舞团歌曲《在祖国的怀抱中》、舞蹈《露》、沙湾市舞台剧《大盘鸡的故事》获自治区2021年度文艺扶持激励资金项目奖，歌曲《红船》在“2021年感动中国文艺会演暨原创词曲颁奖·高级创作研讨会”中获“创新先锋奖”；组合唱《中国喜事》、舞蹈《母亲是中华》入选文化和旅游部“欢乐过大年 迈向新征程”2021全国“村晚”线上展播活动。

【非遗传承保护】 2021年，地区文体广旅局积极推进国家级文化生

2021年9月30日，裕民县文化体育广播电视和旅游局与县图书馆举办“弘扬建党精神　赓续红色传承”为主题的朗诵比赛　（李明胜　摄）

态保护区创建工作，《塔城地区文化生态保护区规划纲要》已经自治区人民政府同意报国家文旅部审核。地区累计成功申报国家级非物质文化遗产名录项目14项、自治区级非物质文化遗产名录项目45项、地区级非物质文化遗产名录项目102项、县市级非物质文化遗产名录项目416项，有国家级代表性传承人7人、自治区级代表性传承人19人、地区级代表性传承人86人、县市级代表性传承人254人。塔城市达斡尔族民歌入选国家文旅部主办的民歌原生节活动。地区举办传统项目培训班35期，开展非遗传承活动36场次，参与人员1800人次。

【文物保护工作】 2021年，地区投入152万元完成和布克赛尔蒙古族自治县全国重点文物保护单位道尔本厄鲁特森木古城遗址北城墙西段保护修缮工程；投入300万元完成额敏县博物馆改造提升项目工程；投入100万元建设塔城市爱国主义教育展馆；争取505万元项目资金，修缮自治区级文物保护单位乌苏市巴音沟承化寺；全国重点文物保护单位“双塔”安全防护工程实施计划已批复；积极配合自治区考古研究所完成托里县那仁苏供水工程抢救性发掘工作，发掘古墓葬106座，出土文物80件；塔城地区不可移动文物托里县烈士陵园纪念碑、托里县孔繁森纪念碑和额敏县博物馆可移动文物解放西北纪念章2枚列入2021年自治区第一批、第二批革命文物名录。2021年，地区博物馆免费开放接待人数33万人次、“流动博物馆”巡展参观人数6万余人次。 （李 垚）

广播电视

【安全播出工作】 2021年，地区广播电视台严格落实值班、检修、播出制度，实现播控、传输、发射三个零秒播出。在开展献礼建党百年安全播出保障专项行动期间，以“安播零事故、传输高质量”为目标，全面落实广播电视和网络视听播出、集成、传输、分发和覆盖等安全播出主体责任，完成七一建党节等重要节点的安全播出任务。与此同时，根据工作特点，建立完善《安全播出管理制度》《事故应急处理方案》等各项管理制度，制定工作应急预案，坚持节假日及敏感时期领导带班，设立专门值班电话，确保联络渠道畅通，节目播出安全。

2021年，对地区广播电视农村公共服务设备进行巡检441次、维护设备452套，安全播出大检查7次，全地区公益广告制播数据未出现违规违法现象。

【主题宣传】 2021年，地区广播电视台围绕建党100周年、党史学习教育、乡村振兴、自治区“3+1”重点工作、塔城重点开发开放试验区建设等宣传重点，精心策划《奋斗百年路 启航新征程》《全力建设塔城重点开发开放试验区》《共建兵地融合发展示范区》等40余个专栏，发稿2000多篇。

【宣传工作】 2021年，地区广播电视台紧跟中央台、新疆台等上级主流媒体宣传方向、宣传形势，创新宣传思路，提高宣传稿件上稿率，进一步提升地区美誉度和影响力。2021年，在自治区级以上媒体上稿近千条，比上年采用量翻一番。

【助力地方发展】 2021年，地区广播电视台制作播发《塔城新闻》（汉语、哈萨克语）、《七彩之窗》（汉语、哈萨克语）、《工会在线》、《法制讲谈》等栏目470余期。并结合不同受众群体需求，开播《追梦人》《光荣在党50年》等哈萨克语广播栏目，受到好评。同时，积极配合相关部门制作疫情防控工作汇报片、新疆塔城重点开发开放试验区先行发展区汇报片、各县市分区汇报片等30余部专题片，为地区社会稳定经济发展助力添彩，营造浓厚氛围。

【构建新型媒体】 2021年，“i塔城”App用户近17万人，“爱在塔城”微信公众号粉丝5.2万余人，“塔城地区广播电视台”抖音号粉丝突破40万人，发布短视频、图文稿件等各类作品13700多篇。抖音作品《新疆塔城哈萨克族大爷用魔方拼出“中国共产党万岁”》先后被1600余家媒体、抖音、微博等平台转发，总浏览量突破2.2亿人次，受到自治区点名表扬。策划开展“寻找红色记忆系列直播”“走进乡村看小康系列直播”以及各类直播运营活动40余场次，主流媒体影响力、引导力得到大幅提升。

【机构改革】 2021年4月2日，经地委、行署研究同意，印发《关于印发〈塔城地区广播电视台职能配置、内设机构和人员编制规定〉的通知》，明确地区广播电视台为地区行政公署直属正县级事业单位，归口中共塔城地委宣传部领导，经费形式为全额预算管理，公益二类事业单位。 （张 娟）

塔城日报

【概况】 2021来，地区日报社围绕总目标，严格落实意识形态责任制，坚持党管媒体，守正创新，深入推进媒体融合，牢牢守住意识形态主阵地，办报质量和经营水平有所提高。在2020年度新疆新闻奖评选中，塔城日报社8件作品获奖，其中一等奖1个、二等奖2个、三等奖5个。

2021年，报纸总发行量30640份（中文25464份，哈萨克文5176份），比上年增长856份。

【意识形态工作】 2021来，地区日报社围绕总目标，严格落实意识形态责任制，坚持党管媒体，深入推进媒体融合，牢牢守住意识形态主阵地。落实“四统一”，保障意识形态阵地绝对安全。加强中文、哈萨克文两种报纸统一管理，实现“一张党报、两种文版、统一领导、一个声音”，做到“四统一”，即统一国家通用语言采访、统一编委会、统一翻译、统一审读。选调政治素质强的专业人员组成审读室，对哈萨克文版报纸、网站、微信内容在发布前进行全方位审读。2021年，投入30万元，对中文、哈萨克文采编系统进行升级，增强采编系统的稳定性。落实审读机制，保障规范出版。报社进一步健全完善各项制度，对报纸、网络、新媒体发布信息严格实施“三审三校一读一查”制，并在采访、编辑、印刷等环节加强监管，重大稿件必须唱校，保证刊发稿件准确无误。按照地委宣传部要求，报社严格宣传纪律，针对重大稿件，热点问题、敏感问题稿件，一律送审刊发。同时，做好登记备案工作，留存每期中文、哈萨克文报纸二审、终审、审读版样，网站、微信发稿进行登记备案。落实阵地监管责任，阵地可管可控。报社认真贯彻《中国共产党宣传工作条例》和《党委（党组）网络意识形态工作责任制实施细则》，对报纸出版和网络传播平台全面梳理、汇总，建立台账，进一步强化对《塔城日报》、塔城新闻网（中文、哈萨克文）和塔城零距离、《塔城日报》（中文、哈萨克文）3个微信公众号的管理，确保宣传内容政治方向和宣传导向正确。落实素质提升工程，打造一支高素质队伍。注重创新促提升。充分挖掘地区有重大新闻价值的各类新闻资源，组织采编力量加大创新力度，以干促学。用好“学习强国”学习平台。激发广大党员干部参与学习的热情，做到人员全覆盖。组织创作一批高质量的图文作品，在“学习强国”学习平台刊发稿件21篇。加强特约记者和通讯员队伍管理，组织报社副高职称人员走出去为通讯员授课，累计培训通讯员200多人次。

【新闻宣传工作】 2021年，塔城日报社推进传统媒体与新兴媒体深度融合，开展主题宣传、成就宣传和典型宣传等，发挥主流媒体的引领作用。《塔城日报》出版253期，塔城零距离推送信息312期2496条，塔城日报微信平台推送信息206期1236条，塔城日报（哈萨克文）微信公众号推送信息123期971条，中文、哈萨克文新闻网站发布稿件1万多条。

持续深入开展党的十九届五中、六中全会精神宣传，开设“新征程 新开局”专栏发稿100余篇（条），“党的十九届六中全会精神在基层”专栏发稿100余篇（条）。持续深化第三次中央新疆工作座谈会、中央民族工作会议精神宣传，围绕推进民生发展、创新民族团结方面采取的新举措新进展，刊发稿件300余篇（条）。精心组织全国和自治区两会宣传报道。扎实做好脱贫攻坚、全面小康宣传报道。继续办好“走向我们的小康生活”专栏，发稿200余篇（条）。持续做好“访惠聚”驻村工作和“民族团结一家亲”活动宣传报道，深入挖掘典型人物和典型事迹，“访民情惠民生聚民心”栏目发稿300篇（条），“民族团结一家亲”发稿150余篇（条）。紧扣建党100周年，精心做好庆祝中国共产党成立100周年宣传。《塔城日报》、塔城零距离开设“奋斗百年路 启航新征程”总栏目，刊发稿件1000余篇（条）。

紧紧围绕中国共产党成立100周年庆祝大会，做好新闻宣传报道。7月1日推出《塔城日报庆祝中国共产党成立100周年》100个版的特刊。开设“学习习近平总书记七一重要讲话精神”专栏，刊发地区各地各部门学习贯彻落实习近平总书记在庆祝中国共产党成立100周年大会上的重要讲话精神稿件120篇。

紧扣丝绸之路经济带核心区建设，及时做好新疆塔城重点开发开放试验区的宣传报道。开设重点开发开放试验区之政策、重点开发开放试验区之进行时、重点开发开放试验区之他山之石等专栏，及时报道地区从总体思路、重点任务、财政支持、服务保障等方面采取的具体举措和成效，刊发稿件110篇（条）。

紧扣以人民为中心，做细民生报道，多角度展示地区各族群众幸福感。2021年民生新闻开设“雷锋在我身边”“最美塔城人”“安全连着你我他”“我奋斗 我幸福”等一系列栏目，刊发文字、图片、短视频等多种形式的稿件140多篇。

（范春海）

档案工作

【档案资源】 2021年，地区档案馆加大档案收集力度，档案资源建设呈现数量持续增长、内容不断丰富的良好局面。截至年底，地区档案馆馆藏总量242全宗、84233卷、317297件。

2021年，接收4家单位233卷5166件档案进馆，其中文书档案5166件、业务档案223卷、会计档案10卷。做好脱贫攻坚和疫情防控档案归集整理工作，完成精准扶贫专题档案7299件和疫情防控专题档案2889件的收集整理、接收进馆工作，确保习近平总书记亲自部署、亲自指挥两场战役的档案应收尽收、应归尽归，相关档案资料不遗漏不散失。

【档案利用服务】 2021年，地区档案馆提升档案公共服务能力，开展电话、网络查档、预约查档等各种形式服务，对特殊利用者节假日随时提供利用；全年提供利用448人次，4396卷（件）次、打印4940页、翻拍2229张。首次举办以“走进档案馆，触摸国家记忆，展现百年伟业”为主题馆藏珍品档案展，展出清朝、民国时期历史档案25件，同时精选制作馆藏老照片展板1个，展出老照片36张。

【档案信息化建设】 2021年，地区档案馆开展馆藏纸质档案数字化加工工作，对馆藏部分单位的文书档案开展数字化加工。馆藏档案数字化24个全宗2047卷15368件212776页。完成全地区包含地、县、乡、村四级的精准扶贫专题档案数据库及疫情防控专题档案2889条目录及全文数据库建立工作。提高安全、方便、快捷的调阅服务效率，为档案馆档案信息资源数据库的建设打下坚实的基础。

【档案安全】 2021年，地区档案馆完善利用档案库房安全管理制度及自然灾害和突发事件的应急预案，重大节假日前对档案的库房安全、档案保管保护情况、档案实体安全情况排查持续开展，安全隐患逐项排除。开展馆藏档案大清查工作，累计清查档案8965卷83243件，对密级、字迹褪变、受损等情况进行登记，为保护抢救打下坚实的基础；加强档案信息安全的管理，健全档案数据安全管理制度，制定应急预案，确保档案信息资源安全。 （米丽·阿曼）

体　育

【项目建设】 2021年，地区文化体育广播电视和旅游局（简称地区文体广旅局）争取自治区专项资金150万元，完善沙湾市体育馆室内冰场基础设施建设；投入90万元完善地区体育中心基础设施建设。

【健身活动】 2021年，地区文体广旅局开展新疆第一季线上云健身“运动汇”工作，上传参赛视频362个；开展冬泳、乒乓球等群众性体育赛事活动90余场次；2021年，塔城地区体育馆管理中心接待顾客7.4万人次。

【竞技体育】 2021年，在东京奥运会古典式摔跤男子60公斤级比赛中，塔城籍选手为中国获得一枚宝贵的铜牌；在2021年自治区青少年田径、拳击、柔道比赛中获得金牌2枚、银牌8枚、铜牌8枚。在全国十四届全运会获得摔跤金牌、银牌和铜牌，1名运动员入选参加2022北京冬残奥会速度滑冰比赛。

【群众体育】 2021年，额敏县绿也康城文化体育广播旅游开发有限公司、沙湾市文体广旅局被国家体育总局评为全国群众体育先进单位，3人被评为全国先进个人。7人被自治区体育局授予自治区百名优秀社会体育指导员称号。乌苏市被自治区体育局命名为2021年自治区全民健身活动示范单位。

【体彩销售】 2021年，塔城地区销售体育彩票1.42亿元，比上年增长54.61%。 （李　垚）

卫生健康

综　述

【概况】　2021年，塔城地区有各级医疗卫生机构829个，其中医院29所，在医院中有公立医院15所，民营医院14所；基层医疗卫生机构784个，其中乡镇卫生院82个，社区卫生服务中心（站）7个，门诊部（所）6个，村卫生室689个；专业公共卫生机构16个，其中疾病预防控制中心8个，卫生监督所（中心）8个。年末卫生专业技术人员4843人（在编），其中执业医师和执业助理医师1896人，注册护士1592人。医疗卫生机构床位5350张（核定编制）。每千人执业（助理）医师2.04人，每千人注册护士1.71人，每千人拥有床位5.75张。

【公立医院综合改革】　2021年，地区卫健委探索现代医院管理制度，全面推开公立医院综合改革。强化医院内控管理，优化医院收入结构，规范医务人员诊疗行为，杜绝“过度医疗”，推进合理检查、合理用药、合理治疗，上半年地区公立医院取消药品加成让利患者2111.13万元。

【老龄健康事业】　2021年，地区严格落实自治区《优待老年人规定》，全地区发放老年优待证2762个。印发《关于创建第三届自治区“敬老文明号”活动的实施方案》，组织开展全国示范性老年友好型社区创建活动，开展“实施积极应对人口老龄化国家战略、乐享智慧老年生活”主题活动，开展走访慰问和系列公益活动。

【应急能力提升】　2021年，地区整合调度辖区内急救资源，组建17支459人的应急救治梯队，始终保持战时状态。积极开展疑似病例救治和突发确诊病例转运实战演练170余场次，拍摄预警机制教学视频8部，不断增强应急队伍反应能力和医疗机构发热门诊的应急综合能力。

【构建人群免疫屏障】　2021年，地区全面启动新冠病毒疫苗接种以来，地区始终把接种工作作为疫情防控的重要举措，建立地县工作专班，强化组织领导，加强宣传引导，精准摸排评估，有序组织实施，超额完成自治区下达的疫苗接种任务，实现“应接尽接”。地区人群（83万人）接种覆盖率93.24%；18岁及以上人群接种覆盖率95.95%。

【院感防控】　2021年，地区按照“平战结合”模式，优化各级医疗机构建设布局，规范设置“三区两通道”和通风设施，科学设置发热门诊点及预检分诊点，细化接诊规范流程，强化实战培训演练，各级医疗机构规范处置发热人员的应急能力明显提升。全年累计排查医疗机构3490所次，发现整改问题2781个。

【提升医疗救治能力】　2021年，地区按照《新冠定点救治医院设置管理规范》的要求，投入资金2500余万元，完成新冠肺炎定点救治医院改造，配套完善医疗救治设施设备，建成标准化负压救治病房16间，床位70张。抽调75名专业力量，组成3支医疗救治梯队，强化

24小时应急值守，确保一旦发生疫情，人员、设备、物资、管理全部到位。

【医疗废物处置管理】 2021年，地区卫健委坚持“主动防疫、源头管控”，将巴克图口岸、集中隔离点、居家隔离场所、快递物流等重点区域产生的垃圾均纳入医疗废物处置管理，严格“收集、转运、贮存、处置”等全流程各环节的闭环管控。投入资金3500余万元，对医疗废物处置中心进行升级改造，新建医疗废物暂存点7处，购置转运车9辆。同时，进一步压实属地、行业、部门的主体责任，加强动态执法监管，坚决阻断疫情通过医疗废物传播。

【紧密型县域医疗共同体建设】 2021年，地区召开紧密型县域医疗共同体建设工作推进会，对各县市近三年每年的11项评判标准和90个监测指标数据进行评价。逐步形成“促县帮乡、县乡联动、协调发展”格局，逐步实现医疗质量同质化管理，强化基层医疗卫生机构的居民健康服务能力，着力推进塔城地区医疗卫生与健康事业稳健发展。

【兵地医疗资源融合】 2021年，地区建立兵地群众医疗保障互联互通机制，积极推进兵地医保互联互通。4—7月派出巡回诊疗队累计出诊100余次，接诊患者10000余人次，培训兵地基层医师800人次，并免费向群众和基层医疗机构发放药品、防疫物资。

【医疗服务行动计划】 2021年，地区公立医院平均住院日8.12天，院内感染发生率0.39%，不断推进“互联网+医疗健康”进程，地区13家二级及以上公立医疗机构完成HIS、电子病历和临床检验检查等主要信息系统接入，开展预约诊疗便民服务，切实为群众提供方便快捷的就医流程。

【医疗人才“组团式”援疆】 2021年，按照自治区党委组织部安排，20名第六批医疗人才“组团式”援疆医疗队到地区人民医院，分布在20个科室，分别担任科室主任、副主任和学科带头人，援疆专家通过业务讲座、专科查房、手术示教等多种方式帮带学员，带动县（市）医疗机构提高医疗服务能力和水平。

【医疗人才队伍建设】 2021年，地区通过“绿色通道”、校园招聘等方式吸引高学历人才，签订就业协议，落实高层次人才引进计划，搭建“送出去”和“引进来”的人才服务平台，引进和培养一批学科带头人及创新团队，截至年底通过绿色通道引进人才6人，事业单位招录人员12人，实行自主招聘16人，农村订单定向免费医学毕业生参加住院医师规范化培训25人，面向农牧区高起点专科层次医学教育毕业生参加助理全科医生培训学员20人。 （刘燊楠）

疾病预防控制

【免疫规划工作】 2021年，塔城地区持续做好常规免疫接种，免疫规划疫苗接种率保持在90%以上。

【实验室管理】 2021年，地区疾病预防控制中心严格做好实验室生物安全工作，全面实施国家检验检测实验室质量管理要求，规范执行国家标准和技术规范，确保检测结果公正、准确、及时。完成新冠核酸检测114250份，微生物、理化检验等4064份，各类考核样品63份，带教培训县市检测人员14人次。

【精神卫生工作】 2021年，地区卫健委开展严重精神障碍患者筛查工作，印发《塔城地区严重精神障碍患者排查筛查工作方案》，并及时复核诊断。截至年底，塔城地区严重精神障碍患者管理检出率2.04‰，管理率96.3%，服药率96.4%，面访率95%。

【结核病防治】 2021年，地区制定《塔城地区2021年结核病防治专项行动实施方案》，召开专项行动推进会，举办专项培训班2次，进一步提高业务水平和服务能力。地区登记疑似肺结核初诊查痰率94.76%、登记活动性肺结核患者治疗成功率为96%，均达到规划要求90%。登记活动性肺结核患者病原学阳性率为67%（448/667）；非结防机构总追踪到位率98.82%、高危人群登记患耐药筛查率为95.77%、新病原学阳性耐药筛查率为99.55%，“集中服药+营养早餐”发放率99.32%，各项指标全部达到自治区的指标要求。

【地方病防治】 2021年，塔城地区认真开展布病目标人群监测，阳性率为4.39%；完成包虫病B超筛查10036人，阳性率0.07%。管理治疗包虫病患者141例，手术治疗65例；家犬管理41800只，管理率99.67%。完成辖区1400名8～10岁儿童进行甲状腺肿B超筛查，甲状腺肿大率为0.43%。检测食用碘盐合格率99.57%，碘盐覆盖率100%。组织实施“4·26”疟疾防治宣传日、“5·15”碘缺乏病防治宣传日宣传活动。

【城乡饮用水水质监测】 2021年，塔城地区完成自治区下达的548份水样监测任务，监测范围覆盖7个城区和82个乡镇，实现饮用水监测乡镇监测覆盖率100%的工作目标。“项目常规指标+氨氮（32项基本项）”总达标率72.99%，其中城市饮用水达标率100%，乡镇饮用水达标率77.39%。

【健康促进与健康教育】 2021年，地区疾病预防控制中心通过科普宣传、微信公众号“塔城疾控”等平台发布信息、科普视频等1314条，开展健康巡讲项目培训1次，远程辅导项目技术指导9次，培训专业技术人员133人。开展卫生宣传日活动14次，受益人群4.6万人次，获自治区营养学会全民营养周组织示范单位；开展“优质服务基层行”乡镇卫生院服务能力评价，指导培训37个点位，完成4个县3个市4615人份膳食监测，培训带教基层人员64人。

【职业病防治工作】 2021年，地区印发《塔城地区职业病防治项目预方案》，确定乌苏市为尘肺病主动监测点，开展尘肺病患者的随访管理服务，随访331名尘肺病患者，开展工作场所职业病危害因素监测67家。

2021年，地区职业性尘肺病随访累计调查358名尘肺病患者；审核网络报告用人单位信息卡片65张；个案卡累计审核8349张，审核职业病报告卡18张，疑似职业病报告卡12张，职业性有害因素监测管理信息78张，参与铅和二氧化硫两项职业卫生检测能力对比项目。

（吕凯凯）

计划生育

【人口监测工作】 2021年，地区推动人口信息共享，建立协调共享机制，地、县、乡层层开展人口信息比对工作，每季度下发通报，督促基层做实做细工作，确保全地区的人口信息数据更加准确。

【计划生育奖励扶助制度】 2021年，塔城地区享受各类计划生育奖励扶助对象累计32931人（户），发放奖励扶助金4293.1万元。

【托育服务体系】 2021年，地区调动社会各方面参与托育机构建设，满足多样化需求，有13家婴幼儿照护机构完成幼儿园注册、登记和录入工作。加快推进公共场所无障碍设施和母婴设施的建设和改造，开辟服务绿色通道，为婴幼儿出行、哺乳等提供便利条件。

【计生协会改革】 2021年，地区计生协会成功申报国家级项目15万元资金支持，并协助县市申报项目两个，170万元项目资金。利用大型节假日开展好内容丰富形式多样的宣传服务活动，截至年底投入资金、宣传品累计20万元，参与人数达15万人次。

【全面实施三孩政策】 2021年，地区深刻认识实施三孩生育政策的重大意义，继续贯彻落实好上级关于计划生育工作的决策部署和工作要求，签订塔城地区2021年度计划生育目标管理责任书，不断提升计划生育工作的管理水平。

（刘燊楠）

中医民族医药事业

【中医药能力】 2021年，塔城地区贯彻落实《自治区促进中医药传承创新发展实施意见》精神，不断加强中医类医院标准化建设，提升中医药服务能力，地区7个社区卫生服务中心和59个乡镇卫生院已设置中医馆，占比分别为100%和72%。

【中医药服务】 2021年，地区推动优质资源下沉，提升基层中医药服务能力。积极推进中医药信息化建设工作，基层24家医疗卫生机构中医馆已配备用于连接基层中医药适宜技术的视频网络系统设备。

【中医药人才队伍建设】 2021年，地区3个县级中医医院先后建立3个基层名老中医药专家工作传承室，培养一批业务骨干。按照分类指导的原则，统筹安排辖区内二级中医医院开展对口支援乡镇卫生院中医药服务能力建设的工作。

【中药产业发展初见成效】 2021年，地区中草药种植企业4家，种植品种11个，种植面积1453.33公顷。切实发掘塔城地区中医药工作的特色优势，不断转变中医药事业发展模式。

（刘燊楠）

·人民医院·

【概况】 2021年，地区人民医院

完成地区慢性病鉴定1778人次，工伤鉴定、劳动能力鉴定等各类鉴定1084人次，装订慢性病档案963份。外派核酸检测30余万例、抗体6万余例，核酸采集任务100余万例，完成体检12217人次、疫苗接种62888剂次。开展各类健康知识讲座10余场、发放各类宣传册1000余份，惠及塔城地区4个县3个市各族群众2000余人次。

【学科建设】 2021年，地区人民医院填补空白学科（肿瘤/血管介入科、肿瘤内科），将放射科、消化内科、麻醉科、呼吸科、检验科、功能科、康复医学科、泌尿外科、内分泌科、感染科等逐步建设成为塔城地区优势学科。推进区域医疗中心建设，打造3个地区级诊疗中心（眼科中心、消化内镜中心、肿瘤治疗中心）；申报3个自治区级区域医疗中心［心血管内科、神经医学（内、外）科、精神心理科］；积极推进五大中心建设（胸痛中心、卒中中心、创伤中心、危重孕产妇救治中心、新生儿救治中心）；同时加强疑难和急危重症学科以及支撑平台建设，将塔城地区人民医院打造为区域医疗中心和“大病兜底”医院。

【医疗工程建设】 2021年，地区人民医院积极推进各项工程建设项目，地区救治中心建设项目、地区人民医院疫情防控建设项目、地区眼科中心建设项目已完成；地区智慧诊疗平台、地区肿瘤治疗中心建设项目、地区人民医院（南院）传染病门诊住院楼、综合楼及附属设施项目顺利实施。

（李　娜）

·民族中医医院·

【概况】 2021年，地区民族中医医院拥有全自动生化仪、数字X线摄影机、彩超、胃肠镜、关节镜、宫腔镜、腹腔镜、电子肛门镜以及熏洗、光疗、深部热疗仪、磁疗、蜡疗仪、泥疗仪、空气压力波治疗仪等诊断、治疗设备。核磁、CT、DR、彩超、呼吸机、检验等医疗仪器设备已完成招标，药剂综合楼、门诊住院综合楼即将投入使用。

2021年，医院业务收入比上年同期降低3.68%，其中门诊收入增长75.25%，门诊药品收入占业务收入的36%；检验、检查费占业务收入的18%。住院总收入降低22.5%；住院药品占业务收入的16%，与上年同期基本持平；平均住院天数8.78天，住院病人人均次费下降4.2%。

【医疗安全管理】 2021年，地区民族中医医院建立健全由医院感染管理委员会、医院感染管理科、科室感染管理小组组成的三级医院感染监控体系，加大三级院感体系监督管理力度，严格督导医院感染工作落实情况。截至12月底，全院开展集中培训38场次，培训医护人员1180人次；加强医疗废物暂存点的监督管理，健全工作制度及流程，规范医疗废物转运通道和路线，严格医疗废物分类、收集、运送、储存、外运管理，医院产生医疗废物1100千克，未发生一起医疗废物泄漏事件；加强院感监测，充分发挥科室感染管理小组作用，及时发现并上报医院感染病例，落实24小时报告制度，全年无院内感染事件发生；严格落实传染病上报制度，由专人专管专网上报，全年上报传染病7例，无漏报、瞒报、迟报现象。

【医疗援助工作】 2021年10月17日，塔城地区民族中医医院与辽宁省中医药大学附属第二医院签订战略合作框架协议，并建立技术协作医院合作关系，明确今后将在专科建设、人才培养、特色技术应用、中医药试剂研发使用、信息化建设和科研管理等方面给予民族中医医院大力支持，共同为地区百姓提供优质的中医药服务；建立疑难杂症远程会诊制度，为1名老年疑难杂症患者会诊治疗；利用援疆专家资源开发适应当地实际的“三九贴”和“助眠香囊”等小药方。

【医疗人才队伍建设】 2021年，地区民族中医医院前往山西中医药大学、甘肃医学院参加校园招聘会，招录中医学本科毕业生2人；自主招聘民族医学硕士研究生1人，影像技术本科毕业生2人，药学本科毕业生2人，护理大专毕业生1人；接受大学生志愿服务西部计划志愿者1人；充分借助沈阳援疆专家的专业优势，通过临床查房、专题讲座、疑难病例讨论、示教等方式，为院内医务人员传授中医基础理论和新知识、新技术，提升医疗水平。采取送出去的方式，全年累计选送7名医师前往南方医科大学附属医院、安徽芜湖市中医医院、自治区中医医院和新疆医科大学第三附属医院进修学习。

【基础设施建设】 2021年，地区民族中医医院先后争取到援疆资金、中央财政和自治区财政贷款等项目，对医院的基础设施进行投资建设。已完成投资2550万元的门诊住院综合楼、投资2000万元的药剂综合楼及附属项目建设工程；已完成投资4600万元的医疗设备购置。

（景　博）

·妇幼保健·

【妇幼健康群体保健】 2021年，地区妇幼保健院协助卫健委给各县市卫健委印发落实落细母婴安全五项制度“五个一”措施，即关于常态化开展两轮育龄妇女孕情摸排大排查的通知、建立危重症孕产妇和急危新生儿管理“日报告、周分析、月调度、季推进”工作机制，建立塔城地区孕产妇危重症日报告、日研判专家群、塔城地区育龄妇女孕期信息互通互联机制。强化辖区妇幼健康群体保健业务工作指导和培训，开展6次妇幼健康项目督导和技术指导工作。中心组织召开项目培训会4次，其中现场培训2次，“现场+线上”3次预防艾滋病、梅毒和乙肝传播项目，及时召开地区母婴安全通报会4次，孕产妇和新生儿死亡评审会3次。规范地区云平台大数据信息员队伍建设，利用妇幼云平台及时督促乡镇、社区妇幼专干落实辖区孕产妇的早发现、早建卡、早管理。统筹疫情防控和母婴安全保障工作，压实地、县市综合医院履行危重症孕产妇和新生儿救治“两个中心”工作职责，严格落实危重孕产妇个案管理制度，年内开展两轮育龄妇女大排查工作，上下联动成功转诊救治孕产妇危重症72例。

2021年，塔城地区孕产妇系统保健管理率达94.46%以上，早孕建册率97.42%，七岁以下儿童健康管理率为97.03%，农牧区孕产妇住院分娩率98.7%以上、高危产妇住院分娩率100%、婚前医学检查率91.4%，孕产妇艾滋病、梅毒检测率均99.23%，干预率100%，0～6月纯母乳喂养率91.06%。0～6岁儿童眼保健覆盖率及视力检查率达96.81%。新生儿死亡率控制在2.55‰。地区发生孕产妇死亡1例（沙湾市）。

【妇幼健康】 2021年，地区妇幼保健机构承担着地区保障母婴安全、满足妇女儿童日益增长的健康需求职责，利用国家妇幼健康妇幼项目，开展巾帼送健康“关爱妇女健康”两项行动。建立“两癌”筛查及妇女病防治体检中心，建立塔城首个“两癌”筛查及妇女常见病、多发病防治结合的体检中心。联合地区卫健委、妇联、工会，以“关爱女性健康、共建和谐家庭”为主题，持续开展关爱妇女健康两个100天健康服务行动、“进社区、进单位、进企业、进村队”活动，为广大妇女群众提供技术服务和进行面对面讲解和答疑。联合辖区各县市妇幼保健机构、妇联、卫健委、“访惠聚”工作队，利用国家重大妇幼医疗惠民项目，进行宫颈癌乳腺癌早期筛查，完成本中心1000人份的“两癌”免费筛查工作。

【拓展项目】 2021年，地区妇幼保健院坚持把“一切以妇女儿童健康为中心”的服务宗旨贯穿工作始终，建立预防宫颈癌预约咨询门诊，新增预防宫颈癌疫苗接种点。新增驾驶员体检项目。开展健康保健知识进校园、进单位、进企业、进社区的活动。儿保科拓展新项目：儿童智力测试（新生儿行为神经测试、DDST丹佛儿童智力发育、儿童记忆力测试、1～3岁幼儿气质测评、儿童孤独症测试）、营养膳食评估、骨强度检查、经皮黄疸测试。新增妇女常见病多发病普查普治中心，将妇女保健和计划生育技术服务资源整合，组建“两癌”及妇女病防治中心，开展“两癌”筛查、妇女常见病、多发病诊治、拓展产后康复（盆底）中心服务项目，新增儿童个体保健特色服务项目、利用已有中医科制定“中医+妇科”“中医+儿科”的中西特色服务项目。优化和规范全民体检及慢病管理工作，重点对广场社区居民的慢性病进行随访。（吴健梅）

社会民生

社会调查

【常规性统计调查】 2021年，国家统计局塔城调查队城乡住户一体化调查、农民工监测、月度劳动力调查、粮食和畜牧业归口管理、农产量抽样调查、主要畜禽监测、工业生产者价格调查、流通消费价格调查、新设立小微企业和个体工商户跟踪调查、网购调查以及委托专项调查等11项调查任务。

【经济社会重大问题专项调查】 2021年，国家统计局塔城调查队开展地区公众安全感及对政法综治工作满意度调查和塔城地区党风廉政建设和反腐败工作满意度调查2项社会专项调查。

【统计调查服务】 2021年，国家统计局塔城调查队完成脱贫攻坚普查任务；受塔城地区纪委监委委托，在全地区范围内开展全面从严治党满意度调查；严格按照《中华人民共和国统计法》和国家调查制度规定进行数据提供与发布，向地委、行署及相关部门提供各类调查数据，满足地直部门对最新调查数据的需求；主动向地方党委提供高质量的调研报告，发挥统计调查智库作用，9篇分析报告被地委领导批示，8篇经济信息被地委领导批示；利用宪法宣传日、《中华人民共和国统计法》颁布纪念日等时间节点面向社会公众开展统计法治宣传。

【数据质量检查】 2021年，国家统计局塔城调查队对地区32家样本企业和调查对象进行基层基础和数据质量检查，实地检查调查对象统计报表准确和统计台账设置情况。

【统计执法检查】 2021，国家统计局塔城调查队对辖区内工业生产者价格样本企业进行执法检查，立案查处2起，结案2起，进一步规范统计调查工作流程。

【完善规章制度】 2021年，国家统计局塔城调查队为更好地保障各项工作正常运行，重视制度建设，新建和修订各类制度57项，新编撰国家统计局塔城调查队制度汇编。

（张家毅）

人事工作

【人才培养和管理】 2021年，地区坚持党管人才原则，找准职能定位，拓展工作空间，扎实做好人才培养、评价、流动、激励等工作。推进自治区“天山英才”人选培养，选拔推荐少数民族科技骨干特殊培养人才22人，天山英才培养5人，拨付5人25万元2021年天山英才培养经费。加大引进人才力度和关爱政策落实，实现引得来、留得住。为地直单位引进159名研究生办理人才绿卡。为36名引进人才安置周转房，为符合申领购房补贴的67名人才拨付购房补贴670万元。为2020年6名享受国务院政府特殊津贴人才发放特殊津贴4.32万元。继续做好专业技术人员管理工作，办理职称电子证书2700本；开展地区企事业单位21个专业初中级职称评审工作，提交书面申请审核672人，评审通过297人；完成自治区20个专业副高级以上职称评审初审工作，提交申请审核891人，通过网上审核并推送自治区行业主管部门301人。组织指导地直及县市申报引进人才需求计划116人，达成签订意向有35人，到岗21人。

【人才队伍管理】 2021年，地区审核批复地直部门、县市718个事业单位岗位设置实施方案，为地直1286人办理首聘、续聘及工资等级变动，认定合同3858份。组织开展职业技能鉴定1481人次。完成地区建筑行业、宣传行业250名专业技术人员继续教育培训工作。完成2020年地直事业单位3418名工作人员年度考核工作，评定优秀576人。完成2020年度事业单位公开招聘后续工作，526名新招聘人员全部到岗。落实2021年度事业单位面向社会公开招聘计划807个，采取线上考试方式顺利完成笔试工作。采取线上线下相结合方式，组织公务员、经济师、建造师等各类考试5场次、13852人。提请地委召开2次人事调配会议，为164名事业单位工作人员办理调动手续，为54人办理辞职（解聘）手续，受理因病劳动能力鉴定278人、工伤鉴定349人。持续深化公立医院薪酬制度改革，合理优化事业单位绩效工资分配办法，完成全地区事业单位36016人调标增资工作。调整机关事业单位工作人员死亡后遗属生活困难补助标准，涉及地区1952人。审核审批24个单位27名事业单位工作人员正常退休和因病提前退休，提高人事管理效率。

【人事档案管理】 2021年，地区全面推进流动人员人事档案信息化建设，落实保密工作原则，抓好流动人员人事档案信息录入工作，累计录入流动人员人事档案33997份，地区本级录入流动人员人事档案1811份。核实系统录入流动人员人事档案信息741份，筛查未录入系统信息档案1546份。严格按照工作流程和工作纪律，做好干部人事档案的查借阅、专项审核和转递移交等日常工作，确保每份档案的安全完整。补充干部人事档案材料192份；配合组织部门完成地直25家事业单位人事档案专项审核督促检查工作；查阅流动人员档案738卷，接收登记录入毕业生档案2635份，转递流动人员档案205份，移交流动人员档案2778份。

劳动保障

【就业创业工作】 2021年，塔城地区城镇新增就业2.68万人，城镇登记失业率控制在4.5%以内。就业困难人员实现就业1882人，零就业家庭继续保持24小时动态清零，确保城镇每个家庭至少1人实现就业。登记的就业转失业人员再就业11279人，建筑领域技术工人就业10208人，均超额完成地区目标任务。对符合招录条件的116名“三支一扶”高校毕业生全部组织上岗。截至年底有189个见习基地开发岗位701个，吸纳见习人员642人。农村富余劳动力转移就业8万人次。就业各项指标均超预期完成，地区未出现大规模裁员、失业等问题，在有效削弱疫情对各族群众生活影响的同时稳住就业基本盘，打牢地区社会稳定和经济高质量发展基础。充分发挥就业资金作用，按照相关程序合理安排和使用就业专项补助资金。为地区1803家企业返还稳岗补贴588.24万元；审核一次性新增就业补贴3家企业115人19.6万元，社保补贴34家企业2429人472.4万元。

【就业政策落实】 2021年，地区落实职业培训补贴364.04万元，享受政策人数3602人；社保补贴7010.65万元，享受政策人数12150人；公益性岗位补贴3420.16万元，享受政策人数2226人；就业见习补贴484.17万元，享受政策人数642人；高校毕业生及脱贫困劳动力自主创业补贴8人1.6万元；求职创业补贴251人25.1万元；从事农牧业生产经营管理和服务的高校毕业生生活补贴74.79万元，

2021年7月6日，塔城地区人社局组织开展职业技能竞赛暨全国乡村振兴职业技能竞赛选拔赛。图为面点职业能技能竞赛比赛现场 （邱昕茹 摄）

享受政策人数66人；其他支出（实训基地、以奖代补资金、旅游促就业、基层社会管理和公共就业平台网络建设等）1019.38万元，享受政策人数1040人。地区新增创业实体5404人，创业带动就业9143人；为102人发放创业担保贷款1219万元；地区开展创业服务活动68场次，服务人数5059人次。组织地区296家企业、农业合作社、扶贫工厂开展以工代训22553人次、落实2020年度以工代训补贴676.59万元。支持企业发展，稳定就业岗位，增强就业信心，确保全地区就业形势稳定向好。

【重点群体就业】 2021年，地区以公共就业服务专项活动为平台，以做好“五个一”就业服务为抓手，推动退役军人、高校毕业生等重点群体实现更加充分更高质量就业。地区举办招聘会194场次，有2428家企业参加，发布招聘岗位29860个，求职人员7940人，达成意向5591人；实名制累计登记高校毕业生8248人，已就业8156人，就业率98.88%。同时，坚持把接收安置喀什、和田地区建档立卡贫困劳动力转移就业工作作为一项重大政治任务。严格落实疫情防控、安全防范、关爱服务等各项措施，常态化开展安全教育、走访慰问、情感疏导和文体活动，接收喀什、和田有组织转移就业人员3110人，在岗2886人，夫妻工324对，在岗率92.79%，人均工资2000元以上。

【职业技能培训和创业】 2021年，地区开展大规模、多层次职业技能培训，完成职业技能提升三年行动目标，强化就业培训主责主业，将职业技能培训与乡村振兴等重点工作结合起来，帮助劳动者掌握一技之长，实现高质量就业创业。截至年底，开展各类培训1502期5.9万人次，超额完成年度培训5万人的目标任务。支出职业技能提升行动专账资金1896.84万元。紧抓全国乡村振兴职业技能大赛契机，采取以赛促训、以赛促学、以赛促培、赛训结合等方式，抓职业技能提升。组织5名选手参加全国乡村振兴职业技能竞赛镶制作表演赛，与15个参赛代表队角逐，获团体银奖。组织人员参加2021年自治区创业创新大赛，4个项目入围自治区半决赛90强。组织选拔13名选手参加新疆建筑领域技术工种职业技能大赛，地区代表队获优秀组织奖，选手分别获得一等奖1名、二等奖2名。选拔36名选手代表地区参加自治区技能竞赛选拔赛，1名选手获新疆选拔赛美发师三等奖。举办“创响新时代·共圆中国梦”塔城地区第七届创业创新大赛；高标准高质量举办地州市一类大赛，组织地区282名选手开展技能竞赛，141人获高级工和技师技能等级认定。指导乌苏市创业创新基地通过国家级复评，塔城市新丝路创业创新基地被认定为自治区级创业孵化示范基地。

【退休职工养老管理】 2021年，地区为2020年年底前退休的企业和机关事业单位退休人员提高基本养老金水平，落实2005年以来连续提高企业退休人员基本养老金措施，也是连续第6年实施统一方案调整提高机关事业单位退休人员基本养老金，惠及地区9.36万名退休人员，调整后月人均养老金达3705元，人均增加188元。地区职工基本养老保险参保23.60万人，为9.36万名退休职工按时足额发放退休金72.81亿元，社会化发放率100%。

稳步提高城乡居民养老保险待遇水平。坚持以民生保障水平的稳固提升来提高全地区各族群众的安全感幸福感获得感，按照自治区要求将城乡居民基础养老金最低标准提高到每人每月150元，为6.69万名退休人员按时足额发放养老金14838万元。全面优化社保基金使用。不断完善和规范管理养老金社会化发放工作，防范和制止各种违法违规行为，确保各项社会保险待遇按时足额发放，各项社保基金安全运行。地区失业保险参保9.31万人，按规定为失业人员发放失业金1128万元、9927人次。同时，为地区工伤（亡）职工调整伤残津贴、供养亲属抚恤金、生活护理费等相关待遇，工伤保险参保9.24万人，享受待遇509人次。各项社会保险基金总收入354884万元、总支出468183万元；上级补助企业养老调剂金收入209748万元，补助下级企业养老保险调剂金209724万元；基金累计结余159185万元。职业年金总收入22747万元，支出99万元，上解上级支出24332万元，累计结余276万元。地区追回违规基金587.91万元，其中追回违规领取的养老金561.62万元，追回违规领取的失业金26.29万元，确保基金安全运行。优化办理流程提升服务质量。完成社保三版系统上线工作，着力推行公共服务平台、网上经办、数字证书和新疆智慧人社等“非接触式”服务工作方法，做到网上经办、线上办理和手机App查询待遇、资格认证、失业金申请、缴费等相关业务，实现参保群众足不出户享受服务。地区以不见面方式受理业务16839笔，电话、微信咨询及预约办理3937笔，网上办理362笔，24小时智慧大厅和手机App办理12540人次。

【劳动监察执法】 2021年，地区

人社局持续抓好普法宣传，以农民工、企业主、施工方为重点对象，以《保障农民工工资支付条例》《工伤保险条例》等为重点内容，制定工作方案，制作宣传手册，深入开展“送法律、送法规、送政策”活动，累计开展覆盖式宣传173次宣传，进入企业226次，并到160个项目工地实地宣传，悬挂横幅标语54条，投放电子显示屏50块，接受农民工咨询6931人次，发放宣传单（册）10562份，施工企业的法律意识和农民工的维权意识明显增强。不断加大劳动监察力度。地区各级劳动监察保障部门认真履行劳动保障监察职责，执行劳动保障法律法规，严格监督检查用人单位遵守劳动法律法规的情况，积极受理违反劳动法律、法规的行为。书面审查用人单位934户，检查用人单位921户，涉及劳动者2.2883万人（其中农民工1.2284万人），规模以上企业劳动合同签订率95%，已建工会企业集体合同签订率87%，新增劳动用工备案12427份；累计协调处理案件758件（其中受理拖欠农民工工资案件757件，涉及农民工4216人），为4217名劳动者追回被拖欠的工资6721.77万元（其中农民工人数4216人，农民工工资6721.4万元）。接待法律法规咨询6931人次，发放宣传资料10562份。2021年收取农民工工资保证金5108.9万元。

【劳动人事争议纠纷处理】 2021年，地区人社局落实国家和自治区关于疫情防控期间劳动人事争议处理相关政策规定，全面推进调解仲裁实体化、信息化建设工作，畅通仲裁“绿色通道”，有效缓解“案多人少”矛盾。地区受理劳动人事争议案件258件，涉案金额2197万元，结案率95.6%。各类劳动纠纷得到合理化解，有效地维护全地区劳动者的合法权益。增强法治思维，推进“法治人社”建设，被评为2016—2020年全国“七五”普法工作先进单位。

【政务服务】 2021年，地区人社局加强政务公开，持续深化“放管服”改革。依法梳理申请类行政权力及公共服务事项清单145项，在新疆政务网上发布114项，落实服务事项在法定办结时限的基础上压缩30%的要求，82项事项进驻政务服务中心、97项事项实现“最多跑一次”、28项事项实现“跨省通办”、2项事项实现“疆内通办”。进一步推进政务服务事项向基层延伸，企业、群众能在基层办理的8项政务服务事项延伸至乡镇、8项政务服务事项延伸至街道、1项政务服务事项延伸至村队、7项政务服务事项延伸至社区。企业、群众能在基层受理的13项政务服务事项延伸至乡镇，14项政务服务事项延伸至街道，2项政务服务事项延伸至村队，11项政务服务事项延伸至社区，基本实现“网上办、就近办、一次办、马上办”的工作目标。（邱昕茹）

社会保障

【概况】 2021年，塔城地区企业养老保险参保15.5万人，其中在职参保9.22万人，离退休人员6.28万人。全地区机关事业单位养老保险参保人数7.98万人（其中在职4.92万人，退休3.06万人），全地区城乡居民养老保险参保人数34.97万人。

地区各项社会保险基金总收入344540万元（其中机关事业单位养老财政补助102447万元，城乡居民养老财政补助12043万元），上级补助调剂金434373万元（其中企业养老保险419472万元、机关事业养老8919万元、工伤保险5982万元），各项社会保险基金总支出455377万元，补助下级调剂金217524万元（其中企业养老保险209724万元、机关事业养老4269万元、工伤保险3531万元），基金累计结余161835万元。职业年金总收入22747万元，职业年金支出99万元，上解上级支出24332万元，累计结余276万元。

2021年，地区加大宣传力度，深化政策业务宣传解读，针对参保积极性不高的问题开展看得懂、算得清的精准宣传，引导群众早参保、长缴费。推动在城镇就业的新业态从业人员、灵活就业人员、农民工等重点群体参加企业职工基本养老保险，完成年度扩面计划，实现法定人员全覆盖。

【社保待遇发放】 2021年，地区压实地方政府责任，落实基金缺口县市分担机制，严格执行地方财政预算安排，做好塔城地区各县市资金分配计划，调度各县市区企业、机关事业退休人员及城乡居民养老保险养老金发放情况，确保养老金发放不拖一天、不漏一人、不少一分。贯彻落实基本养老金合理调整机制，调整企业和机关事业单位退休人员基本养老金，惠及塔城地区9.3万名机关事业、企业退休人员，累计补发1—6月份的调资10490.4万元，7月1日前全部发放到位。

【基金支出管理】 2021年，地区开展数据稽核，加强跨部门、跨系统数据比对，精准定位违规问题线索。对服刑人员、死亡人员、重复人员违规参保及违规领取待遇数据，组织地区各级社会保险经办机构以“先核、后查、再追”的基本原则，及时处理违规数据核实整改工作，总结违规数据整改工作中的重点环节和重点问题。

【社会保险改革】 2021年，地区巩固和完善企业养老保险省级统筹成果，继续统一规范养老保险政策，重点规范基本养老金计发办法，继续清理规范养老保险待遇项目，做好2022年启动养老保险全国统筹前的准备工作。

【推进“一网通办”】 2021年，地区推进“一网通办”，优化人社服务“网上办”服务事项，探索拓展“网上办”范围，动态梳理、调整、完善政务服务事项清单及权责清单。实现高频事项“跨省通办”，完善社保“跨省通办”事项清单，继续优化高频事项“不见面经办”，把人社服务工作落实落细。

（王　萍）

医疗保障

【医保服务乡村振兴】 2021年，地区医疗保障部门优化调整贫困人口医疗救助资助参保政策，提高贫困人口参保个人缴费资助标准，医疗救助资金对特困供养人员个人缴费360元给予全额补贴；最低生活保障人员给予320元定额补贴，个人缴费40元；对建档立卡已脱贫人员、脱贫不稳定户、边缘易致贫户、突发严重困难户给予300元定额补贴，个人缴费60元。未纳入乡村振兴部门监测范围的稳定脱贫户资助参保46068人，金额为1237.2万元；特困人员资助参保1251人，金额为44.23万元；低保对象资助参保29242人，金额为887.39万元；纳入相关部门监测的其他农村低收入人口参保245人，金额为5.52万元。分类调整医疗保障扶贫倾斜政策，印发《关于塔城地区进一步完善医疗救助制度的通知》，合理确定对象范围、费用范围、救助标准，实施分类、分档救助。

2021年，塔城地区城乡居民基本医疗保险应参保人数678294，实缴人数648912人，参保率95.67%，其中脱贫户16616户53099人参保率100%。增强基本医疗保险保障功能，进一步减轻城乡居民高血压、糖尿病患者医疗费用负担，截至12月底，地区城乡居民高血压、糖尿病待遇享受人次85.33万人次，医疗费总额4602.24万元，医保基金支出2665.16万元，平均报销比例57.91%。

【基本医疗保险】 2021年，地区医疗保障局提高参保职工住院基本医疗保险、大额封顶线，封顶线由11万元提高到17万元，大额补充医疗保险住院最高封顶线由12万元提高到13万元，合计30万元。提高居民、职工门诊慢性病待遇，增加（扩延）门诊慢性病病种，居民慢性病病种由14个增加到32个，职工慢性病病种由20个增加到39个。提高慢性病最高支付限额，一类慢性病居民由1000元提高到1500元，职工由1000～2500元调整到1500～4000元；二类慢性病居民、职工由8万元提高到10万元。提高慢性病支付比例，居民由40%提高到60%，职工由70%提高到80%。提高2020年职工、居民大病保险筹资标准，城镇职工、城乡居民每年分别增加10元/人。调整后的大病保险筹资标准为城镇职工每年达到40元/人、城乡居民每年达到75元/人。

开展城镇困难居民、职工医疗救助工作。印发《关于加强城镇困难群众医疗救助工作的通知》，切实加强城镇困难群众医疗救助，截至12月，自治区推送1084人，核查后救助456人，救助金额218.11万元。各地自行清查大额医疗费用脱贫人口1942人，核查后二次救助395人，救助金额110.69万元。地区累计对建档立卡贫困人口、边缘易致贫人员清查大额医疗费用3037人，二次救助862人，救助金额343.73万元。

规范基本医疗保险异地就医及转诊转院相关工作，与卫健委联合印发《关于进一步规范基本医疗保险异地就医及转诊转院有关工作的通知》，文件中不仅规范转诊转院的相关行为，对参保职工、灵活就业人员未按规定办理转诊转院手续或不符合急诊条件自行到统筹区外或疆外就诊，其合规住院医疗费用在职工基本医疗保险支付比例降低20个百分点，解决职工看病就医难的问题。

【医保基金监管】 2021年，地区医疗保障局贯彻落实《医疗保障基金使用监督管理条例》，通过普法宣传，要求各定点医药机构、经办机构明确角色定位，对号入座自查自纠，规范好医保基金使用行为。加强经办机构内部风险防控，全面梳理医疗保障基金内控风险点，明确业务经办和基金使用的风险点、防控措施、防控责任人。加大对医药机构的监督检查力度，围绕医保基金监管全覆盖检查、打击欺诈骗保专项整治行动和定点医疗机构专项治理“回头看”工作，持续推进日常监管。截至12月底，全地区医药机构检查覆盖率100%，约谈328家，通报389家，媒体公开曝光215家，暂停66家，解除医保服务25家，追回违规资金1164.72万元。开展打击欺诈骗保、医疗保障基金使用监督管理条例专项培训，联合卫健委下发通知，利用继续教育平台，采用远程培训形式，对地区各级各类定点医药机构、全体医药专业技术人员开展培训，并将参训情况列入年度对定点医药机构重点考核内容。参加培训人员，经考试合格后授予国家级一类继续医学教育5分。配合自治区开展好医保基金监督飞行检查工作，5月28日至6月4日，自治区检查组到塔城地区对地区人民医院、额敏县人民医院、兵团第九师医院进行检查，查处违规问题468254个，涉及金额435.15万元，并全部追回。

【药品耗材集中采购】 2021年，地区医疗保障局确定医药价格监测点对象5家（包含3家公立医疗机构和2家慢性病零售药店），做好药品价格监测分析，密切关注价格异常波动，做好比对分析，对不合理涨幅进行问询提醒并调整至合理价格范围。截至年底，上报价格分析报告9篇，召开专门的部署和通报视频会5次。明确公立医疗机构必须全部参加药品集中带量采购工作，对自愿加入带量采购的非公立医疗机构、零售药店，向自治区申请相关权限，地区参与集采的公立医疗机构123家。推进集采资金结余留用工作，联合地区财政局制定印发《关于印发塔城地区药品集中带量采购工作中医保资金结余留用暂行管理办法的通知》，推动落实药品集中带量采购中医保资金结余留用核算工作，各医疗机构根据“定点医疗机构考核指标”进行自评。地区参与结余留用资金申报的医疗机构38家，通过自评考核抽查以及填报数据等环节确定13家医疗机构拨付结余留用资金，累计拨付83.36万元。

【医保公共管理服务】 2021年，地区医疗保障局优化医疗保障公共服务，推进医疗保障公共服务标准化规范化，严格按照医疗保障经办政务服务28项事项清单，统一事项、统一编码、统一材料、统一时限、统一环节、统一服务的“六统一”，优化办事程序，拓展服务渠道。深化医保服务“最多跑一次”，实现一次告知、一表申请、一窗办理；推行医保经办服务窗口“综合柜员制”，实现服务前台不分险种、不分事项一窗受理，后台分办联办。规范人身意外伤害保险工作，重视人身意外伤害保险投保人数确定、保费上缴工作，完整准确贯彻落实自治区党委关于人身意外伤害险的惠民政策，实行周调度制度，协调保险公司在各县市医保经办大厅设立服务窗口，配备专职人员，落实应赔尽赔的工作要求，年内发生意外伤害赔付案件834起，赔付金额757万元。

截至2021年12月，地区城镇职工基本医疗保险基金收入12.18亿元（剔除上解下拨，下同），医疗保险基金支出11.06亿元。上年结余17.87亿元，2021年结余1.12亿元，基金累计结余19.06亿元。地区城乡居民基本医疗保险基金收入6.16亿元，医疗保险基金支出6.66亿元，上年结余3.97亿元，2021年结余-0.5亿元，基金累计结余3.58亿元，各项医疗保险资金安全运行。落实《医疗机构医疗保障定点管理暂行办法》《零售药店医疗保障定点管理暂行办法》要求，完善定点医药机构协议文本和考核办法，根据医保政策和管理需求适时进行调整，约定医药机构责任和义务，规范整体医药服务质量，建立信用等级评价体系，强化考核结果应用，进一步规范定点医药机构服务行为。年内，签订定点医药机构服务协议632家，其中定点医疗机构（门诊）229家，定点零售药店403家；完成医保系统编码贯标602家，医疗机构（门诊）215家，定点零售药店387家，药品目录对码35960条，耗材目录对码6714条，医疗服务152723条，完成全地区121家定点医院疾病诊断赋码235317条。完成本级99家定点医药机构服务协议的签订工作，2021年度新增定点机构57家。抓好待遇审核支付，审核城镇职工医疗保险住院71716人次、统筹基金支付44705.31万元，大额医疗补助1583.90万元，公务员医疗补助1386.21万元，大病保险552.92万元，个人账户支付4520.22万元，职工互助66.34万元。其中异地即时结算城镇职工医疗保险住院41199人次、统筹基金支付29804.01万元，大额医疗补助1289.23万元，公务员医疗补助1166.47万元，大病428.34万元，个人账户支付3165.18万元。城乡居民医疗保险住院97943人次，统筹基金支495576.79万元，大病保险155626.00万元，医疗救助支出21765.84万元。其中异地结算城乡居民医疗保险住院14763人次，统筹基金支付12408.05万元，大病医疗补助5985.62万元，医疗救助18.41万元。

【标准信息化建设】 2021年，地区医疗保障局依托全国统一的技术体系和架构，贯彻执行15项医保信息业务编码标准，制定印发《塔城地区医疗保障局贯彻执行15项医疗保障信息业务编码标准实施方案》，统筹部署地区贯标工作。9月28日，向国家医保局做贯标验收成果现场汇报演示，作为全疆第三批上线7个地州中第一个向国家医保局做线上贯标汇报演示的地州，得到国家局专家组的认可，并通过国家的贯标验收。9月30日正式上线国家医保信息平台，截至10月5日，地区有35家医院、92家乡镇卫生院、90家诊所、384家药店全面正式上线。

【医保基金专项检查】 2021年7月29日至8月11日，地区医保局联合中国人寿塔城地区分公司邀请第三方对地区2020年度医保基金支付排名前20位医药机构（其中3家通过自治区飞检）和7家定点零售药店进行为期14天的检查，查出的问题主要有超限用药、超标准收费、重复收费、串换收费、不合理收费、多计费等。通过县市初审和地区组织专家集中复审，最终确定违规金额315.74万元，并全部追回。

【兵地医保沟通协调机制】 2021年，地区医疗保障局结合中央巡视反馈问题，及时联合卫健委召开整改工作视频动员推进会及地县市医保部门、兵团第九师医保局主要领导参加的座谈交流会，明确地区医保部门责任领导、责任人和完成时限。塔城市、额敏县、托里县、裕民县已将兵团第九师医院及各团场医院纳入定点医疗机构，且相互签订26家医疗机构医保定点协议，地区参保群众和兵团参保群众在这些定点医疗机构就医可“一单式”结算。截至年底，与兵团医院开展职工住院结算566人次，统筹支付138.66万元，公务员补助1.72万元，大额医疗补助1.56万元，个人账户支出46.71万元；城乡居民住院结算2313人次，统筹支付443.54万元。

（海　锐）

民政工作

【城乡社会救助】 2021年，塔城地区先后两次提高困难群众基本生活救助标准，城市低保标准提高至不低于560元/人/月；城市特困人员基本生活标准提高至不低于900元/人/月，农村特困人员基本生活标准集中供养提高至不低于900元/人/月，分散供养提高至不低于600元/人/月；福利机构收养孤儿每人每月不低于1400元、社会散居孤儿每人每月不低于1000元标准。对符合条件的10053名困难群众发放临时救助金350.21万元。

截至2021年年底，塔城地区累计有城乡低保17478户29739人，其中城市低保5907户9766人，农村低保11571户19973人，发放低保金1.2亿元。“单人户”纳入低保9808人，支出型贫困家庭纳入低保6726户11040人，享受渐退期3151人。为61名困难群众发放燃煤78吨，折合现金14.03万元，为7815名困难群众发放冬季取暖补助金607.45万元；为1252名困难群众发放米面油等物资折合现金10.18万元；为95名困难群众发放棉衣、棉被等物资4.35万元。走访慰问低保、特困人员等特殊困难群众10807人次，支出资金109.08万元。开展低收入人口动态监测工作，将人均收入在低保标准1.5倍范围人口信息录入社会救助系统，纳入监测范围，同时加强与地区乡村振兴局的对接，及时掌握底数。民政部门主动摸排379974人，录入低收入人口数据库285人，低收入人口中纳入低保41人，纳入特困供养1人，临时救助34人。将最低生活保障审批权限下放到乡镇，已下放权限的乡镇（街道）数达到85个，下放率100%，全面提升社会救助服务效率和效能，最大限度方便困难群众。

【残疾人“两项补贴”发放】 2021年，地区民政局贯彻落实《国务院办公厅关于加快推进“跨省通办”的指导意见》，通过残疾人“两项补贴”申请“跨省通办”技术支持，实现申请人异地申请困难残疾人生活补贴和重度残疾人护理补贴资格认定，不受户籍地限制。2021年，为残疾人发放两项补贴2072万元，其中为7802名困难残疾人发放生活补贴919万元，为10115名重度残疾人发放护理补贴1153万元。

【“双集中”工作】 2021年，地区民政系统大力宣传“五保”老人入住养老机构后，依法保护其房屋、宅基地、承包地（草场）等个人或家庭财产的合法性，满足其探亲访友的需求，在全面摸清“五保”供养对象的底数、摸清有意愿入住“五保”老人的底数基础上，采取允许老人试居住、季节性居住、签订集中供养协议书、提高机构服务质量等措施，提高60岁以上有意愿的“五保”老人集中供养率和孤儿集中收养率。截至2021年年底，全地区有意愿的“五保”老人集中供养328人，集中供养率100%。孤儿164人，全部实现集中收养，集中收养率100%。

【社会福利工作】 2021年，地区为892名农村“五保”老人发放生活费777.44万元，为262名城市“三无”老人发放生活费363.82万元。为164名孤儿发放生活费235.76万元，为13938名老人发放高龄津贴677万元；为5059名老人免费体检，补助资金89万元。

地区销售福利彩票3.12亿元，其中电脑票销售1.81亿元，即开票销售1.31亿元，超额完成自治区下达2.2亿元销售任务；募集彩票公益金1.1亿元，其中募集地区彩票公益金2234万元。

【养老服务】 2021年，塔城地区以实现“老有所养”为目标，积极构建以居家养老为基础、社区养老为依托、机构养老为补充、医养结合发展的养老服务体系，护理型床位占比提升至47%，采取线上培训方式培训护理员300余人次，在养老机构开展非法集资风险专项排查，养老基础设施和管理服务水平取得新进步。截至2021年年底，地区有养老机构16家，其中公办机构6家，民办机构4家，公建民营5家，幸福大院1家，提供养老床位2515张。坚持市场导向，以满足社会养老需求为目标，在场地、人员、补贴等方面加大扶持力度，推进公建民营工作。落实民办养老机构开办及运营补贴政策，2021年争取到144.68万元，补助4所民办养老机构。

【儿童福利】 2021年，塔城地区为47名孤儿发放助学金47万元，资助被认定的年满18周岁在普通全日制本科学校、普通全日制专科学校、高等职业学校等高等院校及中等职业学校就读中专、大专、本科和硕士研究生的孤儿。协调成立地区未成年人保护工作领导小组，指导各县（市）未成年人保护工作协调机制建设。完善孤儿、困难家庭儿童分类保障制度，健全农村留守儿童关爱保护体系，关爱服务能力和水平显著提升。各成员单位按照职责分工，关爱未成年人健康成长，预防未成年人犯罪，保护未成年人合法权益，持续开展未成年人保护工作，营造全社会关心关爱未成年人浓厚氛围。向自治区民政厅推荐乌苏市创建全国未成年人保护示范县市。

【福利项目申报】 2021年，地区争取到中央专项彩票公益金1164万元，资助养老类项目2个；争取到中央集中彩票公益金370万元，资助消防改造类项目2个；争取2022年中央预算内资金3680万元，资助养老类项目5个。

【专项社会行政事务管理】 2021年，地区民政局加强对《中华人民共和国民法典》第五编婚姻家庭的宣传，特别是对离婚冷静期1个月的期限及法律效果进行广泛宣传。严格执行《中华人民共和国民法典》关于婚姻登记的相关规定和工作程序，依法依规开展婚姻登记工作，推行婚姻登记政务公开，加强婚姻登记信息化建设，做好新旧婚姻登记证件的更替及旧版婚姻登记证书的清查回收工作。全面启用全国婚姻登记管理信息系统（2.0版），为各县市配备扫描仪、高拍仪等设备，完善标准化建设。2021年，在线办理结婚登记5773对，补领结婚证2629对；申请离婚登记3099对，冷静期满后撤回1383对，办理离婚登记1716对，离婚率下降44.6%。

清明节期间，塔城地区开放的殡葬服务机构13个，各祭扫场所祭扫人数累计28092人次，参与祭扫机动车辆7635辆，工作人员260人次。开展殡葬业价格秩序、公益性安葬设施建设经营专项整治工作，联合7部门转发《关于印发〈全区殡葬业价格秩序、公益性安葬设施建设经营专项整治实施方案〉的通知》，召开八部门联席会议2次，召开调度会2次，对塔城市、乌苏市、沙湾市、额敏县、殡葬业工作进行专项调研，形成塔城市、额敏县殡葬业专项调研报告。

【社会组织登记管理】 2021年，地区全面实行社会组织网上填报，按照“三同步”要求推进社会组织党建工作，建立社会组织党建工作联席会议制度，明确部门党组抓党建工作职责，将357家社会组织归口到28家行业主管部门，择优选派228名党建指导员帮助指导社会组织开展党建工作，党组织和党建指导员覆盖率100%。推进乡镇（街道）、社区三级社会工作服务体系。开展“我为群众办实事”实践活动，累计开展老年人健康活动5场次，心理咨询、疏导11人次，慰问贫困户、残疾人80余户，投入资金6万元。发放消毒液、消毒酒精、消毒凝胶等物资累计1.77万元。参加志愿服务活动31次，惠及人数535人，提供服务31次，帮助解决困难诉求157条，慰问困难党员、困难群众502人，累计投入金额14.89万元。组织爱心人士给村队捐赠科技书籍300多册，价值5000多元。

【区划地名工作】 2021年年初，沙湾县撤县设市获批，设市后续工作顺利开展。9月2日，自治区人民政府批复同意塔城地区塔城市设立博孜达克镇、托里县设立哈图镇。支持兵团第七师、第八师、第九师做好设市建镇行政区域界线调整工作。

配合地区自然灾害普查办公室做好地名数据信息和行政区划名称、

代码的审核工作。做好中国·国家地名信息库更新、维护工作，及时更新完善塔城地区第二次全国地名数据补录、补更。完成伊犁州、巴州（和静县）、塔城地区（沙湾市）的界线联检工作。依据《地名管理条例》，开展地名标准化建设，联合五部门印发《关于转发〈关于进一步清理整治不规范地名的通知〉的通知》，召开六部门联席会议。对地名命名、更名等工作赴塔城市、乌苏市、沙湾市进行督促检查。

【基层政权建设和城乡社区治理】 2021年，地区民政局学习贯彻《中华人民共和国村民委员会组织法》《中华人民共和国城市居民委员会组织法》，委派业务人员1名参与指导村委会换届选举工作，地区751个村（社区）全部依法成功进行村（社区）委员会换届选举工作。选举产生新一届村委会班子2925人，选举产生新一届居委会班子494人。推进村规民约建设，向自治区民政厅推荐10篇《村（居）优秀做法》和《村规民约》，入选4篇。做好全国基层政权建设和社区治理系统运用录入工作，录入完成率95%以上。

【社会福利院】 2021年，地区社会福利院供养4个县3个市的城镇孤寡老人28名。地区儿童福利院收养4个县3个市的孤儿34名。

（董　芳）

住房公积金管理

【住房公积金归集】 2021年，塔城地区新开户单位159家，实缴单位1724家，比上年增加99家；新开户职工0.59万人，实缴职工7.97万人，净增职工0.19万人；缴存额14.49亿元，增长6.7%。2021年年末，缴存总额127.87亿元，增长12.78%；缴存余额45.39亿元，增长5.87%。

【住房公积金提取】 2021年，塔城地区住房公积金提取额11.97亿元，比上年增长25.34%；占当年缴存额的82.6%，增加12.21%。2021年年末，累计提取总额82.48亿元，增长16.97%。

【住房公积金贷款】 2021年，塔城地区累计发放个人住房贷款4.68万笔75.84亿元，贷款余额36.39亿元，比上年分别增长6.36%、14.01%、14.98%。个人住房贷款余额占缴存余额的80.17%，增加6.34个百分点。

【住房公积金政策调整及执行情况】 2021年，地区住房公积金管理中心根据统计部门提供地区上年职工月平均工资基数，按《塔城地区住房公积金归集管理办法》规定，住房公积金最高缴存额不超过月平均工资的3倍，确定塔城地区职工月缴存住房公积金最高上限为5092元，缴存单位可在5%至12%区间内，自主确定住房公积金缴存比例。积极调整优化住房公积金使用政策，购买塔城地区辖区以外自住房的可享受购房地住房公积金管理中心确定的贷款最高额度；新增住宅加装电梯可提取住房公积金。放宽租房提取条件，工作地及非工作地租房的均可提取住房公积金；商业银行个人住房贷款置换住房公积金个人住房贷款申贷方式更加人性化，缴存职工在申请商转公业务时，有先还后贷或先贷后还两种方式可供选择。

2021年，根据《关于完善职工住房公积金账户存款利率形成机制的通知》要求，统一按一年期定期存款基准利率执行、一年期定期存款利率为1.5%；住房公积金贷款利率按照五年以下（含五年）为2.75%，五年以上3.25%，申请第二套住房公积金个人住房贷款，贷款利率按照同期首套住房公积金个人住房贷款利率的1.1倍执行。

【增值收益及分配情况】 2021年，地区住房公积金增值收益7570.82万元，比上年增长16%，增值收益率1.74%。提取贷款风险准备473.84万元，提取管理费用1263.4万元，提取城市廉租住房（公共租赁住房）建设补充资金5833.58万元。上缴财政管理费用1347.94万元，上缴财政城市廉租住房（公共租赁住房）建设补充资金4575.82万元。贷款风险准备金余额3638.80万元。累计提取城市廉租住房（公共租赁住房）建设补充资金41816.82万元。

【“放管服”改革】 2021年，地区住房公积金管理中心第一季度提前完成购房提取住房公积金、提前还清住房公积金贷款等八项业务的“跨省通办”目标任务，让群众少花时间少跑路。贷款合同启用电子印章，为办事群众节省时间；开通退休封存、解除劳动关系、调离、贷款结清等短信提示；开辟“四通”业务。自2021年7月1日起，在全疆范围内试行住房公积金“通缴、通提、通贷、通还”的四通业务。落实不动产抵押权登记费由抵押权人负担的政策，将住房公积金贷款不动产抵押登记费由职工缴纳变更为住房公积金管理中心统一支付。同时对2016年7月25日以来公积金贷款抵押人所缴纳的抵押登记费由公积金中心进行补缴，并积极配合督促不动产中心向抵押人进行退付，涉及6914笔57.21万元。

【信息化建设】 2021年，地区住房公积金管理中心强化线上服务，推行“网上办”“掌上办”“电话办”等多种不见面办理方式，对确需到柜台办理的实行“预约办”，住房公积金贷款对冲签约和提前还款业务线上办理8004笔，占业务总量的98.29%；购房、退休、终止劳动、租房等提取业务线上办理11598笔，占业务总量的77.66%；单位信息变更、账户状态变更、缴存基数合并等业务线上办理40882笔，占业务总量的89.10%；综合离柜率达82.78%；打造一体化住房公积金综合服务平台，拓宽服务渠道。通过“12329”热线、官方网站、12329短信、微信公众号、网上业务大厅、手机App等服务渠道为缴存职工提供全方位、全时段的住房公积金服务。

2021年，塔城地区住房公积金管理中心网站访问量121.13万次；个人网厅访问量3.08万次；单位网厅注册量0.18万户，手机App注册量7.43万人；新疆微信公众号绑定量1.85万人；“12329”短信发送量222.86万条；“12329”热线呼入量6.72万次，接通率99.64%，服务满意度99.63%。 （郭雪婷）

退役军人事务

【退役军人权益维护】 2021年，地区退役军人事务局制定《加强退役军人思想政治工作的实施方案》《退役军人党员教育管理工作实施方案》，加强退役军人思想政治引领，引导退役军人强化党员意识，履行党员义务，发挥党员先锋模范作用。常态化做好“模范退役军人”“最美退役军人”等学习宣传活动，宣扬先进典型事迹，引导鼓励退役军人在高质量发展、乡村振兴、社会治理等领域的独特作用。加强与组织、民政等部门沟通配合，扩大退役军人在村（社区）“两委”特别是担任党支部书记的比例。在政策执行过程中，妥善处理老政策和新政策的关系，与中央已出台的政策对标对表，与自治区已出台的政策搞好衔接。在贯彻落实过程中，对政策不平衡的问题加强汇报。

【移交安置和就业创业服务】 2021年，地区退役军人事务局按照国家移交政府安置管理军休干部、无军籍职工、伤病残退役军人的“存量三年完成、增量限期移交”的思路，军地联合推进，做好各项接收保障工作，为依法依规推进移交安置工作提供政策保障，努力实现“随退随审、即交即接”。健全完善退役军人承训机构目录，制定管理措施，做好退役军人全员适应性培训和职业技能培训，县市每年举办不少于1次退役军人就业创业培训和不少于1次退役军人专场招聘会。加强与教育部门及院校合作，利用高职扩招和职业技能提升行动等契机，组织实施基层机关、事业单位面向退役军人专项招录计划。做大做优退役军人“志愿者”队伍，组建队伍、扩充规模，鼓励更多退役军人投身志愿服务，彰显新时代退役军人价值体现。

【双拥工作】 2021年，地区退役军人事务局积极开展新一轮全国、自治区双拥模范城（县）创建工作，贯彻落实全国双拥模范命名表彰大会精神，支持驻塔城部队备战打仗，强化对全国和自治区双拥模范城（县）的动态管理，建立并落实能上能下、有进有出、定期进、随时出的管理机制。重大节日期间坚持定期走访慰问活动，落实新兵入伍“四尊崇”、退役返乡“五关爱”、日常关怀“六必访”制度。推动落实军地互提需求、互办实事的“双清单”制，召开县市双拥工作领导小组会议和议军会议，积极协调解决军地相关难点问题，不断增进军政军民团结。继续做好退役军人系统干部职工联系退役军人制度，常态化做好沟通联系、感情联络、心理疏导、思想引导等工作，激发广大退役军人干事创业的积极性、主动性、创造性。

【褒扬纪念】 2021年，地区退役军人事务局推进“两参”退役人员身份认定核查，坚持把认定核查与思想教育、关爱帮扶、保守秘密有机结合起来，以钉钉子的精神抓好任务落实。按照退役军人事务部等五部门《关于加强困难退役军人帮扶援助工作的意见》，建立困难退役军人帮扶援助制度，提高救急济难水平。推进烈士纪念设施红色教育基地建设，把烈士纪念设施与红色旅游资源开发结合起来，精心打造红色旅游品牌、红色旅游线路。加强《中华人民共和国英雄烈士保护法》宣传工作，发挥烈士纪念设施红色教育主阵地作用，组织开展烈士纪念日公祭纪念活动，健全完善辖区内英雄烈士名录，营造热爱祖国、尊崇英烈的社会氛围。建立“优秀退役军人典型”资源库，运用好“新疆退役军人”微信公众号等新媒体平台，以生动活泼、群众喜闻乐见的形式，讲述退役军人故事，充分展示退役军人永葆本色、奋发图强的优秀品质和良好精神风貌，激励大家建功新时代。

（王 坤）

应急管理

安全生产管理

【概况】 2021年，塔城地区发生各类生产安全事故23起，比上年下降28.13%；死亡7人，下降12.5%；受伤21人，下降27.59%，造成经济损失197.6万元，下降21.74%，地区应急管理局监管的非煤矿山、危险化学品、烟花爆竹和工贸行业均未发生较大生产安全事故，未发生较大自然灾害事故。

2021年，地区应急管理局落实《自治区安全生产严格执法十项措施》，严厉打击安全生产非法违法生产经营建设行为，组织有关专家开展非煤矿山、危险化学品、工贸行业执法检查，对存在安全生产违法行为的5家企业做出行政处罚决定，行政处罚353万元。

【安全生产标准化建设】 2021年，塔城地区37家非煤矿山、56家危险化学品生产经营企业、94家工贸企业通过三级安全标准化评估；2家非煤矿山、58家危险化学品生产经营企业、4家工贸企业通过二级安全标准化评估；5座尾矿库通过三级安全标准化评估；1座尾矿库通过二级安全标准化评估。通过推进安全标准化达标创建工作，提高企业安全管理水平。

【安全生产专项整治】 2021年，地区应急管理局开展危险化学品领域专项检查点位342家，下达执法文书12份，发现隐患458条，已全部整改完毕。进一步规范4家烟花爆竹批发企业和29家长期零售企业流向管理信息系统。开展非煤矿山领域检查点位161家次，对全地区11座尾矿库，1座堆渣场开展汛前隐患排查整治工作，检查发现问题隐患1891条，下发责令限期整改指令书12份，所有问题隐患均已整改完毕。

【重大隐患整改销号工作】 2021年，地区应急管理局严格落实国务院、自治区督导检查发现各类问题隐患整改工作，做到举一反三，立查立改，逐项制定整改措施，全面推进各项整改措施落实。2021年以来，国务院、自治区先后督导检查反馈问题隐患131条，已整改完成131条，整改率100%。针对自治区挂牌督办塔城地区的两家企业（沙湾帅科和乌苏凯赛）22条问题已全部完成整改。按照《塔城地区安全生产党政同责暂行规定》，对乌苏市分管安全生产工作的市委、市政府领导采取视频约谈的方式进行约谈。

【安全生产督查】 2021年，地区应急管理局按照《塔城地区安全生产常态化指导检查工作方案》工作要求，采取“四同步”方式，开展常态化督导检查。累计开展常态化指导检查9次，成立指导检查组63个，出动检查人员495人，检查企业（点位）2410处，发现并整改问题隐患7373条。做到不留盲区、不留死角、不留空白，及时发现险情、及早堵塞漏洞、切实消除隐患。

【打通“生命通道”行动】 2021年，地区应急管理局紧盯消防通道等“老大难”问题，全面开展隐患排查治理工作，累计联合执法150次，排查灾害事故隐患1180条，治理隐患1070条，处罚200余人次，罚款50000元，曝光车辆15000辆，劝离违停车辆7600余辆。2021年新增停车位13510个，加装充电桩424个，集中攻坚行动取得明显成效。

【安全隐患排查工作】 2021年，地区应急管理局充分发挥安全生产专业技术力量，通过购买第三方专业机构服务的方式，聘请专业机构对重点企业进行安全会诊和隐患排查，累计投入资金142万元，聘请专家378人次，发现整治问题隐患6471条。从地区各行业领域选取专业监管人员30人、企业专业技术人才22人、第三方专业机构专家22人，组成地区安全生产专家库，对风险管控、事故调查、隐患排查治理等工作开展集中轮训，提升基层安全生产监督管理人员政治素养和专业水平。

【安全生产培训】 2021年，地区应急管理局强化监督管理，完成本地化5家培训机构和5家考试点建设，方便企业、群众就近就地开展培训；通过公开竞价，明确培训机构最低价开展培训，减轻企业负担，降低企业成本，提高考试通过率和人员持证率，坚决治理安全生产培训乱象，营造风清气正的安全发展环境。全年组织“三岗”培训2期40班次，培训人员1600余人。

（张海洋）

防灾减灾救灾

【灾害监测预警】 2021年，地区应急管理局落实成员单位会商研判、综合预警联动机制，加强日研判、周调度制度落实，定期分析研判自然灾害风险形势，及时发布安全生产、自然灾害预警信息，对地震、泥石流、融雪性洪水、极端天气等提前预警。全年累计发布自然灾害风险形势分析报告10期，形成防汛抗旱风险形势专题报告2期，气象自然灾害风险形势专题报告3期，接收并发布自治区和地区预警信息100份，做到防范在先、预防在前。

【自然灾害风险普查】 2021年，塔城地区第一次全国自然灾害综合风险普查清查工作通过自治区普查办审核，确定普查调查对象2189个，自然灾害调查数据5648条，家庭减灾能力调查6374户，7个县市调查工作信息数据采集完成并提交，为地区后续普查工作打好基础。

【自然资源风险防范】 2021年，塔城地区建立9支森林草原防灭火应急队伍，积极开展专业理论知识学习、救援技能和体能训练等大练兵活动，开展野外火源治理专项行动，提高地区森林草原火灾综合防控能力。全年派出督查组30组471人次，下达整改通知书33份，排查整改火灾隐患102处。同时，加大防火宣传力度，设立防火检查站35个，广播电视等媒体报道77次，发放宣传单20000余份，受教育群众达2万人次。全年未发生森林草原火灾和人员伤亡事故。

（张海洋）

应急救援

【应急救援物资储备体系建设】 2021年，地区应急管理局强化应急物资储备和装备建设，实施自然灾害应急避难场所达标升级，加强应急管理协调联动，定期对物资储备情况进行清查，塔城地区建有5座应急物资储备库，总面积8592平方米，累计储备生活类救灾物资23381件，医疗防疫物资90余万件，确保关键时刻救灾物资拿得出、调得快、用得上。地区草原防扑火物资储备库项目物资库已建设完成，物资正在采购中，项目建成后将极大提升地区处置突发森林草原火灾事件应对能力。

2021年6月3日，地区林草局举行森林草原消防应急分队装备配发仪式

（张海洋 摄）

【应急预案编制修订】 2021年，地区应急管理局加强对应急预案修编工作的组织领导，召开地区应急预案修订推进会，规范应急预案修编程序。持续完善突发公共事件总体预案，指导各县市、各部门分行业制定35个专项应急救援预案，强化预案衔接，确保有效联动。牵头起草的《塔城地区突发公共事件总体应急预案》《塔城地区森林草原火灾应急预案》《塔城地区自然灾害救助应急预案》等预案已经行署印发。组织开展应急演练840家次，参与33541人，投入资金60.75万元。通过演练提高指挥机构协调能力，验证预案的针对性和实战性。

【应急指挥中心建设】 2021年，地区投资1500余万元，建成地区、各县市应急救援指挥部，下设应急救援指挥中心，设计安装应急管理“一张图”、应急救援指挥、应急监测监控预警、天眼、防汛抗旱、应急值守等12个系统软件，横向实现与地区维稳指挥部、疫情防控指挥部、消防救援指挥调度中心的互联互通，纵向实现与4个县3个市、53个重点企业的互联互通，确保功能到位，运用有效。严格落实《塔城地区应急指挥中心实体化运行方案（试行）》，地委批准增加5名编制，负责地区范围内突发自然灾害事件、安全生产事故的统筹、协调以及前期应急指挥。开展视频巡查、监测预警提示、预案演练、远程检查、视频调度等工作，向7个县市、28个部门、420家企业分配账号，录入420家企业的基本信息，规范开展日调度、周点调、月督查、月研判工作。2021年以来，23个安全生产专业委员会，开展调度163场次，巡查点位3800多个，录入安全生产隐患17960条，均已完成整改。 （张海洋）

消　防

【概况】 2021年，塔城地区消防救援队伍累计接处警1033起，其中火灾扑救747起，抢险救援140起，社会救助56起，兵团火灾90起，出动消防车1979辆次，出动指战员9863人次，抢救被困人员101人，疏散被困人员46人，抢救财产价值5137.6万元，保护财产价值6571.4万元。成功处置乌苏市“4·16”天然气槽车泄漏事故、“5·6”汽车回收公司仓储火灾、“5·10”鹏硕煤化工有限公司储罐火灾、“5·13”中国哈萨克斯坦边界跨境火灾、塔城市“9·23”杜别克社区高层火灾等灭火救援任务。协调地区安委办建立地区灭火与应急救援专家成员库及联动机制，开展12次“全过程、全要素、全实战”灭火救援演练，承办并参演总队“砺剑北疆”综合救援实战演练，与辖区玛依塔斯、老风口防风雪应急救援基地建立战略合作协议，分阶段开展严寒天气条件下装备实战性能测试，全面打造专业队伍尖刀力量。

【消防安全环境改善】 2021年，地区首次将消防工作“十四五”规划纳入政府专项规划编制印发；建立“5+2+5”塔城模式，推动出台《关于加强基层消防安全综合治理工作的实施意见》《关于加强和改进全地区城市停车管理工作的指导意见》，提请政府对325个老旧小区消防车道进行改造；建成智慧消防物联网监测平台，对火灾高危单位实施智慧监管；投入60余万元建成市级科普教育基地，购买2辆多功能消防宣传车，为基层购置新型火调装备32件（套）；狠抓事中事后监管，执行“双随机、一公开”监管模式，联合十部门出台信用管理办法，加大部门联合执法监管力度，开展消防产品联合检查专项行动2次，查处消防产品违法案件50起，列出“红、黑名单”纳入“国家企业信用信息公示系统”予以公示，有效净化市场环境；同步建立隐患问题和整改责任“两个清单”，提请行署专员办公会专题研究对16家隐患突出单位挂牌督办。2021年，各级消防部门累计检查单位10313家，督促整改隐患6869处，临时查封单位23家，“三停”单位32家，联合执法124次，处罚个人102人次，曝光违法车辆356辆次，时刻保持严管严治高压态势，全年未发生有影响的火灾事故。

（马　涛）

县市概览

塔城市

【党政机关主要负责人】
中共塔城市委员会书记：
张耀华（4月离任）
王东升（4月任）
塔城市人大常委会主任：
热木汗·巴依达阔什
（哈萨克族6月离任）
艾坦·艾提肯
（哈萨克族，6月任）
塔城市人民政府市长：
加尔肯·江布尔拜
（哈萨克族，5月离任）
阿达力别克·巴合提汗
（哈萨克族，5月任代市长、9月转正）
政协塔城市委员会主席：
朱守民（达斡尔族，7月离任）
达　刚（达斡尔族，7月任）

【基本情况】　塔城市地处塔额盆地边缘，塔尔巴哈台山南坡，额敏河北岸。距乌鲁木齐市公路里程540千米。

境内主要河流有卡浪古尔河、阿不都拉河、锡伯图河、乌拉斯台河等，年总径流量10.23亿立方米；地下水动储量3.4亿立方米。主要野生药用植物有贝母、阿魏、甘草、黄芪、麻黄、元胡等。国家级野生保护动物有金雕、大鸨、北山羊、雪豹、狼、马鹿、棕熊、雪兔、盘羊、雪鸡、猎隼等。主要矿产资源有铀、钍。森林覆盖率22.5%。主要旅游景点有塔尔巴哈台山景区、巴克图口岸景区、地区博物馆、哈尔墩民族团结示范区、奥布森景区、丝路文化商品城文旅产业园、达斡尔民族风情园。属温带大陆性干旱半干旱气候。

2021年，辖3个街道办事处、3个镇、4个乡。

2021年，完成生产总值123.33亿元。其中第一产业增加值36.81亿元，第二产业增加值15.39亿元，第三产业增加值71.13亿元。

农林牧渔业总产值362897.3万元，其中农业产值276987.73万元、林业1320万元，牧业81641.37万元，渔业198.2万元，农林牧渔业及辅助性活动2750万元。耕地面积10.43万公顷，农作物播种面积10.13万公顷，粮食8.74万公顷，薯类20公顷。主要农产品产量：粮食作物1050487吨，薯类992.78吨，油料1260吨，甜菜7200吨，蔬菜8000吨，果用瓜2247吨，苜蓿51700吨。主要特色农作物产量：番茄7200吨，打瓜籽6150吨，啤酒花24吨。水果产量：苹果960吨，葡萄110吨，酸梅产量168吨，高酸海棠产量365吨。

年末牲畜存栏59.77万头（只），全年牲畜出栏53.35万头（只），出栏率89.26%。肉类总产16649吨，羊毛663吨，奶类1.6吨，禽蛋2600吨，水产品180吨。年末农业机械总动力34.89万千瓦。

规模以上工业企业10家，实现工业总产值70841万元；工业增加值10976万元，工业销售产值67298万元；主要工业产品产量：商品混凝土22.17万立方米，饲料14.31万吨，小麦粉4.67万吨。建筑业生产总值2370万元，建筑企业施工房屋建筑面积1813078平方米，竣工面积193553平方米。

全社会固定资产投资25.82亿万元，其中第一产业15771万元、第二产业13179万元、第三产业229247万元。社会消费品零售总额17.94万元，其中批发和零售业14.89万元、住宿和餐饮业3.05万元。进出口贸易总额72027.74万美元，其中出口额305.42万美元、进口额71722.32万美元。完成邮政业务总量2260万元，电信业务总量19264.08万元。年末固定电话用户5.02万户，移动电话用户21.94万户，互联网宽带接入用户9.38万户。接待旅游者202.8万人次，旅游收入97100万元。地方财政收入115438万元（一般公共预算收入54803万元），地方财政支出330785万元（一般公共预算支出289716万元）。年末城乡居民储蓄存款余额1046200万元。

有各类专业技术人员1750人，其中中级以上616人。

中等职业教育学校1所，在校学生289人；普通高中1所，在校学生1395人；初中3所（含十二年一贯制1所），在校学生5626人；小学21所，在校学生9323人；幼儿园46所，在园幼儿4718人。各类教师2417人。全年教育经费投入3.79亿元。

有医疗卫生机构163个，其中医院3个；卫生技术人员770人，卫生机构床位513张。

全年城镇居民家庭人均可支配收入30340元，农村居民家庭人均纯收入21697元。

2021年，实现城镇就业再就业人员1566人。年末城镇登记失业率控制在4%以内。

截至年底，参加基本养老保险78985人，其中城镇职工基本养老保险38801人，城乡居民社会养老保险40184人；参加基本医疗保险115590人，其中职工基本医疗保险23910人，城乡居民基本医疗保险91680人；参加工伤保险11753人；参加失业保险11033人；参加生育保险14168人。参加新型农村合作医疗（城乡居民医疗保险）91969人，参合率100%。城镇居民最低生活保障人数1313人，农村居民最低生活保障人数3522人。

（张　瑶）

额敏县

【党政机关主要负责人】

中共额敏县委员会书记：
曹春山

额敏县人大常委会主任：
叶格斯·达吾提汗
（哈萨克族，8月离任）
瓦哈普·俄德勒什
（哈萨克族，9月任职）

额敏县人民政府县长：
马合苏提汗·加木沙甫
（哈萨克族）

政协额敏县委员会主席：
叶尔肯·叶留拜（哈萨克族）

【基本情况】　额敏县位于准噶尔盆地西北边缘、塔额盆地东北部。县城距乌鲁木齐市公路里程520千米。

境内地表水年径流量10.8亿立方米，地下水可开采量2.5亿立方米。矿产有金、煤、铁、锰、铀、铜、水晶、花岗岩、大理石、高岭土、白垩土、芒硝、石灰岩等。国家级保护动物有雪豹、赛加羚、黄羊、马鹿、棕熊、雪兔、盘羊、石貂、猞猁（山猫）、白鹳、黑鹳、金雕、大鸨、大天鹅、黑琴鸡、蓑羽鹤等。野生药用植物有贝母、柴胡、赤芍药、甘草、麻黄、苦参、山楂、枸杞等。森林覆盖率9.6%。主要旅游景点有滨河公园、野果林风景区。地方名优特色产品有红花油、红花酒、红花胶囊、红花口服液，黑加仑饮料、黑加仑养生酒、黑加仑原汁、黑加仑果酱，塔城飞鹅等。属中温带大陆性气候。

2021年，辖6个镇、5个乡、6个农牧场。

2021年，完成生产总值113.37亿元。其中第一产业增加值39.4亿元，第二产业增加值21.23亿元，第三产业增加值53.1亿元。

农林牧渔业总产值457220万元，其中农业产值322524万元、林业2350万元、牧业131176万元、渔业190万元、农林牧渔业及辅助性活动980万元。农作物总播种面积11.79万公顷，粮食9.64万公顷，油料作物54公顷，甜菜2753公顷，蔬菜2080公顷，打瓜5520公顷，药材160公顷，苜蓿1180公顷。主要农产品产量：粮食作物119.25万吨，油料总产114吨，甜菜19.46万吨，蔬菜23.42万吨，苜蓿0.94万吨，药材2.06吨，打瓜1.33万吨。年末牲畜存栏62.88万头（只），全年牲畜出栏50.26万头（只）。肉类总产15200吨，羊毛721万吨，奶类0.27万吨，禽蛋600吨。年末农业机械总动力37.15万千瓦。

规模以上工业企业实现工业总产值114679万元；工业增加值40201万元，工业销售产值112289万元。主要工业产品产量：风力发电量99590.9万千瓦时、小麦粉66575吨、食用植物油433.24吨、番茄酱18803吨、中成药1126.6吨、自来水218万吨、毛（绒）纱20吨、混合饲料41017吨、塑料制品2555吨、水泥121654吨、商品混凝土13.69万立方米、冷冻甜玉米2011.57吨、冷藏肉876.3吨。建筑业生产总值38200万元，建筑企业施工房屋建筑面积267238平方米，竣工面积44305平方米。

全社会固定资产投资229964万元，比上年增长22.5%。其中第一产业23461万元、第二产业54175万元、第三产业152328万元。社会消费品零售总额163030万元，其中批发和零售业149143万元、住宿和餐饮业13887万元。进出口贸易总额210.52万美元。接待旅游者90.67万人次，旅游收入49700万元。地方财政收入45265万元（一般公共预算收入29442万元），地方财政支出346720万元（一般公共预算支出277962万元）。年末城乡居民储蓄存款余额740512万元。

有普通职业高中1所，在校学生462人；普通高中2所，在校学生2860人；初中9所，在校学生6129人；普通小学16所，在校学生12538人；幼儿园56所，在园幼儿5573人。各类教师3183人。全年教育经费投入13200万元。

有医疗卫生机构159个，其中综合医院1所、社区卫生服务机构5所、乡镇（场）卫生院12所、村卫生室108所、民营医疗机构30所、其他医疗机构3所；卫生技术人员1387人，卫生机构床位762张。

2021年，城镇居民人均可支配收入30416元，农村居民人均可支配收入20094元。

2021年年末，实现城镇就业再就业人员1100人。年末城镇登记失业率控制在4.5%以内。

截至年底，参加基本养老保险34390人，其中城镇职工基本养老保险12500人，城乡居民社会养老保险14502人；参加基本医疗保险134366人，其中职工基本医疗保险19555人、城乡居民基本医疗保险113463人；参加职工工伤保险13210人；参加职工失业保险12900人；参加生育保险13655人。城镇居民最低生活保障3090人，农村居民最低生活保障3805人。

（姚滋萍）

乌苏市

【党政机关主要负责人】

市委书记：

周　晨

人大常委会主任：

米合热古丽·斯德克

（女，维吾尔族）

市　长：

阿达力别克·巴合提汗

（哈萨克族，2021年5月离任）

阿依肯·阿斯拉汗

（哈萨克族，2021年5月任职）

政协主席：

李　鸿（女）

【基本情况】　塔城地区乌苏市位于天山北麓、准噶尔盆地西南缘，市区距离乌鲁木齐市公路里程268千米。

乌苏市境内有天然湖泊乌兰萨德克湖1个；主要河流有奎屯河、四棵树河、古尔图河、巴音沟河等，年总径流量15.75亿立方米；可利用的地下水储量1.65亿立方米。主要矿产有煤、金、石灰岩、陶粒页岩、膨润土、辉长岩等。国家级野生保护动物有金雕、大鸨、小鸨、鹅喉羚、马鹿、天鹅、猎隼、鹈鹕、黑鹳、小苇鳽、水獭等。主要野生药用植物有肉苁蓉、锁阳、贝母、雪莲、甘草等。主要旅游景区有国家AAAA级旅游景区乌苏佛山国家森林公园，国家AAA级旅游景点九莲泉水景公园、甘家湖沙漠公园、巴音沟景区、胡杨林乐园、九间楼乡荷花池景区、沙舟酒庄、泥火山景区、百泉镇白杨树村生态旅游度假区、乌拉斯台景区、乌斯图景区等，有甘家湖梭梭林国家级自然保护区1个，保护区总面积（乌苏境内）26667公顷。属典型大陆性气候。

2021年，辖5个街道办事处、10个镇、7个乡。

2021年，完成生产总值235.5亿元，其中第一产业增加值107.87亿元、第二产业增加值56.92亿元、第三产业增加值70.71亿元。

农林牧渔业总产值76.05亿元，其中农业产值62.12亿元、林业0.16亿元、牧业9.87亿元、渔业0.27亿元、农林牧渔服务业3.63亿元。耕地面积17.37万公顷，农作物播种面积14.49万公顷。主要农产品产量：粮食作物产量20.4万吨、棉花24.9万吨、油料0.04万吨、番茄37.3万吨。年末牲畜存栏58.38万头（只），年末牲畜出栏59.68万头（只）。肉类总产1.55万吨，禽蛋0.23万吨，奶类0.48万吨，水产品0.28万吨。年末农业机械总动力84.93万千瓦。

规模以上工业企业37家，实现工业总产值83.66亿元；工业增加值36.71亿元，工业销售产值86.24亿元。主要工业产品产量：啤酒122267千升，原煤187万吨，水泥48万吨，生物基化学纤维21093吨，番茄酱49300吨，棉纱36626吨，金属密封件60万件，小麦粉19597吨，饲料25347吨，天然原油130万吨。建筑业总产值6.67亿元，建筑企业施工房屋建筑面积9.42万平方米，竣工面积9.25万平方米。

全年固定资产投资（不含农户）比上年下降2.4%。社会消费品零售总额15.7亿元。进出口贸易总额7841万美元，其中出口额7832万美元、进口额9万美元。完成邮政业务总量0.26亿元，电信业务总量1.64亿元。年末固定电话用户2.87

万户，移动电话用户24.37万户，互联网宽带接入用户9.94万户。接待旅游者255.9万人次，旅游收入13.5亿元。地方财政收入13.69亿元（一般公共预算收入10.06亿元），地方财政支出31.35亿元（一般公共预算支出25.12亿元）。

年末城乡居民储蓄存款172.92亿元。

2021年，有各类专业技术人员4777人，其中中级以上2790人。有中等职业教育学校2所，在校学生1676人；普通高中1所，在校学生4362人；初中11所，在校学生8012人；小学23所，在校学生14758人；幼儿园30所，在园幼儿6608人。各类教师3440人。全年教育经费投入57351万元。

有医疗卫生机构227个，其中医院、卫生院24个，妇幼保健院1个；卫生技术人员1530人，卫生机构床位1261张。

在自治区体育比赛中取得2枚银牌。

全年城镇居民家庭人均可支配收入34665元，农村居民人均可支配收入22253元。全体居民人均消费性支出18170元。

2021年年末，新增就业人员10344人，当年实现城镇就业再就业人员2117人。年末城镇登记失业率控制在4%以内。

截至年底，参加基本养老保险68658人，其中城镇职工基本养老保险35059人、城乡居民社会养老保险33599人；参加基本医疗保险188112人，其中职工基本医疗保险38164人、城乡居民基本医疗保险149948人；参加工伤保险19682人；参加失业保险19905人。城镇居民最低生活保障1710人，农村居民最低生活保障3927人。

（冯　勇）

沙湾市

【党政机关主要负责人】
中共沙湾市委员会书记：
黄佳俊
沙湾市人大常委会主任：
玉山·阿依肯
（维吾尔族，8月离职）
哈米提·阿吉
（维吾尔族，10月任职）
沙湾市人民政府市长：
俄合拉斯·斯巴达克
（哈萨克族）
政协沙湾市委员会主席：
周卫东

【基本情况】　沙湾市位于天山中段北麓，准噶尔盆地南缘。县城距乌鲁木齐市公路里程185千米。

主要河流有玛纳斯河、金沟河、巴音沟河、大南沟河、宁家河等，年总径流量21亿立方米。国家级野生保护动物有黑鹤、雪豹、大天鹅、鸢、苍鹰、雀鹰、草原雕等。主要矿产资源有煤炭资源5.59亿吨、石灰石资源量3.5亿吨。森林覆盖率16.19%。主要旅游景点有鹿角湾、温泉、东大塘、乌沙安集海大峡谷、森林公园、大盘美食城等。特色地方产品有福临门、福味来系列植物油、雪水坊牌系列白酒、泰山牌棉浆粕等。属大陆性中温带干旱气候。

2021年，辖9个镇、3个乡，1个国有农场、1个国有林场。

2021年，全年实现地区生产总值231.22亿元（含兵团），其中第一产业增加值125.79亿元，第二产业增加值31.3亿元，第三产业增加值74.2亿元。

农林牧渔业总产值（现价）1082642万元，其中农业产值822891万元，林业16687万元，牧业195438万元，渔业4641万元，服务业42985万元，农作物播种面积15.11万公顷，粮食2.43万公顷，棉花11.74万公顷。主要农产品产量：粮食作物29.4万吨，棉花26.89万吨，油料0.1万吨，蔬菜38.22万吨，瓜果0.56万吨，饲草料25.5万吨。主要特色农作物产量：工业用番茄7.0万吨，工业辣椒2.3万吨。年末牲畜存栏54.3万头（只），年内牲畜出栏50.6万头（只），肉类总产25447吨，羊毛508吨，奶类54000吨，禽蛋3850吨。农业机械总动力809476.69千瓦。

规模以上工业企业33家，实现工业总产值54.2亿元；工业增加值83018万元，工业销售产值555783.9万元。主要工业产品产量：原煤596651.06吨、植物油7896吨、发电量22370万千瓦时、供电量200816.7万千瓦时 。建筑业生产总值57593万元，建筑企业施工房屋建筑面积32162平方米，竣工面积124077平方米。

全社会固定资产投资比上年下降13.7%，其中第一产业投资下降15.1%，第二产业投资下降57.9%，第三产业投资增长38.5%。社会消费品零售总额175412.2万元，其中批发和零售业152243.2万元，住宿和餐饮业23169万元。完成进出口贸易总额为278.31万美元，其中番茄酱出口额227.81万美元，氰化钠等危险化学品出口额50.5万美元。实现邮政业务收入2932.46万元。接待旅游人数286.35万人次，旅游收入16.07亿元。地方财政收入119757万元（一般公共财政预算收入85813万元），地方财政支出314939万元（一般公共财政预算支出249867万元）。年末城乡居民储蓄存款余额1346328万元。

有各类专业技术人员4650人，其中中级以上3101人。

中等职业教育学校1所，在校学生783人；普通高中1所，在校学生3992人；初中9所，在校学生6618人；小学21所，在校学生12557人；幼儿园45所，在园幼儿5591人。专任教师2692人。

有医疗卫生机构260个，其中医院4个；专业技术人员1237人，卫生机构床位702张。

全年城镇居民人均可支配收入34938.24元，农村居民人均可支配收入23708.4元。

2021年，沙湾市实现城镇新增就业5294人，转移农村富余劳动力1.53万人次。

截至年底，参加基本养老保险（含离退休）130356人，其中城镇职工基本养老保险36329人；城乡居民养老保险（含60周岁以上）94027人；参加基本医疗保险178822人，其中职工基本医疗保险28936人；失业保险参保15998人；工伤保险参保14515人；生育保险参保18920人；全市44243人次享受最低生活保障，其中城镇9176人次，农村35067人次。（单新生）

托里县

【党政机关主要负责人】

县委书记：

宿召兵（1月离任）

满玉虎（1月任职）

县人大常委会主任：

阿依肯·阿斯拉汗

（哈萨克族，5月离任）

古丽娜孜·哈斯木汗

（女，哈萨克族，9月任职）

县　长：

托力肯·铁力敢

（哈萨克族，5月离任）

达吾列提·帕尔尤拉

（哈萨克族，5月任职）

县政协主席：

叶尔肯·赛达合买提

（哈萨克族，5月离任）

海若拉·巴吾丁

（哈萨克族，9月任职）

【基本情况】　托里县位于准噶尔盆地西侧，塔额盆地南缘。县城距乌鲁木齐市公路里程512千米。

2021年，辖3个镇、4个乡，人口出生率7.09‰，自然增长率20.22‰。耕地面积33333公顷，农作物播种面积33320公顷，粮食23107公顷，油料作物461公顷，棉花1313公顷。

境内有河流40条，流程短，水量小，渗漏快，境内地表水多年平均径流量6.2亿立方米。野生动物有雪豹、北山羊、紫貂、天鹅、雪鸡、马鹿、黄羊、棕熊等；野生植物有贝母、阿魏、甘草、锁阳、麻黄、黄芪、党参、肉苁蓉（大芸）、芍药等，列为珍稀保护的树种有云杉、胡杨等。矿产资源主要有原煤、黄金、花岗岩、铬矿石、铁矿石、铜矿、石灰石等。主要旅游景点有亚欧大陆地理中心、苏拉夏情人谷、玫瑰谷、老风口果子沟、塔斯特原始森林、阔克霍拉度假村等。属温带大陆性半干旱气候。

2021年，完成生产总值44.78亿元，同比增长5.1%。其中第一产业完成105972万元，同比增长3.6%；第二产业完成122901万元，同比下降1.5%；第三产业完成218899万元，同比增长10.7%。三产比例为24：27：49。

农林牧渔及其服务业总产值（现价）216752.4万元，比上年增长21.5%。其中农业产值62267万元，增长37.5%；林业1460万元，下降35.3%；牧业152405.4万元，增长17.4%；服务业620万元，下降39.1%。主要农产品产量：粮食作物21.41万吨，棉花0.24万吨，油料0.09万吨，甜菜1.36万吨，蔬菜0.46万吨，苜蓿3.29万吨，打瓜籽0.27万吨。牲畜年末存栏66.09万头（只），牲畜年末出栏59.12万头（只）。肉类总产2.3万吨。年末农业机械总动力69649千瓦。

规模以上工业企业14家，实现工业总产值150518.7万元，工业增加值74223.5万元。主要工业产品产量：黄金2658.8千克，商品混凝土52604立方米，水泥439433吨，发电量86267.1万千瓦时。

全社会固定资产投资额为166386万元，比上年增长10.2%。社会消费品零售总额37746.7万元，其中商品零售业33104.8万元、餐饮业收入4641.9万元。完成邮政业务总量88.95万元。地方财政预算收入25988万元（一般公共预算收入完成22623万元），地方财政预算支出260372万元（一般公共预算支出完成168959万元）。年末城乡居民储蓄存款余额333638万元，年末城乡居民储蓄贷款余额244889万元。

有各类专业技术人员2880人，其中中级以上1123人。有高中2所，在校学生1632人；初级中学1所，在校学生3792人；小学13所（其中托里县阿克别斗乡也格孜库勒小学无生源未使用），在校学生8659人；幼儿园35所，在园幼儿3632人。各类教师1357人。全年教育经费投入34288.41万元。

有卫生计生服务机构89个，其中县直卫生计生服务单位4个，乡

（镇）牧业卫生院9个，村卫生室58个，民营医院1个，个体诊所17个。卫生技术人员704人，卫生机构床位646张。

城镇居民人均可支配收入达到28916元，农牧民人均可支配收入达到14395元。

2021年年末，全县城镇人员新增就业2516人。年末城镇登记失业率控制在3%以内。

截至年底，参加职工基本养老保险10562人（退休7888人），参加城乡居民社会养老保险25374人（退休3690人）；参加职工基本医疗保险13312人，参加城乡居民基本医疗保险71056人；参加工伤保险8597人；参加失业保险7960人；参加生育保险84368人。年末城镇居民最低生活保障人数1017人，农村居民最低生活保障人数3260人。

（赵文磊）

裕民县

【党政机关主要负责人】

中共裕民县委员书记：

王东升（2021年4月离任）

王　涛（4月任）

裕民县人大常委会主任：

刘红亮（6月离职）

叶尔恰特·居曼

（哈萨克族，6月任职）

裕民县人民政府县长：

叶尔波拉提·巴依哈旦

（哈萨克族，2月任二级巡视员）

政协裕民县委员会主席

阿达力别克·库尔曼

（哈萨克族）

【基本情况】　裕民县位于准噶尔盆地西部边缘、塔额盆地西南部。县城距巴克图口岸90千米，距乌鲁木齐市公路里程580千米。

境内主要河流有哈拉布拉河、塔斯提河、察汗托海河、布尔干河等，年总径流量5.7亿立方米；地下水水资源总量1.03亿立方米。主要野生药用植物有贝母、甘草、黄芪、芍药、车前草等59种。国家级野生保护动物有大鸨、金雕、雪豹、猞猁、黄羊、羚羊、盘羊等。主要矿产资源有钼、铁、铜、石膏、花岗岩等。主要旅游景点（区）有巴尔鲁克旅游景区、锦裕生态公园、哈拉赛民俗风情园景区。特色物产有红花、黑果花楸和巴什拜羊等。森林覆盖率17.94%。属中温带大陆性干旱气候。

2021年，裕民县辖2个镇4个乡，51个村、5个社区。

2021年，完成生产总值223585万元，其中第一产业增加值93564万元、第二产业增加值22073万元、第三产业增加值107948万元。农林牧渔业总产值88692万元，其中农业产值71294万元、林业3152万元、牧业13571万元、渔业95万元、农林牧渔业及辅助性活动580万元。耕地面积3.87万公顷，农作物播种面积3.8万公顷，粮食2.45万公顷。主要农产品产量：粮食作物206526吨（小麦46347吨、玉米160179吨），红花籽10306吨，苜蓿1425吨，番茄91610吨，打瓜籽2739吨。年末牲畜存栏48.54万头（只），全年牲畜出栏32.79万头（只），出栏率74.30%。肉类总产8360吨，羊毛796吨，奶类14500吨，禽蛋130吨。年末农业机械总动力16.45万千瓦。

规模以上工业企业4家，实现工业总产值23690万元；工业增加值5016万元，工业销售产值23570万元。主要工业产品产量：沥青拌合料28231平方米，红砖814万块，商用混凝土75300立方米，面粉1550吨，植物油3638吨。建筑业生产总值2.83亿元，建筑企业施工房屋建筑面积21.8万平方米，竣工面积10.04万平方米。

2021年，裕民县全社会固定资产投资72498万元，比上年下降1.02%。其中第一产业4962万元、第二产业22049万元、第三产业45487万元。社会消费品零售总额28971.5万元，其中批发和零售业24027.8万元、住宿和餐饮业4943.7万元。完成邮政业务总量790万元，电信、移动、联通业务总量4910.84万元。年末固定电话用户11858户，移动电话用户44530户，互联网宽带接入用户28934户。全年接待旅游者75.71人次，旅游收入2.1亿元。地方财政收入17691万元（一般公共预算收入8101万元），地方财政支出135593万元（一般公共预算支出124371万元）。年末城乡居民储蓄存款余额22.74亿元。

2021年，裕民县有各类专业技术人员1574人，其中中级以上803人。

有普通高中1所，在校学生562人；初中1所，在校学生1582人；小学5所，在校学生3920人；幼儿园18所，在园幼儿1903人。各类教师1153人，其中专任教师819人。全年国家财政性教育经费投入21255万元。

有医疗卫生机构55个，其中医院4个（县级公立医院3个、民营医院1个）。卫生技术人员493人，卫生机构床位300张。

全年城镇居民人均可支配收入29163.3元，全年人均消费性支出19302元；农村居民人均纯收入17615.2元。

2021年年末，实现农村富余劳动力转移就业人员7156人；实现城镇就业再就业人员2270人。年末城镇登记失业率控制在4.5%以内。截至年底，参加基本养老保险34597人，其中城镇职工基本养老保险13469人、城乡居民社会养老保险21128人；参加基本医疗保险47565人，其中职工基本医疗保险9434人、城乡居民基本医疗保险38131人；参加工伤保险4152人；参加失业保险4929人。城镇居民最低生活保障810人，农村居民最低生活保障1191人。（权国民）

和布克赛尔蒙古自治县

【党政机关主要负责人】

中共和布克赛尔蒙古自治县委员会书记：

毕　升

和布克赛尔蒙古自治县人大常委会主任：

巴德尔禾·巴特乔龙（蒙古族）

和布克赛尔蒙古自治县人民政府县长：

曲鲁木·曲红（蒙古族）

政协和布克赛尔蒙古自治县委员会主席：

阿斯力别克·斯兰别克（哈萨克族，1月任）

【基本情况】 和布克赛尔蒙古自治县位于准噶尔盆地西北边缘，塔城地区东北部。县城距乌鲁木齐市公路里程495千米。

境内有天然湖泊2个；主要河流有和布克河、纳木郭勒河等，年总径流量4200万立方米；地下水动储量2.03亿立方米。主要野生药用植物有麻黄、贝母、锁阳、肉苁蓉、黄芪、柴胡、元胡、罗布麻等200多种。境内有珍稀动物黑狐和白鼬，列为国家一级野生保护动物有金雕、北山羊，国家二级野生保护动物有盘羊、鹅喉羚、石貂、雪兔、雪鸡等。主要矿产资源有石油、天然气、煤、膨润土、盐、石英砂、芒硝、石灰石等。森林覆盖率9.5%。主要旅游景点有江格尔文化园景区、东归文化园景区、中国漠西热气泉养生国际旅游度假区、玛纳斯盐湖景区、白桦林湿地公园景区、准噶尔古城遗址景区、骆驼石高台人类活动遗迹景区、龙脊谷景区。属温带大陆性干旱气候。

2021年，辖2个镇、6个乡、3个国有牧场。

2021年，完成生产总值48.64亿元。其中第一产业增加值13.03亿元，比上年增长5.9%；第二产业增加值17.59亿元，增长2.3%；第三产业增加值18.02亿元，增长2%。

农林牧渔及其服务业总产值91873万元，比上年增长2.7%。主要农产品产量：粮食作物11500吨，棉花10600吨，油料2900吨，蔬菜8500吨。年末牲畜存栏55.27万头（只），全年牲畜出栏46.23万头（只），出栏率83.64%。肉类总产12800吨，羊毛549.3吨，奶类9700吨，禽蛋54.6吨。年末农业机械总动力5.7万千瓦。

规模以上工业企业9家，实现工业总产值16.6亿元；工业增加值11.45亿元，工业销售产值14.6亿元。主要工业产品产量：原煤557万吨，发电量378090万千瓦时，盐215万吨，水泥86万吨。

全社会固定资产投资14.78亿元，比上年增长17.9%。社会消费品零售总额31534.9万元，其中批发和零售业22481.7万元、住宿和餐饮业7333.4万元。完成电信业务总量2000万元，年末固定电话用户3809户，移动电话用户79453户，互联网宽带接入用户33709户。接待旅游者83.71万人次，旅游收入3.84亿元。公共财政预算收入8.05亿元，公共财政预算支出14.17亿元。年末城乡居民储蓄存款余额202950万元。

有各类专业技术人员1829人，其中中级以上专业技术职务807人。

普通高中1所，在校学生645人；初中2所，在校学生1553人；小学11所，在校学生4224人；幼儿园15所，在园幼儿2370人。各类教师1432人。全年教育经费投入29007万元。

有医疗卫生机构65个，其中医院3个、基层医疗卫生机构60个、专业公共卫生机构2个，卫生技术人员707人，卫生机构床位496张。

全年城镇居民家庭人均可支配收入17438.1元，农村居民家庭人均纯收入29627.1元。

2021年年末，和布克赛尔县就业人员2132人，比上年减少17%。当年实现城镇就业再就业人员825人。年末城镇登记失业率1%。

截至年底，参加职工基本养老保险11991人，参加城乡居民社会养老保险14866人；参加职工基本医疗保险15668人，参加城镇居民基本医疗保险34659人；参加工伤保险9930人；参加失业保险10044人；参加生育保险10934人。年末城镇居民最低生活保障人数1069人，农村居民最低生活保障人数1257人。（那木德克）

新疆生产建设兵团第九师概览

【概况】 1958年10月，农七师成立开发塔城和额敏地区的塔额总场。1959年11月，兵团批准塔额总场扩编为农七师第三生产管理处（简称三管处）。1962年4月伊犁、塔城地区发生边民越境事件后，三管处在塔城地区执行“代耕、代牧、代管”任务。1962年8月，根据国务院、中央军委组建边境农场带的指示，9月，三管处成立7个边境农场。1969年4月农九师成立。1975年5月，农九师番号撤销，改为塔城地区农垦局，隶属塔城地区领导。1982年4月1日，农九师建制恢复，即日正式办公。2012年12月，农九师更名为“新疆生产建设兵团第九师”。第九师位于自治区塔城地区境内，地处准噶尔盆地西北部边缘的塔（城）、额（敏）盆地，所属团场散布于塔城地区三县（额敏县、裕民县、托里县）一市（塔城市）。师北部、西部与哈萨克斯坦共和国接壤，边界线270余千米。师部驻地额敏县朝阳新区，东南距乌鲁木齐市公路里程580千米。

2021年，第九师辖一六一团、一六二团、一六三团、一六四团、一六五团、一六六团、一六七团、一六八团、一七〇团、团结农场10个团场。年末师土地总面积48.35万公顷。

2021年，第九师农用地面积43万公顷，其中耕地面积8669.38公顷、牧草地面积19.31万公顷，建设用地面积6399.15公顷。造林面积1007.17公顷，森林覆盖率34.92%。境内有沙拉依敏河、阿克乔克河、卡拉克特河、乌拉斯台河、别里其河等河流48条，多年平均年径流量11.8亿立方米；有乌什水水库、乌拉斯台水库等水库14座。国家级野生保护动物有雪豹、北山羊、紫貂、马鹿、黄羊、棕熊等，珍稀保护树种有野生巴旦杏、胡杨、云杉等，野生药用植物有贝母、百合、锁阳、麻黄、肉苁蓉（大芸）等；主要农特产品有一六一团红花籽油、一六三团雪域芳华系列产品、一六五团张金道蜂蜜，一六六团锡伯特纯粮苦瓜酒，一六七团疆麦香挂面、麦海因玉米糁，一七〇团“姑娘追”风干肉、沙棘果干、沙棘茶叶等。主要矿产资源有煤炭、石灰石、花岗岩、大理石、石膏、黏土等。主要旅游景区有国家AAAA级旅游景区一六一团芍药谷、一六五团巴依木扎，国家AAA级旅游景区一六一团孙龙珍屯垦戍边陈列馆、一七〇团金沙棘小镇。境内有一六一团孙龙珍屯垦戍边陈列馆、一六一团孙龙珍军垦烈士陵园、一六三团民兵边防哨所旧址、一六五团老水磨岩画等兵团文物保护单位。

2021年，根据兵团生产总值统一核算结果，第九师全年实现生产总值62.54亿元，比上年增长7.6%，两年平均增长5.1%。其中，第一产业增加值21.13亿元，增长5.0%；第二产业增加值9.02亿元，增长10.4%；第三产业增加值32.39亿元，增长8.4%。三次产业增加值占生产总值的比重分别为33.8%、14.4%、51.8%。全年人均生产总值77857元，比上年增长5.1%。一般公共预算收入2.05亿元，增长9.9%。全年实际完成地方税收收入0.83亿元，下降11.7%。全社会固定资产投资万元（不含农户），比上年增长34.8%。全年实施招商引资落地项目91个，形成实物量16.85亿元。其中，新建项目79个，形成实物量9.36亿元；续建项目12个，形成实物量7.49亿元。各类招商引资项目中，第一产业项目23个，形成实物量2.16亿元；第二产业项目54个，形成实物量11.97亿元；第三产业项目14个，形成实物量2.72亿元。全年实现社会消费品零售总额17.98亿元，比上年增长18.7%。城镇居民人均可支配收入42365元，增长6.3%；连队居民人均可支配收入29649元，增长8.0%。全年农作物总播种面积80.19千公顷，比上年增加0.63千公顷。主要农作物中，粮食作物播种面积47.48千公顷，比上年增加0.26千公顷。甜菜面积4.78千公顷，增加0.39千公顷。全年粮食产量41.49万吨，增产4.6%。全年甜菜产量38.13万吨，增产9.4%。全师年末园林水果面积2.08千公顷，比上年增长2.9%，其中结果面积1.11千公顷，增长1.7%，全年水果产量1.06万吨，增产5.1%，其中：苹果产量0.64万吨，增产10.6%；葡萄产量0.24万吨，减产12.0%。年末猪牛羊存栏58.22万头（只），比上年下降14.3%。其中，牛存栏6.09万头，增长27.4%；猪存栏3.85万头，增长42.6%；羊存栏48.28万只，下降20.2%。年内猪牛羊出栏89.82万头（只），比上年下降6.4%。全年总灌溉面积57.20千公顷，其中耕地灌溉面积44.16千公顷，林地灌溉面积11.56千公顷，园地灌溉面积0.66千公顷，牧草地灌溉面积0.82千公顷。年末农业机械总动力为19.25万千瓦，比上年末下降4.6%，种植业耕种收综合机械化98.8%。全年工业增加值3.47亿元，比上年增长5.7%。全年生产成品糖29759吨，比上年增长7%；生产番茄酱罐头21373吨，比上年下降25.4%；生产鲜冷藏肉473吨，比上年下降43.6%。全年全社会建筑业增加值5.55亿元，比上年增长14.9%。资质内建筑企业中，各类建筑施工单位共签订合同额30.04亿元，与上年基本持平。全年货物运输周转量133580万吨千米，增长12.2%。旅客运输周转量3492万人千米，增长10.8%。全年旅游接待总人数167.20万人次，比上年增长44.3%。旅游总收入10.78亿元，比上年增长107.6%。年末辖区金融机构各项存款余额89.46亿元，比年初增长6.1%。各项贷款余额24.21亿元，比年初下降10.8%。

2021年年末，第九师有科研与技术开发单位1个。年末有各级各类学校30所。其中中等职业技术学校1所，在校学生370人，专任教师41人；高级中学1所，在校学生963人，专任教师99人；九年一贯制学校12所，在校学生5143人（初中在校学生1513人，小学在校学生3630人），专任教师631人；幼儿园16所（其中民办4所），在园儿童2017人，专任教师128人。年末有专业文艺团体1个，从业人员17人。拥有纪念馆1座，团史馆4座。建成师综合文化活动中心1个，团场文化活动中心11个、连队综合文化活动室91个。年末广播节目综合人口覆盖率99.67%，电视节目综合人口覆盖率99.35%。年末有各类卫生机构99个（含营利性卫生机构），其中医疗机构87个，疾病预防控制机构12个。医疗机构中医院13所，包括师医院1所（三级甲等），团场医院11所，精神专科医院1所；卫生室52个；私人诊所22个。全师拥有卫生专业技术人员1088人，其中执业医师和执业助理医师413人，注册护士550人。医疗机构编制床位674张，实际开放床位973张。

全年新增就业3120人，城镇登记失业率控制在3.5%以内。年末全师参加基本养老保险人数3.54万人，参加基本医疗保险人数6.95万人，参加失业保险人数2.61万人，参加工伤保险3.00万人，参加生育保险2.68万人。

2021年4月19日，塔城地区医疗队到第九师医院开展学术研讨和技术交流。图为师医院院长吴卫东（左一）向领队队长、地区人民医院院长钟红珊（右三）介绍医院科室设置情况（赵爽 摄）

【一六一团】 一六一团前身是1962年兵团从工二师十一团、十二团、十三团和农六师部分团场抽调人员，到塔城地区裕民县执行“代耕、代牧、代管”任务，建立工二师十二团。团场位于塔城地区裕民县境内，为边境团场，西与哈萨克斯坦共和国接壤。团部驻裕民县县城，位于师部西南90千米处。2021年，土地总面积11.46万公顷。下

2021年3月24日，第九师一六一团开展就业创业春风行动 （赵海嵘 摄）

辖连队9个、社区1个。年末团农用地面积10.2万公顷，其中耕地面积1.19万公顷。建设用地面积789.28公顷。造林面积14公顷，森林覆盖率25.01%。境内有塔斯提河、布尔干河、铁列克提河等河流13条，年径流量5.81亿立方米。国家级野生保护动物有雪豹、黄羊、羚羊等，野生药用植物有贝母、大芸、党参等490余种。主要农特产品有红花、打瓜、小麦等。重要矿产资源有钼、铁、铜等。主要旅游景区有国家AAAA级"英雄谷"戍边文化旅游景区、芍药谷景区和国家AAA级旅游景区孙龙珍爱国主义教育基地。境内有兵团级文物保护单位孙龙珍屯垦戍边陈列馆、省级自然保护区野巴旦自然保护区。

2021年，一六一团实现生产总值4.36亿元，比上年增长3.8%，其中第一产业2.36亿元，增长1.2%；第二产业0.81亿元，增长4.6%；第三产业1.19亿元，增长8.7%。三次产业结构比54：19：27。人均生产总值68289元，下降1.69%。全社会固定资产投资18889万元，增长38.9%。社会消费品零售总额16998万元，增长37%。一般公共预算收入15329万元，减少25%，城镇常住居民人均可支配收入42368元，增长6.3%，连队常住居民人均可支配收入29649元，增长8.0%。

（赵鹏飞）

【一六二团】 一六二团前身是1962年兵团从工一师一团、二团、四团、材料总场抽调人员，到塔城县执行"代耕、代牧、代管"任务后组建的叶尔盖提农场。1969年，农九师成立，叶尔盖提农场更名为农九师一六二团。团场位于塔城地区塔城市境内，为边境团场，西与哈萨克斯坦共和国接壤。团部驻地叶尔盖提镇，位于师部西北65千米处。2021年，土地总面积10046.25公顷。辖区7个连队，1个社区。年末团农用地面积6577.9公顷，其中耕地面积4029公顷。建设用地面积415.31公顷。造林面积20公顷，森林覆盖率11.18%。境内有河流3条，年径流量2422万立方米；有国家级野生保护动物野猪、白天鹅、黄野鸭等，有野生药用植物肉苁蓉、列当、甘草等；主要农特产品有甜菜、小麦、葵花籽等。

2021年，一六二团实现生产总值24717万元，比上年增长9.9%。其中第一产业增加值12406万元，增长4.5%；第二产业增加值3070万元，增长26.3%；第三产业增加值9241万元，增长12.9%。人均生产总值58529元，增长3.4%，三次产业结构比50：12：38。全社会固定资产投资7795万元，增长199.5%。社会消费品零售总额3088万元，增长17.1%。一般公共预算收入475万元，下降19.22%，一般公共预算支出6552万元，比上年下降30.28%。城镇常住居民人均可支配收入4.23万元，增长6.28%，连队常住居民人均可支配收入29649元，增长8.02%。

（周彩云）

【一六三团】 一六三团前身是1962年农七师三管处抽调72人到塔城执行"代耕、代牧、代管"（简称"三代"）任务，建立的阿克桥农场。1963年5月13日，更名为阿克乔克农场。1969年6月，改番号为农九师一六三团。团场位于塔城地区塔城市境内，为边境团场，西与哈萨克斯坦共和国接壤，边界线18千米。团部驻地阿克乔克，位于师部西北68千米处。

2021年，团场辖7个连队，1个社区，土地总面积1.07万公顷。年末团农用地面积9350.55公顷，其中耕地面积6062.75公顷。建设用地面积701.61公顷。造林面积42公顷，森林覆盖率7.75%。境内有阿克乔克河和卡拉克大克河2条河流，年径流量年均径流量422立方米。有国家级野生保护动物白天鹅、黄野鸭等，有野生药用植物肉苁蓉、列当、甘草等；主要农特产品有樱桃、雪域芳华系列产品。主要旅游景区有巴克图口岸。2021年，一六三团被国家信访局授予全国"三无"（无进京越级上访、无大规模集体上访、无因信访问题引发的极端恶性事件）团场称号；一六三团派出所获全国“枫桥经验”派出所称号；一六三团七连获“全国民主法治示范村（社区）”称号。

2021年，一六三团实现生产总值31192万元，比上年增长11.9%。其中第一产业16521万元，增长14.4%；第二产业4089万元，增长12.5%；第三产业10582万元，增长8.2%。人均生产总值51771元，增长10.8%。三次产业结构比53：13：34。全社会固定资产投资42498万元，增长241.7%。社会消费品零售总额5108万元，增长11.2%。一般公共预算收入9716万元，较上年下降45%，一般公共预算支出9716万元，比上年下降45%。城镇常住居民人均可支配收入4.31万元，增长6.8%，连队常住居民人均可支配收入2.98万元，增长7.2%。（王进民）

【一六四团】 一六四团前身是1962年兵团从工一师、农六师、农七师抽调人员，到塔城县乌拉斯台（火箭公社）施行“代耕、代牧、代管”，建立的火箭农场（同年11月改称乌拉斯台农场）。1969年2月兵团统一农牧团场番号，乌拉斯台农场更名二O五团；6月，二O五团归属农九师建制，更名为农九师一六四团。团场位于塔城地区境内，为边境团场，西与哈萨克斯坦共和国交界，边界线长30余千米；团部驻地乌拉斯台，地处师部的西北方向，距师部公路里程77千米。2021年，土地总面积19035.30公顷，下辖10个连队，1个社区。年末团农用地面积16351.27公顷，其中耕地面积10665.50公顷。建设用地面积699.55公顷。森林覆盖率15.57%。境内有乌拉斯台河、卡拉克特河2条，年径流量6682万立方米；有乌拉斯台水库、哈姆斯沟水库2座。水利工程供水量3698万立方米。国家级野生保护动物有狼、狐狸、野猪等；植物有桦树、红柳树、黑枸子等；野生药用植物有黄连、白术、贝母等。主要农特产品有蟠桃、无花果、柿子等。

2021年，一六四团实现生产总值45094万元，比上年增长7.9%，其中第一产业增加值26787万元，增长5.3%；第二产业增加值2815万元，增长13.4%；第三产业增加值15492万元，增长11.1%。人均生产总值7.47万元，增长15%。三次产业结构比为59.4：6.2：34.4。全社会固定资产投资15567万元，增长112.72%。社会消费品零售总额5180万元，同比增长15.65%。一般公共预算收入11041万元，同比下降24.6%，一般公共预算支出11041万元，同比下降24.6%。城镇居民人均可支配收入42365元，同比增长6.28%，连队常住居民人均可支配收入29649万元，增长8.02%。

（肖秀梅）

【一六五团】 一六五团前身是1962年兵团从由农六师、农七师抽调人员，到塔城地区额敏县经济羊场实行“代耕、代牧、代管”，建立的农七师第三生产管理处达因苏牧场。1969年6月6日，达因苏牧场更名为农九师第一牧场。1970年3月24日，兵团党委决定，把工二师红山农场与农九师第一牧场合并，更名为农九师一六五团。团场位于塔城地区额敏县境内，为边境团场，北与哈萨克斯坦共和国交界，边界线长80余千米。团部驻地额敏县达因苏，位于师部东北72千米处。从2010年开始，由辽宁省葫芦岛市结对帮扶，2017年开始改由辽宁省丹东市结对帮扶。2021年，全团土地总面积73908.47公顷。下辖8个连队，1个社区。年末团有耕地面积5933.36公顷，建设用地1136.61公顷。造林面积100公顷，森林覆盖率57.82%。境内有沙拉也门勒河、巴依木扎河、达因苏河等河流7条，年径流量8048.9立方米；有无底湖1个；有叶其克苏水库、乌塔拉克水库、莫葫芦水库等水库4座。有国家级野生保护动物有灰熊、马鹿、狐狸等，野生药用植物有黄连、贝母、百合等；主要农特产品有张金道蜂蜜、甜菜、食葵等。有铁、锰、方解石、石灰石等矿产资源。主要旅游景区有国家AAAA级旅游景区巴依木扎。有兵团级文物保护单位老水磨岩画。

2021年，一六五团实现生产总值38757万元，比上年增长9.6%。其中第一产业增加值23565万元，增长9.4%；第二产业增加值2590万元，同比下降31.7%；第三产业增加值12602万元，增长6.6%。人均生产总值86919元；三次产业结构比61：7：32。全社会固定资产投资13741万元，增长87.3%。社会消费品零售总额3398万元，增长18.3%。一般公共预算收入11106万元，同比下降26.64%。一般公共预算支出11106万元，同比下降26.64%。（梁 超）

【一六六团】 一六六团前身是1962年兵团从农七师三管处抽调人员，到额敏县实行“代耕、代牧、代管”，建立的锡伯提农场。1969年4月，农九师成立，是年6月锡伯提农场更名为农九师一六六团。团位于塔城地区额敏县境内，为边境团场，北与哈萨克斯坦共和国接壤，边界线13千米。团部驻地锡伯提，位于师部北38千米处。从2010年开始，由辽宁省抚顺

2021年4月15日，第九师一六六团工作人员走向街头，现场向职工群众讲解《中华人民共和国密码法》（赵文举 摄）

市结对帮扶。2021年，团场土地总面积46124.13公顷，下辖14个连队，1个社区。团农用地面积40961.5公顷。其中，耕地面积16150.68公顷。建设用地面积696.02公顷。造林面积20公顷，森林覆盖率24.05%。境内有大锡伯提河等河流5条，径流量4102.99万立方米；有锡伯提、小锡伯提、卡布尔哈达水库3座。有国家级野生保护动植物狼、黑熊、水獭、野苹果、贝母、阿魏等，野生药用植物有板蓝根、赤芍、百合等；主要农特产品有小麦、甜菜、食葵、红花等。

2021年，一六六团实现生产总值47195万元，可比价同比增长4.6%。其中第一产业30727万元，增长3.1%；第二产业2805万元，增长11.9%；第三产业13663万元，增长6.8%；人均生产总值80855元。三次产业结构比65：6：29。全社会固定资产投资全年完成20093万元，增长287.8%。社会消费品零售总额10025万元，增长14.6%。一般公共预算收入14264万元，同比下降31.8%，一般公共预算支出20331万元，同比增长12.5%。连队常住居民人均可支配收入30990元，增长11%。

（胡亚丽）

【一六七团】 一六七团前身是中国人民解放军新疆军区生产建设兵团农七师塔额总场第三生产管理处二分场（简称三管处二分场）。1962年4月，伊犁、塔城地区发生边民越境事件，三管处二分场奉命进驻额敏县胜利之光公社边境地区执行“代耕、代牧、代管”任务。9月，经自治区、兵团党委批准，三管处二分场、五分场合并后与额敏县胜利之光公社一大队、二大队、三大队、九大队的部分汉族社员，在麦海因河两岸组建麦海因农场，隶属农七师第三管理处管辖。1969年6月，麦海因农场改称农九师一六七团。团场位于塔城地区额敏县境内，为边境团场，北与哈萨克斯坦共和国接壤，边界线长20余千米。团部驻地麦海因，位于师部东北43千米处。从2010年开始，由辽宁省葫芦岛市一对一结对帮扶。

2021年，土地总面积30756.69万公顷。下辖9个连队，1个社区。年末团农用地面积27427.06公顷。其中，耕地面积11749.56公顷。建设用地面积559.56公顷。造林面积8公顷，森林覆盖率21.38%。境内有别里其河、卡尔巴斯河、麦海因河3条河流，总引水量2624.29万立方米；有别里其河水库、卡尔巴斯河水库、麦海因河水库3座水库。有国家级野生保护动物黄羊、狐狸等，有野生药用植物车前草、蒲公英、甘草等；主要农特产品有麦海因糯玉香、麦海因石磨面粉等。

2021年，一六七团实现生产总值35584万元，比上年增长5%。其中第一产业23358万元，增长4.18%；第二产业1418万元，增长2%；第三产业10808万元，增长7.6%。人均生产总值67394元。三次产业结构比66：4：30。全社会固定资产投资比上年增长269.31%。社会消费品零售总额4091万元，增长19.7%。一般公共预算收入13368万元，增长4.18%，一般公共预算支出13368万元，同比增长4.18%。城镇常住居民人均可支配收入42364元，连队常住居民人均可支配收入29649元，同比增长8.02%。

（喻绍科）

【一六八团】 一六八团前身是1958年10月成立的塔额总场的三分场。1962年“三代”任务结束后，奉令与额敏县十月公社七、八、九、十、十一大队对调，组建乌什水农场。1964年1月与达因苏牧场合并，更名为乌什水总场；1968年改名为二〇三团；1969年农九师成立，更名为农九师一六八团。2005年12月26日，原一六九团作为进入团场与原一六八团合并，组建一六八团（中心）团场（原一六九团为南区，原一六八团为北区）。团场位于塔城地区额敏县境内，为边境团场，北与哈萨克斯坦共和国接壤。团部驻地乌什水，位于师部东北53千米处。从2010年开始，由辽宁省丹东市结对帮扶，2017年开始改由辽宁省葫芦岛市结对帮扶。2021年，全团土地总面积37987.36公顷。

下辖15个连队，2个社区。年末团农用地面积35996.81公顷。其中，耕地面积10195.07公顷。建设用地面积748.77公顷。造林面积60公顷，森林覆盖率27.28%。境内有沙拉伊敏河、卡因其河、福斯特河3条河流，年平均径流量2397万立方米。历年团场平均水利工程引水量沙拉伊敏河700万立方米，卡因其河100万立方米，福斯特河200万立方米。境内有卡因其水库、木芙露水库、乌什水水库3座；有国家级野生保护动物天鹅、灰鹤，羚羊等，有野生药用植物甘草、红景天、贝母等；主要农特产品有红树莓、树椒、葡萄等。

2021年，一六八团实现生产总值5.9926亿元，比上年增长11%。其中，第一产业增加值3.0375亿元，同比增长2.7%；第二产业增加值0.6035亿元，同比增长39.7%；第三产业增加值2.3201亿元，同比增长17%。人均生产总值74766元。三次产业结构比51∶10∶39。全社会固定资产投资比上年增长209.6%。社会消费品零售总额1.304亿元，同比增长15.1%。一般公共预算收入1.51亿元，同比下降0.47%。连队常住居民人均可支配收入29649元，同比增长8%。（王　月）

【一七〇团】 一七〇团前身是中国人民解放军第二十二兵团第九军二十五师七十四团所属的托里牧场。1952年8月，二十五师党委决定正式成立托里牧场，隶属七十四团，场部设在托里县城。1953年牧场官兵集体就地转业，归属新疆军区农业建设第七师第二十团，1961年改称托里种羊场，实行独立核算，场部由托里县城迁至庙尔沟。1966年9月，第三管理处接管托里种羊场。1971年12月25日，正式命名该场为农九师一七〇团，执行内级团场编制。团场所辖地域呈斑块状散布在额敏、托里两县境内，团部驻地额敏县莫合台，位于师部东南100千米处。2021年，土地总面积30756.69万公顷。下辖9个连队，1个社区。年末团农用地面积27427.06公顷。其中，耕地面积11749.56公顷。建设用地面积559.56公顷。造林面积8公顷，森林覆盖率21.38%。境内有白杨河、我拉尔德克河、库古伦河等河流11条。其中白杨河年径流量1.21亿立方米，布尔何斯台河年径流量0.45亿立方米。有国家级野生保护动物狼、黄羊、岩羊等，野生药用植物有肉苁蓉、罗布麻、麻黄等；发现煤、金、花岗岩等39种矿产资源。主要农特产品有姑娘追风干肉、沙棘汁、沙棘蘑菇等。主要旅游景区有国家AAA级旅游景区一七〇团金沙棘小镇。

2021年，一七〇团实现生产总值30587万元，比上年增长24.56%。其中，第一产业增加值10931万元，增长14.04%；第二产业增加值8759万元，增长7%；第三产业增加值10897万元，增长10.96%。人均生产总值90736元，增长9.9%。三次产业结构比36∶29∶35。全社会固定资产投资比上年增长242.6%。社会消费品零售总额12781万元，同比增长20.4%。一般公共预算收入7340万元，下降14.09%，一般公共预算支出7340万元，下降14.09%。

（熊照琪）

【团结农场】 团结农场前身是1958年10月成立的农七师塔额总场一分场。1959年，农七师塔额总场扩编为农七师第三生产管理处（简称三管处），塔额总场一分场更名三管处一分场。1962年农七师三管处所属分场奉命与边境地区社队对调：一分场大部分职工迁至锡伯提边境地区，成立锡伯提农场，额敏县十月公社一大队204户1400余人迁至一分场驻地。1963年4月，以额敏县十月公社一大队社员为基础，加上三管处六分场和一分场的部分职工正式成立农七师第三生产管理处团结农场（正团级）。1969年5月，团结农场番号更名为农九师一七〇团。1975年3月兵团体制撤销，一七〇团更名塔城地区农垦局国营团结农场（营级）。1981年兵团恢复，更名为农九师团结农场。团场位于塔城地区额敏县境内，团部驻地水丰，距师部以西12千米处，农场周边与塔城市、额敏县5个乡村相邻。2021年，全团辖区总面积97452.63公顷，下辖6个连队，1个社区。年末团农用地面积76263.25公顷。其中，耕地589.98公顷，草地53257.80公顷。建设用地面积582.51公顷。造林面积52公顷，森林覆盖率22.18%。有国家级野生保护动物苍鹰、雕鹰、灰鹤等，野生药用植物有甘草、列当、苦参、麻黄等。主要农特产品有蟠桃、葡萄、草莓等。2021年4月，获国家信访局授予的信访工作“三无”团场称号。

2021年，团结农场实现生产总值21124万元，同比增长5.5%。其中，第一产业增加值13012万元，同比增长4.5%；第二产业增加值353万元，同比增长4.1%；第三产业增加值7759万元，同比增长7.2%。人均生产总值56923元。三次产业结构比62∶2∶36。全社会固定资产投资比上年增长212.7%。社会消费品零售总额2735万元，增长20.5%。一般公共预算收入6616万元，同比下降27%。城镇居民人均可支配收入26966元，增长8.2%。连队居民人均可支配收入2.77万元，增长6.9%。（刘河新）

人物·先进集体

新任地区领导

魏建国　男，汉族，1968年4月生，陕西宝鸡人，1989年11月加入中国共产党，1986年11月参加工作，大专学历（2016年12月自治区高等教育自学考试法律专业毕业）。

1986年11月至1991年12月，中国人民解放军36175部队服役；1991年12月至1992年12月，喀什地委党校军转班学习；1992年12月至1994年1月温宿县佳木乡党委办秘书；1994年1月至1996年5月，温宿县委组织部科员；1996年5月至2002年3月，温宿县委组织部副科级组织员；2002年3月至2003年4月，温宿县委组织部正科级组织员、基层办副主任；2003年4月至2003年9月，阿克苏地委组织部办公室工作；2003年9月至2003年11月，阿克苏地委组织部办公室主任科员；2003年11月至2005年1月，阿克苏地委组织部办公室副主任（正科级）（2001年7月至2003年12月，新疆财经学院经济管理专业教育培训班学习）；2005年1月至2007年12月，阿克苏地委组织部办公室主任；2007年12月至2008年3月，阿克苏地委副县级组织员、组织部办公室主任；2008年3月至2009年7月，阿克苏地委副县级组织员；2009年7月至2014年1月，库车县委常委、组织部部长；2014年1月至2014年12月，库车县委副书记、纪委书记、政法委书记；2014年12月至2016年1月，库车县委副书记、纪委书记、人大常委会党组书记（正县级）；2016年1月至2016年12月，库车县委副书记、常务副县长，库车经济技术开发区党工委书记（2015年4月至2016年12月，自治区高等教育自学考试法律专业学习）；2016年12月至2017年3月，库车县委副书记、库车经济技术开发区党工委书记、管委会副主任；2017年3月至2018年3月，阿克苏地委秘书长、办公室主任；2018年3月至2018年8月，阿克苏地委秘书长（其间：2018年3月至2018年8月，借调自治区扶贫开发办公室工作）；2018年8月至2018年10月，自治区扶贫开发办公室督查专员（正县级）；2018年10月至2020年6月，哈密市委常委，伊州区委书记；2020年6月至2021年12月，巴州党委常委、库尔勒市委书记；2021年12月，塔城地委书记。

阿依丁·托留汗　男，哈萨克族，1968年3月生，1990年9月参加工作，1993年3月加入中国共产党，毕业于新疆大学中语系汉语言专业，在职研究生学历。

1990年9月至1995年11月，新疆吉木乃县纪委干部；1995年11月至1997年11月，新疆吉木乃县纪委信访室主任（其间：1996年3月至1996年6月阿勒泰地委党校中青班学习）；1997年11月至1999年4月，新疆吉木乃县纪委信访室主任（正科级）；1999年4月至2002年4月，新疆阿勒泰地区机关工委纪检委员（其间：1997年9月至1999年6月新疆高等教育自学考试翻译专业学习）；2002年4月至2006年2月，新疆阿勒泰地区机关工委副书记（其间：2002年12月至2003年6月挂任兵团农十师187团副政委）；2006年2月至2006年7月，新疆福海县委副书记；2006年7月至2011年6月，新疆福海县委常委、纪委书记（其间：2006年3月至2007年10月新疆农业大学经济管理培训班学习）；2011年6月至2012年4月，新疆福海县委常委、纪委书记、统战部部长、政协党组书记（正县级）；2012年4月至2013年1月，新疆哈巴河县委副书记、代理县长；2013年1月至2017年3月，新疆哈巴河县委副书记、县长（其间：2013年9月至2016年7月自治区党委党校在职研究生班经济学〈经济管理〉专业毕业）；2017年3月至2018年7月，新疆塔城地区行署副专员；2018年7月至2021年4月，新疆塔城地委委员；2021年4月，塔城地委副书记、行政公署专员。

先进人物・先进集体

“七一勋章”获得者

魏德友，新疆生产建设兵团第九师161团退休职工

平安中国建设先进个人

木合亚提・库尔班，哈萨克族，裕民县哈拉布拉乡边境管段8号执勤房班长

全国金融五一劳动奖状

中国农业银行股份有限公司沙湾市支行

全国司法所模范个人

杨彬，沙湾市司法局大泉司法所所长

全国模范司法所

沙湾市乌兰乌苏镇司法所

全国脱贫攻坚普查先进个人

热娜古丽・塔依尔，女，哈萨克族，国家统计局乌苏调查队副队长

开发建设新疆奖章

吕永红，女，汉族，塔城地区人民医院护理部主任

康明亮，男，汉族，塔城地区公安局警令部政委

加尔肯・斯拉木哈吉，男，哈萨克族，乌苏市税务局二级主办

钟红珊，女，汉族，塔城地区人民医院院长、辽宁省医疗人才“组团式”援疆工作队领队

开发建设新疆奖状

沙湾县大泉乡烧坊庄子村双泉农业专业合作社

自治区工人先锋号

新疆天泰纤维有限公司纸改浆使用攻关小组

沙湾盖瑞乳业有限责任公司技术部

新疆星塔矿业有限公司冶炼车间朝阳班

新疆宏展特色农业科技开发有限公司生产车间

自治区第八次民族团结进步模范个人

蒋文英，女，和布克赛尔蒙古自治县和布克赛尔镇巴音西尔格社区居民

顾海英，女，中共党员，沙湾市三道河子镇伊宁路社区居民

崔江霞，女，中共党员，中共额敏县额敏镇委员会书记

刘晓天，中共党员，中共塔城地区委员会统一战线工作部（塔城地区民族宗教事务局）民族科副科长、民族团结进步创建活动办公室负责人

古力孜亚・哈孜别克，女，哈萨克族，中共党员，托里县托里镇退休教师

努尔拉・阿布都瓦力，女，哈萨克族，中共党员，中共和布克赛尔蒙古自治县莫特格乡规德格村支部委员会书记

巴特尔・巴特具龙，蒙古族，中共党员，额敏县霍吉尔特蒙古族乡林业站职工

金洪，女，达斡尔族，塔城地区人民医院呼吸科主任

高连生，俄罗斯族，塔城市阿西尔达斡尔族乡库尔托别村农民

付瓦特，塔塔尔族，中共塔城地区委员会党史研究室干部

迪力木拉提・马木提，维吾尔族，中共党员，乌苏市市场监督管理局虹桥市场监督管理所所长

李学梅，女，回族，中共党员，中共裕民县哈拉布拉镇加依勒玛街社区总支部委员会书记

张秋梅，女，中共党员，塔城地区文学艺术界联合会组织联络科科长

张峰，女，中共党员，和布克赛尔蒙古自治县工商联常务副主席、县委统战部副部长

自治区第八次民族团结进步模范集体

塔城西部实业有限责任公司

额敏县消防救援支队

中共乌苏市西大沟镇委员会

沙湾市乌兰乌苏镇人民政府

托里县托里镇人民政府

裕民县“爱心妈妈”协会

中共和布克赛尔蒙古自治县和布克赛尔镇委员会

自治区“最美退役军人”

张秋良，沙湾市东湾镇卡子湾村村民

自治区有突出贡献优秀专家

韩　波，沙湾市金沟河镇宋圣宫村人

自治区抗击新冠肺炎疫情先进集体

塔城地区市场监督管理局药品、医疗器械和化妆品监督管理科

塔城市也门勒乡泉水村村民委员会

塔城市公安局杜别克派出所

塔城市新城街道伊宁社区居民委员会

额敏县疾病预防控制中心检验科

新疆新天骏面粉有限公司

乌苏市新市区街道工业区社区居民委员会

乌苏市人民医院检验科

沙湾县人民医院发热门诊

沙湾县大泉乡二道河子村村民委员会

托里县公安局达尔布特检查站

和布克赛尔蒙古自治县疾病预防控制中心

自治区抗击新冠肺炎疫情先进个人

单小琴，女，塔城地区卫生健康委员会办公室主任

刘涛，女，沙湾县人民医院呼吸内分泌科主任

王静静，女，塔城地区疾病预防控制中心检验科病原微生物组检验师

杨燕领，塔城市和平街道塔尔巴哈台社区党总支书记

张水生，塔城市公安局指挥中心民警

田德才，蒙古族，塔城市喀拉哈巴克乡吐勒克库拉克村干部

冯玲，女，额敏县人民医院内科主任

李卫红，女，额敏县额敏镇阿格勒克路社区党支部书记

玛合布拉提·热合木吐拉，女，维吾尔族，额敏县公安局城镇派出所民警

李艳丽，女，乌苏市疾病预防控制中心办公室主任

唐连元，乌苏市奎河街道金穗园社区党支部书记、居委会主任

叶尔扎提·阿汗，哈萨克族，乌苏市文化体育广播电视和旅游局融媒体中心干部，驻夹河子乡红房子村“访惠聚”工作队队长、第一书记

霍福岗，乌苏市公安局八十四户派出所副所长

刘长兴，沙湾县三道河子镇体育场路社区联合党委书记、第一书记

加依娜古丽·哈里马提，女，哈萨克族，沙湾县商户地乡硝坑村干部

顾海英，女，沙湾县学雷锋志愿者协会党支部书记、会长

夏达提·玛那提别克，女，哈萨克族，裕民县园林处干部，驻哈拉布拉乡北哈拉布拉村“访惠聚”工作队队员

阿合里别克·纳湾，哈萨克族，裕民县公安局巡逻防控大队副大队长

玛依拉·苏可坦汗，女，哈萨克族，裕民县哈拉布拉镇人民政府纪委委员、监察员

刘洋，托里县托里镇喀拉盖巴斯陶社区党总支副书记、居委会代理主任

魏　萍，女，托里县人民医院副院长

陈霞，女，和布克赛尔蒙古自治县和什托洛盖镇瑞祥社区干部

王吉海，和布克赛尔蒙古自治县诚信职业培训学校校长

2021年塔城地区劳动模范

叶尔木拉提·别尔格拜，哈萨克族，塔城市也门勒乡沃布逊村党支部书记

沙哈木别克·阿布都拉西，哈萨克族，塔城市恰夏镇科克塔尔村党支部书记

巴特巴衣尔，柯尔克孜族，塔城市边防事务中心护边员

马　璐，女，回族，中国工商银行股份有限公司塔城分行营业部副主任、塔城文化街支行行长

郭海亭，新疆塔城储绿粮油集团面粉加工有限公司生产负责人

张新生，塔城市张新生打瓜籽加工专业合作社理事长

李　斌，新疆隆惠源药业有限公司生产部技术员

姚　斌，额敏县硕丰种植业专业合作社理事长

徐忠伟，额敏县鑫牧畜禽养殖专业合作社党支部书记、理事长

皇甫爱军，额敏县郊区乡甘泉村党支部书记

胡玉书，乌苏市巴音沟丛龙煤矿机电科长

刘萍萍，女，乌苏市兴源水务有限公司事业部经理

安燕冬，乌苏市明源石油化工有限公司安环部部长

江建军，重庆远达烟气治理特许经营有限公司乌苏分公司副经理

陈宇翔，新疆乌苏啤酒（乌苏）有限公司行政人事经理、工会主席

梁定义，新疆钵施然智能农机股份有限公司研发部副经理、工程师

开恩丝古丽·克尔白，女，哈萨克族，乌苏市古尔图镇振兴路社区居民

马小燕，女，回族，乌苏市阳光宝贝家政服务部讲师

托了克・马哈苏得汗，哈萨克族，乌苏市石桥乡柯棵林村牧民

高俊清，沙湾市盖瑞乳业有限责任公司设备工程师

张玉泉，新疆速能居民服务有限公司沙湾分公司业务部主管

热西亚・巴合提别科，女，哈萨克族，新疆信泰纺织有限公司车间操作工段长

道里洪・外孜汗，哈萨克族，中粮天海粮油工业（沙湾）有限公司职工

周彦勋，沙湾市棉花产业有限责任公司总经理

李衍新，新疆信泰纺织有限公司党支部书记、总经理

王银山，沙湾市天泉生猪养殖专业合作社党支部书记、理事长

朱清江，沙湾市柳毛湾镇鑫业农机服务专业合作社理事长

徐学俊，沙湾市天宝绿色食品有限公司机电技术员

闫福彬，托里县招金北疆矿业有限公司总经理

对山汗・托列西，哈萨克族，托里县达尔汗农产品购销农民专业合作社理事长

程江淮，新疆九尾狐服饰有限责任公司总经理

李　伟，托里天山小哥农业科技有限公司总经理

巴合什・阿斯哈尔，女，哈萨克族，托里县多拉特乡木拉哈提民族手工艺品制作公司总经理

巴哈提古丽・克热玛籽，女，哈萨克族，裕民县金巧手手工艺品有限公司经理

吕洪亮，和布克赛尔蒙古自治县宏达盐业有限责任公司总经理

黄刚强，和布克赛尔蒙古自治县和什托洛盖镇故乡情种植业合作社理事长

尼曼・苏荣加甫，女，蒙古族，和布克赛尔蒙古自治县和什托洛盖镇夏尔托拉村党支部书记

梅　红，女，达斡尔族，塔城市中通快递服务有限公司总经理

郭海军，中国邮政集团有限公司塔城地区分公司寄递事业部投递员

马春霞，女，中国电信股份有限公司塔城分公司客户经理

余永泉，新疆乌苏农村商业银行股份有限公司合规与风险管理部经理

伏启超，国家电投集团新疆能源化工有限责任公司塔城分公司玛依塔斯风电场场长

吕意飞，国网新疆电力有限公司塔城供电公司变电二次检修技术专责人

赵英凯，国网新疆电力有限公司和布克赛尔县供电公司党支部书记、副经理、工会主席

马　丹，女，国网新疆电力有限公司塔城供电公司配网计划技术专责人

秦建新，中石油新疆销售有限公司塔城分公司副主任

2021年塔城地区先进工作者

蒋军清，塔城市人民医院国医馆主任

吴洪领，塔城市消防救援大队和美路消防救援站站长助理

杨燕领，塔城市和平街道塔尔巴哈台社区党总支书记

马淑芳，女，回族，塔城市第一中学副校长

刘　强，塔城市市场监督管理局党组副书记、局长

李淑琴，女，额敏县妇幼保健计划生育服务中心功能科主任

丁永刚，回族，额敏县公安局交通管理大队副大队长

胡国伟，女，额敏县第六中学副校长

董俊林，乌苏市人民医院神经内科主任

吕　艳，女，乌苏市第一中学教师

吾兰・哈力有拉，哈萨克族，沙湾市公安局刑侦大队副大队长

彭一峰，国家税务总局沙湾市税务局党委委员、副局长

吾门提・阿山别克，女，哈萨克族，托里县自然资源局草原工作站技术员、高级畜牧师

王松豹，裕民县园林服务中心温室队队长

刘彩霞，女，裕民县公安局二级警长

才仁道尔基・奥云巴图，蒙古族，和布克赛尔蒙古自治县公安局城镇派出所副所长

王文平，地区乡村振兴局扶贫事务发展中心职工

吴频烨，女，锡伯族，地区生态环境局宣教中心主任

田云峰，地区林业科学研究所高级工程师

陈　新，地委专用通信服务保障中心副主任、地委办公室综合科负责人

申正峰，行署办公室督查室主任

李宗盼，地区纪委第六审查调查室副主任

韩铁峰，地委组织部公务员二科科长

李金伟，蒙古族，地区纤维检验所副所长、高级工程师

安　雯，女，地区财政局国库科科长

地丽巴尔・玉山江，女，维吾尔族，地区农业科学研究所高级农艺师

刘再军，地区白杨河引水工程建设服务中心技术员

高　祥，地区公安局技术侦查

支队副支队长

段汇青，俄罗斯族，地区公安局国内安全保卫支队副支队长

马江云，回族，地委宣传部文化出版科（审读科）科长

孙　萍，女，塔城日报社办公室主任

巩小燕，女，地区第一高级中学教师

仲　彬，女，裕民县双语幼儿园教师

郑金丽，女，地区人民医院院感科主任

第十批辽宁省优秀援疆专业技术人才

地直单位

邢司艺　塔城地区交通运输局党组成员、副局长（辽宁省交通运输事业发展中心党政群工作部部长、教授、研究员级高级工程师）

李　海　塔城日报社专业技术人才［辽宁报刊传媒集团（辽宁日报社）北方晨报社副总编辑、编辑］

李传庆　塔城地区广播电视台专业技术人才［辽宁广播电视集团（台）新媒体发展管理中心主任记者］

徐　宁　塔城地区动物疾病控制与诊断中心专业技术人才（辽宁省农业发展服务中心动物疫病预防控制中心兽医师）

明　亮　塔城地区农业技术推广中心专业技术人才（辽宁省农业发展服务中心绿色农业技术中心农艺师）

李洪利　塔城地区水利局专业技术人才（辽宁省河库管理服务中心高级工程师）

陈　勇　塔城地委党校专业技术人才［辽宁省委党校（辽宁行政学院、辽宁省社会主义学院）副教授］

朱秩辉　塔城地区林业科学研究所专业技术人才（辽宁省林业发展服务中心青山治理部工程师）

王志刚　塔城地区食品药品检验所专业技术人才（辽宁省食品检验检测认证中心业务办公室副主任、高级工程师）

蔡佳奇　塔城地区财政局专业技术人才（辽宁省彰武县农村信用合作联社二道河子信用社主任、会计师）

杨　明　塔城地区住建局专业技术人才（辽宁省冶金地质四〇二队有限责任公司工程师）

傅宇鹏　塔城兴塔能源投资有限公司副总经理（辽宁能港发电有限公司副总经理、工程师）

李　岩　塔城地区中医医院消化内科医生（辽宁中医药大学附属医院副主任医师）

佟　键　塔城地区中医医院骨伤科医生（辽宁中医药大学附属第二医院主治医师）

刘梦宇　塔城地区中医医院妇科内分泌科医生（辽宁中医药大学附属第四医院主治医师）

朱佳杰　塔城地区教育局专业技术人才（渤海大学附属高级中学一级教师、省兼职教研员）

陈凤瑞　塔城地区教育局专业技术人才（辽宁师范大学附属中学高级教师）

吕宏靖　塔城农牧科技有限公司副总经理（辽宁省现代农业生产基地建设工程中心正高级工程师）

塔城市

王立成　塔城市委宣传部专业技术人才（辽宁省沈阳日报报史馆馆长、主任编辑）

杨立坤　塔城市城市管理局专业技术人才（辽宁省沈阳市信息中心、信用中心无线电管理检测技术站主任科员、工程师）

朱铁丰　塔城市住建局专业技术人才（辽宁省沈阳市新民市城乡建设事务服务中心建设工程质量监督站工程师）

韩　霜　塔城市住建局专业技术人才（辽宁省沈阳市辽中区城乡建设事务服务中心环卫处经济师）

李　宇　塔城市水利局专业技术人才（辽宁省沈阳市水务事务服务与行政执法中心工程师）

孙玉龙　塔城市农业农村局专业技术人才（辽宁省沈阳市于洪区农业技术推广与行政执法中心农业经济部部长、农艺师）

翟　威　塔城市文旅局专业技术人才［辽宁省沈阳市和平区文化旅游体育事业发展中心（老干部服务中心）党总支委员、副研究馆员］

杜耀忠　塔城市委党校教师［辽宁省沈阳市法库县委党校（县行政学校、县党史研究室）副校长（副主任）、讲师］

朱风军　塔城市广播电视台专业技术人才（辽宁省沈阳广播电视台战略规划中心副总监、高级工程师）

马景峰　塔城市人民医院泌尿外科副主任（辽宁省沈阳市第六人民医院泌尿外科主任医师）

赵明亮　塔城市第三中学教师（辽宁省沈阳市康平县高级中学副校长、一级教师）

额敏县

夏晓峰　额敏县委宣传部专业技术人才（辽宁省辽阳日报社经济新闻部副主任、记者）

王　迪　额敏县住建局专业技术人才（辽宁省辽阳市城市管理事务服务中心质检科副科长、高级工程师）

许华宇　额敏县人民医院放射科副主任（辽宁省辽阳市第三人民医院影像科CT室副主任、副主任医师）

宋卫科　额敏县人民医院神经内科业务主任（辽宁省辽阳市中心医院神经内科副主任、副主任医师）

祝绪岩　额敏县人民医院消化科业务主任（辽宁省辽阳市中心医院普外科微创主治医师）

金　柯　额敏县人民医院CT室副主任（辽宁省辽阳市中心医院CT室主治医师）

戚国庆　额敏县人民医院功能科业务主任（辽宁省辽阳市中心医院功能呼吸科副主任医师）

张峰铖　额敏县疾控中心计划免疫科科长（辽宁省辽阳市白塔区疾病预防控制中心副主任、主管医师）

李　伟　额敏县第二中学副校长（辽宁省辽阳市第七中学政教主任、高级教师）

房红军　额敏县职业高中副校长（辽宁省辽阳市第一中学教研组长、高级教师）

王书永　额敏县第二中学教师（辽宁省辽阳市第五中学语文学科集备组长、高级教师）

姚　震　额敏县第二中学教师（辽宁省辽阳市灯塔市第一高级中学一级教师）

张文成　额敏县第二中学教师（辽宁省辽阳市第三高级中学高级教师）

董　辉　额敏县职业高级中学教师（辽宁省辽阳市第一职业中专经管专业部主任、高级讲师）

乌苏市

张恩奎　乌苏市教科局专业技术人才（辽宁省营口市第七中学教务主任、高级教师）

惠忠元　乌苏市文旅局文物管理所副所长（辽宁省营口市大石桥市公共文化服务中心金牛山博物馆业务主任、馆员）

李薇乔　乌苏市农业农村局专业技术人才（辽宁省营口市动物疫病预防控制中心总兽医师、高级兽医师）

孟　浩　乌苏市妇幼保健计划生育服务中心儿科副主任（辽宁省营口市妇幼保健计划生育服务中心副主任、主治医师）

曲　媛　乌苏市妇幼保健计划生育服务中心妇产科副主任（辽宁省营口经济技术开发区妇婴医院妇产科主治医师）

刘志鑫　乌苏市中医医院儿科副主任（辽宁省营口市大石桥市中心医院儿科主治医师）

董　静　乌苏市中医医院妇产科副主任（辽宁省营口市盖州市妇幼保健院妇科副主任、医师）

郝　军　乌苏市中医医院骨伤科二副主任（辽宁省营口市中心医院神经外科副主任医师）

孟　凯　乌苏市中医医院眼耳鼻咽喉科副主任（辽宁省营口市中心医院眼科主治医师）

赵　瑞　乌苏市中医医院骨伤科一副主任（辽宁省营口市中医院外科主治医师）

孔德广　乌苏工业园区规划建设局专业技术人才（辽宁省营口市城乡建设与公用事业中心高级工程师）

王　闯　乌苏工业园区规划建设局专业技术人才（辽宁省营口市城乡建设与公用事业中心宜居乡村建设分中心主任、高级工程师）

沙湾市

陈殿有　沙湾市文旅局文旅产业股副股长（辽宁省鞍山市农业农村局农业供给侧改革科科长、一级主任科员）

谢德利　沙湾市农业技术推广中心副主任、新疆广播电视学校沙湾市分校副校长（辽宁省鞍山市千山区现代农业水利事业发展中心现代农牧水产推广部负责人、高级农艺师）

阎　东　沙湾工业园区管委会规划建设局专业技术人才（辽宁省鞍山市高新区公共服务中心工程师）

苏宗超　沙湾市住建局工程造价管理站副站长（辽宁省鞍山市住房和城乡建设局二级主任科员）

杜　斌　沙湾市商工信局招商科科长（辽宁省鞍山市立山经济开发区党工委专职副书记）

刘　速　沙湾市融媒体中心总编室副主任（辽宁省鞍山市新闻传媒中心编委、千山晚报社会新闻部主任）

王　景　沙湾市人民医院妇产科副主任（辽宁省鞍山市肿瘤医院妇科主治医师）

李　广　沙湾市人民医院骨科副主任（辽宁省鞍山市岫岩县中医院院长助理、主任医师）

刘智东　沙湾市人民医院急诊科副主任（辽宁省鞍山市中心医院急诊科主治医师）

王思懿　沙湾市人民医院康复医学科副主任（辽宁省鞍山市长大医院康复针灸科主治医师）

陶　阳　沙湾市人民医院心内科副主任（辽宁省鞍钢集团公司总医院鞍山市心血管病医院心内科主治医师）

郭桂荧　沙湾市人民医院神经医学科副主任（辽宁省鞍山市长大医院神经内科副主任医师）

张世安　沙湾市第五中学教务处副主任、教师（辽宁省鞍山市第五十一中学高级教师）

吴小宁　沙湾市第五中学德育处副主任、教师（辽宁省鞍山市铁

西区第四十三中学教导主任、高级教师）

赵　欣　沙湾市第五中学教务处副主任、教师（辽宁省鞍山市齐大山矿中学高级教师）

托里县

崔城耀　托里县发改委专业技术人才（辽宁省本溪市招商引资服务中心党政群工作部负责人）

王　丹　托里县文旅局专业技术人才［辽宁省本溪市本溪水洞旅游（集团）股份公司副经理］

刘守祥　托里县财政局专业技术人才（辽宁省本溪市本溪满族自治县教师进修学校信息部主任、高级教师）

谢东奇　托里县融媒体中心专业技术人才（辽宁省本溪广播电视台编导、主任记者）

贾立君　托里县农业农村局专业技术人才（辽宁省本溪市农业综合发展服务中心本溪市农业科学研究所高级农艺师）

张庆刚　托里县市政园林环卫中心专业技术人才（辽宁省本溪市城市运行服务中心高级工程师）

李　刚　托里县审计局专业技术人才（辽宁省本溪市审计局行政事业科副科长、一级主任科员）

唐光和　托里县人民医院精神心理科副主任（辽宁省本溪市康宁医院精神科主任、副主任医师）

赵　雪　托里县人民医院骨科副主任（辽宁省本溪市辽健集团本钢总院骨科副主任医师）

李景涛　托里县人民医院口腔科副主任（辽宁省本溪市中心医院口腔科主治医师）

乔彦群　托里县人民医院中医科副主任（辽宁省本溪市中医院脑病科主治中医师）

王　辉　托里县第二中学副校长（辽宁省本溪市第三十六中党委书记、高级教师）

王天举　托里县第二中学教研室主任（辽宁省本溪市中等职业技术专业学校教师、高级讲师）

文光岩　托里县第二中学教师（辽宁省本溪市第四高级中学高级教师）

鄂　刚　托里县第二中学教师（辽宁省本溪市第三高级中学高级教师）

孟　芸　托里县第二中学教师（辽宁省本溪市高级中学高级教师）

王雪玲　托里县第二中学教师（辽宁省本溪市第四高级中学高级教师）

裕民县

张　威　裕民县司法局专业技术人才（辽宁省锦州市凌海市司法局公正律师管理科科长、四级主任科员）

吉　利　裕民县发改委专业技术人才（辽宁省锦州市发展和改革委员会四级主任科员）

谢卫军　裕民县财政局专业技术人才（辽宁省锦州市义县财政运行管理服务中心科员）

梁　爽　裕民县住建局专业技术人才（辽宁省锦州市润万家供水有限公司副总经理、工程师）

蔡　闯　裕民县自然资源局专业技术人才（辽宁省锦州市自然资源服务中心工程师）

王　亮　裕民县审计局专业技术人才（辽宁省锦州市审计局四级主任科员）

顾　凯　裕民县文旅局专业技术人才（辽宁省锦州市文化旅游体育服务中心锦州市博物馆馆员）

曹明轩　裕民县农业农村局专业技术人才（辽宁省锦州市农业农村局四级主任科员）

肖　迪　裕民县第二中学教师（辽宁省锦州市第七中学高级教师）

侯国兴　裕民县第二中学教师（辽宁省锦州市滨海实验中学一级教师）

李学军　裕民县第二中学教师（辽宁省锦州市太和区第六初级中学副校长、高级教师）

代文利　裕民县人民医院内二科副主任（辽宁省锦州市妇婴医院儿童医院NICU副主任医师）

李也牧　裕民县人民医院麻醉科主任（辽宁省锦州市中心医院麻醉科副主任医师）

裴　根　裕民县人民医院传染科医生（辽宁省锦州市传染病医院传染二病区医师）

刘　朋　裕民县人民医院骨科医生（辽宁省锦州市中心医院骨外二科副主任医师）

和布克赛尔蒙古自治县

张　强　和布克赛尔县自然资源局耕地保护科副科长（辽宁省盘锦市自然资源事务服务中心工程师）

李海翔　和布克赛尔县自然资源局规划科副科长（辽宁省盘锦市自然资源事务服务中心双台子分中心科员）

赵　刚　和布克赛尔县融媒体中心总编（辽宁省盘锦市融媒体发展中心监督指导科记者）

张　钛　和布克赛尔县人民医院副院长、心内科业务主任（辽宁省盘锦市中心医院心内科一病区副主任、主任医师）

崔　志　和布克赛尔县人民医院内分泌科业务主任（辽宁省盘锦辽油宝石花医院呼肾内党支部书记、内分泌科副主任医师）

张红岩　和布克赛尔县人民医院外科业务主任（辽宁省盘锦市中医院外科副主任医师）

陈　龙　和布克赛尔县人民医院神经外科业务主任（辽宁省盘锦市中心医院神经外科一病区主治医师）

杨春鹤　和布克赛尔县人民医院麻醉科业务主任（辽宁省盘锦辽油宝石花医院麻醉科主治医师）

郑长文　和布克赛尔县第一中学教师（辽宁省盘锦市吴家学校一级教师）

孙海燕　和布克赛尔县第一中学教师（辽宁省盘锦市大洼区新兴学校高级教师）

张井伏　和布克赛尔县第一中学教师（辽宁省盘锦市兴隆台区兴隆中学高级教师）

孙清香　和布克赛尔县第一中学教师（辽宁省盘锦市吴家学校高级教师）

张　胜　和布克赛尔县第一中学副校长（辽宁省盘锦市双台子区陆家学校高级教师）

蔺德胜　和布克赛尔县和什托洛盖镇九年一贯制学校教师（辽宁省盘锦市盘山县沙岭学校高级教师）

冯玉柱　和布克赛尔县和什托洛盖镇九年一贯制学校教师（辽宁省盘锦市双台子区陆家学校中级教师）

张国明　和布克赛尔县第二中学教师（辽宁省盘锦市辽河油田第二高级中学高级教师）

王　岩　和布克赛尔县第二中学教师（辽宁省盘锦市第二高级中学高级教师）

地区表彰辽宁省第五批“组团式”医疗援疆人才

钟红珊　地区人民医院院长、中国医科大学第五批医疗人才“组团式”援疆工作队领队（中国医科大学附属第四医院副院长，教授、主任医师）

李淑清　地区人民医院党委委员、副院长、中国医科大学第五批医疗人才“组团式”援疆工作队副领队（中国医科大学附属盛京医院医务部副处级调研员）

梁英健　地区人民医院重症医学科主任、首席专家（中国医科大学第一临床学院、附属第一医院重症医学科副教授、副主任医师）

邵　云　地区人民医院精神心理科主任、首席专家（中国医科大学第二临床学院、附属盛京医院心理科副教授、副主任医师）

曹　乾　地区人民医院心血管内科主任、首席专家（中国医科大学第二临床学院、附属盛京医院心内四科副主任，教授、主任医师）

陆　璐　地区人民医院眼科主任（中国医科大学第四临床学院、附属第四医院眼科讲师、主治医师）

周仁义　地区人民医院骨科主任（中国医科大学第一临床学院、附属第一医院骨科副教授、副主任医师）

王　薇　地区人民医院神经内科主任（中国医科大学第四临床学院、附属第四医院神经内科副主任医师资格）

刘建华　地区人民医院检验科主任（中国医科大学第二临床学院、附属盛京医院检验科副教授、副主任医师）

张　恒　地区人民医院病理科主任（中国医科大学第一临床学院、附属第一医院病理科副教授、副主任医师资格）

荆　娜　地区人民医院麻醉科主任（中国医科大学第一临床学院、附属第一医院麻醉科副教授、副主任医师）

夏永辉　地区人民医院放射医学科副主任、介入放射科主任（中国医科大学第一临床学院、附属第一医院放射科副教授、副主任医师资格）

于秀月　地区人民医院泌尿外科主任（中国医科大学第一临床学院、附属第一医院泌尿外科副教授、副主任医师资格）

于　浩　地区人民医院普外科主任（中国医科大学第四临床学院、附属第四医院、第二普通外科副教授、副主任医师资格）

王　欢　地区人民医院妇科主任（中国医科大学第一临床学院、附属第一医院妇科副教授、副主任医师）

王　丹　地区人民医院产科主任（中国医科大学第二临床学院、附属盛京医院第五产科副教授、副主任医师）

姜　雪　地区人民医院康复医学科主任（中国医科大学第二临床学院、附属盛京医院康复科副教授、副主任医师资格）

安　东　地区人民医院儿科主任、首席专家（中国医科大学第一临床学院、附属第一医院儿科副教授、副主任医师）

马春亮　地区人民医院口腔科主任（中国医科大学口腔医学院、附属口腔医院牙周病科讲师、主治医师）

刘　露　地区人民医院消化内分泌科主任（中国医科大学第四临床学院附属第四医院第一消化内镜科副教授、副主任医师资格）

附　录

塔城地区2021年国民经济和社会发展统计公报

（2022年5月）

2021年，在地委、行署的坚强领导下，全地区上下坚持以习近平新时代中国特色社会主义思想为指导，深入学习贯彻党的十九大和十九届历次全会精神，认真学习贯彻第三次中央新疆工作座谈会精神，完整准确贯彻新时代党的治疆方略，聚焦社会稳定和长治久安总目标，科学统筹疫情防控和经济社会发展，统筹发展和安全，扎实做好“六稳”工作，认真落实“六保”任务，各项事业发展取得新成绩，经济社会保持稳步健康发展，高质量发展取得新成效，实现了“十四五”良好开局。

一、综合

根据地区生产总值统一核算结果，全年实现地区生产总值（GDP）825.31亿元，按可比价格计算，同比增长5.6%，两年平均增长4.9%。其中：第一产业增加值345.55亿元，同比增长6.4%；第二产业增加值160.69亿元，同比下降1%；第三产业增加值319.07亿元，同比增长7.8%。三次产业结构为41.9∶19.5∶38.6。三次产业对经济的贡献率分别为46.8%、-3.5%、56.7%。三次产业分别拉动经济增长2.6、-0.2、3.2个百分点。

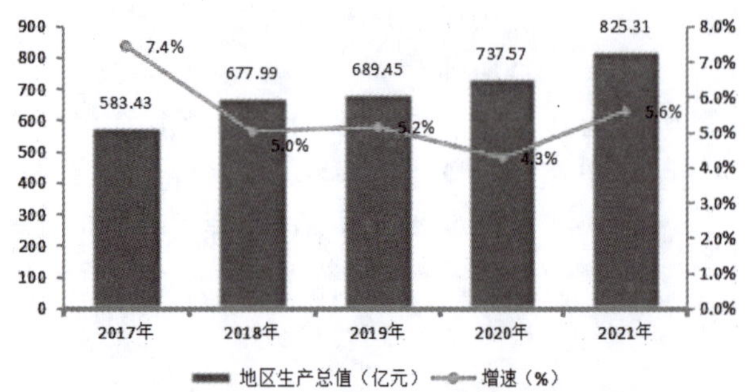

图1　2017—2021年地区生产总值及增速示意图

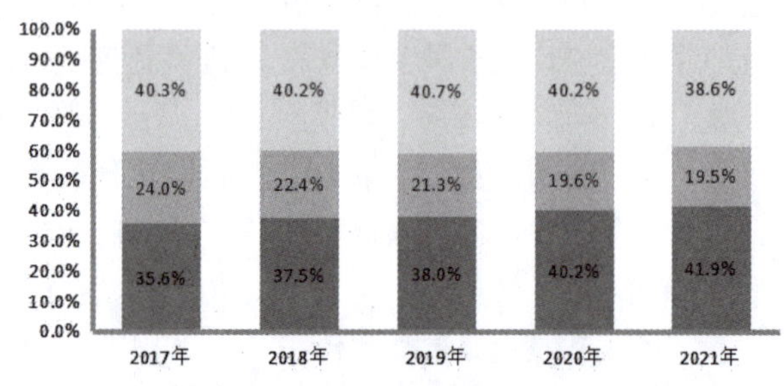

图2　2017—2021年三次产业占比情况示意图

全年城镇新增就业2.68万人，城镇就业困难人员实现就业0.18万人。城镇登记失业率2.68%。全年转移就业农村富余劳动力8万人次。

全年居民消费价格（CPI）比上年上涨2.7%。

表2　2021年居民消费价格比上年涨跌幅度（塔城市）一览表

指　标	涨跌幅度（%）
居民消费价格	2.7
其中：食品烟酒	2.6
衣　着	-5.4
居　住	6.0
生活用品及服务	-0.3
交通和通信	8.1
教育文化和娱乐	-0.2
医疗保健	0.1
其他用品和服务	1.1

规模以上工业战略性新兴产业增加值占规模以上工业增加值的比重为12.5%。全年地区水、风、光等清洁能源发电量占发电量的比重为24.5%。全年地区新登记市场主体11988户，年末市场主体总数达68187户。

年末地区城镇自来水供应覆盖率98.66%，集中供热面积2855万平方米，污水集中处理率达100%，生活垃圾无害化处理率达100%。

二、农业

全年粮食种植面积402.35万亩，比上年下降2%。其中，小麦种植面积101.97万亩，下降9%；玉米种植面积300万亩，增长1.2%。棉花种植面积364.99万亩，下降0.3%。油料种植面积18.78万亩，下降16.5%。甜菜种植面积4.68万亩，下降6.5%。

全年粮食产量245.82万吨，比上年增长2.25%。全年小麦产量32.50万吨，下降1.34%；玉米产量213.2万吨，增长2.89%。

全年棉花产量44.17万吨，下降0.1%。油料产量1.72万吨，下降26%；甜菜产量21.76万吨，下降9%。

表 3　2021 年地区林果产量及变动情况表

指　标	产量（万吨）	比上年增长（%）
林果	2.61	-27.77
#苹果	0.93	-35.18
葡萄	0.77	-32.95
桃	0.2	-46.49
枸杞	0.44	-0.9
其他	0.27	22.6

地区年末果园面积18万亩。其中结果面积13.42万亩，下降3%，全年果品产量26068吨，比上年下降27%。

全年猪牛羊禽肉产量9.56万吨，增长10%。其中，羊肉产量3.99万吨，下降5%；牛肉产量4.11万吨，增长22.32%；猪肉产量1.13万吨，增长21.50%；禽肉产量0.33万吨，增长73.68%。禽蛋产量0.71万吨，下降35.46%。奶产量8.11万吨，下降0.6%。年末牲畜存栏582.3万头（只），同比增长13.28%。年内牲畜出栏478.36万头（只），同比增长18.56%。

全年水产养殖面积1.65千公顷，比上年下降1.19%。水产品产量0.42万吨，下降6.67%。其中，养殖水产品产量0.26万吨，下降7.14%；捕捞水产品产量0.16万吨，下降5.88%。

年末农业机械总动力265.43万千瓦，比上年增长2.16%。农作物耕种收综合机械化水平99.17%，机耕率99.79%，机播率99.61%，机收率97.9%。拥有大中型拖拉机3.44万台，增长1.79%；小型拖拉机2.24万台，下降11.67%。化肥施用量（折纯）24.10万吨，下降1.03%。农村用电量51091.96万千瓦时，增长2.6%。农药施用量1097.5吨，农用塑料薄膜使用量21147.89吨，地膜覆盖面积469.72万亩。

年末拥有农业产业化龙头企业264家。其中，国家级1家，自治区级41家。销售收入超亿元30家。拥有各类标准化规模养殖场650个，全年畜禽良种推广覆盖率达到86%，畜禽粪污综合利用率85%。

三、工业和建筑业

全年全地区工业增加值82.42亿元，增长2.1%。其中：地方规模以上工业增加值增长3%。在地方规模以上工业中，分经济类型看，国有企业增长6.7%，股份制企业增长3.7%，外商及港澳台商投资企业增长3.5%。分工业门类看，采矿业下降3.1%，制造业增长2.7%，电力、热力、燃气及水生产和供应业增长17.9%。分轻重工业看，轻工业增长11.5%，重工业增长1.8%。

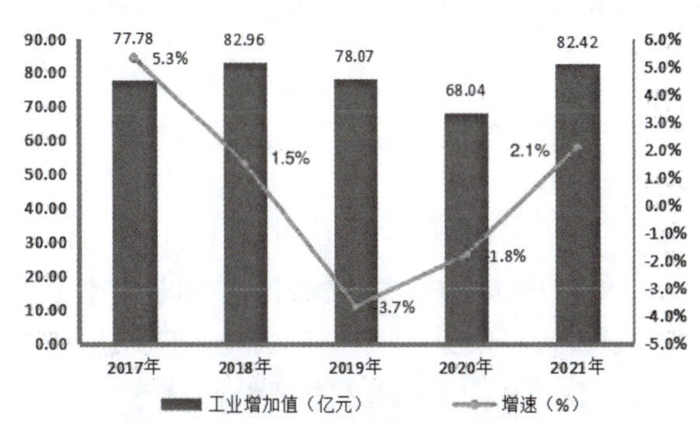

图3　2017—2021年地区全口径工业增加值示意图

表 4　2021 年地方规模以上工业企业主要产品产量及增速一览表

产品名称	单位	产量	比上年增长（%）
原煤	万吨	803.64	-6.41
天然原油	万吨	129.86	7.38
小麦粉	万吨	15.09	-6.2
黄金	千克	2658.8	-27.2
原盐	万吨	215.28	22.7
焦炭	万吨	96.04	56.22

续表4

产品名称	单位	产量	比上年增长（%）
水泥	万吨	222.68	20.5
啤酒	千升	122266.6	15.1
发电量	万千瓦小时	910762	27.81
食用植物油	万吨	1.05	-52
纱	万吨	9.40	11.6
乳制品	吨	31911.7	13.8
化纤用浆粕	吨	36878.0	133.1

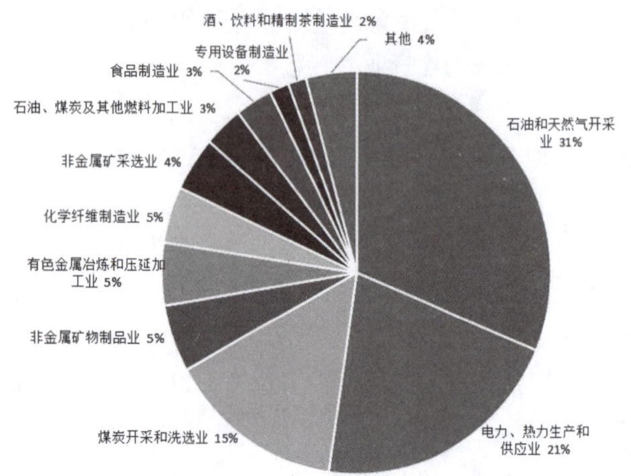

图4 2021年地方规模以上工业主要行业增加值比重分布图

全年地方规模以上工业中，石油开采业增加值比上年下降2.9%，石油、煤炭及其他燃料加工业增长16.6%，电力、热力生产和供应业增长18%，化学纤维制造业增长10.7%，酒、饮料和精制茶制造业增长18.7%，煤炭开采业下降3.4%，有色金属冶炼和压延加工业下降16%，非金属矿物制品业增长5.9%，非金属矿采选业增长33.1%，食品制造业下降3.9%，专用设备制造业增长7.5%。

全年地方规模以上工业企业实现营业收入212.1亿元，同比增长29.6%。实现利润总额13.59亿元，同比增长9.2倍。分经济类型看，国有企业实现营业收入2.5亿元，同比增长13.6%；股份制企业200.7亿元，增长29.4%；外商及港澳台商投资企业5.1亿元，增长18.6%。分工业门类看，采矿业营业收入59.32亿元，同比增长37.2%；制造业收入122.61亿元，增长29.3%；电力、热力、燃气及水生产和供应业收入30.18亿元，增长17.6%。全年规模以上工业企业每百元营业收入中的成本为75.95元，比上年减少3.22元；营业收入利润率6.41%，增长5.62个百分点。

全年地方规模以上工业企业产品销售率101.9%；完成工业品出口交货值2.7亿元，同比下降24.7%。

全年全社会建筑业增加值78.29亿元，比上年下降3.8%。地方资质以上建筑企业总产值31.32亿元，增长42%。地方建筑企业房屋施工面积117.87万平方米，增长89.7%；房屋竣工产值46.27亿元，增长70.1%。

四、服务业

全年批发和零售业增加值13.86亿元，比上年增长5.7%；交通运输、仓储和邮政业增加值9.04亿元，增长19.3%；住宿和餐饮业增加值3.7亿元，下降0.2%；金融业增加值36.42亿元，增长7.6%；其他服务业增加值208亿元，增长8.9%。全年规模以上服务业企业营业收入比上年增长70.3%；利润总额增长11.22%。

全年货物运输量1803万吨，比上年增长24.43%。货物周转量243224万吨千米，增长80.19%。

全年旅客运输总量390万人，比上年增长120.34%。旅客运输周转量20592万人千米，增长88.42%。

年末地区公路通达里程13211.48千米。其中，高速公路里程597.7千米，一级公路111.05千米，二级公路1537.53千米，三级公路1800.4千米，四级公路8304.06千米，等外公路860.74千米，全年改扩建公路317千米。

年末地区民用车保有量25.97万辆，同比增长11%。其中，私人汽车保有量24.24万辆，增长14.9%。按用途分，载客汽车15.65万辆，增长22%；载货汽车4.75万辆，增长33.4%；其他汽车5.42万辆，增长15.3%。民用轿车保有量8.75万辆，增长11.6%，其中，私人轿车保有量8.46万辆，增长15.9%。

全年完成邮政行业业务总量1.52亿元，比上年增长10.62%。邮政业全年完成邮政函件业务7.17万件，包裹业务0.36万件，快递业务量165.88万件，增长19.65%。快递业务收入0.65亿元，增长20.25%。全年完成电信业务总量9.16亿元，增长6.7%。年末地区固定电话用户20.83万户，下降4.18%；移动电话用户117.16万户，增长2.54%。其中，固定电话普及率19部/百人，移动电话普及率106部/百人。互联网宽带用户48.04万户，增长13.64%。

五、国内贸易

全年社会消费品零售总额77.32亿元，比上年增长19.1%。按经营地统计，城镇消费品零售额56.95亿元，增长21.9%；乡村消费品零售额20.37亿元，增长12%。按消费形态统计，商品零售额66.07亿元，增长20.24%；餐饮收入额11.25亿元，增长12.71%。

限额以上单位商品零售额13.38亿元，比上年增长40.39%。其中，粮油、食品类零售额比上年增长18.9%，饮料类增长3%，烟酒类增长21.8%，服装、鞋帽、针纺织品类增长49.7%，日用品类增长49.6%，家用电器和音像器材类增长8.8%，化妆品类增长14.5%，中西药品类增长55.2%，石油及制品类增长64%，汽车类增长63.6%。

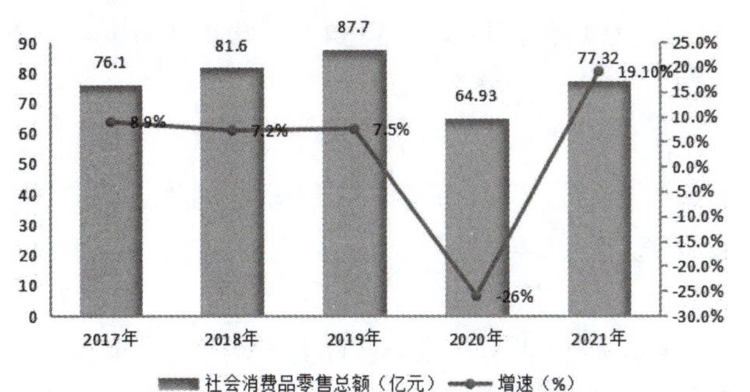

图5 2017—2021年地区社会消费品零售总额示意图

六、固定资产投资

全年固定资产投资（不含农户）比上年增长10%。其中，第一产业投资下降21.8%；第二产业投资增长17.2%；第三产业投资增长9.3%。民间投资增长18.3%，基础设施投资增长10.7%，六大高耗能行业投资增长99.2%。

全年工业投资比上年增长17.2%。其中，制造业投资增长54.6%，电力、热力、燃气及水的生产和供应业投资增长7.7%。

全年房地产开发投资比上年增长30.9%。其中，住宅投资增长43.2%，商业营业用房投资2.5亿元，下降32.2%。商品房销售面积25.4万平方米，下降47.9%。商品房销售额10.8亿元，下降39.7%。

全年地区各类棚户区改造开工697套。

七、对外贸易和招商引资

全年全地区完成外贸进出口总额13.35亿美元，同比增长190%。其中，地方完成外贸进出口总额8亿美元，比上年增长171.18%。其中，进口0.03亿美元，下降66.66%；出口7.97亿美元，增长178.67%。货物进出口顺差（出口减进口）7.97亿美元，比上年增加5.11亿美元。按登记类型统计，私营企业8亿美元，增长171.18%。

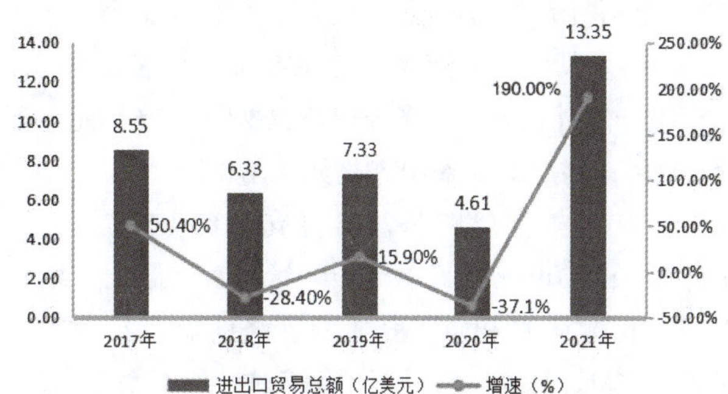

图6 2017—2021年地区进出口总额及增速示意图

全年实施招商引资落地项目250个，当年招商引资实际到位资金159.61亿元，比上年增长75.17%。其中，新建项目205个，到位资金125.35亿元；续建项目45个，到位资金34.06亿元。各类招商引资项目中，第一产业项目22个，到位资金10.67亿元，同比下降8.91%；第二产业项目106个，到位资金78.26亿元，同比下降8.01%；第三产业项目122个，到位资金70.49亿元，同比增长221.1%。

八、财政和金融

全年全地区一般公共预算收入40.55亿元，增长13.38%。其中，税收收入24.59亿元，增长24.95%；非税收入15.96亿元，下降0.78%。一般公共预算支出172.15亿元，下降9.75%。

2021年，金融机构本外币各项存款余额822.25亿元，比年初增加82.28亿元。其中人民币各项存款余额821.37亿元，比年初增加82.03亿元。金融机构本外币各项贷款余额608.05亿元，比年初增加127.81亿元。其中人民币各项贷款余额608.05亿元，比年初增加127.81亿元。

表5 2021年年末地区金融机构人民币存贷款余额及增速一览表

指 标	年末数（亿元）	比年初增减
各项存款	821.37	82.03
其中：住户存款	586.34	93.88
机关团体存款	117.90	-5.31
财政性存款	7.47	-10.87
非金融企业存款	109.55	-1.4
各项贷款	608.05	127.81
其中：住户贷款	202.38	17.52
非金融企业及机关团体短期贷款	240.22	94.77
非金融企业及机关团体中长期贷款	155.95	25.43

全年保险公司各项保费收入28.69亿元，比上年增长5.09%。其中，寿险收入12.37亿元，增长7.97%；健康险和意外伤害险业务原保险保费收入5.6亿元，下降5.41%；财产险收入10.72亿元，增长8.03%。

全年各类保险赔款及给付支出10.85亿元，比上年增长11.09%。其中，寿险给付1.97亿元，增长7.87%；健康险和意外伤害险业务赔款及给付2.33亿元，增长40.64%；财产险赔款6.55亿元，增长4.24%。

九、人口、居民收入和社会保障

年末全地区常住人口111万人，城镇化率为59.93%。

2021年，地区城镇居民人均可支配收入32259元，增长5.5%。农村居民人均可支配收入20576元，增长12.5%。

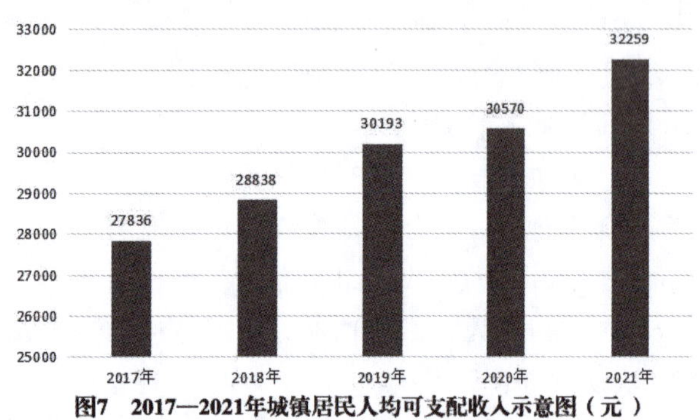

图7 2017—2021年城镇居民人均可支配收入示意图（元）

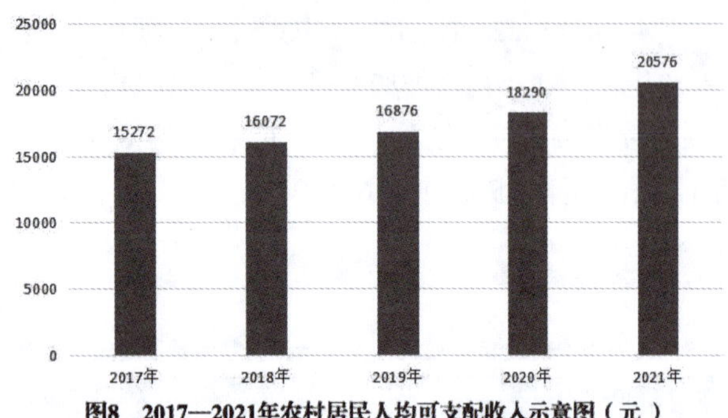

图8 2017—2021年农村居民人均可支配收入示意图（元）

年末基本养老保险参保（含离退休）58.3万人，较上年增长0.03%。其中，城镇职工基本养老保险参保（含离退休）23.6万人，增加4335人；城乡居民基本养老保险参保（含退休）34.7万人，减少4152人。城镇基本医疗保险参保82.25万人，较上年下降0.83%。其中，城镇职工基本医疗保险参保17.36万人，较上年下降0.25%；城乡居民基本医疗保险参保64.89万人，较上年下降0.98%。工伤保险参保9.24万人，较上年增长3.75%。生育保险参保10.81万人，较上年下降0.7%。失业保险参保9.31万人，较上年增长4.75%。全年发放低保金15956.09万元，2.97万人享受最低生活保障；发放临时救助资金377.65万元，1.01万人次得到临时救助；发放特困人员供养资金1435.39万元，1154名特困人员得到救助供养。发放医疗救助金5306.98万元，其中医疗救助资助参加基本医疗保险金额1610.7万元，住院救助金额3555.92万元，门诊救助金额140.36万元。医疗救助资助参加基本医疗保险人数8.01万人，住院救助人次数1.66万人次，门诊救助人次数0.71万人次。

年末地区共有养老服务机构16个，拥有床位数2515张，供养老人786人；共有儿童福利机构7个，拥有床位数524张，收养儿童158人。共有社区服务中心90个，社区服务站6个。

全年受理人事劳动争议案件228件，结案218件，结案率95.6%。受理劳动保障监察投诉案件758件，结案758件，结案率100%。

十、科学技术和教育

年末有科研与技术开发单位4个。共承担自治区级科技计划新立项项目158个，地区下达本级科研经费20万元，备案自然人特派员457人（法人特派员4人、特派团13个）。已挂牌的工程技术研究中心5家（自治区级）、14家国家级高新技术企业、高新技术产业园区1家（自治区级）、星创天地2个（国家级）、众创空间6家（自治区级2家、地区级2家、县市级2家），科技企业孵化器1个（地区级）。

获得专利授权427项，其中：获得发明专利授权9项，实用新型专利405项，外观设计专利13项。有效发明专利52项。

2021年地区级计量标准54个，县级计量标准49个，全地区检定计量器具33834台件；工业产品抽检总体合格率83.6%。

普通本专科院校1所，全年招生1370人，比上年增长789.61%；在校生1524人，增长889.61%。

中等职业教育学校9所，全年招生1543人，比上年下降11.17%；在校生4226人，下降6.57%；毕业生1595人，下降6.67%。

普通高中12所，全年招生6040人，比上年增长5.35%；在校生18257人，下降0.69%；毕业生6100人，下降16.15%。

初中36所，全年招生10819人，比上年下降1.13%；在校生33312人，增长0.13%；毕业生10818人，下降0.12%。

普通小学111所，全年招生10794人，比上年增长

0.06%；在校生65979人，下降0.73%；毕业生10881人，下降1.92%。

特殊教育学校1所，全年招生27人，比上年增长50%；在校生131人，增长3.15%；毕业生17人（去年毕业生为0）。

幼儿园250所，全年招生10402人，比上年下降2.84%；在校生30395人，下降3.92%；毕业生11507人，下降3.50%。

年内考入全国普通大专以上院校的学生7535人，升学率97.4%。高中阶段毛入学率96.05%，初中适龄少年入学率99.68%，小学适龄儿童入学率100%。九年义务教育巩固率98.85%。普通中小学无辍学学生。小学、初中和高中专任教师10165人。继续实施国家对义务教育的“两免一补”政策，为义务教育学校贫困家庭学生提供免费教科书款926.18万元，家庭经济困难学生生活费2656.6万元，共计3582.78万元。全年发放高中各类资助款1511.13万元，地区2021年普通高校家庭经济困难新生入学资助资金13万元，中等职业技术学校国家助学金193.91万元。

十一、文化旅游、卫生健康和体育

年末全地区文化系统共有艺术表演团体8个，公共图书馆8个，文化馆8个，文化站67个。年末广播节目综合人口覆盖率为98.39%，电视节目综合人口覆盖率为98.46%。

全年旅游接待总人数1150万人次，同比增长63.5%。年末拥有旅游星级饭店21家，国家等级景区72家，其中，AAAA级旅游景区3家，AAA级旅游景区61家，AA级旅游景区8家，星级农家乐96家，已建成旅游民宿1300家，床位达到7396张。

年末地区共有医疗卫生机构829个，其中医院29个，在医院中有公立医院15个，民营医院14个；基层医疗卫生机构784个，其中乡镇卫生院82个，社区卫生服务中心（站）7个，门诊部（所）6个，村卫生室689个；专业公共卫生机构16个，其中疾病预防控制中心8个，卫生监督所（中心）8个。年末卫生专业技术人员4843人（在编），其中执业医师和执业助理医师1896人（在编），注册护士1592人（在编）。医疗卫生机构床位5350（核定编制）张。每千人执业（助理）医师2.04人，每千人注册护士1.71人，每千人拥有床位5.75张。

地区共有体育场地设施3000余个，人均体育场地面积2.57平方米。年内共注册运动员300人，组队参加了2021—2022年自治区青少年年度比赛项目14个，共获得金牌17枚、银牌22枚、铜牌23枚。

十二、资源、环境和应急管理

地区第三次全国国土调查调查控制面积8.42万平方千米。2021年，国有建设用地供应总量927.19公顷，其中工矿用地265.41公顷，基础建设用地223.73公顷。

全年水利工程供水量327235万立方米。其中，向农村灌溉供水309037万立方米，向工业生产供水4343万立方米，向城镇生活供水3351万立方米，向乡村生活供水1868万立方米，第三产业供水910万立方米，建筑业227万立方米，向生态环境供水7499万立方米。

全年完成造林面积0.79万公顷。其中，人工造林0.0949万公顷，退化林修复0.0601万公顷，封山育林0.6332万公顷。森林覆盖率12.68%。国家级保护区2个，保护区总面积14.17万公顷。

全年总灌溉面积63.47万公顷。其中，耕地灌溉面积57.39万公顷，林地灌溉面积3.88万公顷，园地灌溉面积0.46万公顷，牧草地灌溉面积1.73万公顷。

2021年，全地区发生各类安全生产事故23起，同比下降11.54%；死亡7人，同比上升250%；受伤21人，同比下降27.59%；造成经济损失197.6万元，同比上升126.33%。地区亿元GDP生产安全事故死亡0.0085人，同比上升214.81%；道路交通万车死亡人数0.1555人，同期无人死亡；煤炭百万吨死亡人数0.0014人，同比上升7.69%。

注释：

1.本公报中部分数据因四舍五入，存在总计与分项合计不等的情况。

2.地区生产总值（GDP）、各产业增加值绝对数为含兵团数据，按现价计算，增长速度按不变价格计算。

3.农业、规模以上工业、车辆保有量、邮政业、国内贸易、财政、招商引资、科技、卫生、文化、环境、劳动就业及社会保障数据不含兵团。

资料来源：

本公报中主要经济指标数据来源于地区统计局和国家统计局塔城调查队，其他数据来源于相关部门。其中，城镇水热普及、污水处理、生活垃圾数据来源于地区住建局；农业机械动力、农业产业化数据来源于地区农业农村局；林业数据来源于地区林业和草原局；公路客货运输量来源于地区交通运输局；车辆保有量数据来源于地区公安局；邮政业务数据来源于地区邮政管理局；电信业务数据来源于地区工业和信息化局；对外贸易来源于乌鲁木齐海关官网，招商引资数据来源于地区商务局；财政数据来源于地区财政局；金融信贷数据来源于中国人民银行塔城地区中心支行；保险业数据来源于塔城地区银行保险监督管理委员会分局；新增就业、登记失业率、社会保险、劳动监察数据来源于地区人力资源和社会保障局；低保、救助数据来源于地区民政局；医疗救助数据来源于地区医疗保障局；科技数据来源于地区科技局；市场主体、知识产权、计量检测数据来源于地区市场监督管理局；教育数据来源于地区教育局；体育、文化旅游数据来源于地区文化体育广电和旅游局；卫生数据来源于地区卫生健康委员会（最终数据以年报数据为准）；土地供应和造林面积来源于地区自然资源和规划局；灌溉面积、供水量数据来源于地区水利局；安全生产数据来源于地区应急管理局。

塔城地区关于加快新疆塔城重点开发开放试验区高质量发展有关政策(试行)

为加快新疆塔城重点开发开放试验区（以下简称试验区）建设步伐，推动试验区高起点规划、高标准建设、高质量发展，努力把试验区建成丝绸之路经济带的重要支点、深化与中亚国家合作的重要平台、沿边地区经济发展新的增长极、维护边境和国土安全的重要屏障，制定如下政策。

第一章　财税政策

第一条　自2021年1月1日至2030年12月31日，对西部地区鼓励类产业企业减按15%的税率征收企业所得税。本条所称鼓励类产业企业以《西部地区鼓励类产业目录》中规定的产业项目为主营业务，且其主营业务收入占企业收入总额60%以上的企业。

第二条　对符合条件的高新技术企业，减按15%的税率征收企业所得税。

第三条　对增值税小规模纳税人，按50%税额幅度减征资源税、城市维护建设税、房产税、城镇土地使用税、印花税（不含证券交易印花税）、耕地占用税和教育费附加、地方教育附加。增值税小规模纳税人已依法享受资源税、城市维护建设税、房产税、城镇土地使用税、印花税、耕地占用税、教育费附加、地方教育附加其他优惠政策的，可叠加享受本条规定的优惠政策。符合条件的增值税小规模纳税人免征增值税，小型微利企业享受企业所得税优惠、创业投资企业和天使投资个人有关税收政策等属于《财政部 国家税务总局关于实施小微企业普惠性税收减免政策的通知》（财税〔2019〕13号）规定的其他小微企业普惠性税收减免政策，严格按照财政部、国家税务总局文件规定执行。

第四条　对个体工商户增值税小规模纳税人，适用3%征收率的应税销售收入，减按1%征收率征收增值税；适用3%预征率的预缴增值税项目，减按1%预征率预缴增值税。

第五条　企业招用自主就业退役士兵，与其签订1年以上期限劳动合同并依法缴纳社会保险费的，自签订劳动合同并缴纳社会保险当月起，在3年内按实际招用人数予以定额依次扣减增值税、城市维护建设税、教育费附加、地方教育附加和企业所得税优惠，定额标准为每人每年9000元。

第六条　企业招用建档立卡贫困人口，以及在人力资源社会保障部门公共就业服务机构登记失业半年以上且持《就业创业证》或《就业失业登记证》（注明“企业吸纳税收政策”）的人员，与其签订1年以上期限劳动合同并依法缴纳社会保险费的，自签订劳动合同并缴纳社会保险当月起，在3年内按实际招用人数予以定额依次扣减增值税、城市维护建设税、教育费附加、地方教育附加和企业所得税优惠，定额标准为每人每年7800元。

第二章　金融政策

第七条　大力实施“银税互动”，税务部门向商业银行提供纳税人信用信息为A级、B级、M级信用级别，作为金融机构提供金融服务依据，提高实体经济融资能力。

第八条　对小微企业加大再贴现支持力度，重点支持小微企业500万元及以下小额票据贴现。支持小微企业贷款政策适用范围扩大到符合条件的中小银行（含新型互联网银行）。

第九条　对于地方法人银行业金融机构办理的延期期限不少于6个月的普惠小微企业贷款，按照延期贷款本金的1%给予激励。对于符合条件的地方法人银行业金融机构于2021年4月1日至12月31日期间新发放且期限不小于6个月的普惠小微企业信用贷款，给予优惠资金支持，支持比例为贷款本金的40%。

第十条　对中国农业银行和邮政储蓄银行下辖的县域支行，提供农户贷款、农村企业和农村各类组织贷款取得的符合条件的利息收入；对农村信用社（农商银行）、村镇银行、农村资金互助社、由银行业机构全资发起设立的贷款公司、法人机构在县（县级市）及县以下地区的农村合作银行和农村商业银行提供金融服务收入，可以选择适用简易计税方法按照3%的征收率计算缴纳增值税。

第十一条　对符合条件的担保机构，从事中小企业信用担保或者再担保业务取得的收入（不含信用评级、咨询、培训等收入）3年内免征增值税。

第十二条　对于符合条件的企业首发上市享受“即报即审、审过即发”绿色通道政策。企业应符合以下条件：一是注册地和主要生产经营地均在新疆且开展生产经营满三年、缴纳所得税满三年；二是最近一年在新疆缴纳所得税不低于2000万元，或新聘用新疆当地户籍员工不低于200人，或对新疆贫困地区县（乡）捐款现金2000万元以上用于脱贫攻坚。

第三章　产业发展政策

第十三条　2022年底前，160千伏安及以下的小微企业用电，采用低压接入，供电公司承担电表前电力设施投资。

第十四条　依法登记注册、纳税的生产化纤、棉纺织（含粘胶）、毛纺织、麻纺织、丝织、服装、家纺、针织、产业用纺织品等产品，并在自治区纺织服装就业领导小组办公室备案，独立核算且正式在册、缴纳社保职工人数须在20人以上（含20人），且新疆籍员工比例不低于50%的地方纺织服装生产企业。

（一）享受岗前培训补贴。对纺织服装企业新增就业岗前培训，给予每人1800元的一次性补贴。2020年1月1日起，对接受南疆四地州务工人员的纺织服装企业，员工岗前培训补贴按照每人2400元标准执行。

（二）一次性新增就业补贴。对各类纺织服装企业吸纳新疆籍人员就业，按照每人5000元的标准，分3年（第1年2000元，第2年1000元，第3年2000元）给予新增就业补贴。

（三）新增就业社会保险补贴。纺织、化纤等生产类企业新招录的新疆籍员工，按企业实际缴纳的社会保险费用之和的50%给予补贴；服装、家纺针织、地毯、产业用纺织品等终端产品生产类企业新招录新疆籍员工，按企业实际缴纳社会保险费用之和给予全额补贴。

（四）出疆运费补贴。生产并销售出疆的织布类产品（包括机织本色坯布、色织布和印染布，针织本色、染色坯布），每吨补贴运费1000元；毛纺呢绒类、麻纺布类产品，每吨补贴运费1000元；毛纺（含绒线）、麻纺纱线产品，每吨补贴运费800元；服装、家纺、产业用纺织品的企业按同期实现出疆产品销售额的3%给予运费补贴。

（五）生产用电补贴。按自治区确定的纺织服装生产企业到户综合电价0.38元/千瓦时为基准，以用户实际用电价格0.35元/千瓦时为起点，财政对差额电价部分0.03元/千瓦时给予补贴。

第十五条　设立的制造业企业，同等条件下优先推荐申报专精特新“小巨人”、绿色工厂，优先享受中小企业公共服务体系建设资金支持，产品优先推荐企事业单位采购使用。

第十六条　支持打造绿色农副产品生产加工中心，大力发展以面粉、油料、番茄、啤酒、畜产品等为重点的农副产品精深加工业，增强企业自主研发能力，进一步丰富品种、提升质量、创建品牌，提高农产品附加值。

第十七条　支持商贸物流产业发展，着力发展线上电子商务平台和线下特色商品展示交易相结合的电子商务模式，鼓励企业建设跨境电商“海外仓”、海外运营中心。

第四章　建设用地政策

第十八条　工业用地供应可灵活采取先租后让、租让结合、长期租赁、弹性年期四种方式。

第十九条　在工业园区内，鼓励以国有土地使用权作价入股方式建设招商引资项目，并依法办理用地手续。对重大工业项目用地开辟“绿色通道”，加快办理用地报批手续。

第二十条　使用土地利用总体规划确定的城镇建设用地范围内的国有未利用地，可按不低于所在地土地等别相对应标准的50%执行。本条国有未利用地包括《土地利用现状分类》（GB/T21010—2007）中未列入耕地后备资源的盐碱地、沼泽地、沙地、裸地。

第五章　对外开放政策

第二十一条　哈萨克斯坦公民享受“三日免签”政策进入巴克图中哈边民互市贸易区。进入贸易区的商品不受金额限制，在互市贸易区进行查验，出互市贸易区时中方边民享受每人每日8000元人民币免税政策；中方边民在互市贸易区购买的商品，视同自产自销商品。互市贸易商品进入二级市场时按照规定缴纳相关税款，并享受相关税收优惠政策，进行流通环节销售。鼓励企业在三级市场开展互市贸易进口商品落地加工，并享受边民互市贸易进口商品落地加工第一批试点县（市）政策。

第二十二条　加大边民互市转型发展力度，推行互市贸易落地加工“直通式”绿色通关，支持应用边民互市贸易集中申报、“直通加工厂区整进整出”监管模式，优化检验检疫等通关便利化措施。

第二十三条　开设边民互助合作组专用申报窗口，允许边民互助合作组申请预约通关。根据企业需求，可适当增加边民互市互助组人数。

第六章　人才集聚政策

第二十四条　畅通引才"绿色通道"，对引进全日制硕士、博士学位的人才，采取直接面试、考察的方式选调引进。

第二十五条　对引进的急需紧缺人才，在塔城地区内购买首套住房并签订正式聘用合同一年试用期满后，给予硕士10万元、博士20万元的一次性购房补贴，并享受周转房、职称、职级、配偶安置、探亲、工龄、科研支持等优惠政策。

第二十六条　对引进人才为国家级和省部级有突出贡献的各类专家以及特殊岗位急需紧缺人才，给予一定生活补助，所需费用采取"一事一议"方式研究确定。

第七章　营商环境政策

第二十七条　试验区先行发展区工程建设项目审批时限压减至50个工作日以内。项目前期审批时限暂定为，项目核准备案1个工作日、建设项目用地预审与选址意见书1个工作日、建设用地规划许可证1个工作日、规划设计方案技术审核1个工作日、规划委员会审核2个工作日、建设工程规划许可证核发1个工作日、施工图审查3个工作日、工程招投标20个工作日、中标公示期3个工作日、施工许可证核发1个工作日。各县（市）分区可参照执行。

第二十八条　深化"放管服"改革和投资项目"极简审批"、承诺制等改革，简化行政审批事项目录。行政审批事项实行各级政务大厅和新疆政务服务网线上线下同步预约、咨询、申请、办理，"12345"政务服务便民热线提供实时动态跟踪服务。

第二十九条　推进项目前期"一件事一次办"改革，全面落实项目建设审批代办帮办、容缺受理和清单承诺制，实现项目单位一次申报、审批服务人员一次办理，提高审批速度。

第八章　其他

第三十条　入驻试验区企业，应符合试验区总体规划、园区规划及规划环评要求。

第三十一条　本政策自印发之日起试行，由试验区建设指挥部负责解释。

政策依据

1.《中华人民共和国企业所得税法》

2.《关于促进中小企业健康发展的指导意见》（中办发〔2019〕24号）

3.《财政部 国家税务总局关于全面推开营业税改征增值税试点的通知》（财税〔2016〕36号）

4.《财政部　国家税务总局关于进一步明确全面推开营改增试点金融业有关政策的通知》（财税〔2016〕46号）

5.《财政部　税务总局关于中国邮政储蓄银行三农金融事业部涉农贷款增值税政策的通知》（财税〔2018〕97号）

6.《财政部　国家税务总局关于实施小微企业普惠性税收减免政策的通知》（财税〔2019〕13号）

7.《财政部　税务总局关于延续实施应对疫情部分税费优惠政策的公告》（财税公告2020第13号、24号）

8.《财政部　税务总局　国家发展改革委关于延续西部大开发企业所得税政策的公告》（财政部公告2020年第23号）

9.《财政部 税务总局关于延长部分税收优惠政策执行期限的公告》（财政部 税务总局公告2021年第6号）

10.《商务部办公厅关于请报送边民互市贸易进口商品落地加工试点方案的通知》（商办贸函〔2020〕180号）

11.《中国人民银行　银保监会　财政部　发展改革委　工业和信息化部关于进一步延长普惠小微企业贷款延期还本付息政策和信用贷款支持政策实施期限有关事宜的通知》（银发〔2021〕81号）

12.《国土资源部关于调整工业用地出让最低价标准实施政策的通知》（国土资发〔2009〕56号）

13.《产业用地政策实施工作指引（2019年版）》（自然资办发〔2019〕31号）

14.《中国证券监督管理委员会　新疆维吾尔自治区人民政府新疆生产建设兵团关于发挥资本市场作用进一步支持新疆经济社会发展的战略合作协议》

15.《关于加快推进边民互市贸易转型发展试点工作的实施意见（试行）》（新政办发〔2018〕83号）

16.《关于进一步完善自治区纺织服装等劳动密集型产业政策的通知》（新政办发〔2019〕105号）

17.《关于进一步促进自治区纺织服装等劳动密集型产业稳岗促就业的通知》（新政办明电〔2020〕212号）

18.《关于扶持自主就业退役士兵创业就业有关税收政策的通知》（新财法税〔2019〕12号）

19.《关于支持和促进重点群体创业就业有关税收政策的通知》（新财法税〔2019〕15号）

20.《关于印发〈自治区纺织服装和口罩生产企业流动资金贷款财政贴息资金申报及审核拨付办法〉的通知》（新财规〔2020〕3号）

21.《关于印发〈塔城地区纺织服装产业专项补贴资金管理办法（暂行）〉的通知》（塔地财建〔2019〕34号）

索 引

说 明 （1）本索引以人名、地名、机构名称、活动名称、事件（事物）名称为主题词。（2）本索引按主题词汉语拼音字母顺序排列，主题词后面的数字和字母分别表示所在页码和分栏位置（a、b、c表示本页码左、中、右三栏）。（3）本索引主题词主要选自本年鉴正文部分，特载、要闻大事、附录以及图表、照片不在索引范围内。

A

B

C

D

E

F

G

H

J

K

L

M

N

P

Q

R

S

T

W

X

Y

Z